청태종실록 역주

清太宗實錄 譯註

An Annotated Translation of "Veritable Records of Qing Taizong"

【8권】

청태종실록 역주 清太宗實錄 譯註 【8권】

An Annotated Translation of "Veritable Records of Qing Taizong"

1판 1쇄 발행 2026년 1월 5일

역주자 | 이훈 · 김선민 · 이선애

발행인 | 이병은

발행처 | 세창출판사

신고번호 제1990-000013호

주소 03736 서울시 서대문구 경기대로 58 경기빌딩 602호

전화 02-723-8660 팩스 02-720-4579

이메일 edit@sechangpub.co.kr 홈페이지 www.sechangpub.co.kr

블로그 blog.naver.com/scpc1992 페이스북 fb.me/Sechangofficial 인스타그램 @sechang_official

ISBN 979-11-6684-446-1 94910

979-11-6684-438-6 (세트)

이 역주서는 2022년 대한민국 교육부와 한국연구재단의 지원을 받아 수행된 연구임.

(NRF-2022S1A5A7079888)

이 책은 한국연구재단의 지원으로 세창출판사가 출판, 유통합니다.

잘못 만들어진 책은 구입하신 서점에서 바꾸어 드립니다.

청태종실록 역주 淸太宗實錄 譯註

An Annotated Translation of "Veritable Records of Qing Taizong"

【8권】

이훈 · 김선민 · 이선애 역주

세창출판사

청태종 실록 역주 8권

○차례○

청태종 실록 역주

○총 차례○

제1권

제2권

천총 4년

권6 천총 4년 정월 ~ 4월
권7 천총 4년 5월 ~ 12월

천총 5년

권8 천총 5년 정월 ~ 3월
권9 천총 5년 4월 ~ 9월
권10 천총 5년 10월 ~ 12월

천총 6년

권11 천총 6년 정월 ~ 5월
권12 천총 6년 6월 ~ 12월

제3권

천총 7년

권13 천총 7년 정월 ~ 4월
권14 천총 7년 5월 ~ 7월
권15 천총 7년 8월 ~ 9월
권16 천총 7년 10월 ~ 12월

일러두기

1 본서의 저본은 한문본『太宗文皇帝實錄』(건륭 4년본, 1985년 中華書局 영인)이다.

2 번역은 직역을 원칙으로 하되 직역으로 뜻이 통하지 않는 문장은 의역을 하거나 각주에 설명을 더한다.

3 원문의 간지 연월일은 역문에서 서기년과 음력 월일을 병기한다. 예) 기미년(1619), 을묘일(8.22)

4 번역문의 문단은 기본적으로 저본에 따르지만 한 문단이 너무 길어서 읽기에 불편한 곳은 적절히 문단을 나눈다.

5 저본에서 皇帝, 天 등의 존칭어는 줄을 바꾸어 擡頭되어 있지만 본서에서는 이에 대해 별도의 표시를 하지 않는다.

6 모든 번역은 한글을 원칙으로 한다. 다만 고유명사와 개념어 등은 명확한 의미를 나타내기 위해 괄호 안에 한자를 병기한다. 각주의 경우 국한문을 혼용한다.

7 만주어와 몽골어 고유명사는 "한글(로마자 전사, 한자)"의 형식으로 표기한다. 로마자 전사는 묄렌도르프 표기 방식을 따른다. 예) 도르곤(dorgon, 多爾袞), 도니 쿨룩(doni kuluk, 多尼庫魯克)

8 한어와 조선어 고유명사는 "한글표기(한자)"의 형식으로 표기한다. 예) 조대수(祖大壽), 임경업(林慶業)

9 원문에서 고유명사의 한자 표기가 틀린 경우 역문에서 세미콜론(;) 뒤에 바른 표기를 병기한다. 예) 김득간(金得幹; 金大乾), 강계(剛季; 江界)

10 번역문에서 숫자는 아라비아숫자로 표기하지만 특정한 관용적 표현은 한글로 표기한다. 예) 삼궤구고두

숭덕 6년

권55

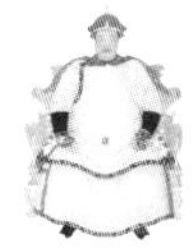

숭덕 6년 3월 ~ 5월

崇德六年, 辛巳, 三月, 丙子朔, 召科爾沁國土謝圖親王巴達禮, 至崇政殿, 賜大宴.

○ 숭덕 6년 신사년 3월 병자일 초하루(3.1), 코르친국 투시예투 친왕 바다리를 숭정전(崇政殿)으로 불러 큰 잔치를 베풀었다.

○ 丁丑, 上以第八女固倫公主, 許字土謝圖親王巴達禮子巴雅思護朗. 初行聘禮, 召和碩親王以下, 牛彔章京以上, 集崇政殿, 和碩福金以下, 固山福金以上, 集清寧宮, 賜大宴. 巴達禮獻雕鞍馬駝·甲胄·貂裘等物. 酌納之.

○ 정축일(3.2), 주상이 여덟째 딸 구룬 공주를 투시예투 친왕 바다리의 아들 바야스훌랑과 혼인시키는 것을 허락했다. 가장 먼저 빙례(聘禮)를 행함에 호쇼이 친왕 이하 니루장긴 이상을 숭정전(崇政殿)에 모으고, 호쇼이 푸진 이하 구사 푸진 이상을 청녕궁에 모아 큰 잔치를

베풀었다. 바다리가 조각한 안장을 갖춘 말·낙타·갑옷·투구·담비가죽옷 등의 물품을 바치니 헤아려 받았다.

○ 戊寅, 多羅郡王阿達禮母福金, 違禁遣人私攜千金, 至明境貿易, 爲家人宋果託·伊木布魯首告. 法司審實, 議令福金出府, 不許主家事. 仍罰銀五千兩, 其私令攜去銀一千兩, 并照例攜去銀二千兩, 俱沒入官. 包衣牛彔章京蘇默習·烏林大邁三, 知情不擧, 胡圖及其廝卒二人, 知係私銀而爲主貿易, 應俱入官. 阿達禮, 家人貿易, 不行査察, 應罰銀三千兩. 原告准出戶. 奏聞, 上命諸王·貝勒·貝子等會議. 諸王·貝勒·貝子等, 尋議, 阿達禮年非幼小, 家人違禁貿易, 何以不知, 應革去郡王爵, 罰銀五千兩. 福金及蘇默習等, 仍照部議. 奏聞. 上召阿達禮及其所屬各官護衛等, 諭之曰, 爾年豈尙幼稚乎. 何故不理家事. 若仍漫不經心, 委之於母, 儻後爾母更獲大罪. 爾雖求免, 其可得乎. 自今以後, 當辦理家事, 毋致怠忽. 儻再罹於法, 必不爾貸也. 遂宥之. 又諭福金曰, 爾凡事皆當詳詢商確而行, 乃竝不商確, 冒昧自專, 故致獲罪. 嗣後當與禮親王, 及爾所屬人等計議, 有當奏於朕者, 即行具奏. 如此, 烏得獲罪. 今姑宥爾罪, 如再犯, 有司按法究治. 朕豈可再爲爾寬乎. 於是罰銀一千兩并貿易銀三千兩, 俱沒入官. 包衣牛彔章京蘇默習·烏林大邁三, 及攜銀貿易之胡圖, 并其廝卒二人, 係爲主所遣, 俱釋之. 原告宋果託·伊木布魯, 及同事滿洲十一人, 漢人十七人, 皆令出戶.

○ 무인일(3.3), 도로이 군왕 아달리의 모친 푸진이[1] 금령을 어기고

---

1 아달리의 아버지는 사할리얀(다이샨의 아들)이고 어머니는 울라나라 씨(烏喇那喇氏)이다. 울라나라 씨는 해서여진 울라 부의 마지막 버일러인 부잔타이(1575-

사람을 시켜 사사로이 많은 돈을 가지고 명나라 변경에 가서 거래하게 했는데, 가인(家人) 송고토(songgoto, 宋果託)와 임불루(imbulu, 伊木布魯)에게 고발되었다. 법사(法司)가 심문하니 사실이어서 다음과 같이 논의했다. 「푸진은 왕부(王府)에서 내쫓고 집안의 일을 주관하지 못하게 해야 합니다. 또 벌은 5,000냥을 부과하고 사사로이 가지고 가게 한 은 1,000냥과 예에 따라 가지고 간 은 2,000냥은 모두 관에 몰수해야 합니다. 보오이 니루장긴 수머시(sumesi, 蘇默習)와 울린 다(ulin da, 烏林大)[2] 마이산(maisan, 邁三)은 사정을 알면서도 고발하지 않았고, 후투와 그의 쿠툴러 2명은 개인의 은이라는 것을 알면서도 주인을 위해 거래했으니, 모두 관에 들여야 합니다. 아달리는 가인(家人)이 거래를 하는데도 조사하고 살피지 않았으니 벌은 3,000냥을 부과해야 합니다. 원고는 호(戶)에서 분리해야 합니다.」

상주하자 주상이 여러 왕 · 버일러 · 버이서 등에게 함께 논의하게 했다. 여러 왕 · 버일러 · 버이서 등이 얼마 후 논의하여 상주했다. 「아달리의 나이가 어리지 않으니 가인(家人)이 금기를 어기고 거래한 것을 어찌 몰랐겠습니까. 혁직하여 군왕(郡王) 작위를 박탈하고 벌은 5,000냥을 부과해야 합니다. 푸진과 수머시 등은 부(部)에서 의논한 바를 따라야 합니다.」

주상은 아달리와 소속 관원 · 호위 등을 불러 유시했다. "너의 나이가 어리지 않은데 어찌 집안의 일을 방임했는가? 만약 계속 내버려두고 어미에게 맡겼다가 나중에 너의 어미가 다시 큰 죄를 지으면 네가 용서를 구한들 그것이 가능하겠는가? 지금부터 집안일을 다스리고 소홀히 하지 않아야 한다. 또다시 법을 어긴다면 반드시 너를 용서하

1618)의 딸이다.

2 ulin i da는 "재물 관리인"의 뜻이며 창고를 총괄하는 관원이다. 烏林大로 음역되고, 司庫로 번역되었다.

지 않을 것이다." 결국 아달리를 용서했다.

또 푸진에게 유시했다. "너는 무릇 모든 일을 상세히 묻고 의논하여 결정한 뒤에 시행해야 하는데, 의논해서 결정하지 않고 덮어놓고 제멋대로 하다가 죄를 얻기에 이르렀다. 이후 예친왕(禮親王) 및 너의 소속 인원과 협의하여 짐에게 아뢸 것이 있으면 즉시 갖추어 상주하라. 이렇게 하면 죄를 얻지 않는다. 지금 너의 죄를 일단 용서하지만 다시 죄를 저지른다면 법사(法司)에서 법에 따라 철저히 다스릴 것이니 짐이 어찌 다시 너를 용서할 수 있겠는가." 이에 벌은 1,000냥과 거래한 은 3,000냥을 모두 관에 몰수하게 했다. 보오이 니루장긴 수머시와 울린 다(ulin da, 烏林大) 마이산, 은을 가지고 가서 거래한 후투와 그의 쿠툴러 2명은 주인을 위해 갔기 때문에 모두 풀어 주었다. 원고 송고토 · 임불루와 함께 일한 만주인 11명, 한인 17명은 모두 호(戶)에서 분리시켰다.

○ 己卯, 遣和碩鄭親王濟爾哈朗 · 多羅武英郡王阿濟格 · 多羅貝勒多鐸 · 多羅郡王阿達禮 · 多羅貝勒羅洛宏等, 率官屬兵丁一半, 往代和碩睿親王多爾袞等, 圍困錦州.

○ 기묘일(3.4), 호쇼이 정친왕 지르갈랑 · 도로이 무영군왕 아지거 · 도로이 버일러 도도 · 도로이 군왕 아달리 · 도로이 버일러 롤로혼 등에게 관속과 병정 절반을 이끌고 가서 호쇼이 예친왕(睿親王) 도르곤 등을 대신하여 금주(錦州)를 포위하게 했다.

○ 壬辰, 以劉武元爲刑部參政.

○ 임진일(3.17), 유무원(劉武元)을 형부참정으로 삼았다.

○ 乙未, 科爾沁國和碩福妃還國. 皇后率諸王·貝勒等福金, 送至演武亭, 設宴餞之.

○ 을미일(3.20), 코르친국 호쇼이 복비(和碩福妃)가 환국했다. 황후가 여러 왕과 버일러들의 푸진을 이끌고 연무정(演武亭)으로 가서 연회를 베풀고 전별했다.

○ 先是, 蒙古巴圖·博爾袞代·胡爾蓋齊·喀喇爾代·巴彥代等, 逃入明國, 既而率男子四百二十一人, 婦女·幼穉共五百口, 帶馬·騾二百一十二匹, 毀大同·陽和邊牆, 叛明來降, 二月二十日, 至歸化城. 歸化城土默特部落古祿格章京, 遣納木習禮等, 送博爾袞代·喀喇爾代·巴彥代等至, 賜博爾袞代等三人, 鞍馬·繡緞朝衣·玲瓏鞓帶·帽鞾·撒袋等物. 其餘在歸化城者, 賜銀一千兩, 又賜納木習禮等, 銀兩有差.

○ 이전에 몽고인 바투(batu, 巴圖)·보르곤다이(borgondai, 博爾袞代)·훌가이치(hūlgaici, 胡爾蓋齊)·카랄다이(karaldai, 喀喇爾代)·바얀다이(bayandai, 巴彥代) 등이 명나라로 도망갔다. 이후 남자 421명, 부녀자와 어린아이 총 500명, 말과 노새 212마리를 이끌고 대동(大同)·양화(陽和)의 변장(邊牆)을 무너뜨리고 명나라를 배신하고 투항해 2월 20일 귀화성에 도착했다. 귀화성의 투메트 부락 굴루거 장긴이 나무시리(namusiri, 納木習禮) 등을 파견해서 보르곤다이·카랄다이·바얀다이 등을 보내왔다. 보르곤다이 등 3명에게 안장을 갖춘 말·수놓은

비단 조복 · 정교하게 장식한 가죽띠 · 모자와 신발 · 화살집 등의 물건을 하사하고 나머지 귀화성에 있는 사람들에게는 은 1,000냥을 하사했다. 또 나무시리 등에게 은량을 차등 있게 하사했다.

○ 丁酉, 先是, 和碩睿親王多爾袞, 和碩肅親王豪格, 多羅饒餘貝勒阿巴泰, 多羅安平貝勒杜度, 固山貝子羅託, 輔國公屯齊 · 碩託, 固山額眞阿山 · 譚泰 · 葉克書等, 率將士往圍錦州, 駐營於集代地方. 曾私遣每牛彔甲兵三人, 還家一次. 又曾私遣每牛彔甲兵五人 · 每旗章京一員, 還家一次. 又移軍過國王碑, 離錦州三十里駐營.

上聞之, 大怒曰, 原令由遠漸近, 圍逼錦州以困之. 今離城遠駐, 敵必多運糧草入城. 彼此相持, 稽延月日, 何時能得錦州耶. 上怒甚, 竟日未解. 後值發兵更番之期, 因命甲喇章京車爾布等, 齎敕往諭多爾袞等曰, 爾等圍困錦州, 果能使敵人內不得出, 外不得入, 周防無隙耶. 我圍城之兵, 尙有餘力, 故於士卒中, 擇馬匹之疲者遣還耶. 若果周防無隙, 何以使錦州漢人, 出城田獵, 車牛輓運軍糧, 任意往來. 如此田獵輓運, 非止一人, 爾等覺察者安在. 幸賴天佑, 得十三站逃人確信, 擊敗山寨援兵. 爾等雖往迎擊, 不過遇錦州出城行獵之人, 而殺之耳, 豈誠大創之乎.

至爾等云, 簡擇疲馬遣還. 何以每牛彔下, 各有五卒之馬俱疲耶. 即云久駐馬疲, 其中各旗 · 各牛彔, 或多或少, 豈盡無區別耶. 若誠簡擇馬匹, 方始遣還, 亦當遍察各旗馬匹, 別其肥瘦, 定其去留. 仍計疲馬之多寡, 將該管固山額眞, 及兵部遣往養馬之人, 并牛彔章京 · 撥什庫, 及馬主, 分別擬罪以示警, 乃不爲懲戒. 但按牛彔均派甲兵, 遣疲馬還家, 尤屬錯謬. 夫軍士誰願久在軍營者. 設有意失餧馬匹, 致令疲瘦, 亦復何難. 今爾等按牛彔均派五人, 與昔日孫扎沁巴顔田獵時, 假稱每牛彔死馬三匹, 何以異乎. 如軍士之馬果疲, 當自將領以下, 合計各牛彔, 每人肥馬或一匹, 或二匹, 撥給留駐. 如不足, 當更換義州軍士之有肥馬者駐之. 其軍士馬疲者, 移駐義州, 更換之義州軍士, 如仍不足, 則留軍士於營中步隨, 而令疲馬回家. 爾等乃誤聽將領中誕妄之言, 而如此失計耶. 前鄭親王等, 發回疲馬時, 因天寒未備芻秣, 恐致馬斃, 故預先發還. 爾等去時, 芻秣諸物, 俱已完備, 乃擅自遣歸, 失計甚矣. 爾等公同會議, 其倡爲此妄誕之言者, 即指名擬罪具奏. 若彼此欺朦, 合同認罪, 詭云衆人共議, 朕必不從也.

既而兵部參政超哈爾·譚拜等出兵. 上命出征諸王·貝勒·貝子·公·固山額眞·梅勒章京·護軍統領, 及議政大臣以上等官, 俱駐塔傍, 不令入城. 其甲喇章京·牛彔章京等, 聽其率衆軍還家. 隨遣內大臣昂邦章京圖爾格, 固山額眞英俄爾岱, 內院大學士范文程·希福·剛林, 學士羅碩·額色黑等, 往訊睿親王等, 遣兵歸家, 及離城遠駐之故. 諭曰, 朕先遣阿喇善·伊爾德時, 曾諭通察各旗將領, 如有缺員, 具本來奏, 何乃輕視朕命, 并未遣一人, 并未具隻字回報. 又諭睿親王曰, 朕之加愛於爾, 過於諸子弟, 良馬鮮衣美饌, 賚予獨厚. 所以如此加恩者, 蓋以爾勤勞國政, 恪遵朕命故也. 今於圍敵緊要之時, 離城遠駐, 遣兵歸家, 違命如此, 朕豈能復加信任哉. 又諭肅親王豪格曰, 爾同在軍營明知睿親王失計, 何得緘默靜聽, 竟從其言. 諭饒餘貝勒阿巴泰, 安平貝勒杜度, 公碩託曰, 爾等何爲漠不相關, 任睿親王所爲, 是亦曰是, 非亦曰是, 遇之如路人, 視之如秦越乎. 軍國重事, 無論爾等義同一體. 即新附蒙古, 尚知出力報効, 爾等乃不盡心憂國, 以爲事不關已. 上而皇天, 曁我皇考太祖神靈, 豈不照鑒乎. 又諭碩託曰, 爾曾獲罪, 朕屢寬宥. 以至今日, 可惜虛有其表, 不思竭力効忠, 報朕屢次宥罪之恩, 反若事不關已. 今後再罹於罪, 任法司治之, 必不爾宥也. 又諭各固山額眞·諸大臣曰, 不論諸王·貝勒·大臣, 凡倡言遣五人還家者, 即指名擧出. 若係睿親王下護衛·屬員,倡爲此言, 睿親王卽行執送. 不得含糊自認. 此罪非可輕任者. 至爾等應得何罪, 自行定議具奏. 圖爾格等, 至多爾袞等處, 宣諭畢.

多爾袞奏曰, 臣集衆議, 每旗先遣能員一人, 率每牛彔兵五人還家, 修治盔甲·器械, 牧養馬匹, 伊等抵家時奏聞皇上, 更換衣服, 可速來軍營. 今聞錦州敵兵馬匹, 皆在他處牧養, 內援之兵, 皆亦退回養馬. 我等兵力有餘何畏錦州松杏三城之兵, 卽使敵兵合侵, 我國更番之卒, 必相遇而抵之, 又何慮乎. 衆皆以爲然, 亦無阻者, 是倡議者臣也, 遣歸者亦臣也. 至離城遠駐, 因舊駐之處, 青草食盡, 所以遠移以就芻牧耳. 前阿喇善·伊爾德等來, 曾傳上諭云, 當遍察各旗, 如有缺額, 卽具疏奏. 及行查驗, 竝無缺額. 臣以爲額旣無缺, 何必回奏. 遂與肅親王議止之, 未行回奏. 今旣違命, 罪實應死, 復有何辯. 又從前誓詞內, 凡機密事, 不與護衛等共議. 今機密事宜, 不惟不與護衛等共議, 并未向我國一人言之. 至皇上愛臣, 過於愛子, 豈待上諭擧國臣民, 以及外藩, 無不知悉. 每思効死竭力, 黽勉爲國, 以報聖恩. 但臣識庸慮短, 遣兵歸家, 離城遠駐, 背違上命, 尙復何言, 有死而已. 及問肅親王, 與二貝勒, 對亦如之. 又遍問公等·固山額眞·梅勒章京·議政大臣, 及兵部等官, 皆如多爾袞所對. 圖爾格·英俄爾岱·范文程·希福·剛林·羅碩·額色黑等還, 具以奏聞.

上益怒曰, 此皆巧飾之辭. 伊等此番離城遠駐, 已容敵人糧草運入錦州. 乃曰, 欲遣發兵卒, 速來速去, 此言朕實不信. 伊等若臨城駐營, 使糧草不得入錦州, 而遣兵歸家, 猶可也. 今乃云移營就草, 豈令伊等往彼牧馬耶. 如力果不足, 卽宜馳奏, 如不能圍城, 亦當以不能之故奏明. 原遣伊等逼近錦州, 環而困之, 今乃敢於欺朕, 移營遠駐, 致敵人多運糧草入城, 是伊等貽誤衆人也. 可令伊等自議其罪. 圖爾格·英俄爾岱·范文程·希福·剛林·羅碩·額色黑等, 復至多爾袞等處傳諭畢. 諸王·貝勒·大臣, 遂各議罪. 多爾袞曰, 不逼困錦州,遣兵回家, 輕違諭旨, 致誤錦州不得速破. 我既總掌兵柄, 將所屬之兵, 議遣還家之時, 倡言由我, 遣發由我. 悖旨之罪甚重, 應死. 豪格曰, 睿親王, 王也. 我亦王也. 但因睿親王係叔父, 所以令握兵柄耳. 彼既失計, 我不合隨行, 罪亦應死.

并議, 杜度·阿巴泰俱削爵爲民, 悉奪戶口奴僕. 羅託革去貝子, 奪其戶口, 罰銀五千兩. 碩託·屯齊并革去公爵, 各奪兩牛彔戶口, 罰銀二千兩. 固山額眞阿山·譚泰·葉克書皆參贊軍務之人, 亦論死. 蒙古固山額眞何洛會·巴特瑪·馬喇希·準塔巴圖魯, 梅勒章京承政索海·伊孫·薩穆什喀俱革職, 籍其家. 護軍統領阿喇善·伊爾德·阿爾津·俄羅塞臣·噶布喇·喀喇古濟·德爾得赫·蘇拜, 梅勒章京譚布·覺善·拜·雍舜·藍拜·甘都·布達席理·巴雅喇·巴賴山津·圖瞻·納木·安達禮·托克托會, 議政大臣吳拜·沙爾虎達·楊善·雅賴·布顏·喀濟海竝革職, 籍其家之半. 議具, 圖爾格·范文程·希福·剛林·羅碩·額色黑等, 隨以所議奏聞.

上命降和碩睿親王多爾袞爲郡王, 罰銀一萬兩, 奪兩牛彔戶口. 降和碩肅親王豪格爲郡王, 罰銀八千兩, 奪一牛彔戶口. 阿巴泰·杜度, 各罰銀二千兩. 羅託·碩託·屯齊·譚泰·阿山·葉克書, 各罰銀一千兩. 索海·伊孫·薩穆什喀, 各罰銀二百兩. 伊爾德·阿喇善·阿爾津·蘇拜·噶布喇·喀喇古濟·俄羅塞臣·德爾得赫·準塔巴圖魯·馬喇希·何洛會·巴特瑪, 各罰銀一百兩. 譚布·覺善·雍舜·藍拜·拜·喀濟海·沙爾虎達·楊善·雅賴·布顏·吳拜, 各罰銀五十兩. 英俄爾岱丈量地畝, 見多爾袞等, 離城遠駐, 不行諫阻, 回時又不奏聞, 罰銀三百三十三兩. 甘都·布達席理·巴賴山津·巴雅喇·圖瞻·納木·安達禮·托克托會等, 無足深責, 申飭免罪. 王·貝勒以下及有罪諸臣, 令各罰銀完納, 始許入城. 於是, 王·貝勒等納贖畢, 入城. 以重罪從輕免死故, 奏請謝恩, 上不許, 遂於大清門外謝恩.

○ 정유일(3.22), 이전에 호쇼이 예친왕(睿親王) 도르곤, 호쇼이 숙친왕 호오거, 도로이 요여 버일러 아바타이, 도로이 안평 버일러 두두, 구사이 버이서 로토, 보국공(輔國公) 툰치 · 쇼토, 구사어전 아산 · 탄타이 · 역슈 등이 장수와 병사를 이끌고 금주(錦州)를 포위하러 가서 지다이(jidai, 集代) 지방에 주둔했는데, 사사로이 니루마다 갑병(甲兵) 3명씩을 집으로 한번 돌려보냈고, 또 사사로이 니루마다 갑병 5명씩, 기(旗)마다 장긴 1명씩을 집으로 한번 돌려보냈다. 또 군대를 이동해 국왕비(國王碑)를 지나 금주(錦州)로부터 30리 떨어진 곳에 주둔했다.

주상이 그것을 듣고 크게 노하여 말했다. "본래 명령하기를 먼 곳에서부터 점점 가까워지며 금주(錦州)를 포위하여 위태롭게 만들라고 했는데, 지금 성으로부터 멀리 떨어져 주둔했으니 적은 필경 군량과 마초를 대량으로 운반해 성에 들일 것이다. 적이 버티면서 시간을 끌면 금주(錦州)를 언제 얻을 수 있겠는가?" 주상의 분노가 매우 심하여 하루 종일 풀리지 않았다. 이후 군병을 교대할 시기가 되어 잘란장긴 처르부(cerbu, 車爾布) 등에게 칙서(敕書)를 가지고 도르곤 등에게 가서 유시하게 했다.

「너희는 금주(錦州)를 포위하는 데, 과연 적이 안에서 밖으로 못 나가고 밖에서 안으로 못 들어가도록 빈틈없이 막았는가. 성을 포위한 우리 병사들이 아직 여력이 있어서 사졸 중 말이 지친 자를 골라 돌려보냈는가. 철저히 막아서 틈이 없었다면 어찌 금주(錦州)의 한인(漢人)이 성을 나가 사냥하고 수레와 소로 군량을 옮기며 멋대로 왕래했는가. 이렇게 사냥하고 운반하는 자가 많은데 너희 중 알아차린 자가 있는가. 다행히 하늘의 도움으로 십삼참(十三站)의 도망자에게 확실한 정보를 얻어 산채(山寨)의 지원병을 격파할 수 있었다. 너희가 비록 가서 맞아 싸웠으나 금주에서 성을 나와 사냥하던 자를 만나 죽인 것에 불과하니 진정 크게 손해를 입혔다고 할 수 있는가.

너희가 '지친 말을 골라 돌려보냈습니다.'라고 하는데, 어찌 각 니루의 병사 5명씩의 말이 모두 지쳤겠는가. 또 '오래 주둔하여 말이 지쳤습니다.'라고 하는데, 그 가운데 각각의 기(旗)와 니루의 지친 말이 많기도 하고 적기도 할텐데 어찌 전혀 구별이 없는가. 만약 진심으로 말을 고른다면 돌려보낼 때 각 기(旗)의 말을 두루 살펴 마르고 살찐 것을 구별하여 보낼지 남길지를 정해야 한다. 그리고 지친 말의 수를 세어 해당 구사어전, 병부에서 말을 기르라고 보낸 사람, 니루장긴, 보쇼쿠, 말 주인을 분별해 죄를 의논하고 경고했다면 징계를 받지는 않았을 것이다. 그런데 니루마다 갑병(甲兵) 수를 할당하여 지친 말을 집으로 돌려보냈으니 잘못이 매우 크다. 군사들 가운데 누가 군영에 오래 머무르기를 원하겠는가. 일부러 말을 제대로 먹이지 않고 야위고 지치게 만들고자 하면 그것이 무엇이 어렵겠는가. 지금 너희가 니루마다 5명씩 할당한 것이, 옛날 순자친 바얀(sunjacin bayan, 孫扎沁巴顏)이 사냥할 때 니루마다 죽은 말이 3마리씩 있다고 거짓말했던 것과 무엇이 다른가?

군사의 말이 정말 지쳤다면 마땅히 장령 이하가 각 니루를 합계 내어 모든 사람마다 살찐 말을 1마리든 2마리든 나누어 주고 남겨 주둔시켰어야 했다. 수가 부족하다면 살찐 말을 가진 의주(義州) 군사와 바꾸어 주둔시키고, 지친 말을 가진 군사는 의주로 보내 의주의 군사와 바꾸었어야 했다. 그래도 부족하다면 군사는 군영에 남겨 보군(步軍)으로 수행하게 하고 지친 말은 집으로 돌려보냈어야 했다. 그런데 너희는 장령들 사이의 황당무계한 말을 곧이듣고 이렇게 실책을 했다. 이전에 정친왕 등이 지친 말을 돌려보낸 때는 날씨가 춥고 여물을 제대로 갖추지 못해 말이 죽을까 걱정했기 때문에 미리 돌려보낸 것이었다. 너희가 간 때는 여물과 여러 물품이 모두 완벽히 갖추어져 있었는데도 제멋대로 돌려보냈으니 잘못이 심히 크다. 너희는 함께 의논하여 이 황당한 의견을 제창한 자를 즉시 지명하고 그 죄를 논하고 갖추어 상주하라. 만약 서로 덮어 주고 함께 죄를 인정하면서 여럿이 함께 의논했다고 속인다면 짐은 반드시 용서하지 않을 것이다.」

이후 병부참정 초오하르와 탐바이 등이 출병했다. 주상이 명하여 출정한 여러 왕・버일러・버이서・공(公)・구사어전・머이런장긴・호군통령 및 의정대신 이상의 관원들 모두 탑(塔) 부근에 주둔하고 성에 들지 못하게 했다. 잘란장긴・니루장긴 등은 군대를 이끌고 집으로 돌아가도록 허락했다. 내대신 암바장긴 투르거이, 구사어전 잉굴다이, 내원대학사(內院大學士) 범문정・히퍼・가린, 학사(學士) 로쇼・어서허이 등으로 하여금 예친왕(睿親王)에게 가서 병사들을 귀가시키고 성을 떠나 먼 곳에 주둔한 까닭을 심문하게 하고 유시했다.「짐(朕)이 앞서 아라샨과 일더이를 보냈을 때 유시하기를 각 기(旗)의 장령을 살피고 만약 결원이 있으면 갖추어 상주하라고 했다. 그런데 어찌 짐의 명을 가볍게 여겨서 한 사람도 보내지 아니하고 한 글자도 갖추어 보고하지 않았는가.」

또 예친왕(睿親王)에게 유시했다.「짐(朕)은 여러 자제(子弟)보다 너를 더 아꼈고 좋은 말과 화려한 의복, 맛있는 음식을 네게 하사한 것이 유독 많았다. 이렇게 은혜를 베푼 것은 모두 네가 국정에 힘쓰고 짐의 명령을 충실히 따랐기 때문이다. 지금 적을 포위하는 중대한 때에 성(城)을 떠나 먼 곳에 주둔하고 병사들을 집으로 돌려보냈다. 이같이 명을 어겼으니 짐이 어찌 다시 신임할 수 있겠는가?」 또 숙친왕 호오거에게 유시했다.「너는 함께 군영에 있으면서 예친왕(睿親王)의 실책을 분명히 알았음에도 왜 침묵했으며 끝내 그 말을 따랐는가?」 요여 버일러 아바타이, 안평 버일러 두두, 공(公) 쇼토에게 유시했다.「너희는 어찌 전혀 상관하지 않고 예친왕(睿親王)이 하는 대로 맡겨 두면서 맞아도 맞다고 하고 틀려도 맞다고 하며, 지나가는 행인을 만난 듯, 진(秦)나라 사람이 월(越)나라 사람을 보듯 했는가? 군사는 나라의 중요한 일인데 너희는 한 몸과 같이 의논하지 않았다. 새로 귀부한 몽고인도 오히려 힘써 은혜를 갚는데 너희는 마음을 다해 나라를 걱정하지 않고 일에 관계하지 않으니, 위에서 하늘과 우리 황고 태조의 신령이 어찌 보시지 않겠는가?」

또 쇼토에게 유시했다. 「네가 일찍이 죄를 저질렀지만 짐(朕)은 여러 번 너그럽게 용서했다. 오늘에 이르러 애석하게도 겉만 번지르르하고, 힘써 충성하여 짐이 여러 번 죄를 용서해 준 은혜에 보답하지 않고, 도리어 일에 관계하지 않았다. 지금부터 다시 죄를 지으면 법사(法司)에 맡겨 다스리고 절대 용서하지 않을 것이다.」 또 각 구사어전과 여러 대신에게 유시했다. 「여러 왕 · 버일러 · 대신을 막론하고 5명을 집으로 돌려보낸다고 공공연하게 말한 자를 즉시 지명하여 불러내라. 만약 예친왕(睿親王) 속하 호위나 소속인이 이런 말을 했다면 예친왕(睿親王)이 즉시 잡아 보내라. 애매하게 스스로 인정해서는 안 된다. 이 죄는 가볍게 처리할 것이 아니다. 너희는 어떤 죄를 지었는지 스스로 정하여 모두 상주하라.」 투르거이 등은 도르곤 등이 있는 곳에 가서 선유했다.

도르곤이 상주했다. 「신(臣)이 여러 사람의 의견을 모아 기(旗)마다 먼저 유능한 인원 1명씩, 니루 병사 5명씩을 이끌고 집으로 돌아가게 하여 투구와 갑옷, 무기를 수리하고 말을 방목하여 기르게 했으며, 그들이 집에 도착했을 때 황상께 상주하고 의복을 바꾸어 입고 속히 군영으로 돌아오게 했습니다. 지금 들으니 금주(錦州) 적병의 말이 모두 다른 곳에서 길러지고 있고 지원병 또한 모두 물러나 돌아가서 말을 먹인다고 합니다. 우리 병력의 여력이 금주(錦州) · 송산(松山) · 행산(杏山) 세 성의 병사들보다 무엇이 못하겠습니까. 설령 적병이 힘을 합쳐 침략하더라도 우리나라의 교대 병력이 반드시 상대하여 막아 낼 수 있을 것이니 또한 무엇이 걱정이겠습니까. 모두가 동의했고 막는 자도 없었던 것은 제창한 사람이 신(臣)이었고 돌려보낸 사람 또한 신(臣)이었기 때문입니다. 성을 떠나 멀리 주둔한 것은 이전 주둔지에서 풀을 모두 소비했기 때문에 멀리 이동하여 풀을 먹여 기른 것일 뿐입니다. 앞서 아라샨과 일더이가 와서 주상의 유시를 전하기를, 마땅히 각 기(旗)를 두루 살펴 결원이 있으면 즉시 갖추어 소(疏)를 올리라 했습니다. 이에 조사해 보니 결원이 없었습니다. 신(臣)은 인원에 부족함이 없었기에 상주할 필요가 없다고 생각했고, 숙친왕과 그에 대한 의논을 마치고 회주(回奏)하지 않았습니다. 이미 명을 어겼으니 죽어 마땅한 죄를 지었습니다. 다시 무슨 할 말이 있겠습니까. 또한 이전의 맹세 중에 무릇 기밀 업무는 호위 등과 함께 논의하지 않는다는 내용이 있었습니다. 이번은 기밀 업무에 속하기에 호위 등과 함께 논의하지 않았을 뿐 아니라 우리나라의 단 한 사람에게도 말하지 않았습니다. 황상께서 신(臣)을 아끼는 바가 자식을 아끼는 마음보다 크다는 것은 주상께서 온 신민(臣民)과 외번(外藩)에 유시하지 않으셔도 모르는 자가 없습니다. 언제나 죽을 힘을 다해 나라를 위해 부지런히 힘쓰면서 성은(聖恩)에 보답할 것을 생각했습니다. 그러나 신(臣)이 어리석고 생각이 짧아 병사를 귀가시키고 성을 떠나 멀리 주둔하여 주상의 명을 어겼으니 다시 무슨 말을 하겠습니까. 죽음만이 있을 뿐입니다.」

이에 숙친왕과 두 버일러에게 물으니 대답이 또한 같았다. 또 여러 공(公)·구사어전·머이런장긴·의정대신·병부 등의 관원에게 두루 물으니, 모두 도르곤이 답한 바와 같았다. 투르거이·잉굴다이·범문정·히퍼·가린·로쇼·어서허이 등이 돌아와 갖추어 상주했다.

주상이 더욱 분노하여 말했다. 「이는 다 교묘하게 꾸민 말이다. 저들은 이번에 성을 떠나 멀리 주둔함으로써 적이 군량과 마초를 금주(錦州)에 들이게 했다. 이에 말하기를 '군사를 보내 속히 오고 가게 하고자 했다.'라고 하지만 짐(朕)은 이 말을 믿지 않는다. 그들이 만약 성 가까이에 주둔해서 군량과 마초를 금주(錦州)로 들이게 만들지 않았다면 병사를 귀가시키는 것도 가능했을 것이다. 지금 '영(營)을 옮겨 마초를 취했다.'라고 말하는데, 어떻게 그들을 말을 먹이게 보냈단 말인가. 힘이 정말 부족했다면 즉시 달려와 상주했어야 한다. 성을 포위하지 못했으면 마땅히 불가능했던 이유를 분명하게 상주했어야 한다. 본래 저들을 금주(錦州)에 가까이 가게 한 것은 금주(錦州)를 포위하여 위태롭게 만들기 위함이었다. 그런데 지금 감히 짐을 기만하고 군영을 옮겨 멀리 주둔해 적이 군량과 마초를 대량으로 운반하여 성에 들이게 했으니, 이는 저들이 여러 사람들에게 죄를 지은 것이다. 저들로 하여금 스스로 그 죄를 논하게 한다.」 투르거이 · 잉굴다이 · 범문정 · 히퍼 · 가린 · 로쇼 · 어서허이 등이 다시 도르곤 등이 있는 곳으로 가서 유시를 전했다.

여러 왕 · 버일러 · 대신들이 마침내 각각의 죄를 논했다. 도르곤이 말했다. 「금주(錦州)를 압박하지 않고 병사를 집으로 돌려보내 유지(諭旨)를 가벼이 어기고 금주를 속히 격파하지 못하는 잘못에 이르렀습니다. 저는 병권을 총괄하고 있으며, 소속 병사들을 집으로 돌려보내기를 논의할 때에 제창한 사람도 저고 병사를 보낸 사람도 저입니다. 유지(諭旨)를 어긴 죄가 심히 크니 죽어 마땅합니다.」 호오거가 말했다. 「예친왕(睿親王)은 왕이고, 저 또한 왕이지만 예친왕(睿親王)이 숙부이기에 병권을 장악하게 했을 뿐입니다. 그가 잘못을 저질렀지만 제가 따라서는 안 되었습니다. 역시 죽을죄를 지었습니다.」

아울러 논의했다. 「도도와 아바타이는 모두 작위를 삭탈하고 민(民)으로 삼고 호구(戶口)와 노복 모두를 몰수해야 합니다. 로토는 버이서 작위를 삭탈하고 호구(戶口)를 몰수하고 벌은 5,000냥을 부과해야 합니다. 쇼토와 툰치는 공(公) 작위를 삭탈하고 각각 두 개 니루의 호구를 몰수하고 벌은 2,000냥을 부과해야 합니다. 구사어전 아산 · 탄타이 · 역슈는 모두 군무(軍務)에 참여하고 있으니 또한 사형으로 논해야 합니다. 몽고 구사어전 훌로호이 · 바트마 · 말라히 · 준타 바투루, 머이런장긴 승정 소오하이 · 이순 · 삼시카는 모두 혁직하고 가산을 몰수해야 합니다. 호군통령 아라샨 · 일더이 · 아르진 · 올로서천 · 가불라 · 카라구지 · 더르더허이 · 수바이, 머이런장긴 탐부 · 기오샨 · 바이 · 용숀 · 람바이 · 간두 · 부다시리 · 바야라 · 바라이 산진 · 투잔 · 나무 · 안다리 · 톡토호이, 의정대신 우바이 · 샤르후다 · 양샨 · 야라이 · 부얀 · 카지가이는 혁직하고 가산의 절반을 몰수해야 합니다.」 의논을 갖추니 투르거이 · 범문정 · 히퍼 · 가린 · 로쇼 · 어서허이 등이 논의한 바에 따라 상주했다.

주상이 명하여 호쇼이 예친왕(睿親王) 도르곤을 군왕으로 강등하고 벌은 1만 냥을 부과하고 2개 니루의 호구를 삭탈했다. 호쇼이 숙친왕 호오거는 군왕으로 강등하고 벌은 8,000냥을 부과하고 1개 니루의 호구를 삭탈했다. 아바타이와 도도에게는 각각 벌은 2,000냥을 부과했다. 로토 · 쇼토 · 툰치 · 탄타이 · 아산 · 역슈에게는 각각 벌은 1,000냥을 부과했다. 소오하이 · 이순 · 삼시카에게는 각각 벌은 200냥을 부과했다. 일더이 · 아라샨 · 아르진 · 수바이 · 가불라 · 카라구지 · 올로서천 · 더르더허이 · 준타 바투루 · 말라히 · 홀로호이 · 바트마에게는 각각 벌은 100냥을 부과했다. 탐부 · 기오샨 · 용숀 · 람바이 · 바이 · 카지가이 · 샤르후다 · 양샨 · 야라이 · 부얀 · 우바이에게는 각각 벌은 50냥을 부과했다. 잉굴다이는 토지를 측량하면서 도르곤 등이 성을 떠나 멀리 주둔하는 것을 보고도 제지하지 않았고, 돌아와서도 상주하지 않았기에 벌은 333냥을 부과했다. 간두 · 부다시리 · 바라이 산진 · 바야라 · 투잔 · 나무 · 안다리 · 톡토호이 등은 질책할 만하지 않아 죄를 면해 주었다. 왕 · 버일러 이하 및 죄가 있는 여러 신하들은 각각 벌은을 완납하게 한 후에야 비로소 입성을 허락했다. 이에 왕 · 버일러들이 납속을 마치고 성에 들어왔다. 무거운 죄를 가벼이 해 주시어 죽음을 면했다는 이유로 사은을 주청했지만 주상이 허락하지 않았기에 대청문 밖에서 사은했다.

○ 戊戌, 上聞多羅睿郡王多爾袞等, 俱至議政衙門, 因詳問隨征護軍參領, 駐兵之地, 離城甚遠, 上復怒, 命大學士希福·范文程·剛林, 學士羅碩·額色黑等, 往諭之曰, 爾等在外, 意圖安寢, 離城遠駐, 旣求休息, 疾速還家, 且歸安寢可耳. 遂逐出. 以固山額眞阿山, 方到營時, 即將駐兵太遠之處, 向多爾袞言之, 免其應罰銀之半.

○ 무술일(3.23), 주상은 도로이 예군왕(睿郡王) 도르곤 등이 모두 의정 아문에 이르렀다는 것을 듣고 원정에 수행한 호군참령에게 자세히 물으니 병사의 주둔지가 성에서 매우 멀었다. 주상은 다시 분노하여 대학사 히푸·범문정·가린, 학사 로쇼·어서허이 등에게 가서 유시하게 했다. 「너희는 밖에 있으면서 편히 쉬고자 하여 성에서 멀리 주둔했다. 휴식을 취하려고 서둘러 집에 돌아왔으니 돌아가 편히 쉬면 된다.」 마침내 이들을 쫓아냈다. 구사어전 아산은 군영에 도착했을 때 병사의 주둔지가 너무 멀다고 도르곤에게 말했으므로 벌은의 절반을 면해 주었다.

○ 己亥, 科爾沁國冰圖王孔果爾卒, 遣大學士希福·理藩院副理事官希佛訥, 齎羊紙等物往祭.

○ 기해일(3.24), 코르친국의 빙투 왕 콩고르가 사망했다. 대학사 히푸와 이번원 부이사관 히퍼너(hifene, 希佛訥)를 보내 양과 종이 등의 물건을 가지고 가서 제사 지내게 했다.

○ 命朝鮮國總兵柳琳, 副將刁何良·丁天機·米塔尼·任大尼, 率兵千人, 厮卒五百人, 馬一千一百五十五匹, 往錦州, 助和碩鄭親王濟爾哈朗軍.

○ 조선국의 총병 유림(柳琳), 부장 조하량(刁何良; 趙後亮)·정천기(丁天機; 鄭侗)·미탑니(米塔尼; 李坦)·임대니(任大尼; 申檀)에게 명하여 병사 1,000명, 시종 500명, 말 1,155마리를 이끌고 금주에 가서 호쇼이 정친왕 지르갈랑의 군사를 돕게 했다.[3]

○ 辛丑, 諭戶部曰, 邇來地方每多盜賊, 俱係貿易漢人, 糾黨爲盜, 罔循法紀. 凡經商貿易, 必有主令之人, 宜於本旗地方, 或修市廛, 或就家貿易, 理也. 今則不然, 有縱家人混居別旗地方, 與別旗人合夥貿易者, 又有令其往來負販者, 俱按月勒索本息, 以致此等貿易之人, 無計措辦, 遂糾合同夥之人爲盜. 自今以後, 若居別旗地方貿易, 及街市往來貿易等人, 有爲盜者, 著令本主連坐. 既爲貿易之主, 即有約束之責, 但令晝則貿易, 夜即歸家, 當自不暇爲盜, 乃不加稽察檢束, 縱令自便, 豈非有所獲, 則利歸於己, 苟爲盜, 則罪歸於彼, 於己

---

3 『승정원일기』의 아래 기사 참조. "備邊司啓曰, 柳琳帶去中軍一員·營將三員自辟之意, 入啓蒙允矣. 中軍寧邊府使趙後亮, 中營將龍川府使李坦, 左營將瑞興府使鄭侗, 右營將永柔縣令申檀等, 願爲率去云. 將此事意, 行移兩道監司處, 使之豫爲治行, 何如? 答曰, 依啓."(비변사가 아뢰기를, "유림(柳琳)이 거느리고 갈 중군(中軍) 1원과 영장(營將) 3원을 자벽(自辟)하게 하겠다는 뜻으로 입계하여 윤허를 받았습니다. 중군은 영변부사(寧邊府使) 조후량(趙後亮), 중영장은 용천부사(龍川府使) 이탄(李坦), 좌영장은 서흥부사(瑞興府使) 정척(鄭侗), 우영장은 영유현령(永柔縣令) 신단(申檀) 등을 데리고 가길 원했다고 합니다. 이러한 뜻으로 두 도의 감사에게 행이(行移)하여 미리 행장을 꾸리도록 하는 것이 어떻겠습니까?"라고 하니, 아뢴 대로 하라고 답하였다.) 『승정원일기』 77책, 인조 19년 1월 28일 갑진.

有利無害, 故縱令爲之乎. 况此等閒散之人, 容留京師, 比屋而居, 萬一貽誤失火, 必致延燒, 不更可慮乎. 今立連坐之法, 自八家以下, 滿洲 · 蒙古 · 漢人官員人等, 各令家中閒散人, 俱歸屯居住, 牛彔章京及家長, 各嚴加稽察, 如不令此等無事之人, 歸屯居住者, 本牛彔章京及家長 · 撥什庫等, 俱坐罪, 爾部亦應嚴加稽察.

○ 신축일(3.26), 호부에 유시했다. 「근래 지방마다 도적이 많으니, 모두 교역하는 한인들이 무리를 지어 도적질을 하며 법을 따르지 않는 것이다. 교역을 할 때는 반드시 주인이 있으니 마땅히 본 기(旗)의 지역에서 가게를 열거나 혹은 집에 가서 장사하는 것이 이치이다. 지금은 그렇지 않다. 가인(家人)에게 다른 기(旗)의 지역에서 뒤섞여 살면서 다른 기(旗)의 사람과 함께 돈을 모아 장사를 하게 하는 자도 있고 가인에게 오가며 물건을 팔게 하는 자도 있어서 모두 달마다 원금과 이자를 강요하니, 이 교역하는 사람들이 돈을 마련하지 못하면 같은 패거리를 보아 도적질을 하게 된다. 지금부터 만약 다른 기(旗)의 지역에 거주하면서 교역하거나 거리에서 오가며 교역하는 자들 가운데 도적이 있으면 해당 주인을 연좌시킨다. 교역하는 주인에게는 단속의 책임이 있다. 낮에 교역하게 하고 밤에 귀가시키면 저절로 도적질할 겨를이 없을 것인데 살펴서 단속하지 않고 멋대로 하도록 내버려둔다. 그들이 얻는 것이 있으면 이익이 자신에게 돌아오고, 그들이 도적이 된다 해도 죄는 그들에게 돌아가므로 자신에게는 이익만 있고 해될 것은 없기 때문에 그렇게 하도록 내버려두는 것이 아니겠는가. 하물며 이 한산(閒散)들이 경사에 머물러 집들이 서로 가까이 붙어 살고 있으니, 실수로 불이 나면 불길이 번질 것임은 두 번 생각할 필요가 없다. 지금 연좌의 법을 두었으니, 팔가(八家) 이하 만주 · 몽고 · 한인 관원들은 각자 집안의 한산(閒散)들을 모두 거주지로 돌아오게 하고,

니루장긴과 기야잔(giyajan, 家長)[4]들은 각각 철저히 조사하라. 만약 이 할 일 없는 자들을 거주지로 돌아오게 하지 않으면 해당 니루장긴과 기야잔(giyajan, 家長)·보쇼쿠들을 모두 연좌할 것이다. 너희 호부 또한 철저히 조사하라.」

○ 先是, 和碩鄭親王濟爾哈朗·多羅武英郡王阿濟格·多羅郡王阿達禮·多羅貝勒多鐸等, 圍困明錦州, 每面立八營, 遶營浚深壕, 沿壕築垛口, 兩旗之間, 復浚長壕, 近城設邏卒哨探. 時明援兵前隊, 已至松山·杏山, 錦州城中蒙古, 見我軍嚴整, 皆大驚, 向邏卒呼曰, 爾等圍困何益, 我城中積粟, 可支二三年, 縱圍之, 豈可得耶. 邏卒應之曰, 無論二三年, 縱有四年之糧, 至五年後, 復何所食. 蒙古等聞之, 知我軍志在必得, 恐甚. 於是, 城中蒙古貝勒諾木齊·吳巴什·渾津·清善·山津·古英塔布囊·楚肯·韜台吉·博博克泰·昂阿代·蘇巴達爾漢·滿濟·額參·托濟·布達習等, 遂謀來降. 有蒙古一人聞之, 欲逃去, 往告祖大壽, 吳巴什等幽殺之, 遣二人持降書, 縋城而下, 潛入我營. 我兵獲之, 令見濟爾哈朗, 二人跪呈降書. 其書云, 荷蒙皇上降恩旨以來, 欲降無計. 今諾木齊貝勒·綽克託台吉·吳巴什台吉, 約誓已定, 欲獻東關. 乞大清國大小諸貝勒垂鑒, 遣兵近前, 圍城之西北南三面. 若不近城, 恐我等人力不多, 不能濟也. 當攜梯櫓, 作攻城狀, 再撥接應兵馬, 近城潛伏, 勿令人見. 我等已知王·貝勒等至, 早有歸我皇上之心, 今諾木齊貝勒·吳巴什台吉·渾津·清善·山津·古英塔布囊·楚肯·韜台吉·博博克泰·昂阿代·蘇巴達爾漢·滿濟·額參·托濟·布達習等, 倡率諸蒙古請降, 至二十七日黎明時, 可遣兵四面來攻, 諾木齊守東門, 吳巴什守南門.

4 기야잔(giyajan)은 王府隨侍, 즉 王府에서 시종하는 軍官을 가리킨다.

若不信我等，有上天在，有如天之聖主在．我等願爲編氓，納職貢，實出誠悃．我等所差二人既到，可擧信礮三聲以爲驗，若蒙容納，幸賜回書．濟爾哈朗覽畢，細訊之，大喜．遂與諸王·貝勒·固山額眞等議，吾等當示信於吳巴什·諾木齊等，約誓二十七日夜，兵必前進．遂擧信礮以爲驗．二十四日，遣啟心郎額爾格圖，持其降書馳奏．至是，額爾格圖等至，奏聞，上大悅．

○ 이전에 호쇼이 정친왕 지르갈랑 · 도로이 무영군왕 아지거 · 도로이 군왕 아달리 · 도로이 버일러 도도 등이 명나라의 금주를 포위하면서 각 면마다 여덟 개의 군영을 세우고, 군영을 에워싸고 참호를 깊이 파고, 참호를 따라 성가퀴를 세웠다. 두 기(旗)의 사이에 다시 긴 참호를 파고 성 가까이에 순찰병과 정탐병을 배치했다. 그때 명나라 원병의 선봉대가 이미 송산과 행산에 도착했다. 금주성 안의 몽고인들은 우리 군사가 정렬한 것을 보고 모두 크게 놀라 순찰병에게 소리쳐 말했다. "너희가 포위하는 것이 무슨 이익이 있는가. 우리 성 안에 비축한 곡식으로 2-3년은 버틸 수 있다. 포위한들 얻을 수 있겠는가." 순찰병이 응수했다. "2-3년은 물론 비록 4년치 곡식이 있다고 해도 5년 후에는 어떻게 먹겠는가?" 몽고인들이 듣고 우리 군대가 반드시 성을 얻을 뜻이 있음을 알고 매우 두려워했다. 이때에 성 안의 몽고 버일러 놈치(nomci, 諾木齊) · 우바시(ubasi, 吳巴什) · 혼진(honjin, 渾津) · 칭샨(cingšan, 淸善) · 산진(sanjin, 山津) · 구영 타부낭(guyeng tabunang, 古英塔布囊) · 추컨(cūken, 楚肯) · 히야 타이지(hiya taiji, 轄台吉) · 보복타이(boboktai, 博博克泰) · 앙가다이(anggadai, 昂阿代) · 수바 다르한(suba darhan, 蘇巴達爾漢) · 만지(manji, 滿濟) · 에센(esen, 額參) · 토이지(toiji, 托濟) · 부다시(budasi, 布達習) 등이 투항할 것을 모의했다. 몽고인 1명이 이를 듣고 조대수에게 도망가서 고발하려고 하자 우바시

가 몰래 죽였다. 그리고 두 사람을 보내 투항의 문서를 가지고 성 아래로 내려가 우리 군영에 몰래 들어왔다. 우리 병사가 붙잡아 지르갈랑을 만나게 하니, 두 사람이 무릎 꿇고 투항의 문서를 바쳤다.

그 문서에서 말했다.「황상이 내리신 성지를 받은 이래 투항하고자 했으나 방법이 없었습니다. 지금 놈치 버일러 · 촉토 타이지 · 우바시 타이지가 맹세하여 동관(東關)을 바치고자 합니다. 바라건대 대청국의 대소 버일러들은 머물러 경계하고 병사를 파견해 전진하여 성의 서 · 북 · 남 세 방면을 포위하십시오. 성 가까이에 오지 않으면 저희들의 힘이 많지 않아 도울 수 없을 것입니다. 반드시 사다리를 가져와서 성을 공격하는 모습을 만들고, 응대할 병마를 따로 배치하여 성 가까이에 매복하여 사람의 눈에 띄어서는 안 됩니다. 저희들은 이미 왕과 버일러들이 오신 것을 알고 일찍이 황상에게 귀부할 마음이 있었습니다. 지금 놈치 버일러 · 우바시 타이지 · 혼진 · 칭산 · 산진 · 구영 타부낭 · 추컨 · 히야 타이지 · 보복타이 · 앙가다이 · 수바 다르한 · 만지 · 에센 · 토이지 · 부다시 등은 앞장서 여러 몽고를 데리고 투항할 것을 청합니다. 27일 새벽에 병사를 보내 사면에서 공격하면 됩니다. 놈치는 동문을 지키고 우바시는 남문을 지킬 것입니다. 만약 저희들을 믿지 않으신다면, 위로 하늘이 계시고 하늘과 같은 성주(聖主)께서 계십니다. 저희들이 백성이 되어 직역과 세금을 납부하고자 하는 것은 모두 진심에서 나온 것입니다. 저희들이 보낸 두 사람이 이미 도착했을 것이니, 신뢰의 뜻으로 포 세 발을 쏘아서 증거로 삼아 주십시오. 만약 수용하신다면 답신을 보내 주십시오.」

지르갈랑은 읽은 후 상세히 심문하고 크게 기뻐했다. 여러 왕 · 버일러 · 구사어전 등과 의논했다. "우리는 우바시 · 놈치 등에게 신뢰를 보여야 한다. 27일 밤에 병사가 전진하기로 약속하자." 이어 신뢰의 뜻으로 포를 쏘아 증거로 삼았다. 24일에 계심랑 어르거투를 보내 그 투항문을 가지고 말을 달려 상주하게 했다. 이때에 어르거투 등이 도착하여 상주하니 주상이 크게 기뻐했다.

○ 壬寅, 多羅睿郡王多爾袞, 多羅肅郡王豪格, 多羅安平貝勒杜度, 固山貝子羅託, 公屯齊, 固山額眞阿山·譚泰·葉克書等, 令內院官范文程·剛林·額色黑代奏, 臣等身獲大罪, 荷蒙聖恩, 宥重爲輕. 今聞額爾格圖捷音, 不勝欣悅. 因係罪人, 又未奉旨, 不敢請率軍士往征. 願各帶部下人員, 及護衛等, 前往用心效力, 以贖前罪. 上怒, 責之曰, 前該爾等班次, 爾乃離城遠駐, 任意田獵行樂. 今爾等還家, 欲乘人之功, 掩爲己有耶.

○ 임인일(3.27), 도로이 예군왕(睿郡王) 도르곤, 도로이 숙군왕(肅郡王) 호오거, 도로이 안평 버일러 두두, 구사이 버일러 로토, 공(公) 툰치, 구사어전 아산·탄타이·역슈 등이 내원(內院)의 관원 범문정·가린·어서허이에게 대신 상주하게 했다.「신들은 큰 죄를 짓고도 성은을 입어 가벼이 용서받았습니다. 지금 어르커두의 승전보를 들으니 기쁨을 참을 수 없습니다. 죄인의 몸이고 성지를 받지 못하여 감히 군사를 이끌고 원정을 가겠다고 청할 수 없습니다. 바라건대 각각 속하 인원과 호위들을 데리고 나아가 힘써 노력하여 이전의 죄를 씻겠습니다.」주상이 노하여 질책했다. "이전에 너희 차례에 성에서 멀리 주둔하고 멋대로 사냥하고 놀았다. 지금 너희는 집에 돌아왔으면서 다른 사람의 공에 편승하여 자신의 것으로 삼겠다는 것인가."

○ 是日, 和碩鄭親王濟爾哈朗·多羅武英郡王阿濟格·多羅郡王阿達禮·多羅貝勒多鐸等, 遣護衛代袞·阿思哈·卓三等, 奏錦州蒙古貝勒諾木齊·吳巴什等歸降, 及我軍攻克錦州外城捷音. 先是, 二十四日，祖大壽聞吳巴什・諾木齊等叛，遂整兵以待，會日暮，至外城門，遣副將・遊擊各一人率兵，欲以計擒吳巴什等，爲吳巴什等所覺，即執兵器以迎，外城蒙古等，亦爭執兵器，既接戰，聲聞關外．濟爾哈朗・阿濟格・多鐸等，相繼至城下策應，關內蒙古縋繩城下，我兵陸續援繩而上，以援蒙古，夾擊明兵．於城上吹角，明兵敗入內城．我軍遂皆入關廂，其城中蒙古男婦，及一切器物，盡送義州．濟爾哈朗，遣護衛代袞等，齎疏奏報，臣等蒙皇上洪福，於三月二十四日，日暮時，聞錦州關內蒙古兵，與城內明兵接戰，兩白旗營相去甚近，率兵先登，左右之兵，相繼盡登，俱至外城．諾木齊塔布囊・綽克託台吉・吳巴什台吉等，盡率其官屬兵丁以降，都司・守備・把總・管隊等官八十六員，男子・婦女・幼稚，共六千二百一十一名口．時喀喇沁部落古魯思轄布查薩袞杜稜，具筵進獻，適捷音至，上大悅，命八門擊鼓，召衆於篤恭殿，宣捷．

○ 이날 호쇼이 정친왕 지르갈랑・도로이 무영군왕 아지거・도로이 군왕 아달리・도로이 버일러 도도 등이 호위(護衛) 다이군・아스하・조오산(joosan, 卓三) 등을 보내 금주의 몽고 버일러 놈치・우바시 등이 투항했고 우리 군대가 금주의 외성을 함락했다는 승전보를 상주했다. 이전 24일에 조대수는 우바시・놈치 등이 배반했다는 소식을 듣고 병사를 정비하여 대기했다. 날이 저물자 외성문으로 와서 부장과 유격 각각 한 사람이 병사를 데리고 우바시 등을 체포하려 하였으나 우바시 등에게 발각되었다. 이에 무기를 들고 대응하니 외성의 몽고인들도 무기를 들고 서로 접전하여 싸우는 소리가 관문 밖에 들려왔다. 지르갈랑・아지거・도도 등은 잇달아 성 아래에 이르러 서로 호응하니, 관문 안의 몽고인들이 줄을 성 아래로 내려뜨려 우리 병사들이 잇달아 줄을 잡고 올라가 몽고인들을 도와서 명나라 병사를 공

격했다. 성 위에서 호각을 부르니 명나라 병사들이 패하여 내성으로 들어갔다. 우리 군사들은 모두 관문의 결채로 들어가 성 안의 몽고 남녀와 모든 기물을 의주로 운반했다. 지르갈랑은 호위(護衛) 다이군 등을 보내 상주문을 가지고 보고하게 했다. 「신들은 황상의 큰 복을 입어, 3월 24일 날이 저물 때 금주의 관문 안에서 몽고 병사들이 성안의 명나라 군대와 접전하는 것을 들었습니다. 성이 두 백기의 군영과 매우 가까워 병사를 이끌고 먼저 올랐고 좌우의 병사들이 연이어 모두 올라서 모두 외성에 이르렀습니다. 놈치 타부낭 · 촉토 타이지 · 우바시 타이지 등이 모두 관속과 병정을 데리고 투항했습니다. 도사(都司) · 수비(守備) · 파총(把總) · 관대(管隊) 등 관원 86명, 남자 · 부녀자 · 어린아이 모두 6,211명입니다.」 이때 카라친 부락의 구루스히얍자사군 두렁이 연회를 바치고 있었는데 마침 승전보가 도착하자 주상이 크게 기뻐했다. 여덟 문에 북을 울려 무리를 독공전에 모이게 하고 승전보를 알렸다.

○ 癸卯, 蒙古吳巴什台吉 · 諾木齊塔布囊等將至, 命多爾濟達爾漢諾顏 · 楊善等, 迎至廣城, 宴之.

○ 계묘일(3.28), 몽고 우바시 타이지 · 놈치 타부낭 등이 도착하려 하자 도르지 다르한 노얀 · 양샨 등에게 명하여 광성(廣城)에 가서 맞이하고 잔치하게 했다.

○ 甲辰, 吳巴什台吉 · 諾木齊塔布囊等至, 上率諸王 · 貝勒, 及文武各官, 出懷遠門, 迎至演武亭. 上率衆拜天, 行禮畢, 上陞座. 諾木齊 · 吳巴什等, 率部衆朝見, 行三跪九叩頭禮, 令諾木齊 · 吳巴什等較射, 又令大臣·侍衛等較射, 選力士角觝畢, 賜大宴宴之. 諾木齊·吳巴什等, 獻雕鞍馬匹·琥珀念珠·金銀器皿·蟒衣等物. 上曰, 爾等進獻, 具見悃忱, 但歸誠伊始, 朕當加恩賞賚. 悉却之, 仍自懷遠門入, 還宮.

○ 갑진일(3.29), 우바시 타이지·놈치 타부낭 등이 도착했다. 주상은 여러 왕·버일러 및 문무 관원들을 이끌고 회원문(懷遠門)을 나가 연무정(演武亭)에서 맞이했다. 주상은 무리를 이끌고 하늘에 절하고 예를 마친 후 자리에 앉았다. 놈치·우바시 등은 부락의 사람들을 이끌고 알현하며 삼궤구고두의 예를 행하였다. 놈치·우바시 등에게 활쏘기 시합을 시키고, 또 대신·시위 등에게 활쏘기 시합을 시키고 씨름꾼에게 씨름을 시킨 후 큰 잔치를 베풀었다. 놈치·우바시 등은 조각한 안장을 갖춘 말·호박 염주·금은 그릇·망단 옷 등의 물건을 바쳤다. 주상이 말했다. "너희가 바친 것은 모두 마음을 보인 것이다. 다만 귀부한 진심에서 비롯된 것이니 짐이 마땅히 은상을 내려야 할 것이다." 바친 물건을 모두 받지 않았다. 이어 회원문으로 들어와 환궁했다.

○ 乙巳, 以錦州來降諾木齊塔布囊·吳巴什台吉, 攜來蒙古男子一千五百七十三名, 漢人一百三十九名, 婦女·幼稚二千六百五十五口, 編爲九牛彔, 每三丁一人披甲. 諾木齊及部下蒙古二百四人, 分隷正黃旗. 吳巴什及部下蒙古七百二人, 分隷鑲藍旗. 阿邦·伊木圖·文都爾戶·滿桃, 及其部下蒙古五百五十三人, 分補各旗之缺額者. 令諾木齊·吳巴什, 照梅勒章京品級, 阿桑喜·滿桃·額布根·海塞·巴布代·額布格爾德·渾津, 照甲喇章京品級. 巴布代弟俄爾洪·安達哈·山津·多爾津·伊木圖·文都爾戶·阿邦等, 照牛彔章京品級. 併達爾馬·古習·畢圖·塞木·綽思熙·巴松·額格特·僧格·明安, 喀喇沁部落巴圖·博爾洪·託博克·俄本代·敦朱特·布爾基·馬察克·畢力克·敦津·博龍·俄爾洪塔布囊·諾木舍利塔布囊·諾木齊·白喜·巴達克·伊素得·薩爾寨塔布囊·達蘭泰·阿津·巴顏圖爾噶圖·莽塞·葉琫·古路·朱根·圖濟等, 各賜頂帶·朝衣·鞍馬·撒袋·弓矢·甲胄·白金·綵緞·文綺·莊田·人口·牲畜·布疋等物有差.

○ 을사일(3.30), 금주에서 투항해 온 놈치 타부낭·우바시 타이지가 데려온 몽고 남자 1,573명, 한인 139명, 부녀자·어린아이 2,655명을 아홉 개 니루로 편제하고 세 장정마다 한 사람을 피갑으로 삼았다. 놈치와 부하 몽고인 204명을 정황기에 나누어 예속시켰다. 우바시와 부하 몽고인 702명을 양람기에 나누어 예속시켰다. 아방(abang, 阿邦)·임투(imtu, 伊木圖)·운두르후(unduiluū, 文都爾戶)·만타오(mantao, 滿桃) 및 부하 몽고인 553명은 결원이 있는 각 기(旗)에 보충시켰다. 놈치와 우바시는 머이런장긴의 품급, 아상히(asanghi, 阿桑喜)·만타오·어부건·하이서·바부다이(babudai, 巴布代)·어부걸더이(ebugeldei, 額布格爾德)·혼진은 잘란장긴의 품급, 바부다이의 동생 오르혼(orhon, 俄爾洪)·안다하(andaha, 安達哈)·산진·도르진·임투·운두르후·아방 등은 니루장긴의 품급을 주었다. 아울러 다르마·구시(gusi, 古習)·비투(bitu, 畢圖)·서무(semu, 塞木)·초스히·바숭(basung, 巴松)·어거터이(egetei, 額格特)·성거·밍간, 카라친 부락의 바투·보르혼(borhon, 博爾洪)·토복·오분다이(obundai, 俄本代)·돈주트(donjut, 敦朱特)·부르기(burgi, 布爾基)·마착(macak, 馬察克)·빌릭(bilik, 畢力克)·돈진(donjin, 敦津)·보롱(borong, 博龍)·오르혼 타

부낭(orhon tabunang, 俄爾洪塔布囊) · 놈셔리 타부낭(nomšeri tabunang, 諾木舍利塔布囊) · 놈치(nomci, 諾木齊) · 버히(behi, 白喜) · 바닥(badak, 巴達克) · 이수더이(isudei, 伊素得) · 사르자이 타부낭(sarjai tabunang, 薩爾寨塔布囊) · 달란타이(dalantai, 達蘭泰) · 아진(ajin, 阿津) · 바얀 투르가투(bayan turgatu, 巴顔圖爾噶圖) · 망서(mangse, 莽塞) · 여봉(yebong, 葉琫) · 구루(guru, 古路) · 주건(jugen, 朱根) · 투지(tuji, 圖濟) 등에게 각각 정대(頂帶) · 조의(朝衣) · 안장채운 말 · 화살집 · 활과 화살 · 갑옷과 투구 · 백금 · 채단(綵緞) · 문기(文綺) · 장전(莊田) · 인구(人口) · 가축 · 포필(布疋) 등의 물건을 차등 있게 하사했다.

夏四月, 丙午朔.

○ 여름 4월 병오일 초하루(4.1).

○ 丁未, 遣阿哈尼堪 · 索爾果 · 東果羅 · 車克等, 率每牛彔兵五人, 赴錦州, 助和碩鄭親王濟爾哈朗軍.

○ 정미일(4.2), 아하니칸 · 솔고(solgo, 索爾果) · 동고로 · 처커 등을 보내 니루마다 5명을 데리고 금주에 가서 호쇼이 정친왕 지르갈랑의 군대를 돕게 했다.

○ 是日, 和碩鄭親王濟爾哈朗, 多羅武英郡王阿濟格, 多羅郡王阿達禮, 多羅貝勒多鐸 · 羅洛宏等, 遣席納海 · 喇世塔 · 薩木哈 · 塔代等, 自錦州奏報, 明人援兵, 自杏山至松山. 濟爾哈朗 · 阿達禮 · 羅洛宏等, 率右翼護軍及騎兵, 伏於錦州南山西岡. 阿濟格·多鐸等, 率左翼兵, 伏於松山北嶺. 令前鋒兵, 往誘敵兵來追, 我伏兵齊出, 前鋒兵反擊, 右翼伏兵, 又追擊其後, 大敗之, 斬一百七十人, 獲馬一百十六匹, 甲七十六副.

○ 이날 호쇼이 정친왕 지르갈랑, 도로이 무영군왕 아지거, 도로이 군왕 아달리, 도로이 버일러 도도·롤로혼 등이 시나하이(sinahai, 席納海)·라시타(lasita, 喇世塔)·삼하나·타다이(tadai, 塔代) 등을 보내 금주에서 보고했다. 「명나라의 구원병이 행산에서 송산에 이르렀습니다. 지르갈랑·아달리·롤로혼 등이 우익의 호군과 기마병을 데리고 금주의 남산 서쪽 언덕에 매복했습니다. 아지거·도도 등은 좌익의 병사를 이끌고 송산의 북쪽 봉우리에 매복했습니다. 전봉의 병사들에게 명하여 적병을 유인하여 쫓아오게 하니, 우리의 매복한 병사들이 모두 나오고 전봉 병사들은 반격하고 우익의 복병들 역시 후미를 추격하여 크게 격파했습니다. 170명을 참하고 말 116마리와 갑옷 76벌을 획득했습니다.」

○ 己酉, 和碩鄭親王濟爾哈朗, 多羅武英郡王阿濟格, 多羅郡王阿達禮, 多羅貝勒多鐸·羅洛宏等, 自錦州遣人奏報. 俘獲人數, 共四千三百七十四口. 明援松山·杏山兵, 俱已撤還, 或云屯駐寧遠, 或云已過寧遠, 聞欲牧馬造箭, 又恐我兵掘壕, 圍斷高橋, 故遂撤去. 我國察哈爾兵, 及蒙古兵之馬瘦者, 初一日皆至, 惟穆章兵未至耳. 又蒙古古什者, 原與諾木齊·吳巴什等, 同謀歸附, 因衆人來降時, 伊在城中, 未能偕至, 尋越城來降, 誤墜傷肱, 今併攜之以歸.

○ 기유일(4.4), 호쇼이 정친왕 지르갈랑, 도로이 무영군왕 아지거, 도로이 군왕 아달리, 도로이 버일러 도도 · 롤로혼 등이 금주에서 사람을 보내 보고했다. 「노획한 사람의 수는 모두 4,374명입니다. 명에서 구원하러 온 송산과 행산의 병사들은 이미 모두 철수했습니다. 영원에 주둔했다고도 하고 이미 영원을 지났다고도 하지만, 듣기에 말을 키우며 화살을 준비하려 하고, 또 우리 병사들이 참호를 파고 다리를 끊어버릴 것을 두려워하여 철수했다고 합니다. 우리나라의 차하르 병사들과 몽고 병사들 가운데 말이 지친 자들은 초하루에 모두 도착했습니다. 무장의 병사들만 아직 도착하지 않았습니다. 또한 몽고의 구시(gusi, 古什)라는 자는 원래 놈치 · 우바시 등과 함께 귀부하려 했으나, 여럿이 투항할 때 그는 성 안에 있어서 함께 오지 못했습니다. 얼마 후 성을 넘어 투항하다가 넘어져 팔을 다쳤습니다. 지금 함께 데리고 돌아왔습니다.」

○ 庚戌, 遣恭順王孔有德 · 智順王尚可喜, 各率本部將士赴錦州, 助和碩鄭親王濟爾哈朗軍.

○ 경술일(4.5), 공순왕 공유덕 · 지순왕 상가희를 보내 각각 본부의 장수와 병사를 데리고 금주에 가서 호쇼이 정친왕 지르갈랑의 군사를 돕게 했다.

○ 大學士范文程 · 剛林, 學士額色黑奏言, 前錦州撤回諸王 · 貝勒, 及諸大臣, 違命離城遠駐, 任意田獵, 怠玩從事, 上怒之誠是. 但國中諸王 · 貝勒 · 大臣, 半皆獲罪, 不許入署, 又未獲入覲天顏. 臣等思伊等回家日久, 復近更番之期, 各部事務, 及攻戰器械, 一切機宜俱誤, 望皇上少霽天威, 仍令入署辦事. 上曰, 候降諭旨.

○ 대학사 범문정 · 가린, 학사 어서허이가 상주했다. 「앞서 금주에서 돌아온 여러 왕 · 버일러 및 여러 대신들이 명을 어기고 성에서 멀리 주둔하고 멋대로 사냥하고 일에 태만한 것에 대해 주상이 노하신 것은 진실로 옳습니다. 다만 나라 안의 여러 왕 · 버일러 · 대신들의 절반이 죄를 얻어 부서에 출입하지 못하고 황제를 알현하지 못하고 있습니다. 신들이 생각건대, 그들이 집에 돌아온 지 오래되어 다시 교대할 시기가 다가오고 있으나, 각 부서의 업무와 전쟁 무기 등 모든 일 처리가 잘 되지 않고 있습니다. 바라건대 황상께서 노여움을 푸시고 (그들이) 부서에 들어와 일을 처리하게 해 주십시오.」 주상이 말했다. "유지를 내리기를 기다려라."

○ 壬子, 上召范文程 · 剛林 · 額色黑, 進淸寧宮, 諭曰, 爾等集獲罪諸王 · 貝勒 · 大臣等, 於篤恭殿前, 傳朕命. 令諸王 · 貝勒 · 大臣等, 各入署辦事, 不可怠惰, 不許入大淸門. 如遇朕出, 亦不許隨行. 非惡伊等, 不令相見, 但伊等來見, 朕無言可問, 伊等亦無言可答, 朕將託何辭以問, 伊等又託何辭以答耶. 若靜默相對, 殊無謂也. 范文程 · 剛林奏曰, 獲罪諸王 · 貝勒等, 俱係皇上子弟, 旣已訓誡而寬宥之, 令其入朝會公所, 未知可否. 上不允. 范文程 · 剛林 · 額色黑等, 至篤恭殿, 傳上諭. 諸王 · 貝勒 · 大臣奏曰, 一切惟上命是聽, 臣等有何辭可對. 遂各赴署辦事.

○ 임자일(4.7), 주상이 범문정 · 가린 · 어서허이를 청녕궁으로 불러들여 유시했다. "너희는 죄를 지은 여러 왕 · 버일러 · 대신들을 독

공전 앞으로 불러서 짐의 명령을 전하라. 여러 왕 · 버일러 · 대신들에게 각각 부서에 들어가 일을 처리하고 태만하지 않게 하라. 대청문에 들어오는 것은 허락하지 않는다. 짐이 나가도 따라오지 말라. 그들을 미워해서 만나지 못하게 하는 것이 아니다. 그들이 만나러 와도 짐은 물어볼 말이 없고 그들도 대답할 말이 없다. 짐이 무슨 말로 물을 것이며 그들도 무슨 말로 답하겠는가. 침묵으로 상대하는 것은 아무 의미가 없다." 범문정과 가린이 상주했다. "죄를 얻은 여러 왕 · 버일러 들은 모두 황상의 자제(子弟)입니다. 이미 훈계하고 용서하였으니 조회(朝會)와 공소(公所)에 들어오게 해도 될지 모르겠습니다." 주상이 허락하지 않았다. 범문정 · 가린 · 어서허이 등이 독공전에 가서 상유를 전달했다. 여러 왕 · 버일러 · 대신들이 상주했다. "모두 주상의 명령을 따르겠습니다. 신들이 무슨 말로 답하겠습니까." 각각 부서에 가서 일을 처리했다.

○ 甲寅, 上召內院諸臣進淸寧宮, 命讀元史. 至世祖忽必烈, 遣丞相伯顏, 率師征宋, 時值炎天, 恐行兵不利, 敕俟入秋再擧. 伯顏奏云, 宋之據江海, 如窮獸之負嵎, 今已困彼, 旋復縱之, 則逸而逝矣. 遂南征滅宋, 統有天下. 上遣大學士范文程 · 剛林等, 至篤恭殿, 傳諭有罪王 · 貝勒 · 貝子 · 公 · 大臣等曰, 元世祖恐炎熱, 敕伯顏俟入秋伐宋, 伯顏執論必擧, 遂興師滅之. 今汝等不圍逼錦州, 屯兵遠處, 任意畋獵, 急圖歸家, 視彼爲何如也. 朕非窮究爾等, 但以伯顏勤國之心, 令爾等知之耳.

○ 갑인일(4.9), 주상이 내원(內院)의 여러 신하들을 청녕궁으로 불러 『원사(元史)』를 읽게 했다. 세조 쿠빌라이 칸은 승상 바얀(bayan, 伯顏)을 보내 군사를 데리고 송을 정벌하게 했다. 이때 날이 매우 더워서

군사를 움직이기에 좋지 않았으므로 입추까지 기다려 다시 거병하게 했다. 바얀이 상주하여 말했다. "송(宋)이 강과 바다를 의지하고 있는 것은 궁지에 몰린 짐승이 험지에 의지하여 저항하는 것과 같습니다. 지금 이미 그들을 포위했는데 다시 풀어 주면 달아나 버릴 것입니다." 이에 남쪽으로 정벌하여 송을 멸망시키고 천하를 통일했다. 주상은 대학사 범문정·가린 등을 보내 독공전에 가서 죄를 지은 왕·버일러·버이서·공·대신들에게 유시를 전하게 했다. "원의 세조가 더위를 걱정하여 바얀에게 입추를 기다려 송을 정벌하게 하자 바얀은 반드시 거병해야 한다고 주장하여 마침내 군대를 일으켜 송을 멸했다. 지금 너희는 금주를 포위하지 않고 먼 곳에 주둔하고 멋대로 사냥하고 서둘러 집에 돌아오고자 했으니, 바얀을 보면 어떠한가. 짐은 너희를 몰아붙이는 것이 아니라 바얀이 나라를 위해 애쓰는 마음을 너희에게 알게 하려는 것뿐이다."

○ 薩穆什喀以獲罪辨奏, 臣率兵五十人, 實曾戰敗博穆博果爾, 方戰之時, 伏兵適至, 索海 · 譚布 · 拜等同黨, 言係伊等所擊敗, 而以臣爲敗奔, 加之以罪, 今有博穆博果爾, 請加質問. 上命兵部 · 刑部會議, 據薩穆什喀原供, 敵兵甚衆, 我兵止有五十人, 不宜輕進, 欲少俟連絡再入, 故立待之, 如此則無庸復問博穆博果爾矣. 今薩穆什喀, 又供率兵五十, 敗敵四千, 追里許, 至河邊, 敵兵跳河, 索海等方至. 若薩穆什喀果以五十人, 敗敵四千, 復追里許, 則所領士卒, 何未傷一人. 自忘前供, 復行巧辯, 殊屬不合. 仍應照前議定罪, 籍其家. 奏聞, 上令王 · 貝勒 · 貝子 · 固山額眞, 及議政大臣復審. 議薩穆什喀, 反復欺誑, 應論死, 籍其家. 奏聞, 上召衆於篤恭殿, 宣諭曰, 往征博穆博果爾時, 將士陣亡, 皆爾薩穆什喀 · 伊孫等, 庸懦之所致也. 違命遠屯, 不牧馬匹, 師行甚急, 以致馬斃五千餘匹, 人亦受傷. 爾索海 ·

薩穆什喀·伊孫·拜等, 果行兵有法, 朕豈有不敍功者乎. 薩穆什喀, 念有舊勞, 從寬免罪, 罰銀四百兩.

○ 삼시카가 죄를 지은 일에 대해 변론하여 상주했다. 「신은 병사 50명을 데리고 봄보고르를 격파했었습니다. 전투를 하려 할 때 마침 복병이 이르렀는데, 소오하이 · 탐부 · 바이 등이 결탁하여 그들이 격파한 것이라 하고 신을 패주한 것으로 만들어 죄를 씌웠습니다. 지금 봄보고르가 있으니 대질하여 심문해 주십시오.」 주상이 병부와 형부에 명하여 회의하게 했다. 「삼시카는 원래 진술하기를, "적병은 매우 많고 우리 병사는 50명에 불과해서 함부로 진격하지 않고 잠시 연락을 기다려 다시 진입하려고 서서 기다렸다."라고 했습니다. 이와 같아서 봄보고르에게 다시 물을 필요가 없었습니다. 지금 삼시카는 병사 50명을 데리고 적 4,000명을 격파하고 1리 정도 추격하여 강가에 이르렀는데 적병이 강으로 달아나자 소오하이 등이 도착했다고 합니다. 만약 삼시카가 정말로 50명으로 적 4,000명을 격파하고 다시 1리 남짓 추격했다면 거느린 사졸이 어떻게 한 명도 다치지 않았겠습니까. 자신이 이전에 진술한 것을 잊고 다시 거짓말을 하니 매우 옳지 못합니다. 이전에 의논한 대로 죄를 주어 가산을 적몰해야 합니다.」

상주하자 주상이 왕 · 버일러 · 버이서 · 구사어전 및 의정대신들에게 다시 심사하게 했다. 삼시카가 거듭 거짓말을 하니 사형에 처하고 가산을 적몰해야 한다고 의논했다. 상주하자 주상이 사람들을 독공전으로 불러 선유했다. 「봄보고르를 정벌하러 갔을 때 장수와 병사들이 전투 중에 죽은 것은 모두 너 삼시카 · 이순 등이 어리석고 유약해서 그렇게 된 것이다. 명을 어기고 멀리 주둔하고 말을 다스리지 않고 군사를 급히 움직여 말 5,000여 마리가 죽고 사람도 다쳤다. 너 소오하이 · 삼시카 · 이순 · 바이 등이 병사를 움직이는 데 법도가 있었다면 짐이 어찌 공적을 기록하지 않았겠는가. 삼시카는 과거에 공로가 있음을 생각하여 용서하고 죄를 면해 주고 벌은 400냥을 부과한다.」

○ 庚申, 都察院參政祖可法·張存仁, 理事官馬國柱·雷興等奏言, 臣等竊見皇上智勇天縱, 算無遺策, 兵戈所指, 即見成功, 錦州自亂, 旬日之間, 全城可得, 錦州既得, 他城自不勞而定也. 惟是撤回諸王·貝勒·大臣, 領兵疏畧, 退步安營, 使敵人得有閒暇, 大失機宜, 兼之圍獵縱樂, 法當重懲, 臣等理應參奏. 但未得其詳, 不敢入告. 今從寬治罪, 實出皇上格外之恩, 在諸王·貝勒·大臣, 亦自知罪, 愧悔交集. 由臣等觀之, 明關外等城, 危在旦夕. 正我軍奮力之時, 皇上用人之會也. 宜相機籌畫, 期在速成, 諸王·貝勒·大臣, 既蒙恩宥, 自必黽勉立功, 以贖前愆. 皇上乃一國之主, 黎庶之天, 理應於臣下有罪即罰, 有功即賞, 何必君臣隔越, 不令相見, 方凜皇上之威, 方顯臣下之過乎. 況大勳在邇, 宜與大小臣工, 朝夕議論, 以期有成. 臣等叨居言職, 故敢冒昧進言, 望皇上開使過之仁, 容覲天顏, 自必力圖報效也. 上是之.

○ 경신일(4.15), 도찰원참정 조가법(祖可法)·장존인(張存仁), 이사관(理事官) 마국주(馬國柱)·뇌흥(雷興) 등이 상주했다. 「신들이 삼가 보건대, 황상의 지혜와 용기가 뛰어나고 계책에 실수가 없고 전쟁을 하면 성공하니, 금주(錦州)는 스스로 어지러워져서 열흘 내에 성을 얻을 수 있고, 금주를 얻으면 다른 성도 저절로 힘들이지 않고 얻을 수 있습니다. 다만 철수한 여러 왕·버일러·대신들의 군대 지휘가 소홀하고 병영에 안주하여, 적에게 여유를 주어서 큰 기회를 놓쳤습니다. 게다가 몰이사냥에 탐닉하니, 법으로 무겁게 징계하고 신들이 탄핵해야 하는데, 단지 아직 상세히 몰라서 감히 고하지 않았습니다. 지금

관대하게 치죄한 것은 실로 황상의 파격적인 은혜입니다. 여러 왕·버일러·대신들도 스스로 죄를 알고 부끄러워하며 모였습니다. 신들이 보건대 명나라 산해관 밖의 여러 성은 매우 위태롭습니다. 바로 우리 군대가 분발할 때이고 황상께서 사람을 쓸 기회입니다. 마땅히 기회를 보아 계획하고 빠르게 성사시켜야 합니다.

여러 왕·버일러·대신들은 은혜를 입었으므로 반드시 스스로 힘써 공을 세워서 속죄해야 합니다. 황상께서는 한 나라의 주인이고 백성의 하늘이니, 신하가 죄를 지으면 벌을 주고 공을 세우면 상을 주는 것이 이치입니다. 어찌 반드시 군주와 신하가 떨어져서 서로 보지 못하게 해야 황상의 위엄이 당당하고 신하의 과오가 드러나겠습니까. 하물며 큰 공적이 가까이 있으니 마땅히 대소 신하와 조석으로 의논해야 이룰 수 있습니다. 신들은 언관의 직책에 있기 때문에 외람됨을 무릅쓰고 진언하니, 바라건대 황상께서는 과실이 있는 사람을 쓰고 가까이하여 그들이 스스로 힘을 다해 보은하게 하십시오.」 주상이 옳다고 여겼다.

○ 壬戌, 多羅睿郡王多爾袞·多羅肅郡王豪格·多羅安平貝勒杜度·多羅饒餘貝勒阿巴泰·固山貝子羅託·固山額眞阿山·譚泰·葉克書等, 言於大學士范文程·希福·剛林·學士羅碩·額色黑等曰, 我等獲罪甚重, 蒙皇上深恩, 從輕處分. 我等愚誠, 既不敢親奏於上, 若緘默不言, 皇上必不召見我等, 有罪之人, 自當哀懇, 上必宥而見焉. 然心中惶惑莫定, 未審如何乃善, 煩爲我等議之. 希福·范文程·剛林·羅碩等, 具以獲罪諸王·貝勒等言奏聞. 上命希福·范文程·剛林·羅碩等, 傳諭諸王·貝勒·大臣, 令照舊各赴朝會之所, 其在各部辦事大臣, 有事, 仍照常來奏. 希福·范文程·剛林奏曰, 諸王·貝勒·大臣, 當必懽忭, 奏請謝恩, 可否勉從其請, 伏候上裁. 上不允,希福·范文程·剛林等, 傳諭, 王·貝勒·衆大臣, 俱感激懽悅, 遂進大清門, 各入朝辦事.

○ 임술일(4.17), 도로이 예군왕(睿郡王) 도르곤·도로이 숙군왕(肅郡王) 호오거·도로이 안평 버일러 두두·도로이 요여 버일러 아바타이·구사이 버이서 로토, 구사어전 아산·탄타이·역슈 등이 대학사 범문정·히퍼·가린, 학사 로쇼·어서허이 등에게 말했다. "우리는 큰 죄를 지었는데 황상의 깊은 은혜를 입어 가벼운 벌로 처리되었다. 우리 어리석은 사람은 감히 황상께 직접 상주하지 않았는데, 만약 말을 하지 않으면 황상께서 반드시 우리를 불러 보시지 않을 것이다. 죄지은 자들이 스스로 애원하면 황상께서 반드시 용서하고 보아주실 것이다. 그러나 마음의 두려움과 당혹감이 안정되지 않고, 어찌해야 좋을지 몰라서 번거롭게 우리가 의논하게 되었다." 히퍼·범문정·가린·로쇼 등은 죄를 지은 여러 왕·버일러들의 말을 갖추어 상주했다. 주상이 히퍼·범문정·가린·로쇼 등에게 명하여 여러 왕·버일러·대신들에게 유시를 전하게 했다. 「이전대로 각자 조회하던 곳에 가서 각 부(部)의 판사대신(辦事大臣)으로서 일이 있으면 상례대로 와서 상주하라.」 히퍼·범문정·가린이 상주했다. 「여러 왕·버일러·대신들이 반드시 기뻐하며 사은을 주청할 것이니 마지못해 청을 허락하실지 여부를 주상께서 결정해 주시기를 삼가 바랍니다.」 주상이 허락하지 않았다. 히퍼·범문정·가린이 유시를 전하자 왕·버일러·대신들이 모두 감격하고 기뻐했고, 마침내 대청문(大淸門)으로 가서 각자 입조하여 일을 처리했다.

○ 二分章京辛泰病故, 以其子托紐襲職. 牛彔章京兼半個前程代松阿病故, 以其子阿納海襲職. 三等甲喇章京孫扎秦之子冷格禮病故, 以其孫濟馬護襲職.

○ 이분장긴(二分章京) 신타이(sintai, 辛泰)가 병사하여 그 아들 토니오(tonio, 托紐)에게 습직시켰다. 니루장긴 겸 반개전정(半個前程) 다이숭가가 병사하여 그 아들 아나하이(anahai, 阿納海)에게 습직시켰다. 삼등 잘란장긴 순자친(sunjacin, 孫扎秦)의 아들 렁거리가 병사하여 그 손자 지마후에게 습직시켰다.

○ 甲子, 上召衆於篤恭殿, 諭曰, 八家所屬每牛彔, 舊取辦事人四名, 銀匠五名. 今宜各退辦事人二名, 銀匠四名, 每牛彔止許留銀匠一名, 鐵匠一名, 辦事人二名. 王·貝勒等, 各令家下漢人, 學習匠役, 待三年後, 再將各牛彔匠役停止. 每牛彔原鐵匠六名, 王·貝勒取一名, 退去一名, 止許留四名. 每牛彔滿洲三人中, 許一人披甲. 以六十名爲常數, 其中或多或少, 務於三人中選一人. 他牛彔甲雖有餘, 亦不許補不足者. 今後漢人匠役, 不許造弓箭貨賣, 違禁造賣者治罪. 各牛彔人有造弓者, 該管牛彔章京親驗, 給角筋製造. 令鞍匠造鞍, 有造弓鞍不如式, 及擅索工價·推諉不造者, 送法司治罪. 有舊披甲人, 詐稱年老, 令家奴代披, 及牛彔章京之子, 徇私不令披甲者, 各固山額眞·牛彔章京稽察. 其有稽察不公, 後被牛彔人首出者, 罪之.

○ 갑자일(4.19), 주상이 무리를 독공전에 불러 유시했다. "팔가(八家)에 속한 각 니루에서 이전에 일꾼[5] 4명과 은장(銀匠) 5명을 취했었

---

5 원문의 辦事人은 만주어의 baitangga를 가리킨다. baitangga는 심부름꾼, 잡역

다. 지금 일꾼 2명과 은장 4명을 줄여서, 각 니루에 은장 1명, 철장(鐵匠) 1명, 일꾼 2명만을 남겨라. 왕과 버일러들은 각자 팔가에 속한 한인에게 장역(匠役)을 배우게 하고, 3년을 기다린 후 다시 각 니루의 장역을 중지하라. 각 니루의 원래 철장(鐵匠) 6명은 왕과 버일러가 1명을 취하고 1명은 돌려보내고 4명만 남겨 두도록 허락한다. 각 니루의 만주인 3명 가운데 1명만을 피갑(披甲)으로 허락한다. 60명을 일정한 수로 하여, 그 가운데 혹 많기도 하고 혹 적기도 하겠지만 3명 가운데 1명을 선발하는 데 힘쓰라. 다른 니루의 피갑이 남아도 부족한 수를 보충하는 것을 불허한다. 지금부터 한인 장역은 활과 화살을 만들어서 판매하는 것을 불허하며, 금령을 위반하고 만들어서 팔면 죄로 다스릴 것이다. 각 니루의 사람이 활을 만드는 경우에 관할 니루장긴이 직접 검사하고 뿔과 힘줄을 지급하여 만들게 하라. 안장(鞍匠)이 말안장을 만들 때 활과 말안장을 규격대로 만들지 않거나, 공임비를 착취하거나, 일을 미루고 만들지 않으면 법사(法司)에 보내어 치죄하라. 오래 피갑이었던 자가 연로함을 사칭하고 가노(家奴)에게 대신 피갑을 시키거나, 니루장긴의 아들이라고 사정을 보아주어 피갑을 시키지 않으면 각 구사어전과 니루장긴은 조사하라. 조사가 불공정하여 나중에 니루의 사람에게 고발당하면 치죄할 것이다."

○ 以厄魯特部落墨爾根戴青使臣諾壘, 送拜山至, 賜諾壘, 及其從役, 銀兩有差.

부, 일꾼의 뜻이고, 衙門에서 일하는 官品이 없는 서기 · 匠人 · 의사 등을 가리키는 포괄적인 용어이다. 栢唐阿 · 拜唐阿로 음역하고 執事人 · 小差使 · 當差人 · 匠役 등으로 의역했다.

○ 울러트 부락의 머르건 다이칭의 사신 노로(noro, 諾壘)가 바이산을 송별하러 왔기에, 노로와 그 종역인(從役人)에게 은량을 차등 있게 하사했다.

○ 賜俄齊爾, 朝衣·鞓帶·鞍馬·帽·韡等物, 以其自松山來降故也.

○ 오치르에게 조의(朝衣)·가죽띠·안장을 갖춘 말·모자·신발 등의 물건을 하사했는데, 그가 송산(松山)에서 투항했기 때문이었다.

○ 蒿齊忒部落博羅特額爾德尼, 聞固倫額駙和碩親王額哲喪, 遣綽爾濟來弔, 獻馬二匹. 賜綽爾濟及其從役緞布有差.

○ 호오치트 부락의 볼로트 어르더니가 구룬 어푸 호쇼이 친왕 에제이의 상(喪) 소식을 듣고 초르지를 파견하여 조문해 와서 말 2마리를 바쳤다. 초르지와 종역인(從役人)에게 비단과 면포를 차등 있게 하사했다.

○ 先是, 上幸馬館, 命以諸侍衛之馬, 與索倫乘騎, 而以御馬賜侍衛之善騎者. 侍衛和託曰, 我馬乃借乘者, 奈何與人, 遂不領御馬. 後滿達爾漢牛彔下穆哈納, 告於和託曰, 爾不領御馬, 費揚古·郭邁, 已奏上矣. 及上命章京方喀喇·索尼, 鞫訊, 和託又不實指所告之人, 乃誣爲費揚古·郭邁所奏. 又於審問時, 在大清門內, 擅出佩刀說誓. 於是法司議, 和託, 抗違諭旨, 言詞傲慢, 又擅出佩刀說誓, 應論死, 穆哈納, 捏詞唆激, 應鞭五十, 奏聞. 上命和託免死, 鞭一百, 革去侍衛, 撥回牛彔, 籍其家, 穆哈納免罪.

○ 이전에 주상이 마관(馬館)에 갔을 때, 시위들의 말을 솔론(solon, 索倫)에게 주어 타게 하고 어마(御馬)를 기마에 능숙한 시위에게 하사했다. 시위 호토(hoto, 和託)가 말하기를, "내 말은 빌려 탄 것인데 어찌 남에게 주겠는가"라고 하고, 결국 어마를 받지 않았다. 후에 만다르한 니루 속하의 무하나(muhana, 穆哈納)가 호토에게 고해 말하기를, "네가 어마를 받지 않은 것을 피양구 · 고마이(g'omai, 郭邁)가 상주했다." 라고 했다. 얼마 후 주상이 명하여 장긴 팡칼라(fangkala, 方喀喇) · 소닌이 조사했는데, 호토는 또 말해 준 사람을 틀리게 지적해서 피양구 · 고마이의 상주를 무고했다. 또 심문할 때에 대청문(大淸門) 안에서 함부로 칼을 차고 나가서 맹세했다. 이에 법사(法司)에서 의논했다. 「호토는 유지를 어기고 말이 오만하고 멋대로 칼을 차고 나가서 맹세했으므로 사형죄로 논하고, 무하나는 말을 날조하여 부추겼으므로 채찍 50대에 처해야 합니다.」 상주하니 주상이 명하여, 호토는 사형죄를 면해 주고 채찍 100대를 때리고 시위 직을 혁직하고 니루로 돌려보내고 가산을 적몰했으며, 무하나는 죄를 면해 주었다.

五月, 乙亥朔.

○ 5월 을해일 초하루(5.1).

○ 丁丑, 和碩鄭親王濟爾哈朗等, 遣刑部啟心郎額爾格圖等, 自軍營奏報, 明經畧洪承疇, 率總兵六員, 兵六萬人, 來援錦州, 屯於松山北岡, 我軍擊敗之, 斬首二千級.

ㅇ 정축일(5.3), 호쇼이 정친왕 지르갈랑 등이 형부계심랑(刑部啟心郞) 어르거투 등을 파견하여 군영으로부터 상주했다. 「명나라의 경략(經略) 홍승주(洪承疇)가 총병 6명과 병력 6만 명을 이끌고 금주(錦州)로 구원하러 와서 송산(松山)의 북쪽 언덕에서 주둔했는데 우리 군대가 격파하여 수급 2,000을 베었습니다.」

ㅇ 戊寅, 遣卓禮克圖親王吳克善子額駙弼爾塔噶爾所尙公主還. 上偕皇后·諸妃, 於辰刻出懷遠門, 送至十方寺地方, 設宴餞之.

ㅇ 무인일(5.4), 조릭투 친왕 욱샨의 아들 어푸 빌타가르에게 시집간 공주를 돌려보냈다. 주상은 황후와 비(妃)들과 함께 진시(辰時)에 회원문(懷遠門)을 나가서 십방사(十方寺) 지방까지 전송하고 잔치를 베풀어 전별했다.

ㅇ 丁亥, 未刻, 上自地載門入, 還宮.

ㅇ 정해일(5.13), 미시(未時)에 주상은 지재문(地載門)으로 들어와서 환궁했다.

ㅇ 索倫部落蒙塞爾瓦代之子巴爾達齊, 率其戶二百四人來降. 命迎至北驛館, 宴之.

○ 솔론 부락 멍서르 와다이(mengser wadai, 蒙塞爾瓦代)의 아들 발다치가 그 호(戶) 204명을 이끌고 와서 투항하니 북역관(北驛館)에서 맞이하고 연회를 베풀도록 했다.

○ 己丑, 上命內弘文院大學士希福·內國史院大學士剛林·內秘書院學士額色黑等, 往錦州, 閱視鄭親王濟爾哈朗等所掘壕塹, 兼閱屯營形勢.

○ 기축일(5.15), 주상은 내홍문원대학사 히퍼·내국사원대학사 가린·내비서원학사 어서허이 등에게 명하여, 금주에 가서 정친왕 지르갈랑 등이 파고 있는 참호를 살펴보고 군영의 상황을 검열하게 했다.

○ 索倫部落一千四百七十一人來降, 命迎至北驛館, 宴之.

○ 솔론 부락 1,471명이 내항하여, 북역관(北驛館)에서 맞이하고 연회를 베풀도록 했다.

○ 庚寅, 上以第六女固倫公主, 許字固山額眞阿山子夸扎, 行初聘禮, 設宴. 諸王以下, 牛彔章京以上, 集崇政殿. 上御殿, 固山額眞阿山·阿爾津·塞赫, 率夸扎行三跪九叩頭禮. 夸扎又詣皇后宮, 行三跪九叩頭禮. 阿山妻亦率其諸媳, 詣皇后宮, 行九拜三叩頭禮. 宴畢, 阿山等獻駝馬, 酌納之.

○ 경인일(5.16), 주상은 여섯째 딸 구룬 공주[6]와 구사어전 아산의

아들 쿠와자(kūwaja, 夸扎)[7]의 혼인을 허락하고, 초빙례(初聘禮)를 행하여 잔치를 베풀었다. 여러 왕 이하 니루장긴 이상이 숭정전에 모였다. 주상이 숭정전에 가자 구사어전 아산・아르진・허서가 쿠와자를 이끌고 삼궤구고두의 예를 행하였다. 쿠와자가 다시 황후궁(皇后宮)에 가서 삼궤구고두의 예를 행하였다. 아산의 처도 며느리들을 이끌고 황후궁에 가서 삼궤구고두의 예를 행하였다. 잔치를 마치고 아산 등이 낙타와 말을 바치니 헤아려 받았다.

○ 以前鋒參領席特庫, 管梅勒章京事.

○ 전봉참령 시터쿠에게 머이런장긴의 일을 관리하게 했다.

○ 戊戌, 先是, 額駙代達爾漢所屬牛彔章京巴圖, 撥什庫褚布格・席喇爾代・俄博兌等, 率十五人, 獵於禁地, 托古薩・納爾古失火. 下法司質訊, 牛彔章京巴圖供云, 額駙代達爾漢, 遣納木, 令我等行獵, 捕野雉以獻, 故我等行獵, 及問代達爾漢, 云納木自去探親, 竝未曾遣令行獵, 復詳訊十五人, 皆言巴圖所供皆不實, 尋議, 巴圖・褚布格・席喇爾代・俄博兌等, 身係章京撥什庫, 不禁約屬下人, 反誑言代達爾漢, 令其行獵, 應籍沒家產, 其失火之托古薩・納爾古, 及籍

6 구룬 공주: 固倫公主, 1633-1649. 청 태종의 여섯째 딸. 어머니는 측비 자루트 보르지기트 씨. 1644년 구사어전 아사의 아들 쿠와자(kūwaja, 夸扎)와 결혼했다. 1649년 16세에 사망했다.

7 쿠와자: kūwaja, 夸札. ?-1649. 이르건 기오로(irgen gioro, 伊爾根覺羅) 씨. 구사어전 아산(阿山)의 아들. 1644년 청 태종의 여섯째 딸 구룬공주와 결혼했다. 1649년 구룬공주가 사망하고 한달 후에 쿠와자도 병사했다.

稱行獵之納木, 俱應論死, 餘各鞭五十. 奏聞, 上命巴圖革管牛彔章京事, 褚布格·席喇爾代·俄博兌等, 革退撥什庫, 俱籍家產, 托古薩·納爾古, 伏法, 納木, 及餘人, 俱免罪.

○ 무술일(5.24), 이전에 어푸 다이 다르한(dai darhan, 代達爾漢)에 속한 니루장긴 바투(batu, 巴圖), 보쇼쿠 추부거(cubuge, 褚布格)·시랄다이(siraldai, 席喇爾代)·오보도이(obodoi, 俄博兌) 등이 15명을 이끌고 금지(禁地)에서 수렵하다가, 토구사(togūsa, 托古薩)·나르구(nargu, 納爾古)가 불을 내었다. 법사(法司)에 내려 심문하니, 니루장긴 바투가 공술했다. "어푸 다이 다르한이 나무(namu, 納木)를 보내어 우리에게 수렵하여 들꿩을 잡아 바치게 했습니다. 그래서 우리가 수렵을 했습니다." 다이 다르한에게 물었더니 말했다. "나무가 스스로 친척을 보려고 갔습니다. 수렵하라고 명령하지 않았습니다." 다시 15명에게 상세히 심문하니 모두 말하기를 바투의 공술이 사실이 아니라고 했다. 얼마 후 의논했다. 「바투·추부거·시랄다이·오보도이(obodoi, 俄博兌) 등은 모두 장긴·보쇼쿠로서 속하인을 단속하지 않고 오히려 다이 다르한이 수렵하라고 시켰다고 헛소리를 했기 때문에 가산을 적몰해야 합니다. 불을 낸 토구사·나르구와 수렵을 빙자한 나무는 모두 사형에 처하고, 나머지는 각각 채찍 50대를 때려야 합니다.」 상주하자 주상이 명하여, 바투는 니루장긴 일을 관할하는 것에서 혁직하고, 추부거·시랄다이·오보도이(obodoi, 俄博兌) 등은 모두 보쇼쿠를 혁직하고 가산을 적몰하고, 토구사·나르구는 사형시키고, 나무와 다른 사람들은 모두 죄를 면해 주었다.

○ 以藍拜爲兵部參政.

○ 람바이를 병부참정으로 삼았다.

○ 以蒙古八旗章京缺少, 每旗增設虛銜章京各二員.

○ 몽고팔기의 장긴 직이 적어서 각 기에 허함(虛銜) 장긴 직 2개를 증설했다.

○ 以和碩禮親王代善子滿達海, 爲輔國公.

○ 호쇼이 예친왕(禮親王) 다이샨의 아들 만다하이를 보국공(輔國公)으로 삼았다.

○ 上以巴布泰, 爲皇考太祖庶子, 復封爲三等奉國將軍.

○ 주상은 바부타이를 황고 태조의 서자(庶子)로 여겨서 다시 삼등 봉국장군(奉國將軍)에 봉했다.

○ 三等奉國將軍席特庫獲罪, 以其弟干圖襲替.

○ 삼등 봉국장군 시터쿠가 죄를 지어서 그 동생 간투(gantu, 干圖)에게 대신 습직시켰다.

○ 恩格圖 · 馬喇希 · 巴特瑪, 三旗, 各設十二牛彔以補缺額.

○ 엉거투 · 말라히 · 바트마 3기에 각기 12개의 니루를 설치하여 부족한 수를 보충했다.

○ 三等甲喇章京安達禮獲罪, 降爲牛彔章京.

○ 삼등 잘란장긴 안다리가 죄를 지어서 니루장긴으로 강등시켰다.

○ 以牛彔章京侍衛喇都渾陣亡, 加半個前程, 增敕詞曰, 征大同時, 出左衛隘口, 爾同圖魯什碩翁科羅巴圖魯, 擊敗敵兵, 生擒一人. 又同圖魯什 · 吳拜捉生, 生擒一人, 殺一人, 時因吳納津 · 牙布蘭, 退回不相援助, 各鞭一百, 竝奪所俘獲, 盡以給喇都渾. 又收服察哈爾時, 往追邏卒, 生擒一人. 往山海關偵探, 伏於中前所, 奮勇當先, 擊敗敵兵, 生擒執纛者一人, 及敵兵襲我後隊, 又同席特庫擊敗之, 又追斬錦州邏卒一人. 同努山詣中後所, 生擒一人, 多羅睿郡王初次圍錦州時, 隨左翼兵先入 · 擊敗錦州敵兵. 多羅睿郡王二次圍錦州時, 又同吳拜捉生, 遇蒙古步軍十六人, 斬二人, 被傷陣亡. 喇都渾原係牛彔章京, 以功加半個前程, 令其子俄爾畢襲職.

○ 니루장긴 시위 라두훈(laduhūn, 喇都渾)이 전사했기 때문에 반개 전정(半個前程)을 더하고 칙사(敕詞)를 더하여 말했다. 「대동(大同)을 공격할 때 좌위(左衛)의 좁은 어귀를 나가면서, 너는 투루시 숑코로 바투루와 함께 적군을 격파하고 1명을 생포했다. 또 투루시 · 우바이와

함께 정보제공 포로를 잡고, 1명을 생포하고, 1명을 죽였다. 그때 우나진(unajin, 吳納津)·야불란(yabulan, 牙布蘭)은 후퇴하여 원조하지 않았기 때문에 각기 채찍 100대를 때리고, 노획을 몰수하여 모두 라두훈에게 주었다. 또 차하르를 복속시킬 때에 가서 나졸(邏卒)을 추격하여 1명을 생포했다. 산해관에 정탐을 가서 중전소(中前所)에 매복했고 용감히 선봉에 서서 적군을 격파했고 독(纛)을 가진 자 1명을 생포했다. 적군이 우리 후위대를 습격했을 때 또 시터쿠와 함께 적군을 격파하고 또 금주의 나졸 1명을 추격하여 베었다. 누산과 함께 중후소(中後所)에 가서 1명을 생포했다. 도로이 예군왕(睿郡王)이 처음 금주를 포위했을 때 좌익군을 따라 선봉에서 진입하여 금주의 적병을 격파했다. 도로이 예군왕(睿郡王)이 두 번째 금주를 포위했을 때, 또 우바이와 함께 정보제공 포로를 잡고 몽고의 보병 16명을 만나서 2명을 베고 상처를 입어 전사했다. 라두훈은 원래 니루장긴이었는데 공적이 있으므로 반개전정(半個前程)을 더하고 그 아들 올비(olbi, 俄爾畢)에게 습직시킨다.」

○ 己亥, 大學士希福·剛林·學士額色黑等, 至自錦州.

○ 기해일(5.25), 대학사 히퍼·가린, 학사 어서허이 등이 금주(錦州)에서 왔다.

○ 壬寅, 敕諭駐防歸化城固山額眞古祿格章京·杭古章京等曰, 爾等所居城小壕狹, 儻敵人來侵, 難容屯駐. 人口·牲畜, 有一被掠, 實損軍威. 爾等可於城外築墻. 酌量足容爾部之人, 其墻高一丈五尺, 寬可駐營. 墻上遍築垛口, 四面留門, 每門可俱置瓮城. 況爾地產木甚多, 門上及四角, 各建樓瞭望, 墻外俱掘深壕, 修理完備. 爾等各率官屬兵丁登之, 分汛防守, 敵人若來, 可立於垣上禦戰. 今遣牛彔章京萬塔什·筆帖式塞冷, 齎敕前往, 督工完日, 方可令還. 毋得違誤.

○ 임인일(5.28), 귀화성에 주둔하는 구사어전 굴루거 장긴·항구 장긴 등에게 칙유했다.「너희가 주둔하는 성이 작고 참호가 좁으니, 만약 적이 공격하면 주둔하기에 좁다. 인구와 가축이 하나라도 약탈당하면 실로 군대의 위세에 손상을 입는다. 너희는 성의 밖에 장벽을 쌓으라. 너의 부대의 사람이 들어갈 면적을 헤아려 장벽을 1장 5척 높이로 해서 주둔하기에 넉넉하게 하라. 장벽의 위에는 성가퀴를 두루 쌓고, 사면에 문을 설치하고, 각 문에 모두 옹성을 설치하라. 더욱이 너의 지방에서 생산되는 나무가 매우 많으니, 문 위와 네 각루에 각각 망루를 세우고, 장벽 밖에 호를 깊이 파서 시설을 완비하라. 너희는 각기 관속과 병정을 이끌고 올라가서 주둔지를 나누어 지키다가 적이 오면 장벽 위에 서서 방어전을 할 수 있을 것이다. 지금 니루장긴 완타시·비트허시 서령을 파견하여 칙서를 가지고 가서 공사를 독려하고 완공한 후에 돌아오게 해야 한다. 착오가 없게 하라.」

○ 是日, 諭兵部曰, 今後滿洲·蒙古·漢人主僕, 儻以明國爲善, 逃奔明國者, 即宜在彼居住, 不許復行逃回. 若以我國爲樂可, 即在此地安居, 勿生異志. 凡主僕人等, 有窮困難支, 及冤枉疾苦之事, 即宜控告. 若不經控告, 逃奔明國, 後復逃歸, 託言當日困苦, 不得已而逃去者, 不准, 仍給原主.

○ 이날 병부에 유시했다.「이후로 만주·몽고·한인 주인과 노복

이 만약 명나라를 좋다고 생각해서 명나라로 도망가면 그곳에서 살아야 하고 다시 도망쳐 오는 것을 허락하지 않는다. 만약 우리나라를 좋다고 생각하면 여기에서 안주하고 다른 생각을 가지지 말라. 주인과 노복들이 곤궁해서 견디기 어렵거나 억울하고 고통스러운 일이 있으면 고발해라. 고발하지 않고 명나라로 도망갔다가 나중에 다시 도망쳐 돌아와서, 그때에는 괴로워서 어쩔 수 없이 도망갔다고 변명하면 용납하지 않고 원래 주인에게 지급할 것이다.」

권56

숭덕 6년 6월 ~ 7월

崇德六年, 辛巳, 六月, 乙巳朔.

○ 숭덕 6년 신사년 6월 을사일 초하루(6.1).

○ 丁未, 朝鮮國王李倧, 遣陪臣李侻等, 齎咨禮部, 咨言議政府狀啟, 據慶尚道觀察使具鳳瑞馳報, 備稱咸陽郡守李仁厚牒呈, 本郡新溪書院下住民, 名袁年者, 作屋掘土, 得古人所埋純金. 金論漢見之, 詐稱黃錫, 聊給價值, 盡行取去, 等因. 據此, 卑職思黃金非國土所產, 古人所藏, 一朝入愚民之手, 大是異事, 自當呈告於官家, 不可私自買賣, 即著本郡緝捕追查, 據拏袁年 · 金論漢等拘問, 袁年供稱, 本以流民, 於本郡新溪院下, 初來寓居, 每於夜間, 見有光輝騰上, 照灼室中, 又於夢寐, 若有老人告語吉兆者, 心甚怪訝, 即於光輝所著之地, 掘入尺許, 砉然有聲, 得一瓦罈, 發而視之, 果有黃赤之物, 大小二十四片, 內一片, 有深刻字樣, 遇鄰人金論漢示之, 論漢稱爲黃錫買去. 又金論漢供稱, 係是本郡居住, 聞鄰人袁年, 掘得黃金, 却不合詐稱黃錫, 買取共一百二十兩, 一半埋置族人之家, 一半賣與富商等處. 因將金論漢等羈候, 即著本道觀察使, 查問原金去處, 取回, 共得一百二十兩, 臣等取視金片上所刻, 乃宜春大吉四字, 瓦罈蓋上, 又刻一千年三字, 乃是上品赤金, 不惟物堪珍貴, 所刻吉語, 合屬瑞符, 不宜國內私藏, 除優給袁年米布, 以准其值, 仍將原金進獻, 以表事大至誠等因, 據此爲照黃金原非本土所產, 又非市上行貨, 乃國中絕希之珍也. 咸陽郡新溪書院, 原係新羅古寺遺基, 想千載之前, 有神智之人, 得此希代之寶, 不爲己有, 刻留大吉兆讖, 以爲異代瑞物. 苟非天地所祕, 鬼神所護, 則豈有到今始發見之理乎. 竊稽前史, 玉盃銀瓮之瑞, 必出於休明之世, 以表天人之慶. 伏惟大朝, 光膺天命, 肇創大業, 威烈振於寰宇, 仁恩洽於遐壤, 神祇幽贊, 福祥方集, 今此千年所藏上品兼金, 大吉刻文, 忽發於大朝所庇護之藩國地方. 其爲聖世之嘉瑞, 太平之懸符, 昭昭無疑矣. 小邦寡德薄祚, 不當私祕而自寶, 宜歸之上國, 表著休徵. 專差司宰監官李俔齎捧呈進外, 合行移咨. 煩乞貴部轉奏. 禮部以聞, 得旨, 新羅刻字藏金, 爲朝鮮所得, 王即進獻, 足見誠敬. 其金片刻宜春大吉, 及罈蓋書一千年字樣, 允屬祥瑞, 朕當與王共荷庥嘉, 王其自受, 即與朕受無異, 著將原金付李俔齎回.

○ 정미일(6.3), 조선국왕 이종(李倧)이 배신(陪臣) 이흔(李俔) 등을 파견하여 예부에 자문을 보냈다. 자문에서 말했다.[1]

『의정부의 장계(狀啟)는 아래와 같습니다. 「경상도관찰사 구봉서(具鳳瑞)의 치보(馳報)는 아래와 같습니다. "함양군수(咸陽郡守) 이인후

1 이하 함양에서 일어난 황금 발견 사건은 아래에 기록되어 있다. 『조선인조실록』 42권, 인조 19년 6월 23일; 『硏經齋全集外集』 권60, 筆記類, 蘭室譚叢, 咸陽金.

(李仁厚)가 올린 첩정(牒呈)은 아래와 같습니다. '본 군(郡) 신계서원(新溪書院)[2] 아래 사는 주민 원년(袁年; 元連)[3]이라는 자가 집을 지으려고 땅을 파다가 옛사람이 묻어 둔 순금을 파냈습니다. 김논한(金論漢)이 그것을 보고 주석이라고 속이고 값을 조금만 주고 모두 가져갔습니다.' 제가 생각하기에 황금은 국내에서 나지 않고 옛사람이 숨긴 것인데 어느 날 어리석은 백성의 손에 들어갔습니다. 매우 기이한 일이니 스스로 관가에 고해야 하고 사적으로 매매할 수 없기에 즉시 본 군(郡)에서 체포 조사했습니다. 체포한 원년·김논한을 심문하니, 원년이 공술했습니다. 원년은 본래 유민(流民)으로 본 군(郡)의 신계원(新溪院)[4] 아래에 이전에 와서 살았는데 밤마다 빛이 솟구쳐 집안에서 빛나는 것을 보았습니다. 또 꿈에서 노인이 길조를 말하는 것을 듣고, 괴이한 마음에 빛이 솟구치는 땅을 1척 남짓 팠더니 부딪치는 소리가 나며 항아리 하나가 나왔습니다. 캐내어 보았더니 과연 크고 작은 24개의 황적색 물건이 있었고, 그 가운데 한 개에 글자가 새겨져 있었습니다. 우연히 이웃 사람 김논한이 그것을 보고 주석이라고 하고 사 갔습니다. 또 김논한이 공술했습니다. 김논한은 본 군(郡)의 거주민인데, 이웃 사람 원년이 황금을 캤다는 말을 듣고 주석이라고 속이고 120냥을 사서, 절반은 친척 집에 묻어 두고 절반은 부상(富商) 등에게 팔았습니다. 이 때문에 김논한 등을 구류하여 심문했습니다. 본 도(道)의 관찰사가 금의 행방을 조사하여 회수한 것이 모두 120냥입니다." 신들이 황금에 새겨진 글자를 보니 의춘대길(宜春大吉) 넉자이고, 항아

---

2 新溪書院은 1581년 함양의 선비인 옥계(玉溪) 노진(盧禛, 1518~1578)의 위패를 봉안하여 세워졌다. 1160년(현종1)에 '당주(溏洲)'라는 사액을 받아서 당주서원(溏洲書院)이 되었다.

3 원문의 袁年은 『조선인조실록』 42권, 인조 19년 6월 23일 기사에 元連으로 기록되어 있다. 『승정원일기』에는 元年으로 기록되어 있다.

4 新溪院은 新溪書院의 오기일 것이다.

리 덮개에는 또 일천년(一千年) 석자가 새겨져 있었으며, 상등품의 적금(赤金)이었습니다. 물건이 진귀할 뿐만 아니라 새겨진 좋은 의미의 글자가 상서롭습니다. 국내에 사사로이 보관하기에는 적절하지 않아서, 원년에게 베와 쌀을 값대로 후하게 주고, 금을 바쳐 사대의 지극한 성심을 표합니다.」

이에 의거하여 볼 때, 황금은 본래 우리 땅에서 나지 않고 또 시장에서 매매하는 물건도 아니며, 나라에 희귀한 보물입니다. 함양군(咸陽郡) 신계서원(新溪書院)은 원래 신라의 옛 사찰 터입니다. 생각건대 천년 전에 지혜로운 사람이 여기에서 희대의 보물을 얻었는데, 자기가 가지지 않고 상서로운 조짐의 글자를 새겨서 다른 시대의 서물(瑞物)로 남긴 것입니다. 진실로 천지가 숨기고 신령이 보호한 것이 아니라면 어찌 지금 비로소 발견될 리가 있겠습니까. 삼가 이전의 역사를 헤아리면, 옥술잔과 은항아리의 상서로움은 반드시 아름답고 밝은 세상에 나타나서 하늘과 사람의 경사를 보여 줍니다. 삼가 생각건대, 대조(大朝)는 천명을 받아 대업을 개창했고, 위세가 세상에 떨치고 어짐과 은혜로움은 원방에 미치며, 신령이 보우하고 만복이 모입니다. 지금 천 년 동안 묻혀 있던 상등품의 금이 상서로운 글자가 새겨진 채 갑자기 대조(大朝)의 보호를 받는 번국의 지방에서 나타났습니다. 그것은 성세(聖世)의 아름다운 상서이고, 태평의 증표임이 분명하여 의심의 여지가 없습니다. 소방(小邦)은 덕이 부족하고 복이 적어서 보물을 몰래 숨겨 가지는 것은 부당하니 마땅히 상국에 귀속시켜서 상서로운 징조를 표합니다. 사재감관(司宰監官) 이흔(李俒)을 전차(專差)하여 금을 가져가서 바치는 외에 자문을 보내니, 번거롭겠지만 귀 부(部)에서 전달하여 상주해 주기를 바랍니다.』

예부에서 보고하여 지(旨)를 받았다. 「신라 때에 글자를 새기고 숨겼던 황금을 조선이 얻어서 왕이 바쳤으니 성의와 공경함을 충분히 알겠다. 그 금에 새겨진 의춘대길(宜春大吉)과 항아리 덮개에 쓰인 일

천년(一千年) 글자는 상서이다. 짐은 당연히 왕과 경사를 함께하니, 왕이 얻은 것은 곧 짐이 얻은 것과 같다. 황금을 이흔(李俒)에게 맡겨서 돌려보낸다.」

○ 遣朝鮮陪臣李俒等歸國, 賜貂皮·銀兩等物有差, 仍賜宴於禮部.

○ 조선의 배신 이흔(李俒) 등을 귀국시켜 보낼 때, 담비가죽·은량 등의 물건을 차등 있게 하사하고 예부에서 잔치를 베풀었다.

○ 命多羅睿郡王多爾袞·多羅肅郡王豪格, 率將士之半, 往代和碩鄭親王濟爾哈朗等, 圍明錦州, 午刻, 上出地載門, 送五里許, 未刻, 還宮.

○ 도로이 예군왕 도르곤·도로이 숙군왕 호오거에게 명하여 장수와 병사의 절반을 이끌고 가서 호쇼이 정친왕 지르갈랑 등을 대신하여 명나라의 금주를 포위하게 했다. 오시(午時)에 주상이 지재문(地載門)을 나가서 5리 남짓에서 배웅하고, 미시에 환궁했다.

○ 辛亥, 先是, 自錦州歸降之博克退言, 我與塞木計議同降, 彼云, 我從前逃出時, 柰曼部落達爾漢郡王, 實明知之. 今若復回, 無顏見王. 是以不與同來. 王云, 塞木原係俄齊爾收養, 後來亦從俄齊爾處逃去, 我實不知. 遂遣副理事官達蓋·筆帖式格塞, 往問俄齊爾之妻, 及滿敦·扎木蘇·古徹木·朱禪·翩格梅等. 對云, 塞木原係俄齊爾在大凌河收養, 後俄齊爾出征先回, 彼遂逃去. 又有本旗納恰家人賽泰首云, 先征歸化城, 回至西拉木輪河, 塞木 · 塞墨格 · 胡龍等逃時, 俄齊爾 · 翮格梅 · 古徹木三人曾送之, 俄齊爾又以所乘馬, 竝鞭, 送與塞木等語. 遂將翮格梅 · 古徹木, 付理藩院審訊, 乃係納恰欲委罪於已故之俄齊爾, 以脫王罪, 故令家人首告. 古徹木 · 翮格梅, 實不知情, 應釋放. 納恰 · 賽泰 · 誑言誣捏, 代王脫卸, 應俱論死. 柰曼達爾漢郡王衮出斯巴圖魯, 應革去王爵, 奪其戶口, 竝奪俄齊爾所屬人丁. 奏聞, 上復命和碩鄭親王濟爾哈朗, 多羅武英郡王阿濟格, 多羅貝勒多鐸, 固山貝子博洛 · 尼堪, 及外藩科爾沁土謝圖親王巴達禮 · 卓禮克圖親王吳克善 · 巴圖魯郡王滿朱習禮 · 東果爾, 翁牛特部落查薩衮達爾漢戴青 · 穆章, 吳喇忒部落吳本, 土默特部落查薩衮達爾漢, 喀喇沁部落塞冷等, 會同參政塞冷 · 副理事官諾木圖 · 艾松古, 再加確訊, 議如前. 上命達爾漢郡王, 悔過設誓, 免罪, 籍納恰家, 鞭原告賽泰一百, 貫耳鼻, 俄齊爾屬下人丁入官.

○ 신해일(6.7), 이전에 금주에서 귀순한 복토이(boktoi, 博克退)가 말했다. "내가 서무(semu, 塞木)와 함께 항복하려고 의논하자, 그가 말하기를 '내가 종전에 도주할 때 나이만 부락의 다르한 군왕은 사실을 잘 알고 있었다. 지금 만약 다시 돌아가면 군왕을 볼 면목이 없다.'라고 하며 함께 오지 않았습니다." 다르한 군왕이 말했다. "서무는 본래 오치르[5]가 거두어 길렀는데 후에 오치르에게서 도주했습니다. 나는 사실을 몰랐습니다." 마침내 부이사관 다가이(dagai, 達蓋) · 비트허시 거서(gese, 格塞)를 파견하여, 오치르의 처와 만둔 · 잠수 · 구처무(gucemu, 古徹木) · 주찬(jucan, 朱禪) · 거거머이(gegemei, 翮格梅) 등에게 물으니 대답했다. "서무는 원래 오치르가 대릉하에서 거두어 길렀

---

5 오치르는 나이만 부의 다르한 군왕 군추스 바투루의 조카이다.

습니다. 후에 오치르가 출정했다가 먼저 돌아오고 서무는 도주했습니다." 또 그 기(旗)의 나키야(nakiya, 納恰)의 가인(家人) 사이타이(saitai, 賽泰)가 자백하여 말했다. "앞서 귀화성으로 원정하고 시라무렌강으로 돌아와서 서무 · 서이머거이(seimegei, 塞墨格) · 훌룽(hūlung, 胡龍) 등이 도주할 때, 오치르 · 거거머이 · 구처무 3명이 그들을 전송했습니다. 또한 오치르는 탄 말과 채찍을 서무에게 주었습니다."

마침내 거거머이 · 구처무를 이번원에 회부하여 조사했다. 「나키야는 사망한 오치르에게 죄를 전가하여 다르한 군왕의 죄를 벗기려고 가인(家人)에게 자진해서 고백하게 했습니다. 구처무 · 거거머이는 실제 상황을 몰랐으므로 석방해야 합니다. 나키야 · 사이타이는 헛소리로 무고하고 날조하여 다르한 군왕 대신 다른 자에게 죄를 전가했으므로 사형죄로 논해야 합니다. 나이만의 다르한 군왕 군추스 바투루는 왕 작위를 혁직하고 호구를 삭탈해야 합니다. 아울러 오치르에 속한 인정을 삭탈해야 합니다.」

상주하자 주상이 다시 명하여, 호쇼이 정친왕 지르갈랑, 도로이 무영군왕 아지거, 도로이 버일러 도도, 구사이 버이서 볼로 · 니칸, 외번 코르친 투시예투 친왕 바다리 · 조릭투 친왕 욱샨 · 바투루 군왕 만주시리 · 동고르, 옹니우트 부락 자사군 다르한 다이칭 · 무장, 우라트 부락 우번, 투메트 부락 자사군 다르한, 카라친 부락 서렁 등이 참정 서렁, 부이사관 놈투 · 아이숭구와 만나서 다시 조사하니, 의논이 이전의 것과 같았다. 주상이 명하여, 다르한 군왕은 잘못을 반성하고 맹세했기에 면죄하고, 나키야의 가산을 적몰하고, 원고 사이타이는 채찍 100대를 때리고 귀와 코를 뚫고, 오치르 속하의 인정(人丁)을 관에 몰수했다.

○ 內三院大學士范文程 · 希福 · 剛林等, 奏請於滿漢蒙古內, 考取生員舉人, 上從容諭曰, 忠經有云, 在官惟明, 涖事惟平, 立身惟淸. 聽不可以不聰, 視不可以不明. 淸則無欲, 平則無曲, 明能正俗. 聰則審於事, 明則辨於理. 爾等當善體此言, 從公考校.

○ 내삼원대학사 범문정 · 히퍼 · 가린 등이 만주 · 한인 · 몽고 내에서 시험으로 생원(生員)과 거인(擧人)을 뽑자고 주청하니, 황제가 조용히 유시했다. 「『충경(忠經)』에 이런 말이 있다. "관직에 있으면 명확해야 하고, 일 처리는 공평해야 하고, 입신은 청렴해야 한다.[6] 듣는 것을 총명하게 하지 않을 수 없고, 보는 것을 밝게 하지 않을 수 없다.[7] 청렴하면 욕심이 없게 되고, 공평하면 왜곡하지 않고, 분명하면 풍속을 바르게 할 수 있다. 듣는 것이 총명하면 일을 자세히 파악하게 되고, 보는 것이 밝으면 이치를 분별하게 된다.[8]" 너희는 이 말을 잘 체득하여 공정하게 시험을 시행해야 한다.」

○ 以都勒古爾 · 達大密 · 綽庫尼 · 阿濟布, 爲牛彔章京, 管理索倫部落新降人戶.

○ 두러굴(duregul, 都勒古爾) · 다다미(dadami, 達大密) · 초쿠니(cokuni, 綽庫尼) · 아지부(ajibu, 阿濟布)를 니루장긴으로 삼아 솔론 부락에서 새로 항복한 인호(人戶)를 관리하게 했다.

---

6 『忠經』 제5장 「守宰」.

7 『忠經』 제9장 「觀風」.

8 『忠經』 제5장 「守宰」.

○ 甲寅, 賜索倫部落牛彔章京都勒古爾·達大密·阿濟布·訥努克·竇特·布克塔·充內·堪代·俄爾噶齊·吳葉布·勒木白德·烏陽阿·章庫·車格德·拜察庫·撓庫·訥墨庫等, 蟒緞朝衣·玲瓏鞓帶·鞍馬·緞布·撒袋·弓矢等物有差, 設宴於驛館, 遣還.

○ 갑인일(6.10), 솔론 부락의 니루장긴 두러굴·다다미·아지부·너누커(nenuke, 訥努克)·터오터(teote, 竇特)·북타(bukta, 布克塔)·총노이(congnoi, 充內)·칸다이(kandai, 堪代)·울가치(ulgaci, 俄爾噶齊)·우여부(uyebu, 吳葉布)·럼버더이(lembedei, 勒木白德)·우양가(uyangga, 烏陽阿)·장쿠(jangkū, 章庫)·처거더이(cegedei, 車格德)·바이차쿠(baicakū, 拜察庫)·노오쿠(nookū, 撓庫)·너머쿠(nemekū, 訥墨庫) 등에게 망단 조의·정교하게 장식한 가죽띠·안장을 갖춘 말·비단과 면포·화살집·활과 화살 등의 물건들을 차등 있게 하사하고, 역관에서 잔치를 베풀어 준 뒤 돌려보냈다.

○ 戊午, 都察院參政多爾濟達爾漢諾顏·祖可法·張存仁·理事官庫爾禪·馬國柱·雷興奏言, 臣等觀錦州形勢, 已在吾掌握中, 臣等亦無復可議, 近聞侍衛及護軍深入, 竭力鏖戰, 奮不顧身. 雖勇敢出於一時, 實由皇上恩養積於平日也. 受恩既深, 圖報自切. 若諸王·貝勒, 能仰遵皇上解衣衣人, 推食食人, 則人人皆奮不顧身矣. 且是役也, 以二百餘侍衛及護軍, 而能破萬餘敵兵, 若使衆軍齊進, 則敵兵片甲不存矣. 況我軍驍勇, 一可當百, 百可當萬, 動即制勝, 而遲於奏凱, 想必有臨陣遲誤, 觀望不前者. 伏乞皇上嚴察詳訊, 分別功罪, 亟行賞罰, 以昭獎勵, 自皆黽勉後效矣.

○ 무오일(6.14), 도찰원참정 도르지 다르한 노얀 · 조가법(祖可法) · 장존인(張存仁)과 이사관 쿠르찬 · 마국주(馬國柱) · 뇌흥(雷興)이 상주하여 말했다.「신들이 금주의 형세를 보니 이미 우리 손안에 있는 것과 같아서 다시 의논할 필요가 없습니다. 근래 들으니 시위와 호군이 깊이 진입하여 힘을 다해 전투했고 자기 몸을 돌보지 않고 분투했습니다. 용맹은 한순간에 나왔지만 실로 황상이 은혜롭게 기르심이 평소에 쌓였기 때문입니다. 은혜를 받은 것이 깊어서 보답하려는 뜻이 스스로 절실했습니다. 만약 여러 왕과 버일러가 황상께서 옷을 벗어서 다른 사람을 입히고 음식을 내밀어서 다른 사람을 먹이는 것을 우러러 좇으면, 사람들이 모두 몸을 돌보지 않고 분투할 것입니다. 또한 이 전투에서 200여 명의 시위와 호군으로 1만여 명의 적병을 격파할 수 있었으니, 만약 여러 군대를 일제히 진격시키면 적군은 한 명의 병사도 살아남지 못할 것입니다. 하물며 우리 군대는 용맹하여 한 명이 백 명을 대적하고 백 명이 만 명을 대적할 수 있어 움직이면 이기는데, 승리가 늦어짐은 반드시 전투를 망설이고 관망하며 전진하지 않는 자가 있기 때문입니다. 삼가 바라건대 황제께서 엄히 살피고 상세히 조사하시어 공(功)과 죄(罪)를 분별하고 상(賞)과 벌(罰)을 속히 행하여 장려의 뜻을 보이면 모두 힘써 본받을 것입니다.」

○ 蘇尼特部落額駙騰機思女, 妻固山貝子博洛爲福金, 是日, 送其女至.

○ 수니트 부락의 어푸 텅기스의 딸을 구사이 버이서 볼로에게 시집보내 푸진으로 삼았다. 이날 보내온 딸이 도착했다.

○ 召土默特部落額齊格喇嘛等, 賜宴. 以其齎馬幣, 來弔固倫額駙和碩親王額哲喪也.

○ 투메트 부락의 어치거 라마 등을 불러 연회를 베풀었다. 말과 폐물을 가지고 구룬 어푸 호쇼이 친왕 에제이의 상을 조문하러 왔기 때문이다.

○ 賜額駙巴爾達齊之弟薩哈蓮等, 蟒緞朝衣 · 帽帶 · 緞布等物有差.

○ 어푸 발다치의 동생 사할리얀 등에게 망단 조의 · 모자와 요대 · 비단과 면포 등의 물건을 차등 있게 하사했다.

○ 辛酉, 侍衛代袞 · 喇世塔 · 席達禮奏報, 和碩鄭親王濟爾哈朗 · 多羅武英郡王阿濟格 · 多羅郡王阿達禮 · 多羅貝勒多鐸 · 多羅貝勒羅洛宏等, 與更代之多羅睿郡王多爾袞 · 多羅肅郡王豪格等. 兩軍合營, 偵知明關內援兵出松山城, 沿海前進, 我左翼兵向松山之東, 右翼兵向松山之西, 追之, 左翼兵追及, 掩殺至松山城壕, 敗之, 獲馬五十餘匹.

○ 신유일(6.17), 시위(侍衛) 다이군(daigun, 代袞) · 라시타(lasita, 喇世塔) · 시다리(sidari, 席達禮)가 보고했다. "호쇼이 정친왕 지르갈랑 · 도로이 무영군왕 아지거 · 도로이 군왕 아달리 · 도로이 버일러 도도 · 도로이 버일러 롤로혼 등이 도로이 예군왕(睿郡王) 도르곤 · 도로이 숙군왕(肅郡王) 호오거 등과 교대했습니다. 두 군대가 합영하여 명

관내의 원병이 송산성을 나와 연해(沿海)로 전진하는 것을 탐지했습니다. 우리 좌익병은 송산의 동쪽을 향하여, 우익병은 송산의 서쪽을 향하여 그들을 쫓았습니다. 좌익병이 추적하여 송산성 해자에 이르러 기습하여 죽이고 패퇴시켰으며, 말 50여 필을 노획했습니다."

○ 丙寅, 遣學士羅碩, 往赴圍明錦州多羅睿郡王多爾袞·多羅肅郡王豪格軍營, 竝附大凌河新附官員·公與祖大壽書一函, 其書云, 大凌河新附官員昂邦章京祖澤潤, 梅勒章京曹恭誠·裴國珍·祖澤洪·孫定遼·陳邦選, 牛彔章京蕭永祚等, 致書祖大將軍, 職等自大凌河分袂, 十年不能相見矣. 憶昔大凌河時, 蒙將軍立定主意, 共議投順, 父母妻子, 可保萬全, 棄暗投明, 以圖大業, 因共隨將軍親赴大清皇帝行營, 得覲天顏, 恭聆聖語, 彼時將軍謂職等云, 是吾輩仁聖之眞主, 衆皆懽躍, 傾心歃血, 且以全遼許大清, 以安樂許職等, 及今十年, 果蒙皇上豢養甚厚, 始終不怠. 職等俱得安全, 是職等未負皇上, 得受皇上深恩. 豈意將軍入錦州, 過聽妻孥之蠱惑, 負對天之盟誓, 跋扈自衛. 故舊頓忘是將軍負皇上, 非皇上負將軍. 嗟嗟, 天鑒甚明, 天聽不遠. 今錦州之困, 卽昔日之凌河. 凌河之負盟, 致今日之報應. 況將軍之肝腸, 職等知之熟矣. 昔凌河之盟豈假乎. 初心是實, 至彼方變也. 今錦州之守豈眞乎. 亦無顏再來相見也. 自作之孽, 將軍自受, 料闔城生靈已爲釜中之魚人將相食, 必蹈凌河之轍. 職等家眷在錦州者, 共計五十九人, 皆非負義忘恩之輩, 何辜爲餓卒充饑之食. 職等思及於此. 皇上俯准職等, 列名致書將軍. 請發各家大小人數, 送出圍城, 使職等父母妻子, 得以會合. 雖將軍負職等於生前, 猶可相見於地下. 揆將軍之意, 仍慮南朝法令, 不肯察發耳. 不知旣在圍中, 南朝法亦難加. 將軍妄冀外兵救援, 據我國擒獲之兵民, 歸降之夷漢, 皆曰大小官兵, 無不痛恨將軍. 昔日斷送凌河, 并斷送張春大兵. 今日斷送錦城, 又斷送我等大兵. 不解將軍是何意見, 乃令我等束手以待死乎. 似此怨言, 則援兵之無望也, 明矣. 職等敢以始終明告, 勿迷而不悟, 自誤以誤職等之妻子也.

○ 병인일(6.22), 학사(學士) 로쇼를 파견하여 금주를 포위하러 가는 도로이 예군왕(睿郡王) 도르곤 · 도로이 숙군왕(肅郡王) 호오거의 군영에 가게 하며, 대릉하의 새로 귀부한 관원들과 공(公)이 조대수에게 보내는 서신을 가져가게 했다. 서신에서 말했다. 「대릉하의 새로 귀부한 관원 암바장긴 조택윤(祖澤潤), 머이런장긴 조공성(曹恭誠) · 배국진(裴國珍) · 조택홍(祖澤洪) · 손정요(孫定遼) · 진방선(陳邦選), 니루장긴 소영조(蕭永祚) 등이 조대수 대장군에게 글을 보냅니다. 우리가 대릉하에서 헤어져서 10년을 보지 못했습니다. 대릉하에 있을 때를 돌이켜 생각해 보니, 장군께서 결정을 주도하여 함께 투항하고 귀순할 것을 의논하기를, 부모와 처자식의 안전을 보장받고 어둠을 버리고 밝음에 의지하여 대업을 도모하자고 했습니다. 이 때문에 장군께서 대청황제의 행영에 친히 갈 때 우리가 함께 따라가서 용안을 뵙고 황제의 말씀을 공손히 들었습니다. 그때 장군께서 우리에게 말하기를, "이분은 우리의 어질고 성스러운 참된 군주이다."라고 했습니다. 그래서 여럿이 모두 기쁘게 마음을 기울여 맹세하고, 요동 전부를 대청에 바치고 황제는 우리를 안락하게 해 주셨습니다. 우리는 10년 동안 진실로 처음부터 끝까지 변하지 않는 황상의 두터운 보살핌을 입었고 모두 안전합니다. 이는 황상을 저버리지 않아서 황상의 깊은 은혜를 받은 것입니다.

어찌 장군은 금주에 가서 처자식에 미혹되어 잘못 듣고 하늘에 대한 맹세를 저버리고 함부로 자신을 지키려고 합니까. 그러므로 장군이 옛일을 잊고 황상을 저버린 것이지, 황상이 장군을 저버린 것이 아닙니다. 아아, 하늘의 살펴보심이 매우 밝고 하늘의 들으심이 멀지 않습니다. 지금 금주의 곤란한 상황이 예전의 대릉하와 같습니다. 대릉하의 맹세를 저버려서 지금의 결과를 낳았습니다. 하물며 장군의 마음을 우리가 잘 압니다. 예전 대릉하의 맹세가 어찌 거짓이었겠습니까. 초심은 진실이었지만 그곳에 가서 변했습니다. 지금 금주의 수비가 어찌 견고하겠습니까. 무안하게 다시 와서 만날 것입니다. 스스로 만든 재난을 장군이 스스로 받아서 성의 모든 백성이 이미 솥 안의 물고기처럼 서로를 잡아먹고 있으니, 반드시 대릉하의 전철을 따라갈 것입니다. 금주에 있는 우리 가족들은 59명으로 모두 의리를 저버리거나 은혜를 잊은 사람들이 아닌데, 무슨 죄로 굶주린 병졸에게 먹혀야 합니까. 우리가 이렇게까지 생각하고 있습니다.

황상께서 우리에게 이름을 열거하여 장군에게 서신을 보내도록 허락하셨습니다. 청컨대 각 집의 대소 인원을 선발해서 포위된 성 밖으로 내보내어 우리와 부모처자를 만나게 해 주십시오. 장군은 비록 생전에 우리를 저버렸으나 지하에서 만날 수 있을 것입니다. 장군의 뜻을 헤아려 보건대 남조(南朝)의 법령을 고려하기 때문에 조사하여 보내려고 하지 않는 것일 뿐입니다. 포위된 속에 남조의 법이 미치기 어려움을 알지 못합니다. 장군은 외부 병력의 구원을 헛되이 바라는데, 우리나라가 사로잡은 병사와 주민 · 투항한 이민족과 한인들에 의하면, 대소 관원과 병사들이 모두 장군을 원망한다고 합니다. 예전에 대릉하를 잃고 또 장춘(張春)의 대군을 잃었으며, 지금은 금주성을 잃고 또 우리의 대군을 잃을 것입니다. 장군의 의견이 무엇인지 이해할 수 없습니다. 어찌 우리에게 속수무책으로 죽음을 기다리게 합니까. 이처럼 원망하는 말을 하는 것은 장군이 원병을 바랄 수 없음이 확실하기 때문입니다. 우리가 감히 시종 명백히 고하니, 미혹되고 깨닫지 못하여 스스로 그르쳐서 우리의 처자식을 잘못되게 하지 마십시오.」

○ 己巳, 朝鮮國王李倧, 移咨戶部云, 據咸鏡道觀察使呂爾徵馳啟, 備稱慶興府使金汝水牒呈, 也春住居億送阿·長道等來云, 也春居民男婦老弱四五百名, 前秋失稔之後, 饑死者十餘人, 上年春, 貴國救給穀物, 有未盡輸者, 今請特爲給發. 府使答云, 上年輸給米穀之數, 詳細開錄, 奏知皇上, 豈有未畢輸者乎. 來人云, 曾欲差人請於天朝, 非但人饑馬瘦, 月餘之程, 勢難得達, 往返文移, 動經時月, 一屯人民, 殆死無餘, 聞貴國驛遞文書, 一朔之內, 即可往返, 節制使可先應付數百穀石, 以救朝夕之急, 仍啟知貴國國王, 備將也春失稔, 人民餓死實狀, 及貴國發穀賑救事情, 奏達皇上, 我等亦差人奏明皇上等因. 蒙此, 切照, 也春地方, 與本國接近, 饑饉切迫, 不可恝視. 合無給發若干穀石, 以副其請等因. 據此爲照, 也春饑餓者, 係是大國人民, 不可不急爲救接, 即飭該曹十分料理, 行知本道觀察使, 除將穀米一百包, 另加賑給外, 合行移咨, 煩乞貴部查照轉奏施行.』戶部以聞, 得旨, 朝鮮國王, 發糧助濟也春饑民, 具見事大之誠, 且也春既係鄰壤, 給與糧穀, 務須始終周濟爲善, 王可諭該道府, 總計也春饑民戶口, 照數給糧, 務令足用, 仍將給過糧數造冊, 一付也春首領收執, 一送該部察核.

○ 기사일(6.25), 조선국왕 이종이 호부에 자문(咨文)을 보내 말했다. 「함경도 관찰사 여이징(呂爾徵)의 치계(馳啟)는 다음과 같습니다. 『경흥부사(慶興府使) 김여수(金汝水)의 첩정(牒呈)에서 아래와 같이 말했습니다. "야춘(也春)에 거주하는 이숭가(isungga, 億送阿)·창다오(cangdao, 長道) 등이 와서 말했습니다. '야춘의 거주민이 남녀노소 400-500여 명인데, 지난 가을 흉년 이후로 아사한 사람이 10여 명입니다. 작년 봄에 귀국이 곡식을 주어 구원해 주었으나, 다 지급받지 못한 것이 있어 지금 특별히 받기를 청합니다.' 부사가 대답했습니다.

'작년에 보낸 미곡의 수를 상세히 기록하여 황상께 상주하여 알렸는데, 어찌 다 보내지 않은 것이 있다고 하는가?' 온 사람이 말했습니다. '일찍이 사람을 시켜 천조(天朝)에 청하고자 했으나, 사람이 굶주리고 말이 말랐을 뿐 아니라 거리가 한 달 남짓이기에 도달하기 어려운 상황입니다. 문서가 왕복하는 데 자칫 한 달이 넘으니 마을 사람들이 거의 죽을 것입니다. 듣건대 귀국은 역참으로 문서를 보내어 한 달 내에 왕복할 수 있다고 하니, 절제사(節制使)가 먼저 곡식 수백 석을 지급하여 위급한 사람들을 구조하고, 그 후에 귀국의 국왕에게 보고하여 야춘의 흉작과 백성의 아사 실상과 귀국의 곡식 지급과 구조 상황을 황상께 상주하십시오. 우리도 사람을 보내어 황상께 상주하겠습니다.'" 문서를 받고 생각건대, 야춘 지방은 본국과 인접한데 기근으로 절박하니 보고만 있을 수 없습니다. 마땅히 얼마간의 곡식을 내어 요청에 부응해야 합니다.』 이에 의거해 살피건대, 야춘의 굶주린 자들은 대국의 인민이니 급히 구제하지 않을 수 없습니다. 즉시 해당 관청에 충분히 조치하도록 신칙하고 본 도(道)의 관찰사에게 곡미 100포(包)를 별도로 더 구휼미로 지급하라고 통지하는 외에 자문을 보내니, 바라건대 귀 부(部)에서 이를 살펴 상주를 전하여 주십시오.」

호부에서 상주하여 지(旨)를 받았다. 「조선국왕은 양식을 보내 야춘의 굶주린 백성들을 도왔으니, 사대(事大)의 성의를 알겠다. 또한 야춘이 인접해 있으니 곡식을 지급해서 처음부터 끝까지 구제하는 데 힘쓰는 것이 좋다. 왕은 해당 도부(道府)에 유시하여, 야춘의 굶주린 백성의 호구(戶口)를 계산하고 지급해야 하는 양식의 수에 따라 충분히 사용하도록 힘쓰라. 그 후에 지급한 양식의 수를 책으로 만들어, 한 부는 야춘의 수령(首領)에게 주고, 한 부는 해당 부서에 보내어 살피도록 하라.」

○ 以布達席理管梅勒章京事.

○ 부다시리(budasiri, 布達席理)에게 머이런장긴의 일을 관할하게 했다.

○ 庚午, 圍明錦州多羅睿郡王多爾袞 · 多羅肅郡王豪格 · 多羅饒餘貝勒阿巴泰 · 多羅安平貝勒杜度等, 遣侍衛雅賴 · 吉賽 · 漢褚翰等奏報, 明關內援兵, 出松山來戰. 我滿漢蒙古兵, 兩翼會合, 追擊五里, 直抵步隊, 獲馬五百七十匹.

○ 경오일(6.26), 명나라의 금주를 포위한 도로이 예군왕(睿郡王) 도르곤 · 도로이 숙군왕(肅郡王) 호오거 · 도로이 요여 버일러 아바타이 · 도로이 안평 버일러 두두 등이 시위(侍衛) 야라이(yarai, 雅賴) · 기사이(gisai, 吉賽) · 한주한(hancuhan, 漢褚翰) 등을 보내 보고했다. 「명나라의 산해관 내의 원병이 송산을 나와서 공격해 왔습니다. 우리의 만주 · 한인 · 몽고병의 양익(兩翼)이 만나서 5리를 추격하여 보병대에 곧장 이르러 말 570마리를 노획했습니다.」

秋七月, 乙亥朔.

○ 가을 7월 을해일 초하루(7.1).

○ 戊寅, 賜新中式擧人, 滿洲鄂謨克圖 · 赫德, 蒙古杜當, 漢人崔光前·卞三元·章於天·卞爲鳳, 各緞朝衣一領, 一等生員, 滿洲科爾科代·帕帕·克禮, 漢人盧震陽·劉漢祚·劉可斌·魏際陞·金元祥·線縉·徐效奇·劉遇知·楊天祜, 各緞一, 布二. 二等生員, 滿洲渾達·碩馬·額亦門, 蒙古瑣諾木, 漢人李日芃·李惟樸·金元禎·傅天祥·李棲鳳·孟繼昌·佟鳳彩·徐起元·金應乾·劉靜岳·陳九奇·王一品, 各緞一, 布一. 三等生員, 滿洲葉成格·隋何多·碩塞·莽色, 蒙古巴朗, 漢人江名世·李貴·王世勳·劉應錫·李茂·王畿貴·姜念·鄭一元·楊自得·董景秀·銀器重·董成效·董宗聖, 各布二.

○ 무인일(7.4), 새로 과거에 합격한 거인(擧人)인 만주 오목투·허더, 몽고 두당(dudang, 杜當), 한인 최광전(崔光前)·변삼원(卞三元)·장어천(章於天)·변위봉(卞爲鳳)에게 각각 비단 조의(朝衣) 1벌을 하사했다. 일등 생원 만주 코르코다이(korkodai, 科爾科代)·파파(papa, 帕帕)·커리(keri, 克禮), 한인 노진양(盧震陽)·유한조(劉漢祚)·유가빈(劉可斌)·위제승(魏際陞)·김원상(金元祥)·선진(線縉)·서효기(徐效奇)·유우지(劉遇知)·양천우(楊天祜)에게 각 비단 1필·포 2필을 하사했다. 이등 생원 만주 혼다(honda, 渾達)·쇼마(šoma, 碩馬)·어이먼(eimen, 額亦門), 몽고 소놈(sonom, 瑣諾木), 한인 이일봉(李日芃)·이유박(李惟樸)·김원정(金元禎)·부천상(傅天祥)·이서봉(李棲鳳)·맹계창(孟繼昌)·동봉채(佟鳳彩)·서기원(徐起元)·김응건(金應乾)·유정악(劉靜岳)·진구기(陳九奇)·왕일품(王一品)에게 각 비단 1필·포 1필을 하사했다. 삼등 생원 만주 여청거(yecengge, 葉成格)·소이호도(soihodo, 隋何多)·쇼서(šose, 碩塞)·망서(mangse, 莽色), 몽고 바랑(barang, 巴朗), 한인 강명세(江名世)·이귀(李貴)·왕세훈(王世勳)·유응석(劉應錫)·이무(李茂)·왕기귀(王畿貴)·강념(姜念)·정일원(鄭一

元)・양백득(楊自得)・동경수(董景秀)・은기중(銀器重)・동성효(董成效)・동종성(董宗聖)에게 각기 포 2필을 하사했다.

○ 己卯, 上命內大臣, 往祭固倫額駙和碩親王額哲.

○ 기묘일(7.5), 주상이 명하여, 내대신(內大臣)이 가서 구룬 어푸 호쇼이 친왕 에제이의 제사를 지냈다.

○ 辛巳, 阿霸垓部落額齊格諾顏, 聞固倫額駙和碩親王額哲喪, 偕其妻進馬匹來弔. 命迎於實勝寺北亭, 宴之.

○ 신사일(7.7), 아바가 부락의 어치거 노얀이 구룬 어푸 호쇼이 친왕 에제이가 죽었다는 것을 듣고, 아내와 함께 말을 바치며 조문하러 왔다. 명하여 실승사(實勝寺) 북정(北亭)에서 맞이하고 연회를 베풀게 했다.

○ 壬午, 阿霸垓部落額齊格諾顏, 具盛筵進獻. 上御崇政殿, 額齊格諾顏朝見, 行三跪九叩頭禮, 額齊格諾顏妻, 亦行三拜三叩頭禮. 額齊格諾顏獻駝馬.

○ 임오일(7.8), 아바가 부락의 어치거 노얀이 성대한 연회를 마련하여 바쳤다. 주상이 숭정전(崇政殿)에 가자 어치거 노얀이 알현하고 삼궤구고두의 예를 행하였고, 어치거 노얀의 처도 삼배삼고두의 예를 행하였다. 어치거 노얀이 낙타와 말을 바쳤다.

○ 癸未, 吳喇忒部落吳本下翁阿代, 以敘功來朝謝恩. 命照牛彔章京品級, 賜補緞朝衣 · 虎裘 · 玲瓏鞓帶 · 貂帽等物.

○ 계미일(7.9), 우라트 부락 우번(ūben, 吳本) 속하의 웅가다이(unggadai, 翁阿代)가 공적을 표창하는 일로 내조하여 사은했다. 명하여 니루장긴 품급에 따라 보단 조의(補緞朝衣) · 호랑이가죽옷 · 정교하게 장식한 가죽띠 · 담비가죽 모자 등의 물건을 하사했다.

○ 甲申, 命懷順王耿仲明 · 恭順王孔有德 · 智順王尚可喜下梅勒章京連德成 · 曹德選 · 吳進功等, 率將士往助圍錦州軍.

○ 갑신일(7.10), 회순왕 경중명 · 공순왕 공유덕 · 지순왕 상가희 속하의 머이런장긴 연덕성(連德成) · 조덕선(曹德選) · 오진공(吳進功) 등에게 명하여 장수와 병사를 이끌고 금주를 포위한 군대를 도우러 가게 했다.

○ 乙酉, 先是, 上命內大臣圖爾格, 固山額眞英俄爾岱, 內三院大學士范文程 · 希福 · 剛林, 戶部承政車爾格, 吏部啟心郎索尼, 同兵部各官, 察議和碩鄭親王濟爾哈朗等, 圍困錦州時, 敗明援兵, 及乘夜攻擊, 接應錦州東關來降蒙古, 一切功罪. 至是, 察實回奏言, 明洪承疇, 以兵來援松山立營松山西北. 右翼和碩鄭親王濟爾哈朗, 令右翼兵擊之, 失利, 山頂立寨, 兩紅旗 · 鑲藍旗, 三旗駐營之地, 爲敵所奪, 騎兵固山額眞葉臣等, 領兵至半途而止, 未與敵兵對陣. 惟四旗護軍 · 敖漢柰曼部下兵 · 察哈爾四旗兵 · 恭順王下兵, 及內大臣伊爾登所率衆侍衛, 前進迎戰. 伊爾登衝入敵兵隊伍, 奮勇馳擊, 人馬被傷者甚衆. 錦州東關蒙古諾木齊等來降時, 左翼多羅武英郡王阿濟格, 夜往接應, 離城遙駐. 令本旗護軍統領阿濟格尼堪, 率護軍進逼關廂助戰. 既而多羅貝勒多鐸, 所發護軍參領噶賴兵至, 王復指令前進. 時蒙古諾木齊·阿桑喜·吳巴什等, 正爲明兵所圍, 阿濟格尼堪等, 直薄關城, 登城力戰. 後兵續至衝殺, 明兵敗入城中, 遂克其郛. 於是諾木齊·吳巴什等得出, 俱來歸. 又洪承疇兵, 攻我山營, 武英郡王阿濟格, 遣兵助戰, 又遣騎兵登山, 擊敗明兵, 遣護軍從山坡潛出, 復敗敵之馬步兵. 鑲黃旗護軍鰲拜巴圖魯等, 抵其步兵木柵, 下馬步戰, 敗之. 臣等查察情形如此, 據實奏聞.

○ 을유일(7.11), 이전에 주상이 내대신 투르거이, 구사어전 잉굴다이, 내삼원대학사 범문정·히퍼·가린, 호부승정 처르거이, 이부계심랑(吏部啟心郎) 소닌에게 명하여 병부 각 관원과 함께 호쇼이 정친왕 지르갈랑 등이 금주를 포위했을 때 명나라 원병을 패퇴시키고 밤을 틈타 공격하여 금주의 동관(東關)에서 투항해 온 몽고군과 호응했던 일체의 공적과 죄를 살펴 의논하게 했다. 이때에 조사한 사실을 회주(回奏)하여 말했다. 「명나라의 홍승주(洪承疇)가 병사를 이끌고 송산을 지원하러 와서 송산 서북쪽에 군영을 세웠습니다. 우익 호쇼이 정친왕 지르갈랑이 우익병으로 공격하게 했는데 이기지 못했습니다. 산꼭대기에 채(寨)를 세우고 두 홍기·양람기 3기(旗)의 군영이 주둔한 곳을 적에게 빼앗겼고, 기병 구사어전 여천 등은 군대를 이끌고 중간에 돌아가 멈추어서 적병과 대치하지 않았습니다. 오직 4기(旗)의 호군·아오한과 나이만 부락 예하의 병사·차하르 4기(旗)의 병사·공순왕 속하의 병사·내대신 일던(ilden, 伊爾登)이 이끄는 시위(侍衛)들이 전진하여 응전했습니다. 일던이 적병의 대오에 돌입해서 용감하

게 공격하여, 사람과 말에 부상을 입은 것이 매우 많았습니다. 금주의 동관(東關)에서 몽고인 놈치 등이 투항해 올 때에 좌익 도로이 무영군왕 아지거가 밤에 가서 응대했는데, 성에서 멀리 떨어져 머물면서 그 기(旗)의 호군통령 아지거 니칸에게 호군을 이끌고 성 주위로 전진하여 전투를 돕게 했습니다. 얼마 후 도로이 버일러 도도가 선발한 호군참령 가라이의 병사가 이르자, 왕이 다시 전진하라고 지시했습니다. 이때 몽고인 놈치 · 아상히 · 우바시 등이 명나라 군사에 포위되자, 아지거 니칸 등이 관성(關城)[9]에 바짝 다가가 성에 올라 힘껏 싸웠습니다. 후속 병사가 뒤이어 도착해 돌격하여 죽여 나가자, 명나라 병사가 패하여 성안으로 들어갔고, 마침내 그 외성을 함락했습니다. 이에 놈치 · 우바시 등이 탈출하여 모두 내귀했습니다. 또 홍승주(洪承疇)의 병사가 산에 세운 우리 군영을 공격하자 무영군왕 아지거가 병사를 보내 전투를 돕고, 기병을 보내 산에 올라 명나라 병사를 격파했으며, 호군을 보내 산비탈을 따라 넘어가 몰래 나타나서 다시 적의 기병과 보병을 패퇴시켰습니다. 양황기 호군 오보이 바투루 등이 적의 보병의 목책으로 다가가서 말에서 내려 보병전을 하여 적을 패퇴시켰습니다. 신들은 이렇게 상황을 조사하여 사실대로 보고합니다.」

上集羣臣於篤恭殿, 諭曰, 右翼山營被奪損傷士卒皆鄭親王指揮失律之故, 雖然, 此特偶誤耳, 著免議. 左翼武英郡王克敵奏捷, 勞績可嘉, 賞銀四千兩. 護軍統領阿濟格尼堪, 乘夜抵關力戰, 護軍統領鼇拜巴圖魯, 攻克敵人步兵營, 各賞銀四百兩. 其餘章京拜山 · 陳泰 · 訥爾特 · 吳納海 · 杜沙 · 季山等六人, 各賞銀百兩. 巴賽 · 喇都 · 卓布退 · 布顏圖 · 翁阿岱 · 俄屯 · 卓羅等七人, 各賞銀七十兩. 達蘇 ·

9 錦州 東關의 關城을 가리킨다.

羅多里 · 布賴 · 達速 · 莽古 · 穆成格 · 薩哈塔等七人, 各賞銀五十兩. 充阿 · 傳喀 · 額塞 · 克宜福 · 鈕尼哈 · 柰滿 · 格巴庫 · 吳達納 · 格爾特等九人, 各賞銀四十兩. 甘塔喀 · 索爾敏等二人各賞銀三十兩. 隨鰲拜巴圖魯衝擊步兵營者, 一等七十三人, 各賞銀二十兩, 二等三十四人, 各賞銀十五兩, 三等三十九人, 各賞銀十兩. 隨阿濟格尼堪衝擊關廂敵兵者, 一等八人, 各賞銀二十兩, 二等十七人, 各賞銀十五兩, 三等四十八人, 各賞銀十兩. 隨翁阿岱於山上擊敗敵兵者, 一等十一人, 各賞銀二十兩, 二等八人, 各賞銀十五兩, 三等十四人, 各賞銀十兩. 隨季山於山上擊敗敵兵者, 一等十四人, 各賞銀二十兩, 二等十八人, 各賞銀十五兩, 三等八人, 各賞銀十兩. 隨禧福於山上擊敗敵兵者, 一等十四人, 各賞銀二十兩, 二等十一人, 各賞銀十五兩, 三等二十人, 各賞銀十兩, 隨俄屯於山上擊敗敵兵者, 一等十人, 各賞銀二十兩, 二等六人, 各賞銀十五兩, 三等十二人, 各賞銀十兩. 隨索爾敏於山上擊敗敵兵者, 一等十一人, 各賞銀十五兩, 二等十一人, 各賞銀十兩, 三等十五人, 各賞銀五兩.

주상이 독공전에 신하들을 모아 유시했다. 「우익이 산에 세운 군영을 빼앗기고 사졸이 다친 것은 정친왕의 지휘가 기율을 잃었기 때문이다. 하지만 이는 단지 우연한 실수일 뿐이니 죄를 면해 준다. 좌익의 무영군왕이 승리를 상주하여 공적이 가상하니, 상으로 은 4,000냥을 내린다. 호군통령 아지거 니칸은 밤을 틈타 관(關)으로 가서 힘껏 싸웠고, 호군통령 오보이 바투루는 적의 보병 군영을 공격하여 승리했으니, 각각 상으로 은 400냥을 내린다. 나머지 장긴 바이산 · 천타이 · 너르터이 · 우나하이 · 두샤 · 기산(gisan, 季山) 등 6명은 각각 상으로 은 100냥을 내린다. 바사이(basai, 巴賽) · 라두(ladu, 喇都) · 좁토이(jobtoi, 卓布退) · 부얀투 · 웅가다이 · 오톤 · 졸로 등 7명은 각각 상으로 은 70냥을 내린다. 다수(dasu, 達蘇)·로도리·부라이(burai, 布賴)·다수(dasu, 達速)·망구(manggū, 莽古)·무청거·사하타(sahata, 薩哈塔) 등 7명은 각각 상으로 은 50냥을 내린다. 충가(cungga, 充阿)·푸카·어서이·커이푸·니오니하(nioniha, 鈕尼哈)·나이만(naiman, 柰滿)·거바쿠·우다나·거르터 등 9명은 각각 상으로 은 40냥을 내린다. 간타카(gantaka, 甘塔喀)·솔민 등 2명은 각각 상으로 은 30냥을 내린다. 오보이 바투루를 따라서 보병 군영을 공격한 일등 73명에게 각각 상으로 은 20냥을 내리고, 이등 34명에게 각각 상으로 은 15냥을 내리고, 삼등 39명에게 각각 상으로 은 10냥을 내린다. 아지거 니칸을 따라 성 주위의 적병을 공격한 일등 8명에게 각각 상으로 은 20냥을 내리고, 이등 17명에게 각각 상으로 은 15냥을 내리고, 삼등 48명에게 각각 상으로 은 10냥을 내린다. 웅가다이를 따라서 산 위에서 적병을 격퇴한 일등 11명에게 각각 상으로 은 20냥을 내리고, 이등 8명에게 각각 상으로 은 15냥을 내리고, 삼등 14명에게 각각 상으로 은 10냥을 내린다. 기산을 따라서 산 위에서 적병을 격퇴한 일등 14명에게 각각 상으로 은 20냥을 내리고, 이등 18명에게 각각 상으로 은 15냥을 내리고, 삼등 8명에게 각각 상으로 은 10냥을 내린다. 히퍼(hife, 禧福)를 따라서 산 위에서 적병을 격퇴한 일등 14명에게 각각 상으로 은 20냥을 내리고, 이등 11명에게 각각 상으로 은 15냥을 내리고, 삼등 20명에게 각각 상으로 은 10냥을 내린다. 오톤을 따라서 산 위에서 적병을 격퇴한 일등 10명에게 각각 상으로 은 20냥을 내리고, 이등 6명에게 각각 상으로 은 15냥을 내리고, 삼등 12명에게 각각 상으로 은 10냥을 내린다. 솔민을 따라서 산 위에서 적병을 격퇴한 일등 11명에게 각각 상으로 은 15냥을 내리고, 이등 11명에게 각각 상으로 은 10냥을 내리고, 삼등 15명에게 각각 상으로 은 5냥을 내린다.」

圖爾格等, 又奏, 兵部多羅貝勒多鐸, 將武英郡王首先招徠錦州之蒙古, 冒稱己所招降, 罪一. 又將鰲拜擊敗步兵之功, 冒爲己功, 罪二. 敵攻山營時, 武英郡王遣兵助戰, 擊敗敵兵, 多鐸冒稱爲己所遣, 罪三. 多鐸, 應革貝勒爵, 解部任, 罰銀五千兩. 多鐸欲辨, 不服罪, 及遣人往問, 又拒不納, 奏聞. 上命諸王以下梅勒章京, 及參政以上集於篤恭殿會審, 亦如前. 多鐸仍不服罪, 覆議. 多鐸情罪允當, 猶執不服, 應加倍罰銀一萬兩, 革貝勒爵, 解部任, 奪五牛彔戶口. 奏聞, 上命大學士希福 · 剛林 · 范文程, 學士羅碩, 吏部啟心郎索尼, 刑部參政巴哈納 · 吳達海, 啟心郎額爾格圖, 議政大臣韓岱 · 丹坦等, 以多鐸罪惡, 明諭之, 從寬罰銀三千兩. 又議, 正黃旗阿爾薩蘭, 當衆侍衛克敵時, 離衆獨行, 被敵追迫, 奔入正黃旗護軍隊, 罪一. 又誑告於部, 言衆侍衛擊敵時, 曾殺入敵營, 罪二. 及歸京師, 又以屢次破敵誑奏罪三. 又遵旨察臨陣前進者, 賞以馬, 阿爾薩蘭冒稱前進, 遂領馬, 罪四. 詢衆侍衛時, 阿爾薩蘭對云, 伊等豈當陣敗敵者, 不過敗他人所敗走之兵等語, 欲逃己罪而隱衆人克捷之功, 罪五, 阿爾薩蘭, 應論死, 籍沒家產. 滿朱錫禮先於各處逗遛奔竄, 罪一, 離衆侍衛, 而與阿爾薩蘭奔入黃旗護軍隊, 罪二, 滿朱錫禮, 亦應論死, 籍沒家產, 囊努克, 擅離衆侍衛, 同阿爾薩蘭, 奔入黃旗護軍隊, 亦應論死, 奏聞. 上命阿爾薩蘭 · 滿朱錫禮, 均免死, 革職, 籍家產一半入官, 准罰贖. 囊努克, 亦免死, 革職, 罰贖.

투르거이 등이 또 상주했다. 「병부 도로이 버일러 도도는 무영군왕이 먼저 금주의 몽고인들을 회유한 것을 자신이 회유했다고 거짓말했으니 첫째 죄입니다. 또한 오보이가 보병을 격파한 공을 거짓되게 자신의 공으로 만들었으니 둘째 죄입니다. 적군이 우리가 산에 세운 군영을 공격할 때에 무영군왕이 병사를 보내 전투를 도와 적병을 격퇴시켰는데, 도도는 자신이 보냈다고 거짓말을 했으니 셋째 죄입니다. 도도에게서 버일러 작위를 혁직하고 부(部)의 직에서 해임하며, 벌은 5,000냥을 내게 하십시오.」 도도는 변명을 하려고 죄를 인정하지 않고, 사람을 보내서 묻고, 벌금 납부를 거부했다. 상주하자 주상이 명하여, 여러 왕 이하 머이런장긴과 참정 이상이 독공전(篤恭殿)에 모여 심리했는데 전과 같았다. 도도가 여전히 죄를 인정하지 않아서 다시 논의했다. 「도도의 죄상이 타당한데, 도도가 고집을 부리고 불복하니, 벌을 더하여 은 1만 냥을 부과하고, 버일러 작위를 혁직하고, 부(部)의 직에서 해임하고 다섯 니루의 호구(戶口)를 삭탈해야 합니다.」 상주하자 주상이 명하여, 대학사 히퍼 · 가린 · 범문정, 학사(學士) 로쇼, 이부계심랑(吏部啟心郎) 소닌, 형부참정 바하나 · 우다하이, 계심랑 어르거투, 의정대신 한다이 · 단탄 등이 도도의 죄악을 분명히 유시하고, 은 3,000냥으로 경감하여 벌했다.

또 논의했다. 「정황기 아르살란은 시위(侍衛)들이 적을 공격할 때 부대를 이탈해 혼자 가다가 적에게 쫓겨 정황기 호군 부대로 달아났으니 첫째 죄입니다. 또한 부(部)에 거짓을 고하기를, 시위들이 적을 공격할 때 적의 군영으로 돌진해서 적을 죽였다고 말한 것이 둘째 죄입니다. 경사(京師)로 돌아갈 때 또 여러 번 적을 격파했다고 거짓 상주를 했으니 셋째 죄입니다. 또 지(旨)를 받들어 전투에서 전진한 자를 살펴 말을 상으로 주는데, 아르살란이 전진했다고 거짓말하고 말을 받았으니 넷째 죄입니다. 시위들에 대해 물었을 때, 아르살란이 대답하기를 "그들이 어찌 전투에서 적을 패퇴시켰겠는가. 다른 사람이 패퇴시킨 병사를 패퇴시킨 것에 불과하다."라고 말하여, 자기 죄에서 도망치고 여럿이 승전한 공적을 숨기려고 했으니 다섯째 죄입니다. 아르살란은 사형에 처하고 가산을 몰수해야 합니다. 만주시리는 일찍이 각 전장터에서 머뭇거리며 숨었으니, 첫째 죄입니다. 시위 부대를 이탈하여 아르살란과 함께 황기 호군 부대로 달아났으니 둘째 죄입니다. 만주시리 또한 사형에 처하고 가산을 몰수해야 합니다. 낭눅은 멋대로 부대를 이탈하여 아르살란과 함께 황기 호군 부대로 달아났으니 사형에 처해야 합니다.」 상주하자, 주상은 아르살란・만주시리 모두 사형을 면해 주고, 혁직하고 가산의 절반을 적몰하고 벌로 속(贖)을 취했다. 낭눅 역시 사형을 면해 주고 혁직하고 벌로 속(贖)을 취했다.

○ 壬辰, 又議正紅旗尼噶里巴圖魯, 當敵兵攻錦州南山時, 用爲前鋒將領, 統兵前往, 乃不奮力擊敵, 被敵奪其汛地, 罪一. 又不守和碩鄭親王濟爾哈朗所指示之地, 違令輕與敵戰, 棄本翼三旗兵, 解盔纓, 單騎逃奔, 罪二. 尼噶里, 應論死. 鑲藍旗溫察, 率甲喇兵屯駐山上, 敵兵來戰, 棄營敗走, 溫察, 應鞭一百, 貫耳鼻, 籍家產一半入官. 鑲紅旗阿喇穆, 率兵援鑲藍旗時, 棄營敗走, 身復被創, 爲部下人救出, 阿喇穆, 應鞭一百. 正白旗噶賴, 攻錦州東關時, 逗遛在後, 不率先親登, 既隨衆同登, 乃與先登之阿濟格尼堪爭功. 又與步兵戰時, 噶賴本在鰲拜巴圖魯之後, 乃與護軍統領韓岱同謀, 詐云與鰲拜同入, 噶賴, 應鞭一百, 罰銀三十兩.

○ 임진일(7.18), 또 논의했다. 「정홍기 니가리 바투루(nigari baturu, 尼噶里巴圖魯)는 적군이 금주(錦州)의 남산을 공격할 때 전봉장령(前鋒將領)으로서 군사를 통솔하여 전진했으나 그 후 힘껏 적을 격퇴하지 못하고 적에게 주둔지를 빼앗겼으니 첫째 죄입니다. 또 호쇼이 정친왕 지르갈랑이 지시한 곳을 지키지 않고 명령을 어겨 경솔히 적과 싸웠다가 본 익(翼)의 3기(旗)의 군사를 버리고 투구 끈까지 풀고서 단기필마로 달아났으니 둘째 죄입니다. 니가리는 사형죄로 논해야 합니다. 양람기 운차(unca, 溫察)는 잘란의 군사를 이끌고 산 위에 주둔했다가 적군이 와서 교전하자 군영을 버리고 패하여 달아났으니 운차는

채찍 100대를 때리고 귀와 코를 뚫으며 가산의 절반을 적몰해 관(官)에 들여야 합니다. 양홍기 알라무(alamu, 阿喇穆)는 군사를 이끌고 양람기를 도우러 갔을 때 군영을 버리고 패하여 달아났으며, 자신 또한 상처를 입어 부하에게 구출되었으니 알라무는 채찍 100대를 때려야 합니다. 정백기 가라이(garai, 噶賴)는 금주의 동관(東關)을 공격할 때 지체하고 뒤에 머물면서 솔선수범해 직접 오르지 않다가 무리를 따라서 함께 올랐으며, 먼저 올라간 아지거 니칸과 공을 다투었습니다. 또 보병과 접전했을 때 가라이는 원래 오보이 바투루의 뒤에 있었으나, 호군통령 한다이와 공모하여 거짓으로 오보이와 함께 들어왔다고 말했으니 가라이는 채찍 100대를 때리고 벌은 30냥에 처해야 합니다.

至覺羅郎球, 曾同梅勒章京星訥登山克敵, 又同鰲拜巴圖魯敗敵步兵, 又兩軍合戰時, 曾與梅勒章京星訥同戰. 雅賴牛彔下塞古德, 於關廂內同衆衝敵, 又同梅勒章京星訥擊敗山上步兵, 兩軍合戰時, 復與梅勒章京同戰, 回兵時, 本旗一人墜馬, 塞古德抵拒敵人, 俾得復乘. 雅賴牛彔下洪科, 從關廂內, 擒出一陣亡骸骨, 又在關廂內, 於阿濟格尼堪之前衝敵, 遇阿桑喜, 擒之來降, 兩軍合戰時, 又與梅勒章京星訥同戰. 堪泰, 同薩穆什喀征黑龍江時, 有七處功, 續載吏部案冊, 去年秋, 隨多羅睿郡王, 同衆三處殺敵, 關隅有敵來攻, 同梅勒章京孟庫魯沿壕射退, 兩軍合戰時, 復與梅勒章京星訥同戰. 朱瑪喇在錦州教場, 見敵騎來奪紅衣礮, 遂舉纛前進, 射退其兵, 關隅有敵來攻, 沿壕射退, 復固守前寨. 覺羅阿爾海, 同甲喇章京格巴庫於關廂內進戰. 覺羅郎球 · 塞古德 · 洪科 · 堪泰 · 朱瑪喇 · 覺羅阿爾海, 俱應准以功贖前罪.

기오로 랑키오는 일찍이 머이런장긴 싱너(singne, 星訥)와 함께 산에 올라 적을 물리쳤고, 또 오보이 바투루와 함께 적의 보병을 격파했으며, 또 두 군대가 접전했을 때 머이런장긴 싱너와 함께 싸웠습니다. 야라이 니루 속하 서구더는 성 주위에서 무리와 함께 적군에게 돌격했고 또 머이런장긴 싱너와 함께 산 위의 보병들을 공격해 격파했으며, 두 군대가 접전했을 때 다시 머이런장긴과 함께 싸웠습니다. 회군할 때 본 기(旗)의 한 사람이 낙마하자 서구더는 적병과 대적하여 다시 올라타게 했습니다. 야라이 니루 속하 홍코는 성 주위를 따라오면서 전투 중에 사망한 자의 유골 하나를 거두었고, 또한 성 주위에서 아지거 니칸의 앞에서 적군에게 돌격했을 때 아상히를 마주치자 그를 거두어 투항시켰으며, 두 군대가 접전했을 때도 머이런장긴 싱너와 함께 싸웠습니다. 칸타이는 삼시카와 함께 흑룡강을 정벌했을 때 일곱 가지 공적이 있어 이부의 안책(案冊)에 수록되었는데, 작년 가을에 도로이 예군왕을 따라 무리와 함께 세 곳에서 적병을 죽였고 성의 모퉁이에서 적군이 공격해 오자 머이런장긴 뭉쿠루(mungkuru, 孟庫魯)와 함께 해자 언저리에서 화살을 쏘아 격퇴했으며 두 군대가 접전했을 때 다시 머이런장긴 싱너와 함께 싸웠습니다. 주마라는 금주의 연병장에서 적의 기병이 와서 홍의포를 빼앗아 가는 것을 보고 독(纛)을 뽑아 앞으로 나아가 화살을 쏘아 그 기병을 격퇴했으며, 성의 모퉁이에서 적군이 공격해 오자 해자 언저리에서 화살을 쏘아 격퇴하여 다시 전방의 요새를 굳게 지켰습니다. 기오로 아르하이는 잘란장긴 거바쿠와 함께 성 주위에 나아가 싸웠습니다. 기오로 랑키오 · 서구더 · 홍코 · 칸타이 · 주마라 · 기오로 아르하이는 모두 공적에 준하여 이전의 죄를 속(贖)해야 합니다.

前鋒勞薩, 當明援兵自松山退回時, 率兵追及之, 遣俄莫克圖巴圖魯問王云, 將如之何. 訊俄莫克圖, 言曾遣問, 勞薩云, 我若追及敵兵,何爲又遣人往問，實因遙見敵兵塵起，故遣往問耳．勞薩遣問是實，應罰銀五十兩，遙見敵兵塵起遣問亦實，應否免罪，伏候聖裁．班布里，前曾欲逃奔庫爾喀部落，罪應死，蒙上恩宥，諭以立功贖罪，俟論功之日察之．今察班布里在關廂時，護軍統領圖賴，於夜分約往他處救援，畏避不出，班布里係有罪之人，不思效力贖罪，應論死．得穆圖，當取關廂之夜，隨阿濟格尼堪後，至關廂門，止獲阿桑喜一人，伊父諾木齊實未得出，乃誑稱父子俱獲，罪一．及護軍統領圖賴遣季山·克富·格巴庫，往尋諾木齊，而得穆圖又畏避不往，罪二．得穆圖，應鞭一百，解任，籍家產一半入官．

전봉 로오사는 명나라 원군이 송산(松山)에서 물러나 돌아갈 때 군사를 이끌고 그들을 뒤쫓았는데, 오목투 바투루를 보내 왕에게 어찌할 것인지를 물었습니다. 오목투를 심문하니, 로오사가 오목투를 보내 묻게 하면서 말하기를, '내가 만약 적군을 뒤쫓으면 어찌 또 사람을 보내서 묻게 하겠는가? 실로 멀리 적군이 먼지를 일으키는 것을 보았기 때문에 보내서 묻는 것뿐이다.'라고 말했다고 합니다. 로오사가 보내 물은 것이 사실이니 벌은 50냥에 처해야 하나, 멀리 적군이 먼지를 일으키는 것을 보고 보내 물은 것 또한 사실이니 죄를 면해 줄 것인지를 주상께서 결정해 주시기 바랍니다. 밤부리는 전에 쿠르카 부락으로 도망치려 했으므로 사형죄에 처해야 했으나 주상은 은혜로 용서하고 유시하여 공을 세워 죄를 속(贖)하고 공을 논하는 날을 기다려 살피게 하셨습니다. 지금 밤부리가 성 주위에 있었을 때를 살펴보니 호군통령 툴라이가 밤에 다른 곳으로 구원하러 가기로 약속했음에도 두려워서 피하고 나가지 않았습니다. 밤부리는 죄가 있는 사람임에도 힘을 다해 죄를 속(贖)할 생각을 하지 않았으니 사형죄로 논해야 합니다. 덤투는 성 주위를 장악한 날 밤 아지거 니칸의 뒤를 따라 성 주위의 문에 이르렀는데, 아상히 한 사람만 노획하고 그 아비인 놈치는 나오지 못했는데도 아비와 아들을 모두 잡았다고 속여 말했으니 첫째 죄입니다. 호군통령 툴라이가 기산(gisan, 季山)·커이푸(keifu, 克富)·거바쿠를 보내 놈치를 찾게 했으나 덤투는 또 두려워서 피하고 가지 않았으니 둘째 죄입니다. 덤투는 채찍 100대를 때리고 해임하며 가산의 절반을 적몰하여 관(官)에 들여야 합니다.」

奏聞, 上曰, 尼噶里, 罪固應死, 但念伊有捐軀登城功, 免死, 革職, 鞭八十, 准折贖. 溫察, 亦應如議, 念伊父陣亡, 著免罪, 鞭一百, 准折贖, 阿喇穆鞭一百, 亦准折贖. 噶賴, 自太祖時爲護軍, 至今未聞有一善, 未嘗殺一敵, 但聽其兄之指使以行耳, 彼有何功, 法司猶聽其妄瀆耶. 朕聞阿濟格尼堪, 雖年少, 却能殺敵效力, 著有令名, 彼安能及之耶. 其鞭罰之處, 著照部議行. 覺羅郎球, 准釋前罪, 塞古德, 雖有戰功, 未足贖罪, 但念其無知初犯姑准寬釋. 洪科·堪泰·朱瑪喇三人, 雖有戰功, 未足贖前罪, 覺羅阿爾海, 不足爲功, 俱不准贖罪. 勞薩, 先以小過議處, 此番奮力行間, 且身經被創, 勤勞懋著, 豈可復繩其小過. 准復原職, 及碩翁科羅巴圖魯號. 班布里, 從寬免死, 鞭一百, 削牛彔甲喇職, 竝解部任. 得穆圖, 鞭一百, 准折贖, 籍家產之半, 革部職, 罷梅勒章京, 仍管牛彔事.

상주하자 주상이 말했다. "니가리의 죄는 사형에 처해야 하지만 그가 몸을 아끼지 않고 성에 오른 공이 있음을 생각해 사형은 면해 주되 혁직하고, 채찍 80대는 은으로 내게 하라. 운차는 의논한 대로 해야 하나, 그 아버지가 전사한 것을 생각해 죄를 면해 주고 채찍 100대는 은으로 내게 하라. 알라무의 채찍 100대 또한 은으로 내게 하라. 가라이는 태조 때부터 호군이었는데 지금까지 잘한 일을 하나도 듣지 못했고 일찍이 한 사람의 적병도 죽이지 못했다. 단지 그 형이 하라고 지시한 것을 듣고 행하였을 뿐인데 그에게 무슨 공적이 있어 법사(法司)는 망령되이 보고하는가? 짐이 들으니, 아지거 니칸은 나이는 어리지만 힘을 다해 적병을 죽여서 명성이 뚜렷이 드러났으니 가라이가 어찌 이에 미치겠는가? 채찍으로 벌하는 것은 부(部)에서 의논한 대로 하라. 기오로 랑키오는 이전의 죄를 용서한다. 서구더는 비록 전공이 있어도 죄를 속(贖)하기엔 부족하지만 그가 무지하고 초범임을 생각해 관대히 용서한다. 홍코 · 칸타이 · 주마라 세 사람은 비록 전공이 있어도 이전의 죄를 속(贖)하기에는 부족하며, 기오로 아르하이는 공적으로 삼기엔 부족하니 모두 죄를 속(贖)하는 것을 허락하지 않는다. 로오사는 앞서 작은 잘못으로 처벌되었는데 이번에 힘을 다해 일했고 또 몸에 상처를 입어 가며 열심히 수고한 것이 분명하니 어찌 작은 잘못을 다시 처벌하겠는가? 원래의 직위와 숑코로 바투루 호칭을 회복시켜 준다. 밤부리는 관대히 처분하여 사형은 면해 주되 채찍 100대에 처하고 니루와 잘란의 직책을 삭직하며 아울러 부(部)에서 해임하라. 덤투는 채찍 100대는 은으로 내게 하되 가산의 절반을 적몰하고 부(部)의 직임에서 혁직하고 머이런장긴 자리에서 파직하되 니루의 일은 그대로 관리하게 하라."

○ 敘圍困錦州克敵功, 賜內大臣伊爾登銀四百兩, 甲喇章京布顏銀一百兩. 兵卒有功者, 一等五人各五十兩 · 二等二十一人各四十兩 · 三等四十一人各三十兩 · 四等四十一人各二十兩 · 五等五十三人各十兩. 陣亡官十一員, 梅勒章京翁阿岱銀一千兩, 甲喇章京超哈爾六百一十兩, 瑣諾木 · 阿布魯戶 · 俄退 · 禧福 · 巴圖 · 布什代 · 孟庫魯等七人各四百兩, 萬布二百五十兩, 侍衛喇都戶一百六十五兩.

○ 금주(錦州)를 포위하여 적을 물리친 공훈의 순서를 논하여 내대신 일던(ilden, 伊爾登)에게 은 400냥, 잘란장긴 부얀(buyan, 布顏))에게 은 100냥을 하사했다. 공적이 있는 군사들 가운데 일등 5명에게는 각각 50냥, 이등 21명에게는 각각 40냥, 삼등인 41명에게 각각 30냥, 사등 41명에게 각각 20냥, 오등 53명에게 각각 10냥을 하사했다. 전사한 관원 11명 가운데 머이런장긴 웅가다이(unggadai, 翁阿岱)에게 은 1,000냥, 잘란장긴 초오하르(coohar, 超哈爾)에게 610냥, 소놈(sonom, 瑣諾木)·압루후(abruhū, 阿布魯戶)·오토이(otoi, 俄退)·히퍼(hife, 禧福)·바투(batu, 巴圖)·부시다이(busidai, 布什代)·뭉쿠루(mungkuru, 孟庫魯) 등 7명에게 각각 400냥, 왐부(wambu, 萬布)에게 250냥, 시위 라두후(laduhū, 喇都戶)에게 165냥을 하사했다.

○ 癸巳, 遣前鋒章京努山, 同侍衛穆章, 外藩克西克騰部落台吉沙理·博魯戶·雲敦等, 率兵往明董家口·喜峰口偵探.

○ 계사일(7.19), 전봉장긴 누산(nusan, 努山)을 시위 무장(mujang, 穆章), 외번 케식텐 부락의 타이지 샤리(šari, 沙理)·보루후(boruhū, 博魯戶)·욘돈(yondon, 雲敦) 등과 함께 군사를 이끌고 명나라의 동가구(董家口)와 희봉구(喜峰口)에 가서 정탐하라고 보냈다.

○ 丁酉, 漢軍固山額眞石廷柱條奏, 臣自歸順以來, 蒙皇上破格豢養, 日夜躊躇, 難酬聖恩, 今以一得之見, 冒昧上陳. 一, 錦州係遼左首鎭也. 蜂屯蟻聚, 與我國相持, 皇上發兵圍困, 鑿重壕, 築高壘, 輪流更換, 防禦嚴密. 誓必滅此叛賊, 乃可席捲中原, 誠皇上之神機妙算也. 第明國京都, 倚祖大壽爲保障, 遭此圍困之急, 日夜發兵救援,近值八九月間, 天氣爽涼, 度彼必與我國併力一戰. 乘此時現在圍城者, 不必更換掣回, 仍將應換之兵, 挑選精壯, 分置各旗屯田之處, 秣馬駐防. 一旦有警, 乘夜潛進, 各營偵探虛實, 如敵人駐定營寨, 我兵四面環列, 用紅衣礮攻擊, 彼縱有百萬之衆, 安能當我四十礮位之威也. 敵營稍動, 我軍奮力突入, 繞過錦州城, 直抵松山·杏山等處, 敵兵諒不能當, 况松杏環城有壕, 彼兵一敗, 豈能遽入其城, 即城上安設火器, 彼此混雜, 恐其誤中己兵, 必不敢施放, 我軍縱橫馳擊, 彼必零落逃竄, 如此大創一番, 敵兵寒心喪膽, 錦州從此失恃, 不能固守矣. 倘蒙上天垂念, 錦城一破, 則關外八城聞風震動, 安知非當年瀋陽得, 而遼陽隨破, 沙嶺捷, 而廣寧隨順之一大機會也哉.

一, 我國兵馬, 得大敗錦州援兵一陣, 則各處援遼之局破矣. 局一破, 一二年難以再舉, 我皇上無西顧之憂矣. 臣又聞喀爾喀查薩克圖心懷不軌, 欲圖歸化城, 第恐彼明取歸化城, 暗取鄂爾多斯. 臣思鄂爾多斯移過黃河, 與歸化城鄰近, 彼此可以救援, 臣請將我國小紅衣礮·法熕礮發往四位, 或於歸化城鑄造四位, 再選才勇官員, 帶鳥鎗手一百名, 往彼駐防, 選出過疹痘之王·貝勒, 率兵從宣大等處, 攻畧應州·鴈門, 秣馬防禦, 彼明國所恃援遼兵馬, 不過宣大, 陝西·榆林·甘肅·寧夏等處, 西邊有警, 自顧不暇, 豈復有援遼之理. 萬一歸化城有事, 我兵輕騎倍道, 近便救援, 其未出疹痘之王·貝勒, 仍在錦州防禦, 此一舉兩得之策也.

一, 明援兵從寧遠至松山, 帶來行糧, 不過六七日, 若少挫其鋒, 勢必速退, 或猶豫數日, 亦必託言取討行糧而去. 我軍伺其回時, 添兵暗伏高橋, 擇狹隘之處, 鑿壕截擊, 仍撥錦州勁兵尾其後. 如此前後夾攻, 糗糧不給進退無路, 安知彼之援兵, 不爲我之降衆也.

一, 我國士馬精強, 遇敵兵步營, 必奮力直入, 但步營設火器稠密, 恐我軍憑恃血氣, 誤致損傷. 須先探其步營, 或離城窵遠, 或地勢高阜,泉水無多, 糧儲亦少, 我以兵馬四面遠圍, 夜則鑿壕困守, 晝則火礮攻擊, 彼欲戰無路, 欲退無門, 不一二日間自生變亂. 我可坐待敵人之斃, 何必輕生親冒矢石, 而甘蹈白刃之危也.

一, 洪承疇, 書生輩耳, 受朝廷重任, 總督天下兵馬, 不能辭避, 各處援遼總鎭官兵, 亦不過舊日亡命之徒. 誰不知我國王·貝勒, 破山東擒德王, 克昌平斬諸將, 戰無不勝, 攻無不取. 今伊被命援錦州, 出於萬不得已, 雖在松山妄張聲勢, 實明國法度逼迫, 竝非才能出衆, 踴躍赴義之人也. 如祖總兵一失, 洪承疇·各總兵俱無所倚恃, 縱得逃還不過東市就誅而已, 彼思我皇上恩養三王及凌河官屬兵丁, 或亦來投我國, 未可料也. 况明國氣運漸衰, 旱潦蟲災, 種種迭見, 流賊叛民, 處處嘯聚, 我皇上乘運奮興, 王·貝勒同心協助, 定鼎之謨, 在此一擧, 時不容緩, 機不可失, 冒昧上奏, 伏乞聖裁.

○ 정유일(7.23), 한군 구사어전 석정주가 조목조목 아뢰었다. 「신이 귀순한 이래 황상의 격식을 벗어난 돌보심을 입었음에도 밤낮으로 주저하며 성은을 갚기 어려웠는데 지금 작은 견해를 감히 주상께 아룁니다. 하나, 금주는 요좌(遼左)의 으뜸가는 군진(軍鎭)으로 벌이나 개미처럼 모여서 우리나라와 대치하고 있습니다. 황상께서 군사를 일으켜 포위했으나 겹겹이 해자를 파고 높은 망루를 세워 번갈아 교대하니 방어가 엄중하고 긴밀합니다. 반드시 이 반적을 없애고 중원을 석권하겠다고 맹세한 것은 진실로 황상의 신묘한 계책입니다. 다만 명나라의 수도는 조대수에 의지하여 지키고 있으니, 이처럼 긴급한 포위를 당하여 밤낮으로 군사를 내어 구원할 것입니다. 8-9월이 가까워져 날이 시원해지면 저들이 반드시 우리와 힘을 다투어 일전(一戰)을 벌일 것입니다. 이때를 틈타 지금 성을 포위하고 있는 자들을 교대하여 데리고 돌아올 필요는 없으나, 뒤이어 교대할 군사들은 정예병

을 선발하여 각 기(旗)의 둔전에 나누어 배치하고 말을 잘 먹이면서 주둔하여 지키게 해야 합니다. 아침에 경보가 있으면 밤을 틈타 몰래 나아가 각 군영의 허실을 정탐하고 만약 적들이 진영을 정해 주둔했다면 우리 군사가 사방으로 둘러싸서 홍의포로 공격하면 저들이 설령 백만의 무리라 하더라도 어찌 우리 화포 40문의 위세를 당하겠습니까. 적의 진영이 조금이라도 움직이면 우리 군사가 힘을 다해 돌입할 것이고 금주성으로 도망한다면 곧장 송산(松山)과 행산(杏山) 등지에 이를 것이니 적군은 진실로 당해 낼 수 없을 것입니다. 하물며 송산과 행산은 성을 둘러싼 해자가 있으니 저들의 군사가 한번 패하면 어찌 황급히 그 성에 들어갈 수 있겠습니까? 성 위에 화기를 배치하더라도 서로 뒤섞여 자기 군사들을 잘못 맞출까 걱정하여 분명 감히 쏘지 못할 것입니다. 우리 군사가 종횡무진 말을 달려 공격하면 저들은 반드시 보잘것없이 쥐새끼처럼 도망칠 것이니, 이처럼 한번 크게 당하면 적군은 간담이 서늘해질 것이고 금주도 의지할 곳을 잃어 굳게 지키지 못할 것입니다. 만약 하늘의 보살핌을 입어 금주성 하나를 격파하면 산해관 밖의 8성에 소식이 파다하게 퍼질 것이니, 옛날에 심양을 얻자 요양(遼陽)이 뒤따라 무너지고 사령(沙嶺)에서 승리하자 광녕(廣寧)이 뒤따라 귀순했던 일대의 기회일지 어찌 알겠습니까.

하나, 우리나라 군사가 금주를 구원하러 오는 군사 1진(陣)을 대패시키면 각지에서 요서(遼西)를 구원하러 오는 국면을 깨트리는 것입니다. 형세가 한번 깨지면 1-2년 안에는 다시 일어나기 어려우니, 우리 황상께서 서쪽을 돌아보며 근심하지 않게 될 것입니다. 신이 또 듣건대 칼카의 자삭투가 불측한 마음을 품고 귀화성(歸化城)을 도모하는데, 다만 그가 겉으로는 귀화성을 취한다면서 암암리에 오르도스를 취할까 두렵습니다. 신이 생각건대 오르도스는 황하(黃河)를 건너 귀화성과 가까이 있으니 서로 도울 수 있습니다. 신은 청컨대 우리나라의 소홍의포(小紅衣礮)와 법공포(法熕礮) 4문을 내보내거나 귀화성에서 4문을 주조하게 하고, 재주 있고 용맹한 관원을 뽑아 조총수 100명을 대동시켜 그곳에 가서 주둔해 지키게 하십시오. 천연두에 면역이 있는 왕과 버일러를 선출해 선부(宣府)·대동(大同) 등지에서 군사를 이끌고 응주(應州)·안문(鴈門)을 공략하고 말을 잘 먹이며 방어하게 하십시오. 그러면 명이 의지하는 요서의 구원병은 선부·대동을 지나지 못할 것이고, 섬서·유림·감숙·영하 등지는 서쪽 변방에서 경보가 생기면 스스로 돌볼 겨를도 없을 것이니 어찌 다시 요서를 구원할 수 있겠습니까? 만일 귀화성에 일이 생기면 우리 군사가 빠른 말로 급히 달려가 구원하기에도 가깝고 편할 것이며, 천연두에 면역이 없는 왕과 버일러는 그대로 금주에 머물며 방어할 수 있으니, 이는 일거양득의 책략입니다.

하나, 명나라의 원군은 영원(寧遠)에서 송산까지 오는데 지참하고 오는 군량이 6-7일 분량에 불과합니다. 만약 조금이라도 예봉이 꺾이면 형세가 반드시 급히 퇴각할 것이고 혹시 며칠을 지체하면 또 반드시 군량을 받는다는 핑계로 갈 것입니다. 우리 군사는 그들이 회군하는 때를 엿보아 군사를 보내 고교(高橋)에 매복시키고 요해지를 골라 참호를 파서 적을 차단 공격하고, 뒤이어 금주의 강병을 뽑아 그 뒤를 추적합니다. 이처럼 앞뒤에서 협공한다면 군량도 지급받지 못한 데다 나아갈 길도 물러날 길도 없으니, 저들의 원군이 우리에게 투항하는 무리가 되지 않을지 어찌 알겠습니까?

하나, 우리나라의 군사는 정예의 강병이니 적의 보병 군영을 마주치면 반드시 힘을 다해 진격할 것입니다. 다만 보병의 군영은 화기를 조밀하게 배치하므로 우리 군사가 혈기를 믿고 잘못하여 손상을 입을까 두렵습니다. 반드시 먼저 보병의 군영이 혹 성에서 멀리 떨어져 있는지, 혹 지세가 높고 험한지를 정탐하여 식수원이 많지 않고 비축한 군량이 적을 경우, 우리 군사가 사방으로 멀리 포위해서 밤에는 해자를 파서 굳게 지키고 낮에는 화포로 공격하면 저들은 싸우고 싶어도 방도가 없고 물러나고 싶어도 출구가 없어 1-2일 만에 내부에서 변란이 생길 것입니다. 우리는 앉아서 적들이 죽기를 기다리면 되는데 군이 목숨을 가벼이 여기면서 몸소 화살과 돌을 무릅쓰고 칼날의 위험을 감수하겠습니까.

하나, 홍승주(洪承疇)는 서생의 무리일 뿐임에도 조정의 중임을 맡아 천하의 군사를 총괄하여 다스리고 사양하여 물러나지 못했습니다. 각지에서 요서를 구원하려는 총진(總鎭)의 관병들 또한 옛날 망명해 온 무리에 지나지 않습니다. 우리나라의 왕과 버일러가 산동을 격파하여 덕왕(德王)을 사로잡고 창평(昌平)을 함락시켜 여러 장수들을 참수했으며, 싸워 이기지 않은 적이 없고 공격하여 취하지 못한 적이 없음을 누가 모르겠습니까? 지금 그들이 명령을 받고 금주를 구원하는 것은 어쩔 수 없이 하는 것입니다. 비록 송산에서 망령되이 성세를 과장하지만 실로 명이 법으로 핍박한 것이니, 모두 재능이 출중하거나 대의를 위해 떨쳐 일어선 사람들이 아닙니다. 만약 조대수 총병을 잃으면 홍승주와 각 총병들 모두 의지할 바가 없어질 것이고 설령 도망쳐 돌아가더라도 동시(東市)에서 목을 베일 뿐입니다. 저들은 우리 황상께서 삼순왕(三順王) 및 대릉하(大凌河)의 관속과 군사를 은혜로이 보살펴 주신 것을 생각하여 다시 우리나라에 투항할지도 모릅니다. 하물며 명나라의 기운이 점차 쇠퇴하여 가뭄과 장마에 메뚜기의 재앙까지 종류별로 번갈아 닥치고 유적(流賊)과 반민(叛民)들이 곳곳에서 무리지어 일어나고 있습니다. 우리 황상께서는 천운을 타고 분연히 떨쳐 일어났고 왕 · 버일러들이 같은 마음으로 협조하고 있습니다. 천하를 장악할 계책이 이 한 차례 거병에 있으니, 잠시도 늦추지 말고 기회를 잃어서는 안 됩니다. 우매함을 무릅쓰고 상주하니 성상께서 살펴주시기 바랍니다.」

○ 己亥, 賜自錦州新附諾木齊·吳巴什部下驍騎校鍾化·額參·博波克托·席柱, 小撥什庫僧格爾·博羅特·綽克託·博爾·額色·塞內克·海塞賴·阿邦·納木·陶金·圖美·納布塔孫·布戈圖·白爾格圖·額爾哲·孟格圖·納顏代·恩克·卓忻·伊勒戶·喀薩克·溫都喇戶·巴土賴·山津達爾·敦兌·濟藍泰·蘇干·塞爾格·詹泰·巴絺·翁阿代·雲敦·喀薩克·孟格爾·阿哈圖·布當·海塞·紅國爾·布濟格爾·吳爾噶齊, 塞桑古英托博·巴珠·叟塞, 鞍匠阿都齊·朝圖, 雕鏤匠克什特, 銀匠班第·阿濟代·滿津等, 奴僕·庄地·朝衣·袍服·帽鞾·鞓帶·鞍馬·甲胄·撒袋·弓矢·糍緞·布疋·銀兩等物有差.

○ 기해일(7.25), 금주(錦州)로부터 새로 귀부해 온 놈치·우바시의 부하인 효기교 중후와(junghūwa, 鍾化)·에센(esen, 額參)·보복투(boboktu, 博波克托)·시주(siju, 席柱)와 소(小) 보쇼쿠 성걸(senggel, 僧格爾)·볼로트(bolot, 博羅特)·족토(cokto, 綽克託)·볼(bol, 博爾)·어서이(esei, 額色)·서넉(senek, 塞內克)·하이설라이(haiselai, 海塞賴)·아방(abang, 阿邦)·나무(namu, 納木), 토오긴(toogin, 陶金)·투머이(tumei, 圖美)·납타순(nabtasun, 納布塔孫)·부고투(bugotu, 布戈圖)·벌거투(belgetu, 白爾格圖)·얼저이(eljei, 額爾哲)·멍거투(menggetu, 孟格圖)·나얀다이(nayandai, 納顏代)·엉커(engke, 恩克)·조힌(johin, 卓忻)·이러후(irehu, 伊勒戶)·카삭(kasak, 喀薩克)·운두라후(undurahū, 溫都喇戶)·바툴라이(batulai, 巴土賴)·산진다르(sanjindar, 山津達爾)·돈도이(dondoi, 敦兌)·지란타이(jirantai, 濟藍泰)·수간(sugan, 蘇干)·서르거이(sergei, 塞爾格)·잔타이(jantai, 詹泰)·바디(badi, 巴絺)·웅가다이(unggadai, 翁阿代)·욘돈(yondon, 雲敦)·카스카(kaska, 喀薩克)·멍걸(menggel, 孟格爾)·아하투(ahatu, 阿哈圖)·부당(budang, 布當)·

하이서(haise, 海塞)・홍고르(honggor, 紅國爾)・부지거르(bujiger, 布濟格爾)・울가치(ulgaci, 吳爾噶齊), 자이상 구영(jaisang guyeng, 寨桑古英)・토보(tobo, 托博)・바주(baju, 巴珠)・서오서(seose, 叟塞), 안장(鞍匠)인 아두치・초오투(cootu, 朝圖), 조루장(雕鏤匠)인 커시터이(kesitei, 克什特), 은장(銀匠)인 반디・아지다이(ajidai, 阿濟代)・만진(manjin, 滿津) 등에게 노복・장지(莊地)・조의(朝衣)・포복(袍服)・모자와 신발・가죽띠・안장을 갖춘 말・갑옷과 투구・화살집・활과 화살・장단(粧緞)・포필(布疋)・은량 등의 물품을 차등 있게 하사했다.

○ 命免董鄂固倫公主差役五十丁, 和碩公主各四十丁, 和碩格格各三十丁, 多羅格格各二十丁, 十丁有差, 諸公主・格格等入清寧宮, 謝恩. 上起迎, 免董鄂公主行禮, 命之侍立. 和碩公主率格格等行九拜三叩頭禮. 復於皇后前行禮畢, 賜宴清寧宮, 謝恩, 行三拜一叩頭禮. 公主格格等亦具筵於崇政殿, 復行三拜一叩頭禮, 謝恩. 是日, 并賜和碩親王以下牛彔章京以上筵宴.

○ 동고 구룬 공주에게 차역(差役)을 50정, 호쇼이 공주에게 각각 40정, 호쇼이 거거에게 각각 30정, 도로이 거거에게 각각 20정을 면해 주어 10정씩 차등을 두도록 명하니 여러 공주・거거가 청녕궁에 들어와 사은했다. 주상이 일어나 맞이하면서 동고 공주가 예를 행하려는 것을 면해 주고 시립(侍立)하게 했다. 호쇼이 공주가 거거들을 이끌고 구배삼고두의 예를 행하였다. 다시 황후 앞에서 예를 행하고 예가 끝난 뒤 청녕궁에서 잔치를 베풀자 이에 사은하여 삼배일고두의 예를 행하였다. 공주・거거들이 또한 숭정전에 연회를 갖추고 다시 삼배일고두의 예를 행하여 사은했다. 이날 호쇼이 친왕 이하 니루장긴 이상에게 함께 잔치를 베풀었다.

○ 朝鮮國王李倧遣總兵一員·副將四員·遊擊二員·守備十員·兵九百七十名, 詣錦州更戍. 將至, 命多羅額駙英俄爾岱迎至東京, 宴之, 及行, 復賜宴於禮部.

○ 조선국왕 이종이 보낸 총병 1명·부장 4명·유격 2명·수비 10명·군사 970명이 금주(錦州)를 번갈아 지키기 위해 이르렀다. 도착할 때 명하여, 도로이 어푸 잉굴다이가 동경(東京)에 가서 맞이하여 잔치를 베풀었고, 출발할 때에는 다시 예부에서 잔치를 내려 주었다.

○ 烏朱穆秦部落多爾濟濟農來朝, 命多羅武英郡王阿濟格, 多羅郡王阿達禮, 多羅貝勒多鐸·羅洛宏, 固山貝子尼堪, 鎭國公艾度禮, 輔國公篇古·博和託·扎喀納·杜爾祜·屯齊喀·和託等, 迎至北演武場, 宴之.

○ 우주무친 부락의 도르지 지농이 내조하니, 도로이 무영군왕 아지거, 도로이 군왕 아다리, 도로이 버일러 도도·롤로혼, 구사이 버이서 니칸, 진국공 아이두리, 보국공 피양구·보호토·자카나·두르후·툰치카·호토 등에게 명하여 북연무장(北演武場)에 가서 맞이하고 잔치를 베풀게 했다.

권57

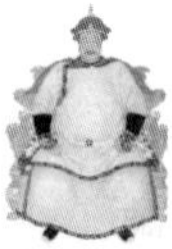

숭덕 6년 8월 ~ 9월

崇德六年, 辛巳, 八月, 甲辰朔, 敍和碩鄭親王濟爾哈朗克取錦州外城從征諸將功, 併錄從前勞績. 陞三等梅勒章京鰲拜巴圖魯, 爲一等梅勒章京. 復革職勞薩, 爲二等梅勒章京, 仍號碩翁科羅巴圖魯. 伊爾登, 仍爲三等梅勒章京. 陞三等甲喇章京阿濟格尼堪, 爲一等甲喇章京. 布顏, 爲二等甲喇章京. 授管護軍參領事陳泰, 半個牛彔章京伊拜, 俱爲牛彔章京. 授管牛彔事翁阿代, 白身巴泰, 俱爲半個牛彔章京. 贈陣亡三等梅勒章京翁阿岱, 爲一等梅勒章京. 管梅勒事孟庫魯, 管甲喇事禧福, 白身瑣諾木阿布爾果 · 俄兌, 俱爲牛彔章京. 白身外木布, 爲半個牛彔章京. 增鰲拜敕詞曰, 爾鰲拜, 隨和碩鄭親王初次圍錦州時, 領護軍纛, 擊敗杏山敵兵, 及和碩鄭親王攻克錦州外城, 爾見敵騎自松山出, 又領護軍纛, 敗之. 敵步兵列柵抗拒, 不待王 · 貝勒傳令, 徒步衝入, 及我軍合擊松山敵兵, 有城內敵兵, 來襲王 · 貝勒後, 爾又擊敗之. 以功, 由三等梅勒章京, 超擢爲一等梅勒章京, 准再襲十次. 賜勞薩敕書曰, 爾勞薩, 隨和碩鄭親王攻克錦州外城時, 前鋒誘松山敵兵出, 遂馳還, 擊敗之, 獲馬百匹, 甲九十副. 又與洪承疇軍接戰時, 方見親隨侍衛等後營忽遇敵二隊, 遂進擊, 會王·貝勒條纛至, 又合兵追至城壕, 敗之. 往塔山東, 捉生, 復擒騎兵一人. 雖無大功, 而效力行間, 勤勞素著. 間有小過, 不宜輒加廢置, 因仍號爾爲碩翁科羅巴圖魯, 復二等梅勒章京, 准再襲九次.

○ 숭덕 6년 신사년 8월 갑진일 초하루(8.1), 호쇼이 정친왕 지르갈랑이 금주(錦州)의 외성(外城)을 함락하는 데 종군했던 여러 장수들의 공을 서훈하고 아울러 이전의 공적을 기록했다. 삼등 머이런장긴 오보이 바투루를 일등 머이런장긴으로 승진시켰다. 혁직했던 로오사를 이등 머이런장긴으로 복직시키고 이어서 숑코로 바투루로 칭했다. 일던을 이어서 삼등 머이런장긴으로 삼았다. 삼등 잘란장긴 아지거 니칸을 일등 잘란장긴으로 승진시켰다. 부얀을 이등 잘란장긴으로 삼았다. 호군참령의 일을 관할하는 천타이와 반개니루장긴 이바이에게 모두 니루장긴을 제수했다. 니루의 일을 관할하는 웅가다이와 백신(白身) 바타이(batai, 巴泰)에게 모두 반개니루장긴을 제수했다. 전사한 삼등 머이런장긴 웅가다이를 일등 머이런장긴으로 추증했다. 머이런의 일을 관할하는 뭉쿠루(mungkuru, 孟庫魯), 잘란의 일을 관할하는 히퍼(hife, 禧福), 백신(白身) 소놈 아부르고(sonom aburgo, 瑣諾木阿布爾果)·오도이(odoi, 俄兌)를 모두 니루장긴으로 삼았다. 백신(白身) 와임부(waimbu, 外木布)를 반개니루장긴으로 삼았다.

오보이(oboi, 鰲拜)에게 칙사(敕詞)를 더해 주어 말했다. 「너 오보이는 호쇼이 정친왕을 따라 처음 금주(錦州)를 포위했을 때 호군의 독(纛)을 이끌고 행산(杏山)의 적병을 격퇴했고 호쇼이 정친왕이 금주의 외성을 함락하자 너는 적의 기마가 송산(松山)에서 나오는 것을 보고 또 호군의 독(纛)을 이끌고 패퇴시켰다. 적의 보병이 책(柵)을 세우고 항거하자 왕·버일러의 전령을 기다리지 않고 도보로 돌격했고 우리 군대가 송산의 적병과 합전하자 성안의 적병이 왕·버일러의 뒤를 습격하는 것을 보고 너는 또 격퇴했다. 공이 있으므로 삼등 머이런장긴에서 일등 머이런장긴으로 등급을 뛰어넘어 발탁하고 10번 습직을 허락한다.」

로오사(loosa, 勞薩)에게 칙서(敕書)를 하사해 말했다. 「너 로오사는 호쇼이 정친왕을 따라 금주의 외성을 함락할 때 전봉(前鋒)으로서 송산의 적병을 나오게 유인하고 말을 달려 되돌아가 격퇴하여 말 100마리와 갑옷 90벌을 얻었다. 또 홍승주(洪承疇)의 군대와 접전할 때 친수시위(親隨侍衛) 등 후방의 군영이 갑자기 적 2개 부대와 마주친 것을 발견하자 즉시 나아가 공격했고, 마침 왕·버일러의 조독(條纛)이 도착하자 그 병사들과 합쳐 성의 해자까지 추격해서 패퇴시켰다. 탑산(塔山)의 동쪽으로 가서 포로를 잡고 또 기병 1명을 사로잡았다. 비록 큰 공은 없지만 행군 중에 힘을 보탰고 부지런히 일한 것이 분명하다. 도중에 작은 과실이 있었다고 해서 버려둘 수 없으므로 너를 숑코로 바투루로 칭하고 이등 머이런장긴에 복직시키며 9번 습직을 허락한다.」

賜伊爾登敕書曰, 爾伊爾登, 原係廢官, 隨武英郡王至燕京, 領兵出畧. 遇敵千人欲入城, 爾率三十人敗之, 獲馬三十匹. 又邏卒報祖總兵·高太監率兵二千至, 爾以騎兵設伏, 親率四十人誘敵, 敵兵遇伏, 遂擊敗之. 又隨和碩鄭親王攻克錦州外城時, 率親隨侍衛, 與洪承疇兵接戰, 獨先右翼兵突入, 敗敵凡四次. 有功, 因復爾原職爲三等梅勒章京, 准再襲八次. 增阿濟格尼堪敕詞曰, 收服察哈爾國時, 入明邊將還, 爾遇敵兵, 同雅賴追至崞縣, 斬九人, 獲馬五匹. 往探山海關時, 同阿爾津前進, 斬敵二人, 獲馬二匹. 又平定朝鮮時, 遇寧邊城兵, 當先衝擊, 斬殺甚衆. 隨多羅睿郡王過燕京征山東時, 斬明侯總兵下兵十一人, 復窮追, 斬其護印者, 奪其印及馬. 又隨多羅肅郡王火攻錦州, 設伏於連山, 生擒五人, 獲馬七匹. 又隨和碩鄭親王初次圍錦州時, 率七十人設伏, 生擒二人, 獲馬三匹. 杏山之戰, 領纛對壘, 擊敗敵兵. 又和碩鄭親王攻克錦州外城時, 爾知郛內蒙古, 咸願投誠, 告於多羅武英郡王. 遵奉指授. 隨王進攻, 先登城, 取其郛, 遂援蒙古出. 松山之戰, 領纛對壘, 敗之. 兩翼兵合戰松山, 復領纛對壘, 敗之. 以功, 由三等甲喇章京, 超擢爲一等甲喇章京, 准再襲六次.

일던(ilden, 伊爾登)에게 칙서(敕書)를 하사해 말했다. 「너 일던은 원래 폐직 관원이었으나 무영군왕을 따라 연경(燕京)에 이르러 병사를 이끌고 공략에 나섰다. 적 1,000명이 입성하려는 것을 만나 너는 30명을 이끌고 패퇴시켰고 말 30마리를 얻었다. 또 순찰병이 조 총병(祖總兵)·고 태감(高太監)이 병사 2,000명을 이끌고 도착했다고 보고하자 너는 기병을 매복시키고 몸소 40명을 이끌어 적을 유인했다. 적병이 복병과 만나 마침내 격퇴했다. 또 호쇼이 정친왕을 따라 금주의 외성을 힘락힐 때 친수시위(親隨侍衛)를 이끌고 홍승주의 병사와 섭선했는데 홀로 우익의 병사들을 앞서서 돌격해 들어가 적을 4차례나 패퇴시켰다. 공이 있으므로 너를 원래 직책인 삼등 머이런장긴에 복직시키고 8번 습직을 허락한다.」

아지거 니칸(ajige nikan, 阿濟格尼堪)에게 칙사(敕詞)를 더해 주어 말했다. 「차하르국을 복속시킬 때 명나라 변경에 들어갔다가 돌아오는데 너는 적병을 만나자 야라이와 함께 곽현(崞縣)까지 추격하여 9명을 베고 말 5마리를 얻었다. 산해관을 염탐하러 갔을 때 아르진과 함께 전진하여 적 2명을 베고 말 2마리를 얻었다. 또 조선을 평정할 때 영변성(寧邊城)의 병사를 만나 앞장서 돌격하여 베어 죽인 적이 매우 많았다. 도로이 예군왕(睿郡王)을 따라 연경(燕京)을 지나 산동(山東)을 정벌할 때 명나라 후 총병(侯總兵) 속하 병사 11명을 베고 다시 추격하여 인장(印章)을 지키는 자를 베고 인장과 말을 탈취했다. 또 도로이 숙군왕(肅郡王)을 따라 금주에 화공을 펼칠 때 연산(連山)에 매복하여 5명을 사로잡고 말 7마리를 얻었다. 또 호쇼이 정친왕을 따라 처음 금주를 포위할 때 70명을 이끌고 매복하여 2명을 사로잡고 말 3마리를 얻었다. 행산의 전투에서 독(纛)을 이끌고 대적하여 적병을 격퇴했다. 또 호쇼이 정친왕이 금주의 외성을 함락할 때 너는 외성 안에 몽고군이 모두 투항하고자 하는 것을 알고 도로이 무영군왕에게 알렸다. 지시를 받들어 왕을 따라 공격하여 먼저 성에 오르고 외성을 취하니 마침내 몽고군을 빠져나오게 했다. 송산의 전투에서 독(纛)을 이끌고 대적하여 패퇴시켰다. 양익의 병사가 송산에서 합전하자 다시 독(纛)을 이끌고 대적하여 패퇴시켰다. 공이 있으므로 삼등 잘란장긴에서 일등 잘란장긴으로 등급을 뛰어넘어 발탁하고 6번 습직을 허락한다.」

增布顏敕詞曰, 爾布顏, 隨武英郡王往征燕京, 於盧溝橋遇敵時, 當先衝擊, 敗之. 圍松山時, 阿爾薩蘭斬敵, 敵兵欲出收屍, 爾遂率八旗兵伏擊之, 斬二十一人. 又同阿爾薩蘭, 往探錦州, 斬偵卒八人, 獲馬十二匹. 又多羅睿郡王初次圍錦州, 爾同左翼軍敗敵, 衝其步營, 斬敵盈壕. 又和碩鄭親王攻克錦州外城時, 同伊爾登, 擊敗洪承疇兵. 以功, 由三等甲喇章京, 陞爲二等甲喇章京, 准再襲五次. 賜陳泰敕書曰, 爾陳泰, 原係白身, 管護軍參領事, 攻錦州時, 遇明寧遠兵, 同圖爾格衝入, 斬一人. 又見明寧遠兵至, 先衆突入, 斬執纛兵, 獲其纛及馬. 又往燕京時, 隨武英郡王攻入袁崇煥營. 克大凌河時, 前往設伏, 追偵卒, 擒一人. 又前敗明監軍道張春兵時, 同正白旗軍, 步戰突入. 平定朝鮮時, 領護軍纛, 殺入敵元帥營. 隨多羅睿郡王過燕京征山東時, 率本甲喇軍, 攻入豐潤縣兵營. 又率本甲喇軍, 攻入馮太監營. 又率護軍, 攻入侯總兵營. 又往探我右翼軍時, 遇祖總兵下兵百人, 率護軍三十人擊敗之, 獲纛二杆, 馬二十五匹. 又和碩鄭親王初次圍錦州時, 爾率蘇班代, 往取其杏山近城之牲畜, 獲牛二十頭, 馬二匹, 斬敵一人. 又與杏山兵戰時, 於汛地擊敗敵兵. 又隨和碩鄭親王攻克錦州外城時, 遇松山騎兵, 率本甲喇纛, 對壘, 敗之. 又步戰, 破敵步兵營柵. 敵兵四十人, 追我樵採者二十一人, 爾率六人救之出. 又松山兵, 來襲我軍後隊, 爾率本甲喇軍進擊之. 以功, 授爲牛彔章京, 准再襲二次.

부얀(buyan, 布顏)에게 칙사(敕詞)를 더해 주어 말했다. 「너 부얀은 무영군왕을 따라 연경(燕京)을 정벌하러 가서 노구교(盧溝橋)에서 적을 만났을 때 앞장서 돌격하여 패퇴시켰다. 송산을 포위했을 때 아르살란이 적을 베자 적병이 나와서 시신을 거두려고 했다. 너는 팔기의 병사를 이끌고 매복하고 공격하여 21명을 베었다. 또 아르살란과 함께 금주를 염탐하러 가서 정찰병 8명을 베고 말 12마리를 얻었다. 또 도로이 예군왕(睿郡王)이 처음 금주를 포위할 때 너는 좌익군과 함께 적을 패퇴시키고 적의 보병 군영으로 돌격하여 적을 베니 해자가 가득찼다. 또 호쇼이 정친왕이 금주의 외성을 함락할 때 일던과 함께 홍승주의 병사를 격퇴했다. 공이 있으므로 삼등 잘란장긴에서 이등 잘란장긴으로 승진시키고 5번 습직을 허락한다.」

천타이(centai, 陳泰)에게 칙서(敕書)를 하사해 말했다. 「너 천타이는 원래 백신(白身)으로 호군참령의 일을 관할했다. 금주를 공격할 때 명나라 영원(寧遠)의 병사를 마주치자 투르거이와 함께 돌격하여 1명을 베었다. 또 명나라 영원의 병사가 도착한 것을 보고 무리보다 앞서 돌격해 들어가 독(纛)을 쥐고 있는 병사를 베고 그 독(纛)과 말을 얻었다. 또 연경(燕京)에 갔을 때 무영군왕을 따라 원숭환의 군영으로 공격해 들어갔다. 대릉하(大凌河)를 점령할 때 먼저 가서 매복하고 정탐병을 추격하여 1명을 사로잡았다. 또 앞서 명나라 감군도(監軍道) 장춘(張春)의 병사를 패퇴시킬 때 정백기 군대와 함께 도보로 돌격해 싸웠다. 조선을 평정할 때 호군의 독(纛)을 이끌고 적 원수(元帥)의 군영으로 돌진했다. 도로이 예군왕(睿郡王)을 따라 연경(燕京)을 지나 산동(山東)을 정벌할 때 본 잘란의 군사를 이끌고 풍윤현(豐潤縣)의 병영으로 공격해 들어갔다. 또 본 잘란의 군사를 이끌고 풍 태감(馮太監)의 군영으로 공격해 들어갔다. 또 호군을 이끌고 후 총병(侯總兵)의 군영으로 공격해 들어갔다. 또 우리 우익군 쪽에서 염탐할 때 조 총병(祖總兵) 속하의 병사 100명을 만나 호군 30명을 이끌고 격퇴하여 독(纛) 2개와 말 25마리를 얻었다. 또 호쇼이 정친왕이 처음 금주를 포위할 때 너는 수반다이를 이끌고 행산 근처 성의 가축을 취하러 가서 소 20마리와 말 2마리를 얻고 적 1명을 베었다. 또 행산의 병사와 전투할 때 주둔지에서 적병을 격퇴했다. 또 호쇼이 정친왕을 따라 금주의 외성을 함락할 때 송산의 기병을 만나 본 잘란의 독(纛)을 이끌고 대적하여 패퇴시켰다. 또 도보로 전투하여 적의 보병 군영 목책을 파괴했다. 적병 40명이 우리의 땔감을 채취하는 자 21명을 추격하자 너는 6명을 이끌고 구출했다. 또 송산의 병사가 우리 군대의 후미를 습격해 오자 너는 본 잘란의 군사를 이끌고 진격했다. 공이 있으므로 니루장긴을 제수하고 2번 습직을 허락한다.」

增伊拜敕詞曰, 爾伊拜, 隨多羅睿郡王初次圍錦州時, 遇杏山敵騎, 爾率本旗軍敗之. 遇松山馬步兵, 亦率本旗軍擊敗之. 遇杏山敗騎, 又率本旗軍敗之. 錦州兵爲我左翼軍所敗, 又率本旗軍敗之. 隨和碩鄭親王攻克錦州外城時, 竝擊敗其馬步兵. 以功, 由半個牛彔章京, 加半個前程, 爲牛彔章京, 准再襲一次. 賜翁阿代敕書曰, 爾翁阿代, 原係驍騎校, 管牛彔事, 征遼東時, 見敵犯我軍, 即馳斬之. 又進攻錦州時, 同圖爾格衝入寧遠軍, 斬其人. 杜沙牛彔下阿爾泰, 於敵營中墜馬, 救之出. 克廣寧時, 有奈曼部落蒙古六人, 奪我兵之弓, 爾追及, 斬之. 征燕京時, 同圖爾格衝入明四總兵營. 灤州取草時, 遇敵, 率本甲喇軍擊敗之, 獲馬四十四. 克大凌河時, 有蒙古乘馬, 將奔松山, 追及, 斬之. 往畧中後所, 攻克一臺. 和碩鄭親王二次圍錦州時, 同吳達海, 伏小凌河口, 遇敵人畜奔至者, 俱獲之. 和碩鄭親王率兵攻克錦州外城時, 敵人據松山, 爾率本甲喇兵擊敗之. 又右翼兩紅旗 · 鑲藍旗汛地, 爲敵所奪, 會正黃旗來援, 隨同季山擊敗之. 兩翼兵會戰於松山, 擊敗明騎卒時, 爾親率本甲喇軍破敵, 以功, 授爲半個牛彔章京, 准再襲一次.

이바이(ibai, 伊拜)에게 칙사(敕詞)를 더해 주어 말했다. 「너 이바이는 도로이 예군왕(睿郡王)을 따라 처음 금주를 포위할 때 행산의 적 기마병을 만나자 본 기(旗)의 군사를 이끌고 패퇴시켰다. 송산의 기병과 보병을 만나자 또 본 기(旗)의 군사를 이끌고 격퇴했다. 행산에서 패퇴하는 기병을 만나자 또 본 기(旗)의 군사를 이끌고 패퇴시켰다. 금주의 병사가 우리 좌익군에 패퇴할 때 또 본 기(旗)의 군사를 이끌고 패퇴시켰다. 호쇼이 정친왕을 따라 금주의 외성을 함락할 때도 적의 기병과 보병을 격퇴했다. 공이 있으므로 반개니루장긴에서 반개전정(半個前程)을 더하여 니루장긴으로 삼고 1번 습직을 허락한다.」

웅가다이(unggadai, 翁阿代)에게 칙서(敕書)를 하사해 말했다. 「너 웅가다이는 원래 효기교로 니루의 일을 관할했는데 요동(遼東)을 정벌할 때 적이 우리 군대로 침범해 오는 것을 보고 말을 달려 그들을 베었다. 또 금주로 진공할 때 투르거이와 함께 영원(寧遠)의 군대로 돌격해 들어가 적을 베었다. 두샤 니루 속하의 아르타이가 적의 군영 안에서 낙마하자 구출했다. 광녕(廣寧)을 함락할 때 나이만 부락의 몽고인

6명이 우리 병사의 활을 탈취하자 네가 추격해 베었다. 연경(燕京)을 정벌할 때 투르거이와 함께 명나라 네 총병의 군영에 돌격해 들어갔다. 난주(灤州)에서 풀을 채취할 때 적을 만나 본 잘란의 군사를 이끌고 격퇴하여 말 40마리를 얻었다. 대릉하(大凌河)를 점령할 때 몽고인이 말을 타고 송산으로 달아나려 하자 추격하여 베었다. 중후소(中後所)를 공략하러 가서 1개 대(臺)를 함락했다. 호쇼이 정친왕이 두 번째 금주를 포위할 때 우다하이와 함께 소릉하구(小凌河口)에 매복했는데 적의 사람과 가축이 달아나는 것을 만나서 모두 사로잡았다. 호쇼이 정친왕이 병사를 이끌고 금주의 외성을 함락할 때 적병이 송산에 의지해 있자 너는 본 잘란의 병사를 이끌고 격퇴했다. 또 우익의 두 홍기와 양람기가 주둔지를 적에게 빼앗겼는데, 때마침 정황기가 구원하러 오자 기산(gisan, 季山)을 수행하여 가서 격퇴했다. 양익의 군대가 회합하여 송산을 공격해서 명나라 기병을 격퇴할 때 너는 직접 본 잘란의 군사를 이끌고 적을 격파했다. 공이 있으므로 반개니루장긴을 제수하고 1번 습직을 허락한다.」

賜巴泰敕書曰, 爾巴泰, 原係白身, 克取大凌河時, 上親擊錦州敵兵, 追至步兵營, 比還, 侍衛尼雅漢, 中傷墮馬, 爾馳射直入拒敵, 扶令上馬, 救之出. 征大同時, 往疙疸坨捉生, 遇明大同兵, 追射席特庫等甚急, 遂同洪科突入, 擊敗之. 又同席特庫捉生, 斬一人. 隨多羅睿郡王過燕京征山東時, 往沙河捉生, 生擒哨卒一人, 斬九人, 獲馬八匹. 又我軍於楊村探敵, 爲敵所射, 爾衝入其營, 斬一人. 至邊日, 率十人於三屯營, 閱視道路, 遇敵七人, 奪達爾虎馬而走, 爾追斬之, 仍取其馬. 和碩鄭親王攻克錦州外城時, 爾同伊爾登, 擊敗洪承疇兵. 比還, 殿後, 有敵兵來追, 爾面中流矢, 復回斬一人於馬下. 戰敵有功, 授爲半個牛彔章京, 准再襲一次. 增翁阿岱敕詞曰, 爾翁阿岱, 隨和碩鄭親王攻克錦州外城時，遵武英郡王所指汎地，擊敗山上敵兵．又進擊山下騎兵，追至步兵營，與鰲拜巴圖魯，同率護軍衝入．兩翼合擊松山兵時，又率本旗軍於汎地敗敵．中傷陣亡，由三等梅勒章京，特贈爲一等梅勒章京，以爾弟之子濟木布襲職，准再襲六次．

바타이(batai, 巴泰)에게 칙서(敕書)를 하사해 말했다. 「너 바타이는 원래 백신(白身)이었다. 대릉하(大凌河)를 점령할 때 주상이 몸소 금주의 적병을 공격하여 보병 군영까지 추격하고 돌아오려 하는데 시위(侍衛) 니야한이 중상을 입고 낙마하자, 너는 말을 달리고 활을 쏘며 곧장 진입해서 적을 막고 말에 오르도록 받쳐 주어 구출했다. 대동(大同)을 정벌할 때 흘달타(疙疸坨)에 가서 포로를 잡다가 명나라 대동의 병사가 시터쿠 등을 추격하며 활로 쏘는 위급한 상황을 만나 너는 홍코와 함께 돌격하여 격퇴했다. 또 시터쿠와 함께 포로를 잡고 1명을 베었다. 도로이 예군왕(睿郡王)을 따라 연경(燕京)을 지나 산동(山東)을 정벌할 때 사하(沙河)로 포로를 잡으러 가서 정탐병 1명을 사로잡고 9명을 베었으며 말 8마리를 얻었다. 또 우리 군사가 양촌(楊村)에서 적을 염탐하다 적에게 활을 맞자 너는 그 군영으로 돌격해 1명을 베었다. 변경에 도착한 날 삼둔영(三屯營)에서 10명을 이끌고 도로를 살피는데 적 7명이 다르후(darhū, 達爾虎)의 말을 탈취해 도망가는 것을 마주치자 추격해 베었고 말을 되찾았다. 호쇼이 정친왕이 금주의 외성을 함락할 때 너는 일던과 함께 홍승주의 병사를 격퇴했다. 돌아오려 할 때 후미에서 적병이 추격해 오자 너는 날아오는 화살에 얼굴을 맞았는데도 되돌아가 말에서 내려 1명을 베었다. 적과 싸우는 데 공적이 있으므로 반개니루장긴을 제수하고 1번 습직을 허락한다.」

웅가다이(unggadai, 翁阿岱)에게 칙사(敕詞)를 더해 주어 말했다. 「너 웅가다이는 호쇼이 정친왕을 따라 금주의 외성을 함락할 때 무영군왕

이 지시한 주둔지를 준수하여 산 위의 적병을 격퇴했다. 또 산 아래의 기병에게 진격하여 보병 군영까지 추격하고 오보이 바투루와 함께 호군을 이끌고 돌격했다. 양익이 송산의 병사와 합전할 때 본 기(旗)의 군사를 이끌고 주둔지에서 적을 패퇴시켰으나 중상으로 전사했다. 삼등 머이런장긴에서 일등 머이런장긴으로 특별히 추증하고 너의 동생의 아들 짐부(jimbu, 濟木布)에게 습직시키고 6번 습직을 허락한다.」

賜孟庫魯敕書曰, 爾孟庫魯, 原係白身, 管梅勒事, 隨睿郡王過燕京征山東, 遵所指方畧, 克取慶都縣城. 及出邊時, 殿後, 遇高太監及祖大壽兵, 以步兵來追, 即同納爾賽·哈爾薩·尼喀里巴圖魯, 擊敗之. 又同哈爾薩·恩克參, 擊敗敵步兵千人. 和碩鄭親王攻克錦州外城時, 敵兵於城南迎戰, 爾率本翼軍擊敗之. 錦州敵人出城至我壕, 射公艾度禮下監牧牛羊之人, 爾進戰陣亡. 贈爲牛彔章京, 以爾子拜音達襲職, 准再襲一次. 賜禧福敕書曰, 爾禧福, 原係白身, 管甲喇事, 往駐山寨, 同朱瑪喇·舒書·海塔巴圖魯, 招服山寨四處. 又同朱瑪喇, 招服山寨四處. 又率甲士十五人, 攻克駱駝山山寨, 獲十人. 守駱駝山時, 有敵馬步兵四百, 乘夜來攻, 率甲士二十四人拒戰, 斬七人. 正掩擊時, 會碩詹至, 又同斬敵二百四十人, 獲馬十六匹. 隨和碩鄭親王攻克錦州外城時, 爲左翼帥, 守山城, 敵人犯本旗汛地, 率兵射退之, 及敵兵復攻正藍旗所守汛地, 初次獲勝, 再戰陣亡. 本翼得以無恙. 用贈爾爲牛彔章京, 以爾弟之子噲齊襲職, 准再襲一次.

뭉쿠루(mungkuru, 孟庫魯)에게 칙서(敕書)를 하사해 말했다. 「너 뭉쿠루는 원래 백신(白身)으로, 머이런의 일을 관할했는데 예군왕(睿郡王)을 따라 연경(燕京)을 지나 산동(山東)을 정벌하면서 지시한 방략에 따라 경도현성(慶都縣城)을 함락했다. 또 변경을 나갈 때 후미에서 고

태감(高太監)과 조대수의 보병이 추격해 오는 것을 만나 나르사이 · 하르사 · 니카리 바투루(nikari baturu, 尼喀里巴圖魯)와 함께 격퇴했다. 또 하르사 · 엉커선과 함께 적의 보병 1,000명을 격퇴했다. 호쇼이 정친왕이 금주의 외성을 함락할 때 적병을 성의 남쪽에서 맞아 싸웠는데 너는 본 익(翼)의 군사를 이끌고 격퇴했다. 금주의 적병이 성에서 나와 우리 해자에 이르러 공(公) 아이두리 속하의 소와 양을 치는 사람을 활로 쏘자 너는 나가 싸우다가 전사했다. 너를 니루장긴으로 추증하고 너의 아들 바인다(bainda, 拜音達)에게 세습시키고 1번 습직을 허락한다.」

히퍼(hife, 禧福)에게 칙서(敕書)를 하사해 말했다. 「너 히퍼는 원래 백신(白身)으로, 잘란의 일을 관할하는데 산채에 가서 머무르면서 주마라 · 슈슈 · 하이타 바투루와 함께 산채 4곳을 복속시켰다. 또 주마라와 함께 산채 4곳을 복속시켰다. 또 갑사(甲士) 15명을 이끌고 낙타산(駱駝山)의 산채를 함락하고 10명을 사로잡았다. 낙타산을 수비할 때 적의 기병과 보병 400명이 밤을 틈타 공격해 오자 갑사(甲士) 24명을 이끌고 맞서 싸워 7명을 베었다. 기습하려 할 때 마침 쇼잔이 도착해서 또 함께 적 240명을 베고 말 16마리를 얻었다. 호쇼이 정친왕을 따라 금주의 외성을 함락할 때 좌익의 장수가 되어 산성을 지켰고 적병이 본 기(旗)의 주둔지를 침범하자 병사를 이끌고 활을 쏘아 패퇴시켰으며, 적병이 다시 정람기의 주둔지를 공격하자 처음에는 승리했으나 다시 싸울 때 전사했다. 본 익(翼)은 무사할 수 있었다. 너를 니루장긴으로 추증하고 너의 동생의 아들 쿠와이치(kuwaici, 噲齊)에게 세습시키고 1번 습직을 허락한다.」

賜瑣諾木阿布爾果敕書曰, 爾瑣諾木阿布爾果, 原係白身, 取松山時, 斬阿爾薩蘭所敗敵兵二人. 多羅睿郡王初次圍錦州, 左翼兵敗敵時,

> 同親隨侍衛進擊, 斬執纛者, 奪其纛, 又和碩鄭親王攻克錦州外城時, 同內大臣伊爾登, 進攻洪承疇兵, 陣亡. 用贈爲牛彔章京, 以爾兄阿里馬襲職, 准再襲一次. 賜俄兒敕書曰, 爾俄兒, 原係白身, 隨多羅睿郡王過燕京往山東時, 敵兵夜襲前鋒席特庫營, 爾同席特庫·努山禦之. 又率侍衛二十人, 前鋒十人, 伏於玉田縣, 敵人襲我後隊, 爾橫擊突入, 追步兵過橋, 斬參將一員, 擒百總一員. 又高太監兵襲我後隊, 亦擊敗之. 偵探時, 共擒哨卒五人, 斬五人. 又隨和碩鄭親王二次圍錦州時, 同勞薩碩翁科羅巴圖魯, 力戰, 擊敗塔山兵. 及鄭親王攻克錦州外城時, 前鋒誘松山騎兵方戰, 遇有納海牛彔下逃人一名, 擒斬之. 又同巴藍爲前鋒章京, 率四十人, 往援山上兵, 敗敵一次, 再戰, 中創陣亡, 因贈爾爲牛彔章京, 以爾子查庫襲職, 准再襲一次. 賜外木布敕書曰, 爾外木布, 原係白身, 先征朝鮮時, 潛襲義州, 同第二隊將士登城. 和碩鄭親王攻克錦州外城時, 又同內大臣伊爾登, 執纛進攻洪承疇兵, 陣亡. 贈爾爲半個牛彔章京, 以爾弟愛木布襲職.

소놈 아부르고(sonom aburgo, 瑣諾木阿布爾果)에게 칙서(敕書)를 하사해 말했다. 「너 소놈 아부르고는 원래 백신(白身)으로, 송산을 취할 때 아르살란이 패퇴시킨 적병 2명을 베었다. 도로이 예군왕(睿郡王)이 처음 금주를 포위하고 좌익군이 적을 패퇴시킬 때 친수시위(親隨侍衛)와 함께 진격하여 독(纛)을 쥐고 있는 자를 베고 그 독(纛)을 탈취했다. 또 호쇼이 정친왕이 금주의 외성을 함락할 때 내대신(內大臣) 일던과 함께 홍승주의 병사를 공격하다 전사했다. 니루장긴으로 추증하고 너의 형 알리마(alima, 阿里馬)에게 습직시키고 1번 습직을 허락한다.」

오도이(odoi, 俄兒)에게 칙서(敕書)를 하사해 말했다. 「너 오도이는 원래 백신(白身)으로, 도로이 예군왕(睿郡王)을 따라 연경(燕京)을 지나 산동(山東)을 정벌할 때 적병이 전봉(前鋒) 시터쿠의 군영을 야습하자 너는 시터쿠 · 누산과 함께 방어했다. 또 너는 시위(侍衛) 20명과 전봉(前鋒) 10명을 이끌고 옥전현(玉田縣)에 매복하다가 적병이 우리의 후미 부대를 습격할 때 네가 측면에서 공격하여 돌격해 들어가 보병을 다리 넘어까지 추격해서 참장 1명을 베고 백총 1명을 사로잡았다. 또 고 태감(高太監)의 병사가 우리의 후미 부대를 습격하자 격퇴했다. 정탐할 때 정찰병 5명을 사로잡고 5명을 베었다. 또 호쇼이 정친왕이 두 번째로 금주를 포위할 때 로오사 숑코로 바투루와 함께 힘써 싸워 탑산(塔山)의 병사를 격퇴했다. 또 정친왕이 금주의 외성을 함락할 때 전봉(前鋒)으로서 송산의 기병을 유인해 싸웠는데 나하이 니루 속하에 도망자 1명이 있어 사로잡아 베었다. 또 발란과 함께 전봉장긴(前鋒章京)이 되어 40명을 이끌고 산 위의 병사를 구원하러 가서 적을 한 차례 패퇴시켰는데 다시 싸울 때 중상을 입어 전사했다. 따라서 너를 니루장긴으로 추증하고 너의 아들 차쿠(cakū, 査庫)에게 습직시키고 1번 습직을 허락한다.」

와임부(waimbu, 外木布)에게 칙서(敕書)를 하사해 말했다. 「너 와임부는 원래 백신(白身)으로, 이전에 조선을 정벌할 때 의주(義州)를 몰래 습격하여 두 번째 부대의 장수와 병사들과 함께 성에 올랐다. 호쇼이 정친왕이 금주의 외성을 함락할 때 또한 내대신(內大臣) 일던과 함께 독(纛)을 쥐고 홍승주의 병사에게 공격하다 전사했다. 너를 반개니루장긴으로 추증하고 너의 동생 아임부(aimbu, 愛木布)가 습직하게 한다.」

○ 歸化城土默特部落頭目古祿格 · 託博克 · 車克車木, 遣白奇 · 達木巴爾 · 畢禮克, 陶虎 · 什巴干察, 遣巴圖 · 畢喇石 · 土薩圖 · 渾津 · 布喀圖 · 杭果 · 圖美 · 諾爾布 · 畢齊克圖等來朝, 貢馬, 倂蟒緞 · 糚緞 · 倭緞 · 素緞等物.

○ 귀화성(歸化城) 투메트 부락의 두목 굴루거 · 토복(tobok, 託博克) · 척처무(cekcemu, 車克車木)가 버키(beki, 白奇) · 담바르(dambar, 達木巴爾) · 빌릭(bilik, 畢禮克)을 보내고, 토오후(toohū, 陶虎) · 시바간차(sibaganca, 什巴干察)가 바투(batu, 巴圖) · 비라시(birasi, 畢喇石) · 투사투(tusatu, 土薩圖) · 혼진(honjin, 渾津) · 부카투(bukatu, 布喀圖) · 항고(hanggo, 杭果) · 투머이(tumei, 圖美) · 노르부(norbu, 諾爾布) · 비칙투(biciktu, 畢齊克圖) 등을 보내 내조하여 말과 함께 망단(蟒緞) · 장단(粧緞) · 왜단(倭緞) · 소단(素緞) 등의 물품을 조공했다.

> ○ 鄂爾多斯部落濟農額林臣 · 台吉扎木蘇 · 古祿 · 善達 · 卓布里 · 畢勞 · 寨賽 · 薩干 · 薩克巴 · 巴特瑪 · 薩克察 · 土門德里, 及瑣諾木 · 布達代楚虎爾 · 兀楚克退 · 沙里伊爾都齊 · 扎穆蘇 · 古英塔布囊等來朝, 貢馬駝 · 蟒緞 · 粧緞 · 素緞等物.

○ 오르도스 부락의 지농 어린천 · 타이지 잠수 · 굴루 · 샨다 · 조부리(joburi, 卓布里) · 비라오(birao, 畢勞) · 자이사이 · 사간(sagan, 薩干) · 삭바(sakba, 薩克巴) · 바트마 · 삭차(sakca, 薩克察) · 투먼더리(tumenderi, 土門德里) 및 소놈 · 부다다이 추후르 · 우축터이(ucuktei, 兀楚克退) · 샤리 일두치(šari ilduci, 沙理伊爾都齊) · 잠수 · 구영 타부낭 등이 내조하여 말과 낙타 · 망단(蟒緞) · 장단(粧緞) · 소단(素緞) 등의 물품을 조공했다.

> ○ 烏朱穆秦部落多爾濟濟農 · 叟塞 · 大巴拜 · 小巴拜 · 噶喇木扎布台吉 · 宜爾扎爾布台吉 · 德爾格爾塔布囊 · 蘇巴海塔布囊 · 達喇海 · 沙吉等來朝, 貢馬駝 · 鵰翎等物.

○ 우주무친 부락의 도르지 지농 · 서오서 · 대(大) 바바이(amba babai, 大巴拜) · 소(小) 바바이(ajige babai, 小巴拜) · 가람잡 타이지 · 이르잘부 타이지(irjalbu taiji, 宜爾扎爾布台吉) · 덜거르 타부낭 · 수바하이 타부낭 · 달라하이 · 샤지(šaji, 沙吉) 등이 내조하여 말과 낙타 · 독수리 깃털 등의 물품을 조공했다.

○ 乙巳, 烏朱穆秦部落多爾濟濟農, 具盛筵於崇政殿, 獻上.

○ 을사일(8.2), 우주무친 부락의 도르지 지농이 숭정전(崇政殿)에서 성대한 잔치를 갖추어 주상에게 바쳤다.

○ 賜厄魯特部落格隆塞桑之弟布戶 · 巴圖 · 卓爾畢等, 朝衣各一襲.

○ 울러트 부락 겔룽 자이상의 동생 부구(bugū, 布戶) · 바투 · 졸비 등에게 조의(朝衣) 각 1벌씩 하사했다.

○ 賜阿祿部落穆章下翁阿柰, 甲冑 · 朝衣 · 帽帶 · 鞾 · 刀等物. 以多羅武英郡王進戰時, 翁阿柰救出我兵之纛故也.

○ 아루 부락 무장 속하의 웅가나이(ungganai, 翁阿柰)에게 갑옷과 투구 · 조의(朝衣) · 모자 · 요대 · 신발 · 칼 등의 물품을 하사했다. 도로이 무영군왕이 나아가 싸울 때 웅가나이가 우리 군대의 독(纛)을 구출했기 때문이다.

○ 丙午, 以庫爾禪, 爲都察院參政.

○ 병오일(8.3), 쿠르찬을 도찰원참정으로 삼았다.

○ 以阿哈尼堪, 管梅勒章京事, 譚拜, 管蒙古梅勒章京事.

○ 아하니칸에게 머이런장긴의 일을 관할하게 하고, 탐바이에게 몽고 머이런장긴의 일을 관할하게 했다.

○ 罷洪尼喀梅勒章京任, 以前鋒統領勞薩碩翁科羅巴圖魯代之. 以沙爾虎達, 爲前鋒統領.

○ 훙니카의 머이런장긴 직을 파면하고 전봉통령(前鋒統領) 로오사 숑코로 바투루가 대신하게 했다. 샤르후다를 전봉통령으로 삼았다.

○ 開城總領正黃旗扎福尼有疾, 以噶爾糾代之.

○ 개성총령(開城總領) 정황기 자푸니가 병이 들어서 가르기오가 대신하게 했다.

○ 牛彔章京兼半個前程球詹病故, 以其弟約詹襲職, 仍准再襲一次.

○ 니루장긴 겸 반개전정(半個前程) 키오잔(kiojan, 球詹)이 병사하여 그의 동생 요오잔(yoojan, 約詹)에게 세습시키고 1번 습직을 허락했다.

○ 丁未, 冊封烏朱穆秦部落多爾濟濟農, 爲和碩蘇勒親王, 阿霸垓部落多爾濟額齊格諾顏, 爲卓禮克圖郡王, 其妻爲多羅福金. 賜多爾濟濟農冊文曰, 奉天承運寬溫仁聖皇帝制曰, 自古應運之君, 必有藩屛之佐, 故敍功定名, 以別封號者, 乃古聖王之典也. 朕爰倣古制, 不分內外, 視爲一體. 凡我諸藩, 俱因功授冊, 以昭等威. 受此冊者, 必忠以輔國, 恪守矩度, 自始至終, 不忘信義, 則光前裕後, 而奕世永昌矣. 爾多爾濟, 乃蒙古察哈爾汗苗裔, 烏朱穆秦之貝勒也. 因察哈爾汗暴虐其國, 宗族摧殘, 肆行不道, 爾避居於喀爾喀兄弟處. 後察哈爾國, 爲朕所滅, 爾順時達務, 遂棄喀爾喀兄弟, 率所屬之民, 盡來歸誠. 朕嘉爾勳, 冊封爾爲和碩蘇勒親王, 除負朕厚恩, 謀反大逆, 削除王爵, 及行軍敗逃, 依律治罪外, 其一應過犯, 永不削奪, 子孫世襲, 欽哉, 勿負朕命, 賜額齊格諾顏冊文同.

○ 정미일(8.4), 우주무친 부락의 도르지 지농을 호쇼이 수러 친왕(hošoi sure cinwang, 和碩蘇勒親王)으로 책봉하고 아바가 부락의 도르지 어치거 노얀을 조릭투 군왕(joriktu giyūn wang, 卓禮克圖郡王)으로, 그의 처를 도로이 푸진(doroi fujin, 多羅福金)으로 책봉했다. 도르지 지농에게 책문을 하사해 말했다. 「봉천승운관온인성황제가 제(制)한다. 예부터 천운에 순응하여 등극한 군주에게는 반드시 번병(藩屛)의 보좌가 있기에 공적을 서훈하고 명칭을 정하고 별도로 봉호(封號)하는 것은 옛 성왕의 전장(典章)이다. 짐은 옛 제도를 따라 내외를 구분하지 않고 일체임을 보이려 한다. 우리의 여러 번(藩)은 모두 공에 따라 책(冊)을 주어 등급의 위엄을 분명히 한다. 이 책(冊)을 받는 자는 반드시

충성으로 보국(輔國)하고 삼가 규범을 지키며 처음부터 끝까지 신의를 잃지 말아야 선조의 이름을 드러내고 후손들을 유복하게 하여 대대로 융성할 수 있는 것이다. 너 도르지는 몽고 차하르 칸의 후예이자 우주무친의 버일러이다. 차하르 칸이 나라 백성에게 폭정을 하고 종족을 박해하여 방자한 행동이 도리에 어긋나자 너는 칼카 형제가 있는 곳으로 피해 기거했다. 이후 차하르국이 짐에게 멸망하자 너는 시세에 순응하여 마침내 칼카 형제를 버리고 소속 백성을 이끌고 투항해 왔다. 짐은 너의 공을 가상히 여겨 너를 호쇼이 수러 친왕으로 책봉하니, 짐의 두터운 은혜를 저버리고 반역을 모의하여 왕작(王爵)이 삭제되거나 행군 시에 패배하고 도망하여 율에 따라 죄를 받는 것 외에 모든 과실에 대해 영원히 삭탈되지 않고 자손 대대로 세습될 것이다. 삼가고 짐의 명을 저버리지 말라.」 어치거 노얀에게 하사한 책문(冊文)도 같았다.

○ 召貢馬土默特部落甲喇章京圖美·牛彔章京白奇等九十七人, 鄂爾多斯部落沙理伊爾都齊等五十二人, 賜宴, 復賜貂鑲朝衣·帽帶·鞍轡·甲冑等物有差.

○ 말을 조공한 투메트 부락 잘란장긴 투머이·니루장긴 버키 등 97명과 오르도스 부락 샤리 일두치(šari ilduci, 沙理伊爾都齊) 등 52명을 불러들여 잔치를 베풀고 또 담비가죽을 두른 조의(朝衣)·모자와 요대·안장과 고삐·갑옷과 투구 등의 물품을 차등 있게 하사했다.

○ 仍命六家各宴之.

○ 이어서 6가(家)에 명하여 각자 잔치하게 했다.

○ 以土默特部落古祿格章京下諾木習禮, 解送逃人, 及舍雷, 來報互市信息, 各賜銀兩.

○ 투메트 부락 굴루거 장긴 속하 놈시리(nomsiri, 諾木習禮)가 도망자를 압송했고 셔러이(šerei, 舍雷)는 호시(互市)의 소식을 보고해 왔으므로 각각 은량을 하사했다.

○ 鄂爾多斯部落濟農下頭目吳巴什等, 送喀爾喀部落來歸額參塔布囊等至盛京. 賜吳巴什等銀兩, 額參塔布囊 · 滿都拜, 朝衣 · 貂帽 · 帶鞾等物.

○ 오르도스 부락 지농 속하의 두목 우바시 등이 칼카 부락에서 내귀한 에센 타부낭 등을 이송하여 성경(盛京)에 도착했다. 우바시 등에게 은량을, 에센 타부낭 · 만두바이(mandubai, 滿都拜)에게 조의(朝衣) · 담비가죽 모자 · 요대와 신발 등의 물품을 하사했다.

○ 先是, 塔海牛彔下溫得, 原係護軍, 以貧乏革退, 德馬護私以當差人頂補披甲出征, 令溫得, 隨其兄輩阿岱出征. 部議. 德馬護, 應罰銀百兩, 溫得同族人, 俱入官. 拜尹圖, 身爲固山額眞, 其弟輩阿岱擅帶甲兵, 知而故隱. 拜尹圖, 應罰銀百兩. 輩阿岱, 既經革職, 私帶別牛彔下兵出征, 應鞭一百, 罰贖. 塔海, 乃牛彔章京, 以本牛彔下當差人, 濫充披甲, 又越數多帶甲兵, 徇情不舉, 應鞭一百, 奏聞, 上命德馬護·拜尹圖, 俱免罪, 鞏阿岱, 鞭一百, 准納贖, 塔海, 餓禁三日.

○ 이전에 타하이 니루 속하의 원더이(wendei, 溫得)는 원래 호군이었는데 가난하여 본직에서 물러나 있었기에 더마후(demahū, 德馬護)가 사사로이 당차인(當差人)을 피갑(披甲)으로 함부로 보충하여 출정시키고 원더이에게 그의 형 궁가다이를 따라 출정하게 했다. 부에서 논의했다. 「더마후는 벌은 100냥을 부과해야 하고 원더이는 족인과 함께 관에 몰수해야 합니다. 바인투는 구사어전인데 그의 동생 궁가다이가 멋대로 갑병(甲兵)을 이끄는 것을 알고도 고의로 숨겼습니다. 바인투는 벌은 100냥을 부과해야 합니다. 궁가다이는 이미 혁직되었는데도 사사로이 별도의 니루 속하 병사를 이끌고 출정했으므로 채찍 100대를 때리고 속(贖)을 벌로 부과해야 합니다. 타하이는 니루장긴으로서 본 니루 속하의 당차인(當差人)을 피갑으로 넘치게 보충하고 또 정해진 수를 넘겨 갑병(甲兵)을 많이 이끄는데도 사정을 숨기고 보고하지 않았으니 채찍 100대를 때려야 합니다.」 상주하자 주상이 명하여 더마후·바인투는 모두 죄를 면해 주고 궁가다이는 채찍 100대를 때리는 벌에 처하되 납속을 허락하며 타하이는 3일을 가두고 굶기게 했다.

○ 石訥布庫, 以其家人克什特妻小愆, 撻之死, 自首於法司. 審無別故. 奏聞, 上命石訥布庫, 罰銀納贖.

○ 시너 부쿠(sine buku, 石訥布庫)는 그의 가인(家人) 커시터이(kesitei, 克什特)의 처를 작은 실수를 했다는 이유로 매질해 죽였기 때문에 법사(法司)에 자수했다. 살펴보니 다른 이유는 없었다. 상주하자

주상이 명하여 시너 부쿠에게 벌은을 납속하게 했다.

○ 戊申, 部議, 鞏阿岱係戴罪從征之人, 率兵十一人, 畏避不戰, 又以鰲拜巴圖魯擊敗敵人守柵兵, 詭言已曾衝入, 與鰲拜爭功, 罪一. 命設伏截路, 不即前往, 安坐帳房, 罪二. 鞏阿岱, 應論死. 固山額眞拜尹圖, 本旗掘濬壕塹, 不如法, 又因馬驚懷忿, 擅責內大臣圖爾格牛彔下人, 又和碩鄭親王所頒軍律, 不諭衆知. 在衙門時, 於鄭親王前, 呼鰲拜爲貓, 自呼爲鼠, 又言鰲拜欺鞏阿岱懦弱, 詈之爲奴, 我聞之痛心. 及諸王·貝勒·大臣, 於篤恭殿, 會審鞏阿岱罪時, 伊雖親兄, 因其無涉, 令伊公議, 乃徇庇鞏阿岱, 拂袖而出. 拜尹圖, 既不教弟立功, 又不秉公議罪, 亦應論死. 內大臣錫翰, 於會審鞏阿岱時, 伊雖親弟, 亦因無涉, 與之公議, 乃徇庇鞏阿岱, 亦與伊兄拜尹圖拂袖而出. 錫翰, 應革職, 解內大臣任, 止留本身及妻, 餘俱籍沒. 同鞏阿岱畏避不前者三人, 皆自言擊敵步兵時, 實從他人擊敗處殺入, 所言既實, 應免罪. 其塔海牛彔下譚拜·沙渾·布哈·阿爾賓, 俄木索庫牛彔下薩哈連·尙都·黑琫, 賽木布牛彔下雅薩八人, 皆詭言同鞏阿岱衝柵擊敵, 七人, 應各鞭一百, 雅薩, 并追論其前罪, 應論死. 奏聞. 上曰, 此輩過犯, 屢經誡飭, 姑俱免死. 鞏阿岱, 籍家資三分之一, 罰銀贖罪. 拜尹圖, 革職, 罷固山額眞任, 罰銀贖罪, 再罰銀七十兩, 與伊所責內大臣圖爾格牛彔下人. 錫翰, 免革職, 罰銀贖罪. 譚拜·沙渾·布哈·阿爾賓·薩哈連·尙都·黑琫等七人, 與鞏阿岱同畏避不前, 各鞭一百. 雅薩, 處死. 從前鞏阿岱得罪, 曾撥所屬人員, 與拜尹圖·錫翰. 今拜尹圖·錫翰庇鞏阿岱, 著復撥出. 至於鞏阿岱母, 不知教子, 鞏阿岱本無疾, 輒諉云子有痞疾, 不惟不能教子改過, 且縱容之, 亦應擬死, 否則餓禁, 第朕於心有所不忍, 姑宥其罪, 後若仍前不訓其子, 決不輕宥, 著將鞏阿岱家產, 仍令給還.

○ 무신일(8.5), 부(部)에서 논의했다. 「궁가다이는 죄지은 몸으로 원정을 수행할 때 군사 11명을 이끌고 갔으나 두려워서 싸우지 않고 도주했으며, 오보이 바투루가 목책을 지키는 적병을 격파한 것을 가지고 자신은 이미 목책을 뚫고 들어갔다고 거짓말하며 오보이와 공을 다투었으니, 첫째 죄입니다. 매복하고 길을 차단하도록 명령을 받았으나 곧바로 가지 않고 장막에 편히 앉아 있었으니 둘째 죄입니다. 궁가다이는 사형으로 죄를 논해야 합니다.

구사어전 바인투는 자신의 본 기(旗)가 참호를 팔 때 법대로 하지 않았고, 말이 놀란 것에 분을 품고 내대신 투르거이 니루 속하의 사람을 질책했고, 호쇼이 정친왕이 반포한 군율을 사람들에게 칙유하여 알리지 않았고, 아문에 있을 때에 정친왕 앞에서 오보이를 고양이라고 부르고 스스로를 쥐라고 했고, 또한 "오보이가 궁가다이를 나약하다고 업신여기고 노예놈이라고 매도했는데, 나는 이 말을 듣고 마음이 아팠다."라고 말했습니다. 여러 왕·버일러·대신들이 독공전에서 궁가다이의 죄를 회심(會審)할 때에, 바인투는 궁가다이의 친형이지만 관련이 없었기에 그에게 공의(公議)하도록 했으나, 바인투는 궁가다이를 비호하고 소매를 떨치고 나갔습니다. 바인투는 동생에게 공을 세우는 법을 가르쳐 주지도 않았고 공정하게 죄를 논의하지도 않았으니, 또한 사형으로 죄를 논해야 합니다.

내대신 시한은 궁가다이를 회심할 때에 비록 궁가다이의 친동생이지만 관련이 없었기에 함께 공의하도록 했으나, 궁가다이를 비호하고 형 바인투와 함께 소매를 떨치고 나갔습니다. 시한은 혁직하고 내대신 직임을 해제하고, 자신과 아내만을 남겨 두고 나머지는 모두 적몰해야 합니다. 궁가다이와 함께 무서워서 피하고 전진하지 않은 3명 모두 자백하기를, 적의 보병을 공격할 때 사실은 다른 사람들이 공격해 패배시킨 곳을 따라 돌격해 들어갔다고 합니다. 말한 것이 사실이기에 죄를 면해야 합니다.

타하이 니루 속하 탐바이(tambai, 譚拜)·샤훈(沙渾, šahūn)·부하(buha, 布哈)·아르빈(arbin, 阿爾賓), 옴소쿠(omsoku, 俄木索庫) 니루 속하 사할리얀(sahaliyan, 薩哈連)·샹두(šangdu, 尙都)·허이붕(heibung, 黑琫), 사임부(saimbu, 賽木布) 니루 속하 야사(yasa, 雅薩), 총 8명은 모두 궁가다이와 함께 목책을 뚫고 들어가 적을 격파했다고 거짓말했으니, 7명은 각각 채찍 100대에 처하고 야사는 이전의 죄와 함께 논의하여 사형으로 죄를 논의해야 합니다.」

상주하자 주상이 말했다. "이들은 과오를 범했을 때에 여러 번 훈계하고 타이르면서 잠시 모두 사형을 면해 주었다. 궁가다이는 가산 3분의 1을 적몰하고 벌은으로 속죄하게 한다. 바인투는 혁직하고 구사어전 직임을 파하고 벌은으로 속죄하게 하고, 다시 벌은 70냥을 부과하여 그가 질책한 내대신 투르거이 니루 속하 사람에게 주게 한다. 시한은 혁직은 면해 주되 벌은으로 속죄하게 한다. 탐바이·샤훈·부하·아르빈·사할리얀·샹두·허이붕 7명은 궁가다이와 함께 두려워서 피하고 전진하지 않았으니 각각 채찍 100대에 처하고, 야사는 사형에 처한다. 이전에 궁가다이가 죄를 지었을 때에 소속 인원을 뽑아서 바인투와 시한에게 주었다. 이제 바인투와 시한이 궁가다이를 비호했으니 다시 인원을 뽑아내도록 하라. 궁가다이의 모친은 자식들을 가르칠 줄 몰랐으며, 궁가다이는 본래 질병이 없었는데도 아들에게 비질(痞疾)[1]이 있다고 둘러대었다. 자식들에게 잘못을 고치게 할 줄 모를 뿐 아니라 그것을 눈감아 주었으니, 또한 사형으로 의율하거나 아니면 가택 구금하여 굶겨야 한다. 다만 짐의 마음에 차마 그렇게 하지 못하니, 일단 죄를 용서하되 후에 만약 이전처럼 자식들을 훈계하지 않으면 결코 가벼이 용서치 않을 것이다. 궁가다이의 가산은 논

1 痞疾은 뱃속이 더부룩한 증세, 중 만성 비장 비대증이다.

의한 대로 환급한다.”

○ 壬子, 烏朱穆秦部落蘇勒親王多爾濟濟農 · 阿霸垓部落卓禮克圖郡王多爾濟額齊格諾顏, 以受封謝恩, 具筵於崇政殿, 獻上.

○ 임자일(8.9), 우주무친 부락의 수러 친왕 도르지 지농 · 아바가 부락의 조릭투 군왕 도르지 어치거 노얀이 봉작(封爵)을 받고 사은하고자 숭정전에서 연회를 갖추어 주상에게 바쳤다.

○ 甲寅, 敕諭朝鮮國王李倧曰, 朕覽王奏云, 數調軍士, 路遠艱苦, 民力凋敝, 欲留戍爲及瓜之代, 此亦有理, 當如王所請. 但戍兵應用衣糧, 務期接續送至軍前, 不得有誤. 特諭.

○ 갑인일(8.11), 조선국왕 이종(李倧)에게 칙유하여 말했다. 「짐이 읽은 왕의 상주문에서 “군사를 여러 번 조발했고 길이 멀고 힘들고 백성들의 힘도 빠졌으니, 머물러 지키다가 기한을 채우면 교대시키고자 합니다.”[2]라고 했다. 그 또한 이치에 맞기에 왕이 청한 대로 할 것이다. 다만 수비군이 소모하는 의복과 식량을 기일 내에 끊기지 않고 군영에 보내는 데 힘쓰고 착오가 없도록 하라. 특별히 유시한다.」

○ 丁巳, 上聞明洪承疇等, 率兵十三萬, 來援錦州, 親統大軍往征之.

2 조선의 주본과 이에 답하는 홍 타이지의 칙유는 『同文彙考』 別篇 卷4 軍務條 「請勿數替戍兵奏」와 「許留戍兵續送衣糧勅」에 수록되어 있다.

先是, 初六日, 多羅睿郡王多爾袞·多羅肅郡王豪格, 自錦州軍中遣詹代·安泰奏報, 明國會集各省兵, 來拒我師, 我兵擊敗其三營, 獲馬五百五十匹, 敵兵來者甚衆等語. 上隨遣學士額色黑, 往諭多羅睿郡王·多羅肅郡王曰, 敵人若來侵犯, 王等可相機擊之. 不來, 切勿輕動, 各當固守汛地. 初八日, 命固山額眞多羅額駙英俄爾岱·宗室拜尹圖, 率每牛彔兵十名, 往濟多爾袞·豪格軍. 十一日, 額色黑, 自多爾袞·豪格軍中還, 又奏言, 敵兵實衆, 乞遣和碩鄭親王, 率兵一半前往, 協力拒敵. 上聞奏, 即傳檄各部軍馬, 星集京師, 於十五日起行, 命和碩鄭親王留守. 上即欲於十一日親征, 因鼻衄, 姑緩三日, 鼻衄尙未止, 是日辰刻, 上統大軍出撫近門, 謁堂子, 行三跪九叩頭禮畢, 遂起行, 趨錦州, 駐蹕遼河.

○ 정사일(8.14), 주상은 명나라 홍승주(洪承疇) 등이 병사 13만을 이끌고 금주(錦州)를 지원하러 온다는 말을 듣고, 친히 대군을 이끌고 출성했다. 이전 초6일에, 도로이 예군왕(睿郡王) 도르곤과 도로이 숙군왕(肅郡王) 호오거가 금주(錦州) 군중에서 찬다이·안타이를 보내어 상주했다. 「명나라에서 모은 각 성(省) 군사들이 와서 우리 군대에 저항했으나, 아군은 명나라의 진영 세 개를 격파하고 말 550마리를 노획했고 항복해 온 적병이 매우 많았습니다.」 이에 주상은 학사 어서허이를 보내 도로이 예군왕과 도로이 숙군왕에게 유시했다. 「적들이 침범해 오면 왕들은 기회를 틈타 공격해도 좋다. 오지 않으면 절대 경거망동하지 말고 각자 주둔지를 고수해야 한다.」 초8일, 구사어전 도로이 어푸 잉굴다이와 종실 바인투에게 명하여 각 니루의 병사 10명씩을 이끌고 가서 도르곤과 호오거 군대를 구원하게 했다. 11일, 어서허이가 도르곤과 호오거 군중에서 돌아와 또 상주하여 말했다. 「적병이 실로 많으니 호쇼이 정친왕을 보내시어 병사 절반을 이끌고 가서

협력하여 적을 맞서게 하기를 바랍니다.」 주상은 상주를 듣고 즉시 격문을 전하여 각 부(部) 군마들이 경사로 모여서 15일에 출발하도록 했고, 호쇼이 정친왕에게는 경사에 남아 방어하도록 명했다. 주상은 곧바로 11일에 친정하려 했으나 코피로 인하여 잠시 3일을 늦추었다. 코피가 그치지 않았으나 이날 진시에 주상은 대군을 이끌고 무근문으로 나아가서 당자(堂子)에 배례하고 삼궤구고두의 예를 행한 후에 출발하여 금주(錦州)로 가다가 요하(遼河)에 주둔했다.

○ 戊午, 渡遼河, 多羅睿郡王多爾袞 · 多羅肅郡王豪格, 遣阿都戶 · 帕克齊奏報, 言洪承疇兵來犯我右翼, 豪格率兩紅旗 · 正黃旗 · 鑲藍旗, 及外藩土謝圖親王兵, 擊敗之.

○ 무오일(8.15), 요하(遼河)를 건넜다. 도로이 예군왕 도르곤과 도로이 숙군왕 호오거가 아두후(aduhū, 阿都戶)와 팍치(pakci, 帕克齊)를 보내어, 홍승주(洪承疇)의 군대가 와서 아군의 우익을 공격했고 호오거가 두 홍기 · 정황기 · 양람기와 외번 투시예투 친왕 군대를 이끌고 격파했다고 말했다.

○ 壬戌, 上至松山, 陳師於松山 · 杏山之間, 橫截大路駐營. 先是, 上行急, 鼻衄不止, 承以盌, 行三日, 衄方止. 諸王 · 貝勒 · 大臣, 共議攻圍之策. 上笑曰, 朕但恐敵人聞朕親至, 將潛遁耳. 倘蒙天眷佑, 敵兵不逃, 朕必令爾等破此敵, 如縱犬逐獸, 易如拾取, 不致勞苦也. 朕所定攻戰機宜, 爾等慎勿違誤, 勉力識之. 多羅武英郡王阿濟格 · 多羅貝勒多鐸奏請, 聖駕徐行. 臣等當先往. 上曰, 先軍制勝, 利在神速. 朕如有翼可飛, 即當飛去, 何可徐行也. 遂晝夜遄發. 於是, 自盛京疾馳而行者六日. 將抵松山, 至戚家堡駐營, 遣內國史院大學士剛林·學士羅碩, 往諭多羅睿郡王多爾袞·多羅肅郡王豪格等曰, 朕當即至矣. 可令前遣之固山額眞宗室拜尹圖·多羅額駙英俄爾岱兵, 及科爾沁土謝圖親王兵, 察哈爾瑣諾木衛寨桑等兵, 先在高橋駐營, 俟朕至時, 合圍松山·杏山. 於是, 剛林等往諭, 王·貝勒·大臣, 及滿洲·蒙古·漢人衆兵聞之, 無不忻躍, 恭候車駕於路. 多爾袞·豪格·拜尹圖·譚泰·英俄爾岱等, 復令剛林·羅碩奏言, 臣等仰藉皇上天威, 豈敢畏敵. 心有所怯, 第軍中形勢, 不得不以奏聞. 今聖駕親臨, 臣等勇氣增倍, 惟務進攻. 但爲國圖功, 敢陳一得. 覬明兵甚衆, 臣等先率兵圍錦州, 累經攻戰, 微有損傷. 如再速戰, 恐力不及. 頃皇上令屯營高橋, 倘敵兵爲我所迫, 約錦州·松山兵, 內外夾攻, 協力死戰, 萬一有失, 爲之柰何. 皇上即欲自高橋來援, 亦必待勝負少分之後. 今如暫駐松山·杏山之間, 則臣等大有益矣. 奏聞, 上允之. 既而復遣剛林·羅碩, 諭多爾袞·豪格曰, 朕今於松山·杏山間駐營, 敵人必速遁, 恐不能多所斬獲也. 於是, 仍率大軍進發. 諸王·貝勒·大臣, 及諸將士, 遙見御前儀仗, 及前隊旗纛移營, 皆踴躍懽呼. 上率大軍, 先至松山, 繼於松山·杏山之間, 自烏欣河南山至海, 橫截大路, 綿亙駐營. 上諭衆曰, 如敵來犯, 近則迎擊之, 倘敵兵尚遠, 而先往迎戰, 致貽累於衆, 即與敗陣無異. 是時, 敵兵, 於松山城北乳峯山岡結營, 其步兵, 於乳峯山松山城之間掘壕, 立七營. 其騎兵, 駐於松山東·西·北三面. 合騎步兵, 共號十三萬. 其領兵總督洪承疇, 巡撫邱民仰, 兵道張斗·姚恭·王之禎, 兵部郎中張若麒, 大同總兵王樸, 宣府總兵李輔明, 密雲總兵唐通, 薊州總兵白廣恩, 玉田總兵曹變蛟, 山海總兵馬科, 前屯衛總兵王廷臣, 寧遠總兵吳三桂, 及副·參·遊·守二百餘員, 見上親率大軍環松山而營, 大懼, 欲戰則力不支, 欲守則糧已竭, 遂合謀退遁.

○ 임술일(8.19), 주상이 송산에 이르러 송산과 행산 사이에 군대를 배치하고 대로를 가로막고 군영을 세웠다. 이전에 주상이 빠르게 행군하며 코피가 멈추지 않아서 사발로 코피를 받았다. 행군한 지 3일 만에 코피가 멈추었다. 여러 왕·버일러·대신들이 함께 포위 공격의 책략을 논의했다. 주상이 웃으며 말했다. "짐은 오직 적병이 짐이 친히 왔다는 소식을 듣고 몰래 도망갈까 걱정한다. 만약 하늘의 도움을 받아 적병이 도주하지 않으면 짐은 그대들에게 명하여 적병을 무찌르게 할 것이니, 마치 개를 풀어 짐승을 쫓는 것과 같고 떨어진 물건을 줍듯이 쉬워서 노고라고 할 것도 없다. 짐이 계획한 작전을 그대들은 삼가 그르치지 않도록 힘써 숙지하라." 도로이 무영군왕 아지거와 도로이 버일러 도도가 주청했다. "주상께서는 천천히 가십시오. 신들이 먼저 가겠습니다." 주상이 말했다. "선봉군이 이기는 비법은 신(神)과 같이 빠른 것에 있다. 짐이 만약 날개가 있어 날아갈 수 있다면 당장 날아갈 것이다. 어찌 천천히 가겠는가?"

마침내 낮밤을 가리지 않고 빠르게 출발했다. 이에 성경(盛京)에서 빠르게 진군하여 6일간 가서 송산에 도착할 즈음에 척가보(戚家堡)에 이르러 주둔하고, 내국사원대학사 가린과 학사 로쇼를 보내어 도로이 예군왕 도르곤과 도로이 숙군왕 호오거 등에게 유시했다. "짐은 이제 막 도착했다. 먼저 보낸 구사어전 종실 바인투·도로이 어푸 잉굴다이의 군대와 코르친 투시예투 친왕 군대와 차하르 소놈 우이 자이상 등의 군대에 지시하여 먼저 고교(高橋)에서 주둔하고 짐이 도착하면 송산과 행산을 포위하게 하라."

이에 가린 등이 가서 칙유했다. 왕·버일러·대신 및 만주·몽고·한인 병사들이 이를 듣고 기뻐하지 않는 이가 없었고, 길에서 어가가 오기를 삼가 기다렸다. 도르곤·호오거·바인투·탄타이·잉굴다이 등이 다시 가린과 로쇼를 시켜 상주하여 말했다. 「신들은 황상의 천위(天威)를 우러르고 의지하니 어찌 적을 두려워하겠습니까? 마음에 있는 두려움은 군대의 형세뿐이니 상주하지 않을 수 없습니다. 이제 황상께서 친히 오시니 신들은 용기백배하여 오로지 공격에 힘쓰겠습니다. 다만 나라를 위하여 공적을 도모함에 있어 한 가지 작은 생각을 감히 말씀드립니다. 보건대 명나라의 병사가 매우 많아서 신들이 전에 군대를 이끌고 가서 금주(錦州)를 포위하고 계속 공격했는데도 저들의 피해는 조금밖에 없었습니다. 만약 다시 빠르게 공격하면 우리의 힘이 부족할 것입니다. 이제 황상께서 고교에 군영을 세우셨는데, 만약 적병이 우리 공격에 몰려 금주와 송산 군대가 내외로 협공하도록 약속하고 힘을 합쳐 결사적으로 싸워서 만에 하나 우리가 패하면 어찌하겠습니까? 황상께서 곧바로 고교에서 오셔서 지원하고 싶으시더라도 반드시 승부가 조금이나마 갈린 후까지 기다리셔야 할 것입니다. 지금 송산과 행산 사이에 잠시 주둔하시면 신들에게 매우 유익할 것입니다.」 상주하자 주상이 윤허했다.

이윽고 다시 가린과 로쇼를 보내어서 도르곤과 호오거에게 유시하여 말했다. "짐이 지금 송산과 행산 사이의 군영에 주둔하고 있으니 적들이 분명 빠르게 달아날 것인데 많이 참획할 수 없을까 걱정된다." 이에 대군을 이끌고 진군했다. 여러 왕 · 버일러 · 대신들과 여러 장수와 병사들은 어전의장(御前儀仗)과 전방 부대 깃발들이 군영을 옮기는 것을 멀리서 바라보고 모두 환호했다. 주상은 대군을 이끌고 먼저 송산으로 갔고, 이어서 송산과 행산 사이에 머물렀으며, 오흔 강(烏欣河)의 남산(南山)에서 바다에 이르기까지 대로를 가로막고 군대를 연이어서 주둔시켰다. 주상은 군사들에게 유시했다. "적이 와서 공격할 경우, 가까이 오면 맞받아 공격하라. 적병이 멀리 있는데도 먼저 가서 맞서 싸워 우리 군사가 피해를 입으면 패전한 것과 다를 바 없다."

이때 적군은 송산성(松山城) 북쪽 유봉산(乳峯山) 언덕에 군영을 세웠다. 보병은 유봉산과 송산성 사이에 참호를 파고 7개의 군영을 세웠다. 기병은 송산의 동 · 서 · 북 삼면에 주둔했다. 기병과 보병을 합하여 모두 13만에 달했다. 군대를 통솔하는 총독(總督) 홍승주(洪承疇), 순무(巡撫) 구민앙(邱民仰), 병도(兵道) 장두(張斗)·요공(姚恭)·왕지정(王之禎), 병부낭중(兵部郎中) 장약기(張若麒), 대동총병(大同總兵) 왕박(王樸), 선부총병(宣府總兵) 이보명(李輔明), 밀운총병(密雲總兵) 당통(唐通), 계주총병(薊州總兵) 백광은(白廣恩)·옥전총병(玉田總兵) 조변교(曹變蛟), 산해총병(山海總兵) 마과(馬科), 전둔위총병(前屯衛總兵) 왕정신(王廷臣), 영원총병(寧遠總兵) 오삼계(吳三桂), 그리고 부장·참장·유격·수비 200여 명은 주상이 친히 대군을 이끌고 송산을 포위하여 군영을 세운 것을 보고 매우 두려워하며, 싸우면 힘으로 지탱하지 못하고 지키면 식량이 고갈되기에 결국 논의해서 퇴각했다.

○ 癸亥, 黎明, 明總兵八員, 率兵犯我前鋒汛地, 我軍擊敗之, 明兵將奔塔山, 爲我軍前鋒兵及鑲藍旗護軍追擊. 又命多羅武英郡王阿濟格·固山貝子博洛·內大臣圖爾格等, 追擊至塔山而還, 獲其筆架山積粟十二堆, 留兵護守, 仍令每牛彔下甲士一名, 運取之.

○ 계해일(8.20), 새벽 명나라 총병 8명이 군대를 이끌고 우리 전봉 주둔지를 침범했으나 아군이 격파했다. 명나라 병사들은 탑산(塔山)으로 달아나면서 아군 전봉 부대와 양람기 호군들의 추격을 받았다. 또한 도로이 무영군왕 아지거·구사이 버이서 볼로·내대신 투르거이 등에게 명하여 탑산까지 추격하고 돌아오게 했다. 이들은 필가산(筆架山)[3]에 비축된 곡물 12더미를 노획하고 병사들을 남겨 두어 지키게 하고, 뒤이어 각 니루 속하의 갑사 1명에게 이를 운반하여 가져오

3 筆架山: 塔山 근방 해안에 있는 지역으로 썰물 때에 육지와 연결되었다. 당시 명나라 군량을 저장하는 곳이었다.

게 했다.

○ 是日, 浚壕, 斷絕松山·杏山路.

○ 이날 참호를 파고 송산(松山)과 행산(杏山)의 길을 끊었다.

○ 是夜, 明諸將皆欲遁, 撤其七營步兵, 近松山城而營.

○ 이날 밤, 명나라 장수들이 모두 도주하려고 7개 군영의 보병을 철수시키고, 송산성(松山城) 가까이 가서 군영을 세웠다.

○ 甲子, 敵兵犯我鑲紅旗汛地, 我軍擊却之. 師還, 敵襲我後, 相距百步, 上復令轉戰, 張黃蓋, 率數人往來指揮, 布陣. 敵望見, 悉倉皇遁走. 上諭諸將各歸本營, 上亦還營, 諭諸將曰, 今夜敵兵必遁, 左翼四旗護軍統領鼇拜巴圖魯·阿濟格尼堪·韓岱·哈寧噶等, 可各率本旗護軍, 至右翼汛地排列. 右翼四旗護軍, 及騎兵·蒙古兵·前鋒兵, 俱比翼排列, 直抵海邊, 各固守汛地. 敵兵之遁者, 有百人, 則以百人追之, 千人, 則以千人追之. 如敵兵衆多, 則躡後追擊, 直抵塔山. 是夜初更時, 明總兵吳三桂·王樸·唐通·馬科·白廣恩·李輔明等, 率馬步兵, 由前鋒汛地·沿海潛遁, 我軍前鋒兵, 及鑲藍旗蒙古梅勒章京喇瑪下兵·鑲藍旗護軍兵·公篇古·公扎喀納·騎兵固山額眞公艾度禮·護軍統領鼇拜巴圖魯·韓岱·阿濟格尼堪·哈寧噶等, 相繼追擊, 次護軍統領布善·公杜爾祜·穆爾祜·騎兵固山額眞葉臣, 見後無敵兵, 亦隨衆追擊. 上又命蒙古固山額眞庫魯克達爾漢阿賴·察哈爾毛海, 各率所部兵, 伏杏山路, 遮擊遁入杏山敵兵, 不許遠追, 若無諭旨, 亦不得擅還. 又命多羅睿郡王多爾袞, 及貝子羅託·公屯齊等, 率先至四旗護軍, 及科爾沁國土謝圖親王兵, 前往錦州大路, 至塔山大路橫擊之. 多爾袞先往, 令科爾沁國土謝圖親王抵暮至, 土謝圖親王至黎明, 方率本部兵, 詣上營奏云, 臣等不諳路徑, 不知何往. 上大怒曰, 此路爾等果不知耶. 先往中後所時, 爾曾來此, 近圍錦州, 又駐兵兩月, 何言不知. 爾有意推諉, 佯以不知來問耳. 遂叱之去. 又命達齊堪·辛達里·納林等, 率鎗礮手, 往筆架山, 增兵防護糧糗. 又命正黃旗騎兵鎭國將軍宗室巴布海·護軍統領圖賴, 各率所部兵, 往塔山截其路, 有奔至塔山者, 悉戮之. 又命多羅武英郡王阿濟格, 率兵亦截塔山路, 擊敵兵之奔塔山者, 倘敵兵欲越塔山, 當率巴布海·圖賴, 自寧遠直抵連山追擊. 又命固山貝子博洛, 率兵往桑噶爾寨堡, 截擊之. 又聞明國郎中張若麒, 從小凌河口乘舟遁, 命鑲黃旗蒙古梅勒章京賴護·察哈爾國瑣諾木衛寨桑旗下巴特瑪, 率兵往追之. 又命先來之正黃旗固山額眞譚泰, 率騎兵四百, 往小凌河西, 直抵海濱, 絕其歸路. 又命正紅旗騎兵梅勒章京多濟里, 率兵追擊敗兵. 又命正白旗蒙古固山額眞伊拜·鑲白旗梅勒章京譚拜, 率兵往庫魯克達爾漢阿賴·毛海處, 於杏山四面, 截擊敵兵之奔入杏山者, 不許遠追, 如無諭旨, 亦不得擅還. 又命正紅旗蒙古固山額眞恩格圖·先來之前鋒統領吳拜等, 率兵追擊逃兵. 又命國舅阿什達爾漢, 及多爾濟達爾漢諾顏, 往視庫魯克達爾漢阿賴·伊拜等杏山駐營之地, 若其地未善, 當別擇善地移營, 竝察斬敵多寡. 上又計我軍若於是夜一併遣發, 慮敵人後復有遁走者, 於是, 相敵情形, 陸續遣發. 至黎明, 諸將遵奉上命, 各赴汛地, 邀截敵兵, 悉如睿算. 掩擊窮追, 明兵竄走, 彌山遍野, 自杏山迤南, 沿海至塔山一路, 赴海死者, 不可勝計.

○ 갑자일(8.21), 적군이 우리 양홍기 주둔지를 침범했고 아군은 이를 공격하여 물리쳤다. 군대를 돌리자 적군이 아군의 후방으로 접근했는데 100보 거리가 되자 주상은 다시 돌아서 전투하게 했다. 주상은 황색 양산을 펼치고 몇 명을 데리고 왕래하며 지휘하고 진을 펼쳤다. 적군이 멀리서 바라보고 모두 놀라 도주했다. 주상은 장수들에게 각자의 본영으로 돌아가라고 유시했다. 주상도 군영으로 귀환하여 장수들에게 유시했다. "오늘 밤 적군이 반드시 도주할 것이니 좌익 4기의 호군통령 오보이 바투루 · 아지거 니칸 · 한다이 · 하닝가 등은 각자 본 기(旗)의 호군을 이끌고 우익 주둔지에 가서 정렬하라. 우익 4기의 호군과 기병 · 몽고병 · 전봉병도 모두 나란히 정렬하고 곧바로 해변으로 가서 각자 주둔지를 고수하라. 도주한 적병이 100명이면 100명이 추격하고 1,000명이면 1,000명이 추격하라. 적병이 많으면 뒤를 추격하고 곧바로 탑산(塔山)으로 가라."

이날 밤 초경(初更)에 명나라 총병 오삼계(吳三桂) · 왕박(王樸) · 당통(唐通) · 마과(馬科) · 백광은(白廣恩) · 이보명(李輔明) 등이 기병과 보병을 이끌고 전봉의 주둔지로부터 바닷가를 따라 도주했다. 아군 전봉 부대와 양람기 몽고 머이런장긴 라마 속하의 부대와 양람기 호군병과 공(公) 피양구, 공(公) 자카나, 기병 구사어전 공(公) 아이두리, 호군통령 오보이 바투루 · 한다이 · 아지거 니칸 · 하닝가 등이 계속 추격했다. 다음으로 호군통령 부샨, 공(公) 두르후 · 무르후, 기병 구사어전 여천이 후방에 적병이 없는 것을 보고 또한 병사들을 따라서 추격했다.

주상은 다시 몽고 구사어전 쿨룩 다르한 알라이와 차하르 모오하이에게 명하여 각자 소속 부대를 이끌고 행산(杏山)의 길에 매복했다가 행산으로 도주하는 적병을 차단하여 공격하되 멀리 추격하지 말고, 유지가 없으면 함부로 돌아오지 말라고 지시했다. 또한 도로이 예군왕 도르곤과 버이서 로토 · 공(公) 툰치 등에게 명하여 앞장서서 4기의 호군과 코르친국 투시예투 친왕 부대에 가고 금주(錦州) 대로로 가서 탑산(塔山) 대로에서 가로막고 공격하게 했다. 도르곤이 먼저 갔고 코르친국 투시예투 친왕에게는 저녁에 이르게 했다. 투시예투 친왕은 새벽이 되어서야 본 부대 병사들을 이끌고 주상의 군영에 와서 상주하여 말했다. "신들이 길을 몰라 어디로 가야 할지 모릅니다." 주상이 대노하며 말했다. "너희는 이 길을 정말 모르는가. 지난번 중후소(中後所)에 갔을 때 너희는 여기에 왔고, 근자에 금주를 포위했을 때에도 두 달 동안 주둔했는데 어찌 모른다고 하는가? 너희는 일부러 책임을 미루고자 모르는 척하고 와서 묻는 것이다." 그리고 친왕을 꾸짖어 내쫓았다.

또한 다치칸(dacikan, 達齊堪)・신다리(sindari, 辛達里)・나린(narin, 納林) 등에게 명하여 총포수들을 이끌고 필가산(筆架山)으로 가서 식량을 지키는 병력을 더하게 했다. 또한 정황기 기병 진국장군 종실 바부하이와 호군통령 툴라이에게 명하여 각자 소속 병사들을 이끌고 탑산으로 가서 길을 끊고, 탑산까지 도주해 온 자들은 모두 죽이라고 했다. 또한 도로이 무영군왕 아지거에게 명하여 병사를 이끌고 마찬가지로 탑산의 길을 끊고 탑산으로 도주해 온 적병들을 공격하되, 만약 적군이 탑산을 넘고자 하면 바부하이와 툴라이를 이끌고 영원(寧遠)에서 연산(連山)에 이르기까지 곧바로 추격하게 했다. 또한 구사이 버이서 볼로에게 명하여 병사를 이끌고 상가르자이 보(桑噶爾寨堡)에 가서 길을 끊고 공격하게 했다. 또한 명나라 낭중(郎中) 장약기(張若麒)가 소릉하구(小凌河口)에서 배를 타고 도주했다는 소식을 듣고, 양황기 몽고 머이런장긴 라이후(laihū, 賴護)와 차하르국 소놈 우이 자이상의 기(旗) 속하 바트마에게 명하여 병사를 이끌고 가서 추격하게 했다.

또한 먼저 온 정황기 구사어전 탄타이에게 기병 400명을 이끌고 소릉하 서쪽으로 가다가 곧장 바닷가에 가서 적의 귀로를 차단하도록 명했다. 또한 정홍기 기병 머이런장긴 도지리에게 명하여 병사를 이끌고 가서 패잔병을 추격하게 했다. 또한 정백기 몽고 구사어전 이바이와 양백기 머이런장긴 탄바이에게 명하여 병사를 이끌고 쿨룩 다르한 알라이와 모오하이가 있는 곳으로 가서 행산(杏山)의 사면에서 행산으로 도망쳐 들어가는 적병들을 막고 공격하되 멀리까지 추격하는 것은 허락하지 않으며, 유지가 없으면 함부로 귀환하지 말도록 했다. 또한 정홍기 몽고 구사어전 엉거투와 먼저 온 전봉통령 우바이 등에게 명하여 병사를 이끌고 도주병을 추격하도록 했다. 또한 국구 아시다르한과 도르지 다르한 노얀에게 명하여 가서 쿨룩 다르한 알라이와 이바이 등이 행산의 주둔지 일대를 시찰하고, 만약 그 땅이 좋지 않으면 다른 좋은 땅을 골라 군영을 이주하고 참수된 적병을 계산하게 했다.

또한 주상은 이날 밤 아군을 한꺼번에 보내면 후에 다시 도주하는 적군이 있을 것을 염려하여 적의 상황을 살펴보면서 잇달아 출발시켰다. 새벽이 되자 여러 장수들이 주상의 명을 받들고 각자 담당 지역으로 가서 적병을 가로막았으니, 실로 영명한 계책이었다. 적군을 기습하여 끝까지 추격하니 명나라 병사들이 온 산과 들로 도주했고 행산 남쪽 지역부터 바닷가를 따라 탑산 큰길까지 바다에 이르러 죽은 자가 무수히 많았다.

○ 乙丑, 上命內弘文院大學士希福 · 內國史院大學士剛林, 率筆帖式十名, 詣多羅睿郡王多爾衮 · 多羅武英郡王阿濟格軍, 諭曰, 朕曾欲駐營塔山岡, 指授機宜, 今已不往, 特令爾等往隨睿郡王 · 武英郡王, 凡事啟導而行. 若臺上敵兵, 尚有未盡殲者, 宜圍之, 遣人來奏, 朕即發紅衣礮前去, 爾等可用礮攻臺, 一切軍情, 須於彼處議定, 奏聞於朕, 務各奮勇擊敵. 王等還時, 可沿山至海, 且勦且獵而來. 希福 · 剛林, 即往宣諭, 多爾衮乃率兵圍其四臺, 遣人奏請紅衣礮, 時阿濟格已至塔山，希福·剛林，復以上諭告之．二王復於是夜，重圍四臺．上命漢軍固山額眞劉之源·梅勒章京吳守進·墨爾根侍衛李國翰，擕紅衣礟十位，同二王攻克四臺，斬殺甚衆，生擒其臺內副將王希賢·參將崔定國·都司楊重鎭，斬守備二員·都司一員．搜勦三日，總兵吳三桂·王樸，奔入杏山．

○ 을축일(8.22), 주상은 내홍문원대학사 히퍼 · 내국사원대학사 가린에게 비트허시 10명을 데리고 도로이 예군왕 도르곤과 도로이 무영군왕 아지거 군영에 가도록 하여 유시했다. "짐은 탑산 언덕에 주둔하며 작전을 지시하려고 했으나 가지 않았다. 그래서 특별히 지시하니, 너희는 가서 예군왕과 무영군왕을 수행하면서, 모든 일을 깨우치고 이끌어 주며 행하라. 만약 대(臺) 위에 섬멸하지 않은 적병이 남아 있으면 포위하고 사람을 보내 상주하라. 짐이 곧바로 홍의포를 가지고 갈 것이니 너희는 포를 이용하여 대(臺)를 공격하라. 일체 군정은 그곳에서 논의하여 정해서 짐에게 상주하고 각자 분발하여 적을 공격하라. 왕들이 귀환할 때는 산을 따라 바다에 이르기까지 공격하기도 하고 수렵하기도 하면서 오라." 히퍼와 가린은 곧바로 가서 선유했다. 도르곤은 병사를 이끌고 네 대(臺)를 포위했으며 사람을 보내 홍의포를 요청했다. 마침 아지거가 탑산에 이르자 히퍼와 가린은 다시 상유를 알렸다. 두 군왕은 이날 밤에 다시 네 대(臺)를 겹겹이 포위했다. 주상은 한군 구사어전 유지원(劉之源) · 머이런장긴 오수진(吳守進) · 머르건 시위 이국한(李國翰)에게 홍의포 10문을 가지고 두 군왕과 함께 네 대(臺)를 공격하도록 명했다. 참살한 적군이 매우 많았으며 대(臺) 안의 부장 왕희현(王希賢) · 참장 최정국(崔定國) · 도사(都司) 양중진(楊重鎭)을 생포하고 수비(守備) 2명과 도사(都司) 1명을 참했다. 3일 동안 수색하고 죽이는 동안, 총병 오삼계(吳三桂)와 왕박(王樸)은 행산

으로 도주했다.

○ 是日，上移營至松山，欲四面浚壕圍之. 是夜，明總兵曹變蛟，率乳峯山馬步兵，棄寨而遁，欲衝圍出，至鑲黃旗護軍統領鰲拜巴圖魯汎地者一次，至正黃旗騎軍宗室巴布海·張屯等汎地者四次，俱爲我兵擊敗，敵兵一半突入御營，時守御營右翼大臣侍衛等，俱未至汎地，軍中大驚. 明總兵曹變蛟，中創奔還松山. 其棄於乳峯山者，紅衣礮一·法熕礮一·將軍礮二百四十，及鳥鎗等物，俱爲我兵所獲.

○ 이날 주상은 송산으로 군영을 옮겨 사면에 해자를 파서 둘러싸려 했다. 이날 밤, 명나라 총병 조변교(曹變蛟)가 유봉산(乳峯山)의 기병과 보병을 이끌고 채(寨)를 버리고 도주하면서 포위를 뚫고 나가고자 양황기 호군통령 오보이 바투루의 주둔지역에 이른 것이 1차례, 정황기 기군(騎軍) 종실 바부하이와 장툰(jangtun, 張屯) 등의 주둔지에 이른 것이 4차례였으나 모두 아군에게 격파당했다. 적군 절반이 어영(御營)으로 돌입했으나, 이때 수어영 우익의 대신·시위 등이 모두 주둔지에 오지 않아 군중은 크게 놀랐다. 명나라 총병 조변교(曹變蛟)가 상처를 입고 송산으로 돌아갔다. 유봉산에 버려진 홍의포 1문·법공포 1문·장군포 240문 및 조총 등은 모두 아군에게 노획되었다.

○ 丁卯，上命內大臣宗室錫翰·國戚多爾濟，率濟席哈·車爾布·巴蘭，及精兵二百五十，翁牛特·四子部落都爾拜，率兵二百五十，一伏於高橋大路，一伏於桑噶爾寨堡，以杏山逃兵，必由此路出也，又命甲喇章京隋蓀·格爾泰·郎球等，率三旗護軍一百五十名，往助錫翰·多爾濟軍.

○ 정묘일(8.24), 주상은 내대신 종실 시한과 국척(國戚) 도르지에게 지시하 · 처르부 · 바란 및 정예병 250명을 이끌게 하고, 옹니우트와 사자(四子) 부락 둘바이(dulbai, 都爾拜)에게 250명을 이끌게 하고, 일부는 고교(高橋)의 대로에 매복하고 다른 일부는 상가르자이 보(堡)에 매복하게 했다. 행산의 도주병이 이 길을 반드시 경유하여 나올 것이기에 잘란장긴 소이손(soison, 隋蓀) · 거르타이(gertai, 格爾泰) · 랑키오 등에게 명하여 3기(旗)의 호군 150명을 이끌고 가서 시한과 도르지 군대를 돕도록 했다.

○ 多羅睿郡王多爾衮 · 多羅武英郡王阿濟格 · 固山貝子羅託 · 博洛等, 率師還營.

○ 도로이 예군왕 도르곤과 도로이 무영군왕 아지거 · 구사이 버이서 로토 · 볼로 등이 군대를 이끌고 군영으로 귀환했다.

○ 是日, 敵兵約千人, 自杏山遁出, 遇錫翰 · 多爾濟等伏兵, 敗之, 追至塔山, 斬獲甚多. 比還, 上聞之, 率親軍, 至高橋東等處, 諭前鋒統領沙爾虎達 · 吳拜等, 如敵自杏山遁出, 可於杏山西臺, 橫截大路, 尾踪追擊, 毋使入城. 沙爾虎達等違命, 竟不追擊, 容其復入杏山城者, 約二三百人. 上以沙爾虎達前罪多端, 令鞭而縶之. 吳拜初犯, 止令拘縶. 鄂碩, 乃統領哨卒之人, 知敵兵復回杏山, 止遣人報吳拜等, 不親率兵往追, 亦鞭而縶之. 是晩, 命多羅貝勒羅洛宏 · 固山貝子博洛 · 內大臣圖爾格等, 每旗以精兵二十名, 及正白旗護軍, 翁牛特部兵, 錫翰 · 多爾濟兵, 俱付多羅貝勒多鐸, 令設伏. 上還營.

○ 이날 적병 약 1,000명이 행산에서 도망 나왔다가 시한과 도르지 등의 복병을 만났다. 이들 복병은 적병을 패주시켜 탑산(塔山)까지 추격했으며 많은 적병을 참획했다. 이들이 귀환함과 동시에 주상은 그것을 듣고 친군을 이끌고 고교(高橋) 동쪽 등지에 이르러 전봉통령 샤르후다와 우바이 등에게 유시했다. "만약 적이 행산에서 도망쳐 나오면 행산 서쪽 대(臺)에서 대로를 가로질러 막고, 뒤를 좇아 추격하고 성에 들어가지 못하게 하라." 샤르후다 등은 명을 어기고 끝내 추격하지 않았기에, 다시 행산성(杏山城)으로 들어가도록 놓아준 적병이 약 200-300명이었다. 주상은 샤르후다의 이전의 죄가 많은 것을 이유로 샤르후다를 채찍으로 때리고 구금하게 했다. 우바이는 초범이기에 구금시키는 것에 그쳤다. 오쇼는 통령의 초병이기에 적병이 다시 행산으로 돌아갈 것을 알았음에도 사람을 보내어서 우바이 등에게 보고하는 것만 했을 뿐 친히 병사를 이끌고 가서 추격하지 않았기에, 역시 채찍으로 때리고 구금하게 했다. 이날 밤, 도로이 버일러 롤로혼·구사이 버이서 볼로·내대신 투르거이 등에게 명하여, 기(旗)마다 정예병 20명과 정백기 호군·옹니우트 부락 병사·시한과 도르지 병사를 모두 도로이 버일러 도도에게 맡겨 매복하게 했다. 주상은 군영으로 귀환했다.

○ 戊辰, 遣學士羅碩·筆帖式石圖, 至盛京, 宣布捷音.

○ 무진일(8.25), 학사 로쇼와 비트허시 시투(situ, 石圖)를 성경(盛京)으로 보내어 승전을 선포했다.

○ 己巳, 明總兵吳三桂·王樸, 率兵從杏山出奔寧遠. 我前鋒兵見之, 自杏山西截入大路追擊, 吳三桂·王樸, 敗奔至高橋. 多羅貝勒多鐸等伏兵四起, 阻截前路, 追兵躡後. 三桂·王樸, 竝士卒, 手足無措, 欲遁走. 伏兵合力進擊, 敵各路潰竄. 我軍追擊至暮, 自海至桑噶爾寨堡, 列兵固守. 敵兵乘夜遁走者, 俱斬之. 三桂·王樸, 僅以身免.

○ 기사일(8.26), 명나라 총병 오삼계(吳三桂)와 왕박(王樸)이 병사를 이끌고 행산(杏山)에서 나와 영원(寧遠)으로 도주했다. 아군 전봉 병사가 그것을 보고 행산 서쪽에서 대로로 가로질러 들어와서 추격했다. 오삼계와 왕박은 고교(高橋)로 도주했다. 도로이 버일러 도도 등의 복병이 사방에서 일어나 앞길을 가로막았고 추격병은 뒤를 좇았다. 오삼계와 왕박은 사졸들과 함께 어떻게 할 방법이 없어서 도주하려고 했으나, 복병들이 힘을 모아 진격하니 적병들은 길마다 흩어져 도망갔다. 아군은 저녁까지 적병을 추격한 후 바다에서 상가르자이 보(堡)까지 병사를 배치하여 굳게 지키며 밤을 틈타 도주한 적병들을 모두 베어 죽였다. 오삼계와 왕박은 간신히 몸을 피했다.

○ 庚午, 行獵山野, 并搜勦捕敵, 獲甲冑·軍器·馬匹無算.

○ 경오일(8.27), 산야로 사냥을 나갔다가 적을 발견하여 죽이거나 사로잡았고, 갑옷과 투구·무기·말을 무수히 획득했다.

○ 壬申, 多羅貝勒多鐸等還營, 又命內大臣超品公塔瞻·伊爾登, 率八旗護軍參領各一員, 每旗精兵五十名, 往高橋設伏, 方出營, 遇明步兵千人, 自杏山潰遁, 爲我前鋒兵所追, 塔瞻·伊爾登等, 復率兵協追, 俱斬之. 遂至高橋設伏, 遇明騎兵八十, 步兵六百, 自杏山逃遁, 塔瞻·伊爾登等盡殲之. 是役也, 計斬殺敵衆, 五萬三千七百八十三, 獲馬七千四百四十四, 駱駝六十六, 甲冑九千三百四十六副, 明兵自杏山, 南至塔山, 赴海死者甚衆, 所棄馬匹甲冑, 以數萬計, 海中浮屍漂蕩, 多如鳧鷖.

上神謀勇畧, 制勝出奇, 破明兵一十三萬, 如摧枯拉朽, 指顧而定, 因於昏夜中, 我軍誤傷者止八人, 廝卒二人, 餘無挫衄者. 其被我軍圍於松山者, 總督洪承疇, 巡撫邱民仰, 兵道張斗·姚恭·王之禎, 通判袁國棟·朱廷榭, 同知張爲民·嚴繼賢, 總兵王廷臣·曹變蛟, 與祖大樂等, 士卒不過萬餘, 城內之糧且絶, 勢益窮蹙, 我軍復掘外壕困之, 總兵吳三桂·王樸·白廣恩·馬科·李輔明·唐通, 郎中張若麒等, 各路潰竄, 其餘亦間有一二潛遁, 未有成隊而出者, 於是復撰敕諭, 遣筆帖式查布海·渾達等, 至盛京, 宣布捷音.

○ 임신일(8.29), 도로이 버일러 도도 등이 군영으로 돌아왔다. 내대신(內大臣) 초품공(超品公) 타잔·일던 등에게 명하여 팔기(八旗)의 호군참령 각 1명씩, 기(旗)마다 정예병 50명씩을 이끌고 고교(高橋)로 가서 매복하게 했다. 막 군영을 나왔을 때 명나라 보병 1,000명이 행산(杏山)으로부터 흩어져 달아나면서 우리 전봉병에게 쫓기고 있는 것을 마주치자 타잔·일던 등은 병사를 이끌고 함께 추격하여 모두 죽였다. 마침내 고교에 도착하여 매복하다가 명나라 기병 80명과 보병 600명이 행산에서 흩어져 달아나는 것을 마주치자 타잔·일던 등이 모두 죽였다. 이 전투에서 죽인 적의 숫자를 세어 보니 53,783명이었고, 획득한 말이 7,444마리, 낙타가 66마리, 갑옷과 투구가 9,346개였다. 명나라 병사들은 행산부터 남쪽으로 탑산(塔山)에 이르기까지 바다로 몰려 죽은 자가 매우 많았고 그들이 버린 말과 갑옷과 투구의

숫자는 수만에 이르렀고 바다에 떠있는 시체가 기러기나 오리처럼 많았다.

주상은 신이한 계책과 용기와 지략과 비범한 전술로 승리하여 명나라 병사 13만 명을 마른 나무를 꺾듯이 격파했다. 신속하게 지시하여 정하니 어두운 밤중에도 아군은 실수로 상처 입은 자가 8명에 쿠툴러 2명뿐이었고 나머지는 부상자조차 없었다. 아군에 의해 송산에 포위된 자는 총독 홍승주(洪承疇), 순무 구민앙(邱民仰), 병도(兵道) 장두(張斗)・요공(姚恭)・왕지정(王之禎), 통판(通判) 원국동(袁國棟)・주정사(朱廷榭), 동지(同知) 장위민(張爲民)・엄계현(嚴繼賢), 총병 왕정신(王廷臣)・조변교(曹變蛟) 및 조대락(祖大樂) 등이었고 병사는 1만 명에 불과했다. 성안의 식량이 모두 떨어져 형세가 더욱 궁핍해졌다. 아군은 다시 바깥에 해자를 파서 적을 어렵게 만들었다. 총병 오삼계(吳三桂)・왕박(王樸)・백광은(白廣恩)・마과(馬科)・이보명(李輔明)・당통(唐通), 낭중(郎中) 장약기(張若麒) 등은 각기 흩어져 도주했다. 그 나머지는 간혹 한두 사람씩 몰래 달아났고 부대를 이루어 나간 자는 없었다. 이에 다시 칙유(敕諭)를 작성하여 비트허시 차부하이・혼다 등을 성경에 보내 승전 소식을 알렸다.

○ 外藩扎魯特部落桑噶爾率兵至軍營.

○ 외번 자루트 부락의 상가르가 병사를 이끌고 군영에 도착했다.

○ 賜隨征朝鮮國總兵柳琳, 副將趙侯良・李邁・鄭秋・申談, 遊擊李敦吉・金仁邦, 備禦江作義・李庭華・安好問・鄭宣・鍾宣・韓弘南・宋玉・羅齊南・金乃福・李開南, 鳥鎗手李擁立・吳福・李弘葉, 通事申盛福·金永哲等, 馬匹牛羊有差, 仍賜宴.

○ 정벌에 수행한 조선국 총병 유림(柳琳), 부장 조후량(趙侯良; 趙後亮)·이매(李邁; 李坦)·정추(鄭秋; 鄭侗)·신담(申談; 申檀),[4] 유격 이돈길(李敦吉)·김인방(金仁邦), 비어 강작의(江作義)·이정화(李庭華)·안호문(安好問)·정선(鄭宣)·종선(鍾宣)·한홍남(韓弘南)·송옥(宋玉)·나제남(羅齊南)·김내복(金乃福)·이개남(李開南), 조총수 이옹립(李擁立)·오복(吳福)·이홍엽(李弘葉), 통사 신성복(申盛福)·김영철(金永哲) 등에게 말과 소·양을 차등 있게 내렸고 연회를 베풀어 주었다.

○ 以前鋒兵陣獲馬六十三匹, 分賞駐守義州各官, 并令諸將領, 查所屬之家貧能戰者, 以賞餘之馬給之.

○ 전봉(前鋒)의 병사가 전투에서 획득한 말 63마리를 의주를 지키는 관리들에게 상으로 나누어 주었다. 또 여러 장령(將領)들에게 명하여 소속된 자들 중 집이 가난하지만 싸울 수 있는 자를 조사하여 상주고 남은 말들을 그들에게 주게 했다.

○ 錦州投誠班珠爾, 陣斬七人有功, 賞馬一匹.

---

4 趙侯良, 李邁, 鄭秋, 申談은 각각 中軍 寧邊府使 趙後亮과 中營將 龍川府使 李坦, 左營將 瑞興府使 鄭侗, 右營將 永柔縣令 申檀이다. 『承政院日記』 77冊, 仁祖 19년 1월 28일 갑진조.

○ 금주(錦州)에서 투항해 온 반주르(banjur, 班珠爾)에게 전장에서 7명을 벤 공으로 말 1마리를 하사했다.

○ 上以陣獲駝馬, 分賜諸王 · 貝勒 · 貝子 · 公等各駝一, 將士有功者, 以馬賞之.

○ 주상이 전장에서 획득한 낙타와 말을 여러 왕 · 버일러 · 버이서 · 공(公)들에게 각각 낙타 1마리씩 나누어 상주고 장수와 병사들 중 공이 있는 자에게 말을 상으로 주었다.

○ 敕諭明松山城守官屬兵丁曰, 皇帝敕諭松山城守官屬兵丁. 朕率師至此, 料爾援兵聞之, 定行逃遁, 遂預遣兵圍守杏山, 使不得入. 自塔山南至於海, 北至於山, 及寧遠東之連山, 一切去路, 俱遣兵邀截, 又分兵各路截守. 爾兵逃竄, 被我軍斬殺者, 積屍遍野, 投海溺死者, 不可勝數. 今爾錦州 · 松山援兵已絕, 朕思及此, 乃天意佑我也, 爾等宜自爲計. 如以爲我軍止圍松錦, 其餘六城未必即困, 殊不知時勢至此, 不惟六城難保, 即南北兩京, 明亦何能復有耶. 朕昔征朝鮮時, 圍其王於南漢山, 朕詔諭云, 爾降必生全之. 後朝鮮王降, 朕踐前言, 仍令主其國. 後圍大凌河, 祖總兵來降, 亦不復殺, 仍恩養之, 諒爾等所素聞也. 朕素以誠信待人, 必不以虛言相誑, 爾等可自思之, 特諭.

○ 명나라 송산성(松山城)을 지키는 관속과 병정에게 칙유하여 말했다. 「황제가 송산성을 지키는 관속과 병정에게 칙유한다. 짐은 군사를 이끌고 여기에 도착하여 너희가 구원병에 대해 듣고 도망칠 것을 예상하고 미리 병사를 보내 행산을 포위하여 지키게 하며 들어오

지 못하게 했다. 탑산에서 남쪽으로 바다까지, 북쪽으로 산까지, 또한 영원 동쪽의 연산(連山)까지 모든 길에 병사를 보내 끊었고, 또 병사를 나누어 각 길을 막고 지키게 했다. 너희 병사 중에 도망치다가 아군에게 죽은 자의 시체가 들판에 가득 쌓였고 바다에 뛰어들어 익사한 자도 셀 수 없이 많다. 지금 너희 금주·송산을 구하러 올 군대는 이미 끊겼다. 짐이 이를 생각건대 하늘의 뜻이 우리를 돕고 있는 것이니, 너희는 스스로를 위한 방책을 세워야 한다. 다만 우리가 송산·금주만을 포위하고 남은 6개 성은 반드시 곤궁해지지는 않을 것이라 생각한다면 상황이 이러함을 모르는 것이다. 6개 성을 지키기 어려울 뿐만 아니라 북경과 남경 또한 명나라가 어찌 지킬 수 있겠는가. 짐이 이전에 조선을 정벌할 때 그 왕을 남한산에서 포위하고 짐이 유시하기를, 네가 항복하면 분명히 목숨을 보전할 수 있다고 했다. 후에 조선왕이 항복하자 짐은 이전에 했던 말을 이행하여 계속 그 나라의 임금으로 삼았다. 후에 대릉하를 포위하고 조 총병(祖總兵)이 항복해 오자 역시 죽이지 않고 은혜로 살렸다. 생각건대 너희도 평소에 들은 적이 있을 것이다. 짐은 본디 진실하게 사람을 대하고 거짓말로 속이는 짓을 결코 하지 않으니 너희는 스스로 생각하여 보라. 특별히 유시한다.」

○ 前鋒參領努山等, 自明董家口·喜峰口, 偵探回奏, 擊敗明步哨五十一營, 斬一百四十五人, 又斬其騎哨十一人, 生擒守備一員, 陣獲七人, 馬十五匹, 牛二, 驢贏各一. 復遇我國逃人, 殺男子四名, 獲婦女二口.

○ 전봉참령 누산 등이 명나라의 동가구(董家口)·희봉구(喜峰口)로부터 정탐하고 돌아와 상주했다. "명나라의 보병 척후병의 군영 51개를 격파했고 145명을 참했으며 또 말 탄 척후병 11명을 죽였습니다.

수비(守備) 1명을 사로잡았으며 전장에서 사람 7명, 말 15마리, 소 2마리, 나귀와 노새를 각기 1마리씩 획득했습니다. 또한 우리나라에서 도망치는 사람과 조우하여 남자 4명을 죽였고 부녀자 2명을 사로잡았습니다."

○ 癸酉, 上夜夢我軍方列陣時, 有一鳶鳥, 自天而下, 直向御前. 上發二矢未中, 復取大箭射中之, 鳶落於軍中. 又夢一青蛇, 繞我軍馬足之下而行, 上追視之, 蛇行甚速, 且有足. 偶遇一鶻, 以爪擊蛇之首而啄之, 蛇乃不動. 上奇之, 因思此必能啖蛇之鳥, 蛇爲其威所懾, 故不敢拒耳, 遂覺.

○ 계유일(8.30), 주상이 밤중에 꿈을 꾸었다. 꿈에서 아군이 바야흐로 진(陣)을 치고 있을 때 솔개 한 마리가 하늘에서 주상 앞으로 날아왔다. 주상이 화살 2대를 쏘았으나 맞지 않았고, 다시 큰 화살을 쏘아 맞혀서 솔개가 군중으로 떨어졌다. 또 꿈에서 푸른 뱀 한 마리가 아군의 말 다리 아래를 감싸고 갔다. 주상이 쫓아가 보니 뱀이 매우 빨랐고 다리가 있었다. 우연히 황새 한 마리가 나타나 발톱으로 뱀의 머리를 치고 부리로 쪼아 뱀이 움직이지 못했다. 주상이 기이하게 여기고 이것은 분명 새가 뱀을 먹을 수 있어 뱀이 그 위세를 두려워하기 때문에 감히 저항하지 못할 뿐이라고 생각하다가 잠에서 깼다.

九月, 甲戌朔. 上召大學士范文程 · 希福 · 剛林等至, 以夢告之, 奏曰, 此吉徵也. 鳶似文臣, 蛇爲武象, 意敵營文武官, 非爲我軍所戮, 即有爲我軍所擒者矣.

○ 9월 갑술일 초하루(9.1), 주상이 대학사 범문정 · 히펴 · 가린 등을 불러 꿈에 대해 말하니 대학사들이 아뢰었다. "이는 상서로운 징조입니다. 솔개는 문신과 비슷하고, 뱀은 무장의 형상이니, 적군의 문무관이 아군에 의해 죽지 않고 사로잡힐 것이라는 뜻입니다."

○ 是日, 上以大軍克敵, 率內外諸王 · 貝勒 · 貝子 · 大臣等拜天, 吹螺鳴角, 行三跪九叩頭禮.

○ 이날 주상은 대군(大軍)이 적을 무찔렀기에 내외 여러 왕과 버일러 · 버이서 · 대신 등을 데리고 하늘에 절하면서, 나팔을 불고 삼궤구고두의 예를 행하였다.

○ 是夕, 上夢皇考太祖, 令四人捧玉璽授上, 上受之而覺.

○ 이날 저녁, 주상의 꿈에서 황고 태조가 네 사람에게 옥새를 받들고 주상에게 주게 했다. 주상이 이를 받고 깨었다.

○ 乙亥, 上召大學士范文程 · 希福 · 剛林等, 以夢告之. 奏曰, 太祖授皇上玉璽, 此天子之寶, 一統符, 乃上帝授皇上以撫有中外之明徵也.

○ 을해일(9.2), 주상이 대학사 범문정 · 히퍼 · 가린 등을 불러 꿈에 대해 말하니, 대학사들이 아뢰었다. "태조께서 황상께 옥새를 주셨으니 이는 천자(天子)의 보인(寶印)이자 일통(一統)의 증거입니다. 상제(上帝)가 황상께 중외(中外)를 위무하라는 명백한 징표를 주신 것입

니다.”

○ 是日, 上命滿洲八旗各出馬兵百·步兵百, 蒙古旗下亦各出馬兵百·步兵百, 運紅衣礮, 往松山, 環攻之.

○ 이날 주상이 만주 8기에게 각기 기병 100명, 보병 100명씩을 차출하고 몽고 기(旗)도 각기 기병 100명, 보병 100명씩을 차출하여 홍의포(紅衣礮)를 가지고 송산(松山)으로 가서 포위하고 공격하게 했다.

○ 賞從前來圍錦州之將士, 羊一千五百隻.

○ 이전에 금주(錦州)를 포위하러 왔던 장졸들에게 양 1,500마리를 상으로 내렸다.

○ 先是, 梅勒章京碩翁科羅巴圖魯勞薩, 護軍參領丹代, 土默特王喇嘛, 察哈爾國昂邦章京多尼都喇爾達爾漢諾顏等, 隨多羅睿郡王多爾袞·多羅肅郡王豪格, 與明洪承疇兵戰歿. 至是, 上遣內大臣往奠之.

○ 이전에 머이런장긴 숑코로 바투루 로오사, 호군참령 탄타이, 투메트 왕 라마, 차하르국 암바장긴 도니 두랄 다르한 노얀(doni dural darhan noyan, 多尼都喇爾達爾漢諾顏)[5] 등이 도로이 예군왕(睿郡王) 도르

---

5 차하르의 大臣 도니 쿨룩(doni kuluk, 多尼庫魯克)을 가리킨다. 1635년 후금에 귀부하면서 두랄 다르한 버일러(dural darhan beile, 都喇爾達爾漢貝勒) 칭호를

곤과 도로이 숙군왕(肅郡王) 호오거를 따랐다가 명나라 홍승주(洪承疇)의 군사와의 전투에서 죽었다. 이때에 주상이 내대신(內大臣)을 보내 제사 지냈다.

○ 科爾沁卓禮克圖親王吳克善率兵至軍營.

○ 코르친 조릭투 친왕 우샨이 병사를 데리고 군영에 도착했다.

○ 是日, 陰氣蔽日, 雲霧迷天, 白虹一道, 自巽至乾, 其形如雲, 是晩天霽, 衆星明郞, 浮雲盡散, 復有黑虹一道, 自艮至兌, 其形如煙.

○ 이날 음기(陰氣)가 해를 가리고 운무가 하늘을 덮었는데, 흰 무지개 한 줄기가 손방(巽方)에서 건방(乾方)까지 이르렀고 그 형상은 구름과 같았다. 저녁때에 하늘이 개어 별들이 밝게 빛나고 떠 있던 구름도 모두 흩어졌는데 다시 검은 무지개 한 줄기가 간방(艮方)에서 태방(兌方)까지 이르렀으며 그 형상은 연기와 같았다.

○ 命多羅睿郡王爾衮·多羅肅郡王豪格等, 率每年條兵十名, 還守盛京.

○ 도로이 예군왕(睿郡王) 도르곤·도로이 숙군왕(肅郡王) 호오거

받았다.

등에게 명하여 니루마다 병사 10명씩을 데리고 돌아가서 성경(盛京)을 지키게 했다.

○ 先是, 松山敵兵突入御營. 至是, 議守護御營內大臣·侍衛等罪, 以國戚內大臣俄齊爾桑, 自扎魯特來降, 塔什垓庫魯克, 自察哈爾首先來降, 阿魯哈自科爾沁來降有功, 免罪. 餘俱記冊, 俟還京, 會議定罪.

○ 이전에 송산(松山)에서 적의 병사가 어영(御營)에 돌입한 적이 있었다. 이때에 어영을 지키는 내대신(內大臣)과 시위(侍衛)들의 죄를 의논했다. 국척(國戚) 내대신(內大臣) 오치르상은 자루트로부터 내귀해 왔고, 타시가이 쿨룩(tasigai kuluk, 塔什垓庫魯克)은 차하르로부터 앞장서 내귀해 왔으며 알루하(aluha, 阿魯哈)는 코르친으로부터 항복해 와서 공이 있으니 죄를 면해 주고, 그 나머지는 모두 기록한 후 경사(京師)로 돌아오기를 기다렸다가 의논하여 죄를 정하기로 했다.

○ 戊寅, 祖大壽下厮卒劉遠聲, 自錦州來降.

○ 무인일(9.5), 조대수 속하의 쿠툴러 유원성(劉遠聲)이 금주(錦州)로부터 와서 항복했다.

○ 是日, 賜朝鮮國總兵劉定伊計, 副將孫皮黑·刁光瓦尼·回業·吉木默吉及遊擊等官兵, 羊隻有差.

○ 이날 조선국의 총병 유정이계(劉定伊計; 柳廷益), 부장 손피흑(孫

皮黑; 孫泌) · 조광와니(刁光瓦尼; 趙光瑗) · 회업(回業; 李厚輿) · 길목묵길(吉木默吉; 金默) 및 유격 등의 관원과 병사에게 양을 차등 있게 하사했다.[6]

○ 上以國舅阿什達爾漢, 係故舊大臣, 常令隨侍, 松山逃兵夜犯御營時, 阿什達爾漢安坐帳中, 不至上前, 逐令還本旗.

○ 주상이 국구(國舅) 아시다르한은 옛 대신(大臣)이라 항상 주변에서 시위(侍位)하게 했었다. 송산(松山)에서 도망친 병사들이 밤에 어영(御營)을 침범할 때, 아시다르한은 장막 안에 앉아만 있고 주상에게 가지 않았기에 본 기(旗)로 돌려보내게 했다.

○ 遣兩翼前鋒兵及外藩卓禮克圖親王吳克善兵, 畧寧遠, 獲人八十名, 牛四十三頭, 馬六匹, 驢三頭. 前鋒右翼兵獲牛五十七頭, 馬十九匹, 驢十九頭, 生擒六十二人, 斬六十二人. 左翼兵獲人十四名, 馬七匹, 牛十頭, 驢八頭, 斬三十人.

---

6 劉定伊計는 전임 領兵大將이었던 柳琳을 대신해 임명된 柳廷益을 가리킨다.(『承政院日記』 78책, 인조 19년 5월 16일 경인조) 孫皮黑은 유정익과 함께 파견되었다가 예정보다 빨리 귀국하려고 획책하여 군병 교체 주기에 문제를 일으켰다는 이유로 조선에서 처벌받은 孫泌을 가리킨다.(『承政院日記』 82책, 인조 20년 8월 29일 병인조; 『備邊司謄錄』 7책, 인조 20년 9월 8일) 刁光瓦尼는 경상도 · 전라도 등지의 御營軍을 청에 인솔하는 임무를 부여받았던 영장 趙光瑗을,(『承政院日記』 78책, 인조 19년 6월 18일 임술조) 回業과 吉木默吉은 유정익에 의해 영장으로 발탁된 李厚輿와 金默을 지칭하는 것으로 추정된다.(『承政院日記』 78책, 인조 19년 6월 22일 병인조)

○ 양익의 전봉병(前鋒兵) 및 외번 조릭투 친왕 욱샨의 군대를 보내 영원(寧遠)을 약탈하게 하여 사람 80명, 소 43마리, 말 6마리, 나귀 3마리를 획득했다. 전봉(前鋒)의 우익군은 소 57마리, 말 19마리, 나귀 19마리를 획득했고 사람 62명을 사로잡았으며 62명을 죽였다. 좌익군은 사람 14명, 말 7마리, 소 10마리, 나귀 8마리를 획득했고 30명을 죽였다.

○ 辛巳, 黎明, 東方有金光, 大如斗, 內復有金光一道, 形如椽, 冲天而起, 光亦如金.

○ 신사일(9.8), 새벽 무렵 동쪽에 금빛이 있는데 크기는 됫박(斗)만 했다. 그 안에 다시 금빛 한 줄기가 있는데 모양은 서까래 같았다. 그것이 하늘 쪽으로 솟구쳐 올라가면서 다시 금색으로 빛났다.

○ 是日, 上自松山城西南, 移至松山城西北十里, 駐營.

○ 이날 주상이 송산성(松山城) 서남쪽으로부터 송산성 서북쪽으로 10리를 옮겨서 주둔했다.

○ 壬午, 和碩鄭親王濟爾哈朗率兵濬壕圍錦州時, 牛彔章京佛洛擕三人, 逃往寧遠, 投總兵吳三桂部下. 至是, 復率前三人及寧遠蒙古十人還.

○ 임오일(9.9), 호쇼이 정친왕 지르갈랑이 병사를 이끌고 해자를

파고 금주를 포위할 때, 니루장긴 폴로(folo, 佛洛)는 3명을 데리고 영원(寧遠)으로 도망쳐 가서 투항해 총병 오삼계(吳三桂)의 부하가 되었었다. 이때에 다시 이전의 3명 및 영원의 몽고인 10명을 데리고 돌아왔다.

○ 乙酉, 滿篤里 · 穆成格等, 自盛京至, 奏言, 關雎宮宸妃有疾. 上召集諸王 · 貝勒 · 貝子 · 公 · 固山額眞等, 命多羅安平貝勒杜度, 多羅饒餘貝勒阿巴泰, 固山額眞譚泰 · 阿山 · 葉克書 · 準塔巴圖魯 · 何洛會 · 馬喇希 · 巴特瑪等, 圍守錦州, 多羅貝勒多鐸 · 多羅郡王阿達禮 · 多羅貝勒羅洛宏 · 固山額眞宗室拜尹圖 · 宗室公艾度禮 · 多羅額駙英俄爾岱 · 庫魯克達爾漢阿賴 · 恩格圖 · 伊拜等, 圍守松山, 多羅武英郡王阿濟格 · 外藩科爾沁國卓禮克圖親王吳克善 · 巴圖魯郡王滿朱習禮等, 圍守杏山 · 高橋.

○ 을유일(9.12), 만둘리(manduli, 滿篤里) · 무청거 등이 성경(盛京)으로부터 와서 아뢰었다. "관저궁신비가 병에 걸렸습니다." 주상이 여러 왕 · 버일러 · 버이서 · 공 · 구사어전 등을 모으고, 도로이 안평 버일러 두두, 도로이 요여 버일러 아바타이, 구사어전 탄타이 · 아산 · 역슈 · 준타 바투루 · 홀로호이 · 말라히 · 바트마 등에게 명하여 금주(錦州)의 포위를 지키게 했고, 도로이 버일러 도도 · 도로이 군왕 아달리 · 도로이 버일러 롤로혼 · 구사어전 종실 바인투 · 종실 공 아이두리 · 도로이 어푸 잉굴다이 · 쿨룩 다르한 알라이 · 엉거투 · 이바이 등에게 명하여 송산(松山)의 포위를 지키게 했고, 도로이 무영군왕 아지거 · 외번 코르친국 조릭투 친왕 욱샨 · 바투루 군왕 만주시리 등에게 명하여 행산(杏山)과 고교(高橋)의 포위를 지키게 했다.

○ 丙戌, 卯刻, 車駕啟行, 還盛京.

○ 병술일(9.13), 묘시(卯時)에 어가가 성경(盛京)으로 돌아가기 위해 출발했다.

○ 庚寅, 至舊邊駐蹕, 是夜一鼓, 盛京使至, 奏宸妃疾篤. 上即起營, 遣大學士希福·剛林, 梅勒章京冷僧機, 啟心郎索尼等, 先馳往候問來報, 希福等以五鼓至京, 冷僧機·索尼方至內門, 聞宸妃已薨, 冷僧機·索尼復馳行, 於途間奏上. 上聞妃薨, 慟悼. 卯刻, 駕抵盛京, 入關雎宮, 至宸妃柩前, 悲涕不止, 諸王及內大臣勸上節哀. 時王以下, 牛彔章京以上, 固倫公主·和碩福金·和碩公主·多羅福金·多羅格格以下, 梅勒章京命婦以上, 俱齊集, 一切喪殮之禮, 悉從厚, 陳設儀仗, 由東側門, 出盛京地載門五里暫殯. 上率諸王以下, 牛彔章京以上, 固倫公主·和碩福金·和碩公主·多羅福金·多羅格格以下, 梅勒章京命婦以上, 親送. 上奠酒三爵而還, 妃年三十有三.

○ 경인일(9.17), 옛 변경에 도착하여 묵었다. 이날 밤 1고(一鼓)에 성경(盛京)으로부터 사자가 와서 신비(宸妃)의 병이 심해졌다고 상주했다. 주상은 즉시 출발하면서, 대학사(大學士) 히퍼·가린, 머이런장긴 렁성기, 계심랑 소닌 등을 보내 먼저 빨리 가서 상태를 묻고 돌아와 보고하게 했다. 히퍼 등이 5고(五鼓)에 성경에 도착하여 렁성기·소닌이 막 내문(內門)에 이르렀을 때 신비가 이미 죽었다는 것을 듣고, 렁성기·소닌이 다시 출발하여 도중에 주상께 상주했다. 주상은 신비가 죽었다고 듣고 크게 슬퍼했다. 묘시(卯時)에 주상은 성경에 도착하여 관저궁에 들어가 신비의 관 앞으로 가서 슬퍼하며 눈물을 그치지 못

했다. 여러 왕과 내대신(內大臣)들은 주상에게 슬픔을 멈추기를 권했다. 이때 왕 이하 니루장긴 이상, 구룬 공주·호쇼이 푸진·호쇼이 공주·도로이 푸진·도로이 거거 이하 머이런장긴의 명부(命婦) 이상이 모두 모여 일제히 장사 지내고 염습하는 예를 행하였는데 모든 것을 후하게 했다. 의장(儀仗)을 배치하고 동쪽 문으로부터 나와 성경의 지재문(地載門) 5리 밖에 잠시 안치했다. 주상은 여러 왕 이하 니루장긴 이상, 구룬 공주·호쇼이 푸진·호쇼이 공주·도로이 푸진·도로이 거거 이하 머이런장긴의 명부 이상을 이끌고 친히 전송했다. 주상은 술 3잔을 바치고 돌아왔다. 비(妃)의 나이는 33세였다.

○ 癸巳, 都察院參政祖可法·張存仁, 理事官馬國柱·雷興等奏言, 伏念皇上以萬乘之尊, 中外仰賴, 臣庶歸依. 今者皇上過於悲痛, 大小臣工, 不能自安, 以臣等愚見, 皇上蒙天眷佑, 底定天下, 撫育兆民, 皇上一身, 關係重大. 況今天威所臨, 大功屢捷, 松山錦州, 克取在指顧間, 此正我國興隆, 明國敗壞之時也. 皇上宜仰體天意, 自保聖躬, 勿爲情牽, 珍重自愛.

○ 계사일(9.20), 도찰원참정 조가법(祖可法)·장존인(張存仁), 이사관 마국주(馬國柱)·뇌흥(雷興) 등이 상주하여 말했다. “삼가 생각건대 황상께서는 만승(萬乘)의 지존이시니 내외가 우러러 의지하고 신하와 백성들이 귀의합니다. 지금 황상께서 지나치게 애통해하시니 대소 신료들이 편안할 수 없습니다. 신들의 어리석은 생각으로, 황상께서는 하늘의 돌보심을 입어 천하를 평정하시고 뭇 백성을 어루만지고 기르시니 황상의 일신(一身)은 관계된 것이 큽니다. 하물며 지금 하늘의 위엄이 임하여 여러 번 싸워 이겨 큰 공을 세웠고 송산(松山)과 금주(錦州)는 곧 승리하여 취할 것이니, 이야말로 우리나라가 흥성하고 명나

라가 패하여 무너지는 시기입니다. 황상께서는 마땅히 하늘의 뜻을 우러러 체득하시고, 성스러운 옥체를 스스로 보존하시며 정에 이끌리지 마시고 진중(珍重)하시어 스스로를 아끼십시오."

○ 乙未, 遣內秘書院學士額色黑, 筆帖式查布海, 齎敕往諭和碩鄭親王濟爾哈朗 · 多羅武英郡王阿濟格 · 多羅郡王阿達禮 · 多羅貝勒多鐸等曰, 錦州 · 松山所掘壕塹, 可周圍巡視, 其城外薪草, 即令我兵割取. 若巴圖魯郡王下蒙古馬匹疲瘠, 令擇肥者乘之.

○ 을미일(9.22), 내비서원학사 어서허이 · 비트허시 차부하이를 보내 칙서를 가지고 호쇼이 정친왕 지르갈랑 · 도로이 무영군왕 아지거 · 도로이 군왕 아달리 · 도로이 버일러 도도 등에게 가서 유시하게 했다. 「금주(錦州)와 송산(松山)에서 참호를 판 곳은 주위를 순시하라. 성 바깥쪽의 장작과 풀을 우리 병사들로 하여금 빼앗아 취하게 하라. 만약 바투루 군왕 속하의 몽고 말들이 피곤해하고 여위었으면 살진 것을 골라 타게 하라.」

○ 丙申, 一鼓, 明松山城內外馬步兵全出, 犯我鑲黃旗頭甲喇 · 漢軍固山額眞石廷柱汛地, 我兵擊敗之, 斬千有十七級, 獲其兵器, 計將軍礮五十七位, 鳥鎗二百一十二, 甲三十八, 腰刀一百五十七.

○ 병신일(9.23), 1고(一鼓)에 명나라 송산성 내외의 기병과 보병이 모두 나와 아군 양황기 첫째 잘란과 한군 구사어전 석정주의 주둔지로 쳐들어왔다. 아군은 이를 맞아 싸워 패퇴시키고 1,017명의 목을 베고 병기를 획득했는데, 모두 합쳐 장군포(將軍礮) 57문, 조총 212정,

갑옷 38벌, 요도(腰刀) 157개였다.

○ 上居御幄, 飮食頓減, 聖躬違和. 是日, 午刻, 皇后 · 宮妃, 及諸王 · 大臣, 陳設祭物於神前祈禱. 酉刻, 上方愈, 稍進飮食. 上自知過於悲悼, 乃大悔曰, 天之生朕, 原爲撫世安民, 今乃過於悲悼, 不能自持, 天地祖宗, 知朕太過, 以此示警, 朕從今當善自排遣也. 衆皆曰, 誠如上諭, 實慰天下臣民之望矣.

○ 주상이 천막에 있으면서 음식을 먹는 것이 줄었고 몸이 불편했다. 이날 오시(午時)에, 황후(皇后) · 궁비(宮妃) 및 여러 왕과 대신들이 신(神) 앞에 제물(祭物)을 진설(陳設)하고 기도했다. 유시(酉時)에 주상의 몸이 조금 나아지자 조금씩 음식을 바쳤다. 주상은 스스로 지나치게 슬퍼한다는 것을 알고 크게 후회하며 말했다. "하늘이 짐을 낳은 것은 원래 세상 사람들을 위무하여 편안하게 하기 위해서였다. 지금 짐이 지나치게 비통해하여 스스로를 지키지 못하게 되었으니 천지(天地)와 조종(祖宗)이 짐이 지나치다는 것을 알고 이처럼 경계를 보이신 것이다. 짐은 이제부터 마땅히 스스로를 잘 달랠 것이다." 여러 사람들이 모두 말했다. "참으로 황상의 말씀과 같습니다. 실로 천하 신민(臣民)의 소망이 위로됩니다."

○ 壬寅, 初祭宸妃. 上率諸王以下, 牛彔章京以上, 固倫公主 · 和碩福金 · 和碩公主 · 多羅福金 · 多羅格格以下, 梅勒章京命婦以上俱往. 上奠酒, 諸王以下各官俱行禮, 宣讀祭文, 文曰, 皇帝諭祭關雎宮宸妃. 爾副位椒庭, 助宣壼教. 自居宮掖, 禮遇有加. 方期克享遐齡, 不意中道奄逝. 朕懷憫惻, 念芳型之不遠, 憶淑德而增悲. 是用備陳祭物, 以薦馨香, 仍命喇嘛僧道禮佛諷經, 靈其不昧, 尚克祗承. 祭畢, 上還宮, 賞喇嘛·僧道等, 鞍馬·狐裘諸物, 竝八家匠役等銀兩有差.

○ 임인일(9.29), 처음으로 신비(宸妃)의 제사를 지냈다. 주상은 여러 왕 이하 니루장긴 이상, 구룬 공주·호쇼이 푸진·호쇼이 공주·도로이 푸진·도로이 거거 이하 머이런장긴의 명부(命婦) 이상을 모두 데리고 갔다. 주상이 술을 올리자 여러 왕 이하 각 관원들이 모두 예를 행하였으며 제문을 낭독했다. 글에서 말했다. 「황제가 관저궁신비(關雎宮宸妃)에게 제사를 지내며 유시한다. 그대는 황후에 버금가는 위치에 있으면서 황후의 가르침을 펼치는 것을 도왔고, 스스로 비빈(妃嬪)의 궁(宮)에 머물면서 더욱 예의를 지키고 정중하게 대하였다. 함께 끝까지 장수를 누리기를 기약했으나 뜻하지 않게 중도에 문득 세상을 떠나고 말았다. 짐은 슬프고 가엾게 여기며, 그대의 아름다운 모습이 오래가지 못한 것을 생각하고 아름다운 덕을 기억하니 더욱 슬프다. 이에 제물(祭物)을 갖추어 차리고 형향(馨香)을 올리고, 또 라마와 승려들에게 예불(禮佛)하고 불경을 암송하게 하니, 영혼이 어둡지 않다면 공경히 받을지어다.」 제사를 마치고 주상이 궁으로 돌아와 라마와 승려들에게 상으로 안장을 갖춘 말·여우가죽 외투 등의 여러 물품을 주었으며, 아울러 팔가(八家)의 장역(匠役)들에게도 은량(銀兩)을 차등 있게 내렸다.

권58

숭덕 6년 10월 ~ 12월

崇德六年, 辛巳, 冬十月, 癸卯朔, 頒曆.

○ 숭덕 6년 신사년 겨울 10월 계묘일 초하루(10.1), 역서(曆書)를 반포했다.

○ 未刻, 日有食之.

○ 미시(未時)에 일식이 있었다.

○ 甲辰, 諸王及福金·公主等奏請恭祭宸妃. 上曰, 山峻則崩, 木高則折, 年富則衰, 此乃天特貽朕以憂也. 應行祭禮, 朕自酌行, 諸王及福金·公主等, 不必往祭.

○ 갑진일(10.2), 여러 왕과 푸진·공주들이 신비(宸妃)에게 제사 지

내기를 주청했다. 주상이 말했다. "산이 높으면 무너지고, 나무가 높으면 꺾이고, 나이가 한창이면 쇠퇴한다. 이는 하늘이 짐에게 주신 걱정이다. 마땅히 제사에 짐이 가서 잔을 올릴 것이니, 여러 왕과 푸진·공주들은 제사 지내러 가지 않아도 된다."

○ 命鎭國將軍阿拜, 率滿洲·蒙古每旗驍騎校一員, 每牛彔下兵二名, 俱衣綿甲, 往錦州南乳峰山駐防.

○ 진국장군(鎭國將軍) 아바이에게 명하여 만주·몽고의 기(旗)마다 효기교 1명씩, 니루마다 속하의 병사 2명씩에게 모두 면갑(綿甲)을 입게 한 후 금주(錦州) 남쪽의 유봉산(乳峰山)으로 가서 주둔하게 했다.

○ 乙巳, 以洪尼喀爲戶部參政, 納爾賽管梅勒事, 車爾布爲護軍統領, 努山爲前鋒統領.

○ 을사일(10.3), 홍니카를 호부참정으로 삼았고 나르사이에게 머이런장긴의 일을 관할하게 했다. 처르부를 호군통령으로 삼고 누산을 전봉통령(前鋒統領)으로 삼았다.

○ 丁未, 命恭順王孔有德·智順王尚可喜等, 率本部官屬兵丁, 及懷順王·續順公沈志祥下官屬兵丁, 往錦州駐防.

○ 정미일(10.5), 공순왕 공유덕·지순왕 상가희 등에게 본 부(部)의 관속(官屬)과 병정을 데리고, 회순왕 경중명·속순공 심지상에게도

속하의 관속과 병정을 데리고 금주(錦州)로 가서 주둔하게 했다.

○ 戊申, 都察院參政張存仁奏言, 相機度勢, 因時成事, 彼拙而我運之以巧, 彼迫而我出之以暇, 兵家之道也. 今皇上大軍所至, 卽成萬世之奇功, 實由天佑仁聖之君爲中外之主. 是以明國兩年征調, 一朝頓爲灰燼, 我軍勢如破竹, 松杏旦暮可得, 錦州亦在指日, 文臣武將俱在掌握中, 由此而燕京震動, 邊關驚駭, 則寧遠等處, 刻不能寧. 臣昨蒙聖諭, 洪承疇等在松山, 曾稱上爲皇帝, 祖總兵有請罪投降之言, 以此可見明之武職, 相度人事, 洞知我皇上威福, 文臣悉體天意, 仰慕我皇上仁慈.

臣聞此不勝懽欣, 以爲相機度勢, 因拙用巧者, 宜在此時也. 洪承疇等文職盡爲我得, 則明國之君, 視文職如草芥, 此後文職不敢擔當, 武職盡爲我有, 則明國之君, 視武職如寇讎, 此後武職亦不願效力. 惟是祖大壽悔盟背約, 神人共憤, 卽寢食皮肉, 不足以釋恨, 而豈可容其生乎. 臣淺見薄識, 惟以實心報皇上. 臣非彼文職之故交, 祖鎭之親友, 毫無他念, 亦無私心. 惟望皇上乘機以進, 目前之事速成, 則日後之功亦易就, 如彼仍欲歸順, 不妨姑許其來, 事後論其功罪, 生殺予奪之權, 自皇上操之, 殺其身不爲過, 奪其爵不爲非.

況今明之操法, 大臣中有一人歸我, 必致全家被戮, 我國留彼一身, 明國必誅彼一家, 絶其顧戀之私, 則堅其來歸之志矣. 至於畧取一地, 何如攻克一城. 松杏錦州一破, 則三邊悉動搖矣. 臣又思皇上之得天下, 原以得土地人民也, 天旣與之, 不可棄之, 有其曠土, 不若并有其人民, 行其緩圖, 不若卽求其速獲, 皇上自有勝算. 臣愚惟願乘機, 伏祈睿裁. 上是之.

○ 무신일(10.6), 도찰원참정 장존인(張存仁)이 상주하여 말했다.

「기회를 잘 보아 기세를 타고, 때를 맞추어 일을 이루고, 저들이 곤궁할 때 우리는 잘 운영하고, 저들이 급박할 때 우리는 여유롭게 하는 것이 병가(兵家)의 이치입니다. 지금 황상의 대군(大軍)이 도착하여 즉시 만세의 큰 공을 이루니 실로 하늘이 어질고 성스러운 임금을 도와서 중외(中外)의 주인으로 삼고자 하시는 것입니다. 그러므로 명나라의 두 해 동안 징집한 군대를 하루아침에 잿더미가 되도록 무찌르고 아군은 파죽지세로 송산(松山)과 행산(杏山)을 조만간 얻을 수 있습니다. 금주(錦州) 또한 날을 정하기만 하면 문신과 무장들이 모두 손에 넣고 이로써 연경(燕京)을 진동시키고 변경의 관문을 놀라게 할 것이며 영원(寧遠) 등지는 잠시도 편안하지 못하게 될 것입니다. 신(臣)이 지난번에 성유(聖諭)를 받았으니, 홍승주(洪承疇) 등이 송산에 있으면서 일찍이 주상을 황제라고 칭했고 조 총병(祖總兵)은 죄를 청하고 투항한다는 등의 말을 했습니다. 이를 통해 명나라의 무장은 인사(人事)를 살펴서 우리 황상의 위복(威福)을 잘 알고, 문신은 하늘의 뜻을 모두 체득하여 우리 황상의 인자함을 우러러 흠모하는 것을 볼 수 있습니다.

신은 이를 듣고 기쁨을 이기지 못하겠습니다. 생각건대 기회를 잘 보아 기세를 타고 적이 곤궁할 때 교묘함을 이용한다는 것이 바로 이때에 있는 것입니다. 우리가 홍승주 등의 문신을 모두 얻으면 명의 군주는 문신을 초개와 같이 볼 것이며 그 후로 문신은 감히 일을 맡지 못할 것입니다. 우리가 무장을 모두 얻으면 명의 군주는 무장을 원수와 같이 볼 것이며 그 후로 무장 역시 힘쓰려고 하지 않을 것입니다. 생각건대 조대수는 맹세를 저버리고 약속을 배신했으므로 귀신과 사람이 함께 분노했습니다. 그의 가죽 위에서 자고 그 살을 먹어도 원한을 풀기에 부족한데 어찌 그가 살도록 용서해 줄 수 있겠습니까. 신의 얕은 식견으로는 오직 진실한 마음으로 황상께 보답해야만 합니다. 신은 저 문신의 옛 친구도 아니고 조대수의 친우도 아니니 추호도 다른 생각이 없으며 사사로운 마음 역시 없습니다. 오직 바라건대 황상께서 기회를 틈타 전진하여 목전의 일을 신속하게 성취하시면 그 후의 공적도 쉽게 이룰 것이니, 만일 저들이 여전히 귀순하고자 한다면 잠시 동안 내귀를 허락했다가 그 후에 그의 공과를 논의해도 괜찮을 것입니다. 살리고 죽이는 권한은 오로지 황상께서 쥐고 있으니 그를 죽이는 것도 허물이 아니요 그의 관작을 빼앗는 것도 그릇된 것이 아닙니다.

하물며 지금 명나라의 법은 대신 중 한 사람이라도 우리 쪽에 귀순하면 반드시 그의 온 가족을 죽입니다. 우리나라가 그 한 사람을 머물게 하면 명나라는 반드시 그 일가를 죽이므로, 그가 사사로운 것을 잊지 못하는 마음이 끊어지면 그의 내귀하려는 뜻이 굳어질 것입니다. 한 지역을 공략하여 취하는 것이 어찌 성 하나를 얻는 것과 같겠습니까. 송산·행산·금주를 한 번에 격파하면 삼변(三邊) 모두가 동요할 것입니다. 신이 또한 생각건대 황상께서 천하를 얻는다는 것은 원래 토지와 인민을 얻는 것인데, 하늘이 그것을 주었으니 버릴 수 없습니다. 토지를 얻는 것은 인민을 함께 얻는 것만 못하고, 천천히 도모하는 것은 빠르게 획득하는 것만 못하니 자연히 황상께 승산이 있습니다. 신이 어리석으나 오직 기회를 타시기를 원하니 현명하신 결단을 엎드려 바랍니다.」 주상이 이를 옳다고 했다.

○ 己酉, 遣和碩額駙土謝圖親王巴達禮及和碩公主歸國, 命多羅安平貝勒杜度·多羅饒餘貝勒阿巴泰及內大臣等, 至演武場, 設宴餞之.

○ 기유일(10.7), 호쇼이 어푸 투시예투 친왕 바다리 및 호쇼이 공주가 귀국하니 도로이 안평 버일러 두두·도로이 요여 버일러 아바타이 및 내대신(內大臣) 등을 보내 연무장에 가게 해서 연회를 베풀어 전별하게 했다.

○ 辛亥, 遣筆帖式渾達 · 和爾渾等齎敕, 往錦州, 諭和碩鄭親王濟爾哈朗 · 多羅武英郡王阿濟格 · 多羅貝勒多鐸等曰, 爾等圍困錦州 · 松山, 需用馬匹, 可察有力之家. 在錦州者, 每牛彔下各留十匹, 在松山者, 每牛彔下亦如其數, 其餘俱令發回. 錦州 · 松山 · 杏山三城兵民, 有窮迫來降者, 十五歲以下, 願留養爲奴者, 方准留養.

○ 신해일(10.9), 비트허시 혼다와 홀혼(holhon, 和爾渾) 등에게 칙서를 가지고 금주(錦州)에 가게 하여 호쇼이 정친왕 지르갈랑 · 도로이 무영군왕 아지거 · 도로이 버일러 도도 등에게 유시했다. "너희가 금주와 송산을 포위하는 데 필요한 말은 유력한 가(家)를 살펴서 금주에 있는 자는 니루마다 속하에 각 10마리씩, 송산에 있는 자도 니루마다 속하에 같은 수를 남기고 나머지는 모두 돌려보내라. 금주 · 송산 · 행산 세 성의 병민(兵民) 중에 상황에 쫓겨 투항한 자 가운데 15세 이하이고 남아서 노비가 되기를 원하는 자가 있으면 남겨 두고 보살펴라."

○ 壬子, 先是, 遣一等侍衛俄博特, 往科爾沁國額駙綽爾濟處, 索馬百匹, 以與巴特瑪. 俄博特回奏云, 綽爾濟已如數全與, 更無餘馬. 上乃以馬六十六匹, 復還綽爾濟. 後詢之, 和碩福妃奏云, 綽爾濟尚有餘馬. 又巴特瑪下布爾開, 訐告綽爾濟隱藏馬百匹. 至是, 貝子博洛 · 參政塞冷等審議, 俄博特捏詞誑奏, 又向喀喇沁部落萬旦下, 私將伊親戚撤回, 應論死, 籍其家, 奏聞. 上命俄博特, 免死, 并免籍沒, 罰銀一百十兩納贖. 并將向日差往烏朱穆秦部落會議, 所獲馬三十二匹, 駝二隻, 牛七頭, 衣緞, 及猞猁猻 · 沙狐狸等裘, 俱追入官, 革去侍衛, 降爲護軍校.

○ 임자일(10.10), 이전에 일등 시위(侍衛) 오보트를 보내 코르친국 어푸 초르지[1]의 땅에 가서 말 100마리를 구하여 바트마에게 주게 했다. 오보트가 회주(回奏)했다. "초르지가 가진 전부를 주어서 더 남은 말이 없습니다." 이에 주상이 말 66마리를 초르지에게 돌려주었다. 후에 이 일에 대해 묻자 호쇼이 복비(和碩福妃)가 상주했다. "초르지에게는 아직 남은 말이 있습니다." 또 바트마 속하의 부르하이는 초르지가 말 100마리를 숨기고 있다고 고발했다. 이때에 버일러 볼로 · 참정 서령 등이 심의하자 오보트는 말을 꾸며내 기만하여 상주했고 또 카라친 부락 완단 속하에서 자신의 친척을 사사로이 철수시켰으므로 사형으로 논하고 가산을 몰수해야 한다고 상주했다. 주상이 명하여 오보트의 사형과 가산의 몰수는 면해 주고 벌은 110냥을 납속하게 했다. 아울러 이전에 우주무친 부락 회의에 파견되어 가서 얻은 말 32마리, 낙타 2마리, 소 7마리, 옷과 비단, 스라소니 · 사막여우 등의 가죽 모두를 관에 몰수하고, 시위 직을 박탈하고 호군교로 강등시켰다.

○ 烏朱穆秦部落和碩蘇勒親王多爾濟濟農, 謝封親王恩, 獻駝馬. 酌納之.

○ 우주무친 부락의 호쇼이 수러 친왕 도르지 지농이 친왕으로 봉해진 은혜에 감사를 표하고 낙타를 바치니 헤아려 받았다.

○ 蘇尼特部落騰機思額駙 · 俄木布喇嘛 · 達喇漢朗素 · 布達什 · 伯

1 어푸 초르지는 코르친 조릭투 타이지 욱샨의 동생의 아들이다. 아바타이 버일러의 딸과 결혼하여 어푸가 되었다.

布赫等來朝, 貢馬.

○ 수니트 부락의 텅기스 어푸 · 옴부 라마 · 다르한 랑수(darhan langsu, 達喇漢朗素) · 부다시 · 버부허이(bebuhei, 伯布赫) 등이 내조해서 말을 바쳤다.

○ 布達思喀布, 違旨擅出禁地游牧. 議罰馬百 · 駝十, 奏聞. 上從之. 以所罰馬駝, 賜阿霸垓部落卓禮克圖郡王多爾濟額齊格諾顏.

○ 부다스캅(budask'ab, 布達思喀布)이 지(旨)를 어기고 멋대로 나가 금지된 땅에서 유목했다. 논의하여 말 100마리와 낙타 10마리를 벌로 부과해야 한다고 상주하니 주상이 따랐다. 벌로 낸 말과 낙타는 아바가 부락의 조릭투 군왕 도르지 어치거 노얀에게 하사했다.

○ 先是, 侍衛俄博特, 往使蘇尼特部落騰機思額駙處, 途遇本旗德參濟王下吹僧格探親還. 俄博特令其同往, 吹僧格不允, 拔佩刀以拒. 俄博特欲執之, 遂奔入伊親戚蘇尼特部落杜稜家. 俄博特追至, 索之, 匿留不發. 至是, 下部訊. 杜稜云, 非我強留之也. 彼自來依親戚, 因居於此耳. 俄博特云, 我曾差古木往騰機思處, 索取此人. 又訊騰機思云, 誠有之等語. 杜稜強留吹僧格不發, 致令逃往喀爾喀部落, 應罰九九牲畜, 以償人口, 奏聞. 得旨, 依議.

○ 이전에 시위 오보트가 수니트 부락의 텅기스 어푸에게 사신으로 가는 도중에 본 기(旗)의 더선 지왕 속하 초이성거가 친척을 만나고 돌

아오는 것을 마주쳤다. 오보트가 그에게 함께 가자고 했지만 초이성거는 거부하고 허리에 찬 칼을 뽑아 저항했다. 오보트가 그를 잡으려 하자 친척인 수니트 부락 두령의 집으로 도망쳐 들어갔다. 오보트가 쫓아 와서 그를 찾았지만 두령은 숨기고 내주지 않았다. 이때에 부(部)에 내려 심문하게 했다. 두령이 말했다. "저는 그를 억지로 붙들어 두지 않았습니다. 초이성거가 원래부터 친척에 의지했기에 여기 머물렀을 뿐입니다." 오보트는 말했다. "이미 제가 구무를 텅기스의 처소에 보내 그를 찾아냈습니다." 텅기스를 심문하니 정말로 그가 있다고 말했다. 두령은 초이성거를 억지로 붙들고 내주지 않아 칼카 부락으로 도망하게 만들었으므로 벌로 가축 81마리를 내어 인구(人口)를 배상하게 해야 한다고 상주했다. 논의대로 하라는 유지를 받았다.

○ 甲寅, 先是, 固山額眞和碩額駙達爾哈往征錦州時, 鄭親王·武英郡王聞敵兵至, 召令會議. 達爾哈乃私往巡哨處. 鰲拜巴圖魯擊敗步兵時, 達爾哈後至, 乃妄告於鄭親王曰, 此係額爾克楚虎爾貝勒所敗. 又唆梅勒章京翁阿岱·星訥云, 何不與護軍爭敗步兵功. 至是, 下部議, 達爾哈應革職, 并革固山額眞任, 罰銀五百兩納贖, 奏聞. 得旨, 依議.

○ 갑인일(10.12), 이전에 구사어전 호쇼이 어푸 다르한이 금주(錦州)를 정벌하러 갔을 때, 정친왕과 무영군왕이 적병이 이르렀음을 듣고 회의를 소집했지만 다르한은 혼자 순찰하러 갔다. 오보이 바투루가 보병을 격파했을 때, 다르한은 뒤늦게 도착했으면서도 정친왕에게 망령되게 "이는 어르커 추후르 버일러가 격파한 것입니다."라고 말했다. 또 머이런장긴 웅가다이와 싱너를 부추기며 "어찌 호군과 함께 보병을 격파한 공을 다투지 않는가?"라고 말했다. 이때에 부(部)에 내려

논의하게 하니 다르한을 혁직하고 구사어전의 직에서 해임하며 벌은 500냥을 납속하게 해야 한다고 상주했다. 논의대로 하라는 유지를 받았다.

○ 先是, 鰲拜巴圖魯擊敗敵步兵. 次日, 諸王·貝勒查問兵部啟心郎詹霸, 當敗敵時軍將先後實績, 詹霸不行直對, 有乖職守. 至是, 部議, 詹霸應論死, 奏聞. 上命詹霸, 鞭一百, 准納贖.

○ 이전에 오보이 바투루가 적의 보병을 격파했다. 다음날 여러 왕과 버일러가 병부계심랑 잠바에게 물어서 적을 격파할 때 군장(軍將)의 실적을 조사했는데, 잠바는 곧바로 대답하지 않고 직분을 소홀히 했다. 이때에 부(部)에서 의논하여 잠바는 사형으로 논해야 한다고 상주했다. 주상이 명하여 잠바를 채찍 100대 형에 처하되 납속을 허락했다.

○ 蘇尼特部落濟農叟塞所屬噶爾馬塞冷下馬達海·都穆古爾·吳爾哲三人, 在張家口擒明哨卒三人, 釋二人, 匿一人. 張家口漢人首告於達雅齊. 達雅齊遣人往三家索之, 果得其人. 問其故, 對曰, 非我等所執, 乃彼自投來也. 下法司訊之, 哨卒被執是實. 馬達海等三人, 應論死, 奏聞. 上免之.

○ 수니트 부락 지농 서오서 소속 가르마 서령 속하의 마다하이(madahai, 馬達海)·두무구르(dumugur, 都穆古爾)·울제이(ūljei, 吳爾哲) 세 사람이 장가구(張家口)에서 명나라의 초탐병 3명을 사로잡아 2명은 풀어 주고 1명은 숨겨 주었다. 장가구의 한인이 다야치에게 고

발하자 다야치가 사람을 보내 세 사람의 집을 수색했는데 정말 그자가 있었다. 이유를 묻자 대답했다. "저희가 잡은 것이 아니라 저자가 스스로 투항해 왔기 때문입니다." 법사에 내려 심문하니 초탐병이 잡힌 것이 사실이었다. 마다하이 등 3명을 사형으로 논해야 한다고 상주하니 주상이 용서했다.

○ 乙卯, 上以宸妃薨逝, 追悼不已. 諸王 · 貝勒等, 奏請出獵以慰睿懷. 上允之. 是日, 卯刻, 往獵於蒲河.

○ 을묘일(10.13), 주상은 신비(宸妃)가 사망하여 슬픔이 그치지 않았다. 여러 왕과 버일러들이 사냥을 나가 마음을 위로할 것을 청하니 주상이 허락했다. 이날 묘시(卯時)에 포하(蒲河)로 사냥을 나갔다.

○ 己未, 上回鑾, 過宸妃殯所, 哭之. 酉刻, 還盛京.

○ 기미일(10.17), 주상이 환궁하여 신비(宸妃)의 빈소에 들러 곡했다. 유시(酉時)에 성경(盛京)으로 돌아갔다.

○ 庚申, 月祭宸妃.

○ 경신일(10.18), 신비(宸妃)의 월제(月祭)를 지냈다.

○ 甲子, 科爾沁國和碩額駙土謝圖親王巴達禮 · 和碩公主, 敖漢部落固倫額駙多羅郡王班第・固倫公主, 及外藩各部落蒙古王・貝勒・貝子・頭目等, 各貢馬駝・貂皮, 來弔宸妃喪.

○ 갑자일(10.22), 코르친국의 호쇼이 어푸 투시예투 친왕 바다리와 호쇼이 공주, 아오한 부락의 구룬 어푸 도로이 군왕 반디와 구룬 공주, 외번 각 부락의 몽고 왕・버일러・버이서・두목 등이 각각 말과 낙타・담비가죽을 바치고 와서 신비(宸妃)의 상(喪)에 조문했다.

○ 丁卯, 朝鮮國王李倧遣陪臣袁斗杓等, 表賀萬壽及冬至節, 竝獻歲貢・禮物. 宴賚如例.

○ 정묘일(10.25), 조선국왕 이종(李倧)이 배신 원두표(袁斗杓; 元斗杓)[2] 등을 보내 만수절과 동지절을 경하하는 표문을 올리고 세공과 예물을 바쳤다. 정례대로 잔치를 베풀고 선물을 주었다.

○ 以朝鮮進貢腰刀・順刀・弓面, 豹・獺・鹿・青黍等皮, 及各色綿紬・布疋・涼席, 賜外藩來朝諸王・貝勒・貝子・頭目等, 有差.

○ 조선에서 바친 요도(腰刀)・순도(順刀)・활에 박는 소뿔, 표범・

2 元斗杓: 1593-1664. 자는 자건(子建), 호는 탄수(灘叟)・탄옹(灘翁). 1636년 병자호란 시기에 어영부사로서 남한산성을 지켰다. 1642년 형조판서로 승진되었으며, 뒤이어 강화부유수・경상도관찰사를 역임했다. 1656년 우의정을 거쳐 1662년에는 좌의정에 올라 내의원과 군기시의 도제조(都提調)를 겸직했다. 시호는 충익(忠翼)이다.

수달 · 사슴 · 청서(靑黍) 등의 가죽 · 각종 명주 · 면포 · 돗자리(凉席)를 외번에서 내조한 여러 왕 · 버일러 · 버이서 · 두목 등에게 차등 있게 하사했다.

○ 以慶賀萬壽節, 賜柰曼部落達爾漢郡王袞出斯巴圖魯, 扎魯特部落內齊, 扎賴特部落蒙夸達爾漢, 杜爾伯特部落噶爾馬 · 諾爾布 · 穆章下阿玉石, 巴林部落塞布騰, 四子部落宜爾扎木, 郭爾羅斯部落奔巴, 科爾沁國福妃下褚隆, 土謝圖親王巴達禮下代噶爾, 卓禮克圖親王吳克善下墨得齊, 四子部落達爾漢卓禮克圖俄木布下納木達爾, 巴林部落滿珠習禮塞桑, 翁牛特部落達爾漢戴青東下吳巴什, 扎賴特部落蒙夸達爾漢下巴塔克圖, 喀喇沁部落查薩衮杜稜古魯思轄布下納木賽, 土默特部落查薩衮達爾漢單把下拜思護 · 俄木布下莽喀 · 塞冷下何濟吉爾, 吳喇忒部落杜拜 · 吳巴什 · 吳本下都倫達爾漢 · 巴克巴海下圖勒克圖 · 塞桑吳巴什下圖泰 · 班第額駙下益代戶 · 東果爾下濟克圖 · 額參下吳達什 · 塞布騰下拜噶爾 · 喇嘛什希下卓禮克及扎魯特部落內齊之妻, 各緞布有差.

○ 만수절을 경하한 일로 나이만 부락의 다르한 군왕 군추스 바투루, 자루트 부락의 너이치, 잘라이트 부락의 몽쿠와 다르한, 두르베트 부락의 가르마 · 노르부 · 무장 속하의 아유시, 바린 부락의 섭텅, 사자(四子) 부락의 이르잠, 고를로스 부락의 붐바, 코르친국 복비(福妃) 속하의 추롱(curong, 褚隆), 투시예투 친왕 바다리 속하의 다이가르, 조릭투 친왕 욱샨 속하의 머더치(medeci, 墨得齊), 사자(四子) 부락 다르한 조릭투 옴부 속하의 나무다르(namudar, 納木達爾), 바린 부락의 만주시리 자이상, 옹니우트 부락 다르한 다이칭 등 속하의 우바시, 잘라이트 부락 몽쿠와 다르한 속하의 바탁투(bataktu, 巴塔克圖), 카라친 부

락 자사군 두령 구루스히얍 속하의 남사이(namsai, 納木賽), 투메트 부락 자사군 다르한 샴바 속하의 바이스후(baishū, 拜思護) · 옴부 속하의 망카 · 서령 속하의 호지기르(hojigir, 何濟吉爾), 우라트 부락의 두바이(dubai, 杜拜) · 우바시 · 우번 속하의 툴런 다르한(tūlen darhan, 都倫達爾漢) · 박바가이 속하의 툴럭투(tulektu, 圖勒克圖) · 자이상 우바시 속하의 투타이(tutai, 圖泰) · 반디 어푸 속하의 이다이후(idaihū, 益代戶) · 동고르 속하의 직투(jiktu, 濟克圖) · 에센 속하의 우다시(udasi, 吳達什) · 섭텅 속하의 바이갈(baigal, 拜噶爾) · 라마스히 속하의 조릭투, 자루트 부락 너이치의 아내에게 각각 비단과 면포를 차등 있게 하사했다.

○ 賜三順王孔有德等下官六員, 續順公沈志祥下官二員宴.

○ 삼순왕(三順王) 공유덕 등 속하 관원 6명과 속순공 심지상 속하 관원 2명에게 연회를 베풀었다.

○ 賜烏朱穆秦部落蘇勒親王多爾濟濟農子桑噶爾寨 · 額林臣 · 塞冷額爾德尼子敦多布, 阿霸垓部落卓禮克圖郡王多爾濟額齊格諾顏子古木, 蘇尼特部落濟農叟塞下莽古思 · 博洛特等宴, 遣還.

○ 우주무친 부락의 수러 친왕 도르지 지농의 아들 상가르자이 · 어린천 · 서령 어르더니의 아들 돈돕, 아바가 부락의 조릭투 군왕 도르지 어치거 노얀의 아들 구무, 수니트 부락의 지농 서오서 속하 망구스 · 볼로트 등에게 연회를 베풀고 돌려보냈다.

○ 戊辰, 喀爾喀部落土謝圖汗, 遣使來朝, 貢馬.

○ 무진일(10.26), 칼카 부락의 투시예투 칸이 사람을 보내 내조하고 말을 바쳤다.

○ 己巳, 追封宸妃爲元妃, 謚曰敏惠恭和. 上率諸王以下, 牛彔章京以上, 固倫公主 · 和碩福金 · 和碩公主 · 多羅福金 · 格格等以下, 梅勒章京命婦以上, 往祭, 值宸妃母科爾沁和碩賢妃來弔. 上命內大臣 · 侍衛等, 扶掖肩輿, 至殯所, 賢妃慟哭久之. 卓禮克圖親王吳克善, 巴圖魯郡王滿朱習禮等, 齎酒跪奠, 陳列祭儀. 王 · 貝勒 · 群臣等, 以次就列, 宣讀滿 · 漢 · 蒙古等字册文. 册文曰, 奉天承運寬溫仁聖皇帝制曰, 惟爾關雎宮宸妃, 秉德柔嘉, 持躬淑慎, 侍朕以來, 壺儀攸著. 崇德元年, 敕封爾爲關雎宮宸妃. 今倣古典, 復加追贈, 崇稱隆號, 慰爾幽靈, 懿德徽音, 揚於後禩, 追封爲敏惠恭和元妃, 庶幾有知, 承我休命. 次讀祭文曰, 皇帝致祭於敏惠恭和元妃之靈. 爾元妃, 侍朕有年, 克嫻內則, 敬助中宮, 不意中道薨逝, 朕心追悼, 用備祭物, 以薦馨香. 又命喇嘛僧道, 禮佛諷經, 靈其有知, 尚克祗承. 讀畢. 上奠酒三. 諸王以下, 牛彔章京以上, 俱以次行禮. 外藩諸王 · 貝勒以下, 朝鮮國王二子, 及內大臣以上, 俱行祭奠禮.

○ 기사일(10.27), 신비(宸妃)를 원비(元妃)로 추서했다. 시호는 민혜공화(敏惠恭和)라고 했다. 주상이 여러 왕 이하 니루장긴 이상, 구룬 공주 · 호쇼이 푸진 · 호쇼이 공주 · 도로이 푸진 · 거거 등 이하 머이런장긴 명부(命婦) 이상을 이끌고 제사 지내러 갔는데, 마침 신비(宸妃)의 모친인 코르친 호쇼이 현비(和碩賢妃)가 조문을 왔다. 주상이 내

대신 시위 등에게 명하여 가마를 부축하고 빈소로 들게 했다. 현비(賢妃)가 오래도록 통곡했다. 조릭투 친왕 욱샨, 바투루 군왕 만주시리 등이 술을 가져와 꿇어앉아 잔을 올리고 제의(祭儀)를 늘어놓았다. 왕·버일러·여러 신하들이 차례로 나아가 늘어서 만주·한문·몽고 문자로 된 책문을 선독(宣讀)했다. 책문은 다음과 같다. 「봉천승운관온인성황제가 제(制)한다. 그대 관저궁신비(關雎宮宸妃)는 부드럽고 아름다운 덕을 지녔고 몸을 잘 삼갔으며 짐(朕)을 모신 이래로 왕후의 덕이 현저했기에 숭덕 원년에 칙을 내려 관저궁신비로 봉했다. 지금 고전을 본받아 다시 더하여 추증하고 거룩한 칭호로 높여 불러 그대의 영혼을 위로한다. 아름다운 덕과 평판이 후대에 드날리도록 민혜공화원비(敏惠恭和元妃)로 추봉하니 바라건대 이를 알고 나의 휴명(休命)을 받들라.」

이어서 제문(祭文)을 읽었다. 「황제가 민혜공화원비(敏惠恭和元妃)의 영혼에 제사를 지낸다. 그대 원비(元妃)는 짐을 모신 여러 해 동안 내칙(內則)을 능숙히 익히고 황후를 공경하며 도왔지만 뜻하지 않게 중도에 세상을 떠나고 말았구나. 짐은 추도하는 마음으로 제물(祭物)을 갖추어 진열하고 형향(馨香)을 올린다. 또 라마와 승려들에게 명하여 예불하고 불경을 암송하게 했으니 영혼이 이를 안다면 또한 받들라.」 읽은 후 주상이 세 잔의 술을 올렸다. 여러 왕 이하 니루장긴 이상이 모두 차례로 예를 행하였다. 외번의 여러 왕·버일러 이하 조선국왕의 두 아들과 내대신 이상이 모두 제사를 올렸다.

○ 賜和碩公主·土謝圖親王額駙巴達禮·固倫公主·多羅郡王額駙班第宴.

○ 호쇼이 공주, 투시예투 친왕 어푸 바다리, 구룬 공주, 도로이 군

왕 어푸 반디에게 연회를 베풀었다.

○ 賜貢馬喀爾喀部落土謝圖汗下薩馬諦·伊爾登等宴. 仍命諸王·貝勒, 各宴之.

○ 말을 바친 칼카 부락 투시예투 칸 속하 사마디(samadi, 薩馬諦)와 일던(ilden, 伊爾登) 등에게 연회를 베풀었다. 또 여러 왕·버일러에게 명하여 각각에게 연회를 베풀게 했다.

○ 壬申, 冊封蘇尼特部落墨爾根台吉騰機思, 爲多羅墨爾根郡王. 冊文曰, 奉天承運寬溫仁聖皇帝制曰, 從來有應運之君, 必有藩屏之佐, 故敘功定名, 以別封號者, 乃古聖王之鉅典也. 朕爰倣古制, 不分內外, 凡我諸藩, 俱因功授冊, 以昭等威. 受此冊者, 必忠誠輔國, 恪遵矩度, 自始至終, 不忘信義, 則光前裕後, 而奕世永昌矣. 爾騰機思, 原係蒙古察哈爾汗之族, 爲蘇尼特部落貝勒. 後察哈爾國敗亡, 爾知時度勢, 棄喀爾喀兄弟, 率所屬人民, 輸誠歸朕. 用冊封爾, 爲多羅墨爾根郡王, 錫之敕命. 除反叛大逆不赦, 行軍失律依法處治外, 其一應過犯, 永不削奪, 子孫世襲罔替. 欽哉, 勿負朕命.

○ 임신일(10.30), 수니트 부락의 머르건 타이지 텅기스를 도로이 머르건 군왕으로 책봉했다. 책문에서 말했다. 「봉천승운관온인성황제가 제(制)한다. 예부터 천운에 순응하여 등극한 군주에게는 반드시 번병(藩屏)의 보좌가 있었기에, 공적을 서훈하고 명칭을 정하고 별도로 봉호(封號)하는 것은 옛 성왕의 거전(鉅典)이다. 짐은 옛 제도를 따라 내외를 구분하지 않고 우리의 번방 모두에게 공적에 따라 책(冊)을

내려 그 계급과 지위를 밝히고자 한다. 책을 받는 자는 반드시 충성으로 보국하고 삼가 규범을 지키며 처음부터 끝까지 신의를 잃지 말아야 선조의 이름을 드러내고 후손들을 유복하게 하여 대대로 융성할 수 있다. 너 텅기스는 본래 몽고 차하르 칸의 일족으로 수니트 부락의 버일러가 되었다. 후에 차하르국이 패망하자 너는 시세에 순응하여 칼카 형제를 버리고 소속 백성을 이끌고 투항해 왔다. 이에 너를 도로이 머르건 군왕으로 책봉하고 칙명을 하사한다. 반역죄를 용서하지 않고 행군시 규율을 잃으면 법에 따라 처벌하는 외에 모든 과실에 대해서는 영원히 삭탈되지 않고 대대로 세습될 것이다. 삼가 짐의 명을 저버리지 말라.」

十一月, 癸酉朔.

○ 11월 계유일 초하루(11.1).

○ 甲戌, 以何洛會爲滿洲固山額眞, 俄莫克圖爲蒙古固山額眞.

○ 갑술일(11.2), 홀로호이를 만주 구사어전으로, 오목투를 몽고 구사어전으로 삼았다.

○ 三等梅勒章京舒賽病故, 以其孫席特庫襲職. 牛彔章京羅科病故, 以其孫塞達襲職.

○ 삼등 머이런장긴 슈사이가 병사하여 그의 손자 시터쿠가 습직했

다. 니루장긴 로코(loko, 羅科)가 병사하여 그의 손자 자이다(jaida, 寨達)가 습직했다.

○ 調兵部參政藍拜, 爲禮部參政, 以巴都禮, 爲兵部參政, 章於天, 爲禮部啟心郎.

○ 병부참정 람바이를 예부참정으로, 바두리를 병부참정으로, 장어천(章於天)을 예부계심랑으로 조용(調用)했다.

○ 乙亥, 命多羅睿郡王多爾袞·貝子羅託·公屯齊等, 駐防錦州, 多羅肅郡王豪格·公滿達海等, 駐防松山. 午刻, 上出城, 送至實勝寺北, 指授王·公等戰守方略. 多爾袞等率師起行. 上還宮.

○ 을해일(11.3), 도로이 예군왕(睿郡王) 도르곤·버이서 로토·공(公) 툰치 등은 금주에 주둔하고 도로이 숙군왕(肅郡王) 호오거·공(公) 만다하이 등은 송산에 주둔하라 명했다. 오시(午時)에 주상이 성을 나가 실승사(實勝寺) 북쪽까지 전송하고 왕·공(公) 등에게 공격과 방어의 계책을 지시했다. 도르곤 등이 군사를 이끌고 출발했다. 주상이 환궁했다.

○ 戊寅, 都察院參政祖可法·張存仁, 理事官馬國柱·雷興等條奏, 臣等叨居言職, 凡有見聞, 敢不入告. 今歲禾穀未收, 秋霜早隕, 迨收穫之時, 恐米糧未能豐足. 價值日漸騰貴, 市糶日漸稀少. 伏乞皇上預爲籌畫, 或借資外藩, 或節省犒賚, 或賑發倉廩, 或減價平糶, 或暫緩工程. 在聖明自有睿謨, 臣等尙有管見四條, 敢敬陳之. 一, 申嚴沽酒之禁. 本京及大小城堡莊屯, 計造酒米數, 每日不下數百石. 切思麯蘖不能療饑, 與其爲沉湎無益之資, 不若省民間有益之物, 停止一年, 可省米數十萬石. 望明旨嚴禁, 至來秋收成, 方許沽賣, 不以爲例. 一, 杜塞囤積之弊. 有糧之家, 或賣或借, 俾得有無相濟. 賣則從市平糶, 借則從時起息. 不許坐擁多儲, 妄希長價. 一, 疏濬河渠之路. 東土以遼瀋爲肥饒, 夾河六屯尤爲沃壤, 近年每被水澇者, 因新開河年久不濬. 故河壅而水不流, 雨澤偶多, 遂至泛溢, 沿河一帶良田, 悉委棄矣. 夫向之所以成沃壤者, 由於每歲之修濬. 今之所以被潦災者, 由於水道之壅塞. 皇上敕諭挑修, 用力不多, 爲益最大, 即民間夫役, 亦所樂從也. 一, 請開納粟之例. 或論罪之大小, 限以米數捐贖, 或無罪之平人, 有急公輸粟者, 量加獎錄. 因荒而用轉移之法, 遇饑而沛權宜之令. 俟秋成豐稔, 即行停止, 不以爲例. 此臣等愚見淺識, 冒瀆天聽, 伏乞聖裁. 疏入, 上覽奏曰, 這所奏俱是. 我國人民, 偶值歉年, 著暫止沽酒, 待年豐, 仍許沽賣. 獲罪之人, 無銀納贖, 願輸糧者, 准依時價算收. 有餘糧願助者, 量給獎賞, 願賣者, 許其自糶. 以新開河修濬一事, 俟可以興工之時具奏.

○ 무인일(11.6), 도찰원참정 조가법(祖可法)·장존인(張存仁), 이사관 마국주(馬國柱)·뇌흥(雷興) 등이 조목조목 상주했다.「신들이 외람되게 언직(言職)을 차지하고 있으면서도 보고 듣는 것을 감히 고하지 못했습니다. 올해 곡식을 아직 거두지 못했는데 가을 서리가 일찍 찾아와 수확 시기에 이르러 식량이 풍족하지 못할 것이 염려됩니다. 값은 나날이 오르고 시장의 쌀은 나날이 희귀해지고 있습니다. 엎드려 청하오니 황상께서는 미리 계획을 세워 주십시오. 외번에서 물자를 빌리시거나, 포상을 아끼시거나, 창고를 열어 구휼하시거나, 값을

내려 곡식의 가격을 조절하시거나, 공사 일정을 늦추어 주십시오. 성명(聖明)에 타고난 거룩한 지혜가 있지만 신들에게 또한 좁은 소견이 있어 네 가지의 조목을 삼가 감히 말씀드립니다.

하나, 술 판매를 엄격하게 금지하는 것입니다. 경사(京師) 및 크고 작은 성보(城堡)와 장둔(莊屯)에서 술을 만드는 데 쓰이는 쌀의 양은 매일 수백 석 이상입니다. 간절히 생각건대 술로는 요기할 수 없고 술에 빠지면 재화에 이로울 것이 없으니, 그보다는 민간에 유익한 물자를 아끼는 것이 낫습니다. 일 년간 금지하면 쌀 수십만 석을 아낄 수 있습니다. 바라건대 명지(明旨)를 내리시어 엄금하고 추수가 끝나면 판매를 허락하되 정례로는 삼지 않게 하십시오.

하나, 사재기의 폐단을 막는 것입니다. 곡식이 있는 집에서 곡식을 판매하거나 빌려주면 있는 자와 없는 자가 서로 도울 수 있습니다. 판매하는 경우에는 시장에 따라 가격을 조절하게 하고 빌려주는 경우에는 때에 따라 이자를 취하게 해야 합니다. 곡식을 쌓아 두고 망령되게 값이 오르기를 바라지 못하게 하십시오.

하나, 수로를 파는 것입니다. 동쪽 지역은 요양과 심양이 비옥하고 강을 따라 있는 여섯 촌락은 더욱 비옥합니다. 그러나 근년 매번 침수를 입은 것은 새로 개설한 하천을 수년 동안 준설하지 않았기 때문입니다. 그 때문에 물길이 막혀 통하지 않았고 비가 많이 오면 범람하여 강 주변의 좋은 밭을 모두 버리게 되었습니다. 이전에 땅이 비옥했던 것은 매해 운하를 준설했기 때문이고, 지금 수재를 입는 것은 물길이 막혔기 때문입니다. 황상께서 준설하라는 칙유(敕諭)를 내리시면 많은 힘을 들이지 않고도 최대의 이익을 얻을 수 있을 것이고 민간에서도 부역을 기꺼이 따를 것입니다.

하나, 청컨대 곡물을 바치는 정례(定例)를 여십시오. 죄의 크고 작음에 따라 쌀로 납속하도록 한정하고, 죄가 없는 평범한 사람 중 타인을 위해 곡식을 보내오는 자가 있으면 헤아려 상을 더해 주십시오. 흉년이 들면 곡식을 옮기는 법을 사용해야 하고 기근을 만나면 임시방편을 내려 주어야 합니다. 추수가 풍작이 되면 즉시 멈추게 하시고 정례로는 삼지 마십시오. 신들의 얕은 견해와 천박한 지식으로 황상의 귀를 번거롭게 했습니다만, 삼가 황상의 재가를 바랍니다.」

상주하자 주상이 상주문을 열람하고 말했다. "상소한 바가 모두 옳다. 나라의 인민들이 흉년을 맞았으니 잠시 술 판매를 멈추었다가 풍년이 되면 판매를 허락하라. 죄를 지은 사람 중 은으로 납속하지 않고 곡식을 보내기를 원하는 자가 있으면 시가에 따라 셈하여 거두어라. 남는 곡식을 기부하는 자에게는 헤아려 상을 내리고, 판매를 원하는 자에게는 스스로 팔 수 있도록 허락하라. 새로 개설한 하천을 준설하는 일은 공사를 시작하는 때를 기다렸다가 상주하라."

○ 癸未, 朝鮮國王李倧, 遣太監尹完, 進香燭 · 禮物, 致祭敏惠恭和元妃.

○ 계미일(11.11), 조선국왕 이종(李倧)이 태감 윤완(尹完)을 보내 향촉과 예물을 바치고 민혜공화원비(敏惠恭和元妃)에게 제사 지냈다.

○ 朝鮮國王李倧, 聞上班師, 遣陪臣尹得說, 恭請萬安, 獻方物.

○ 조선국왕 이종(李倧)이 주상의 군대가 돌아온다는 것을 듣고 배신 윤득열(尹得說)을 보내 평안을 기원하고 방물을 바쳤다.

○ 宴朝鮮來使尹完 · 尹得說等於禮部, 并賜貂皮 · 銀兩, 遣還.

○ 조선에서 사신으로 온 윤완(尹完) · 윤득열(尹得說) 등에게 예부에서 연회를 베풀어 주었다. 아울러 담비가죽과 은량을 하사하고 돌려보냈다.

○ 科爾沁國冰圖王孔果爾 · 額參 · 達爾漢卓禮克圖巴敦, 科爾沁國扎薩克圖郡王布塔齊, 蒿齊忒部落博洛特, 阿霸垓部落卓禮克圖郡王多爾濟諾顏子古木, 郭爾羅斯部落奔巴, 翁牛特部落達爾漢戴青東, 科爾沁國喇嘛什希 · 和碩賢妃 · 卓禮克圖親王吳克善, 及其妻福金 · 弼爾塔噶爾額駙 · 巴圖魯郡王額駙滿朱習禮, 及其妻公主 · 瑣諾木下哲爾默, 伊蘇特部落噶爾馬 · 克西克騰部落瑣諾木 · 沙里 · 雲敦等, 以敏惠恭和元妃薨, 獻駝馬 · 牛羊 · 雕鞍 · 銀器 · 貂皮等物, 上酌納之.

○ 코르친국의 빙투 왕 콩코르 · 에센 · 다르한 조릭투 바둔, 코르친국의 자삭투 군왕 부타치, 호오치트 부락의 볼로트, 아바가 부락의 주릭투 군왕 도르지 노얀의 아들 구무, 고를로스 부락의 붐바, 옹니우트 부락의 도로이 다르한 다이칭 둥, 코르친국의 라마스히 · 호쇼이 현비(和碩賢妃) · 조릭투 친왕 욱샨과 그의 아내 푸진 · 빌타가르 어푸 · 바투루 군왕 어푸 만주시리와 그의 아내 공주 · 소놈 속하의 젤메(jelme, 哲爾默), 이수트 부락의 가르마, 케식텐 부락의 소놈 · 샤리 · 욘돈 등이 민혜공화원비(敏惠恭和元妃)가 사망했다고 하여 낙타 · 말 · 소 · 양 · 조각한 안장 · 은그릇 · 담비가죽 등의 물건을 바쳤다. 주상이 헤아려 받았다.

○ 科爾沁國扎薩克圖郡王布塔齊 · 諾爾布額駙, 柰曼部落達爾漢郡王袞出斯巴圖魯, 巴林部落塞布騰, 四子部落宜爾扎木, 烏朱穆秦部落蘇勒親王多爾濟濟農子桑噶爾寨台吉·孫額林臣台吉·巴朗塔布囊·噶爾馬塔布囊·塞冷妻福金·益思喀布台吉·敦多布台吉·奇唐塔布囊, 蒿齊忒部落博洛特·達雅古式·白琫之子奔巴台吉, 蘇尼特部落莽古思台吉, 阿霸垓部落卓禮克圖郡王多爾濟諾顏子古木台吉·巴特瑪·邁即吉等, 貢駝馬·貂裘等物. 上酌納之.

○ 코르친국의 자삭투 군왕 부타치·노르부 어푸(norbu efu, 諾爾布額駙), 나이만 부락의 다르한 군왕 군추르 바투스, 바린 부락의 섭텅, 사자(四子) 부락의 이르잠, 우주무친 부락의 수러 친왕 도르지 지농의 아들 상가르자이 타이지·손자 어린천 타이지·바랑 타부낭·가르마 타부낭·서렁의 아내인 푸진·이스캅 타이지(iskab taiji, 益思喀布台吉)·돈돕 타이지·키탕 타부낭(kitang tabunang, 奇唐塔布囊), 호오치트 부락의 볼로트·다야(daya, 達雅)·구시(gusi, 古式)·버붕(bebung, 白琫)의 아들 붐바 타이지, 수니트 부락의 망구스 타이지, 아바가 부락의 조릭투 군왕 도르지 노얀의 아들 구무 타이지·바트마·마이지기(maijigi, 邁即吉) 등이 낙타와 말·담비가죽옷 등의 물품을 바쳤다. 주상이 헤아려 받았다.

○ 喀爾喀部落碩磊馬哈撒嘛諦塞臣汗, 遣使來朝, 貢馬及鵰翎等物.

○ 칼카 부락의 숄로이 마하 사마디 세첸 칸이 사신을 보내 내조하고 말과 독수리 깃털 등의 물품을 바쳤다.

○ 乙酉, 上追念敏惠恭和元妃, 聖懷不懌. 諸王·貝勒·大臣等奏曰,皇上深居九重, 不若出獵, 以閱武暢懷. 上允諸王請. 卯刻, 偕皇后·諸妃, 及和碩禮親王代善·多羅安平貝勒杜度等, 出獵於葉赫地方.

○ 을유일(11.13), 주상이 민혜공화원비(敏惠恭和元妃)를 그리워하여 마음이 즐겁지 못했다. 여러 왕·버일러·대신 등이 아뢰었다. "황상께서는 줄곧 황궁에만 머물러 계십니다. 사냥이 아니더라도 군대를 사열하여 근심을 털어 내십시오." 주상이 왕들의 청을 받아들였다. 묘시(卯時)에 황후와 여러 비·호쇼이 친왕 다이샨·도로이 안평 버일러 두두 등과 함께 여허(yehe, 葉赫) 지방에 나가 사냥했다.

○ 己丑, 冬至. 祀天於圜丘. 遣禮部承政滿達爾漢行禮.

○ 기축일(11.17), 동지에 환구에서 하늘에 제사 지냈다. 예부승정 만다르한을 보내 예를 행하였다.

○ 遣承政滿達爾漢·車爾格, 月祭敏惠恭和元妃.

○ 승정 만다르한과 처르거이를 보내 민혜공화원비(敏惠恭和元妃)에게 월제(月祭)를 지냈다.

○ 辛丑, 車駕還, 至波托科地方. 近盛京, 過敏惠恭和元妃殯所. 上偕皇后, 及諸妃, 奠茶酒. 未刻, 還宮.

○ 신축일(11.29), 어가가 돌아와 보토코(botoko, 波托科) 지방에 이르렀다. 성경(盛京) 가까이에서 민혜공화원비(敏惠恭和元妃)의 빈소를 지나면서 주상은 황후와 여러 비(妃)와 함께 차(茶)와 술을 올렸다. 미시(未時)에 환궁했다.

十二月, 壬寅朔.

○ 12월 임인일 초하루(12.1).

○ 甲辰, 賜陣獲明守備何伯及男子十一人, 妻室衣服, 安插尙陽堡爲民.

○ 갑진일(12.3), 전장에서 사로잡은 명나라 수비 하백(何伯)과 남자 11명에게 아내와 의복을 하사하고 상양보(尙陽堡)에 안착시켜 백성으로 삼았다.

○ 壬子, 先是, 攻圍錦州 · 松山 · 杏山三城時, 明總督洪承疇兵十三萬皆敗. 翼日, 上移營近松山, 環城掘壕困之, 是夜, 有松山敗軍逃出, 突犯御營. 至是, 命定內大臣及侍衛等功罪, 分別賞罰. 內大臣超品公塔瞻, 所領侍衛護軍, 巡守不嚴, 爲敵所乘. 又內大臣多爾濟, 身未擐甲, 所領侍衛護軍, 巡守不嚴, 以致敵兵入營. 俱餓禁三日, 降塔瞻爲一等公, 罰銀一千兩, 罰多爾濟銀五百兩. 護軍校諾和多爾 · 綽魯克貝 · 索渾 · 阿敏 · 墨爾根袍, 前往偵探, 見敵不報, 從間逃遁. 將諾和多爾 · 墨爾根袍, 餓禁三日, 監禁一月釋放. 索渾 · 阿敏, 餓禁三日, 鞭一百, 貫耳鼻. 綽魯克貝, 餓禁三日, 念係新人, 免罪. 失誤守夜之內大臣扎雅漢贍 · 塞冷 · 布顔, 各罰銀二百兩. 侍衛沙濟達喇 · 阿爾薩蘭, 各罰銀百兩, 餓禁三日. 朱黑得爾, 侍衛宗室噶布喇, 侍衛納穆僧格 · 敖塞 · 吳爾席 · 郎蘇 · 孔鈕羅 · 多內等, 俱餓禁三日, 監禁十日, 鞭一百. 罰噶布喇銀百兩. 護軍布爾代 · 希福, 護軍校額希, 各鞭一百, 貫耳. 沙爾虎達, 鞭一百. 護軍校朗蘇 · 塞冷, 侍衛龔特 · 馬爾扎哈 · 土爾噶圖 · 納爾邁 · 科布索, 及拜護 · 庫圖戚 · 雍魁 · 拜賽 · 吳都黑 · 色內 · 蘇鈕特 · 圖魯黑 · 馬尼代 · 布代 · 索內 · 莽奇泰 · 山津 · 吳爾塞圖 · 孟克得 · 阿朱 · 瓦爾喀 · 巴朗 · 扎爾圖等, 皆失誤守夜. 將護軍校塞冷 · 朗蘇, 餓禁三日, 監禁一月釋放. 侍衛馬爾扎哈 · 科布索 · 土爾噶圖, 及色內 · 納爾邁 · 雍魁等, 俱餓禁三日. 扎爾圖 · 索尼 · 孟克得 · 阿朱 · 吳爾塞圖 · 山津 · 俄波代 · 僧格 · 巴朗 · 瓦爾喀 · 拜護 · 吳都黑 · 庫圖戚 · 莽奇泰等, 各鞭一百. 護軍校索內 · 馬尼代, 餓禁三日, 鞭一百. 布代, 餓禁三日, 鞭五十. 拜賽, 監禁二十日釋放. 侍衛阿哈連, 監禁十日釋放. 席喇, 奉派守夜, 一矢未發, 鞭八十. 圖魯黑, 念係新人, 祁他特, 人本怯懦, 俱免罪. 侍衛龔特 · 脫代 · 馬爾都, 少年新進, 未諳軍旅, 且係旗長失誤點派俱免罪. 其所罰罪銀, 賞侍衛坤四百兩, 以其獨守營門, 力拒敵兵也.

賞宗室內大臣錫翰及伊爾登, 各二百兩, 嘉其嚴守汎地, 敵不能侵也. 賞巴圖魯詹 · 察喀鼐, 宗室額克親 · 穆爾察, 各八十兩. 一等侍衛巴世塔 · 遏必隆, 各五十兩. 二等侍衛宗室德馬護 · 格黑禮 · 克世訥 · 喇谷 · 艮都爾 · 察克都爾 · 綽克圖 · 安濟蘭 · 鄂兌, 各四十兩. 三等侍衛穆理瑪 · 塞特爾 · 姚丹 · 阿喇喜, 各三十兩. 護軍校柰格 · 碩色 · 戶冷格 · 滿丕, 各二十五兩. 親軍奇爾塔巴 · 哈塔 · 舍庫 · 托退 · 兌秦 · 索爾和 · 雅哈 · 土雅什 · 阿哈 · 宜奇納 · 色都 · 滿都海 · 馬富塔 · 吳沙 · 雅戚布 · 拜尹柱 · 蒙戈爾代 · 那木賽 · 羅屯 ·

敦拜·多爾濟，各二十兩. 其射中敵人者二十一名，各八兩，護軍校尚什，二十兩，護軍校儀博特·石漢·奇木塔尼，及甘追·綽爾門·白布津·吳巴泰·博洛渾等，各十兩. 鑲黃旗防守營門，力禦衝突，奮勇擊殺，敵兵遂遁. 正黃旗所守門，敵兵突入，惟侍衛坤，獨立門中，勇敢不避. 侍衛穆成格·諾爾孫，立於門旁，不能堵禦. 至守夜官員·侍衛·親軍等，皆散立營門左右，以致敵兵衝入，又應派守夜者，人數缺少. 將正黃旗內大臣·侍衛·親軍等，俱坐罪，穆成格·諾爾孫，雖不能奮勇拒敵，然猶未離營門，免議. 其罰鍰二千四百兩，除賞侍衛坤四百兩外，餘二千兩，盡賞鑲黃旗內大臣·侍衛·親軍等，以獎拒敵之功.

○ 임자일(12.11), 이전에 금주·송산·행산 세 성을 포위했을 때 명나라의 총독 홍승주의 병사 13만 명을 모두 패퇴시켰다. 다음날 주상이 군영을 송산 근처로 옮기고 성 둘레에 해자를 파고 포위했는데, 그날 밤 송산의 적병이 빠져나와 어영을 침범했다. 이때에 명하여 내대신과 시위들의 공과 죄를 정하고 상과 벌을 분별하게 했다.

내대신 초품공 타잔(tajan, 塔瞻)은 거느린 시위와 호군이 순찰을 철저히 하지 않아서 적군에게 추격을 당했다. 내대신 도르지(dorji, 多爾濟)는 갑옷을 입지 않았고 거느린 시위와 호군이 순찰을 철저히 하지 않아서 적병이 어영에 들어오게 했다. 이들은 모두 3일간 굶기고 타잔은 일등공으로 강등하고 벌은 1,000냥을 부과하고 도르지는 벌은 500냥을 부과한다. 호군교 노고도르(nogodor, 諾和多爾)·초룩보이(corukboi, 綽魯克貝)·소혼(sohon, 索渾)·아민(amin, 阿敏)·머르건 포오(mergen poo, 墨爾根袍)는 정탐으로 가서 적을 보고도 보고하지 않고 샛길로 달아났다. 노고도르·머르건 포오는 3일간 굶기고 한 달간 감금하고 석방한다. 소혼·아민은 3일간 굶기고 채찍 100대를 때리고 귀와 코를 뚫는다. 초록보이는 3일간 굶기고 새로 온 사람임을 고려하여 죄를 면해 준다.

야간 수비를 제대로 하지 못한 내대신 자야한 잔(jayahan jan, 扎雅漢瞻)·서렁(sereng, 塞冷)·부얀(buyan, 布顏)은 각각 벌은 200냥을 부과한다. 시위 샤지다라(šajidara, 沙濟達喇)와 아르살란(arsalan, 阿爾薩蘭)은 각각 벌은 100냥을 부과하고 3일간 굶긴다. 주허더르(juheder, 朱黑得爾)·시위 종실 가불라(gabula, 噶布喇)·시위 나무성거(namusengge, 納穆僧格)·오오서(oose, 敖塞)·우르시(ursi, 吳爾席)·랑수(langsu, 郎蘇)·콩니오로(kongnioro, 孔鈕羅)·도노(dono, 多內) 등은 모두 3일간 굶기고 10일간 감금하고 채찍 100대를 때린다. 종실 가불라는 벌은 100냥을 부과한다. 호군 부르다이(burdai, 布爾代)·히퍼(hife, 希福), 호군교 어히(ehi, 額希)는 각각 채찍 100대를 때리고 귀를 뚫는다. 샤르후다(šarhūda, 沙爾虎達)는 채찍 100대를 때린다.

호군교 랑수(langsu, 朗蘇)·서렁(sereng, 塞冷), 시위 궁터이(gungtei, 龔特)·말자하(maljaha, 馬爾扎哈)·툴가투(tulgatu, 土爾噶圖)·나르마이(narmai, 納爾邁)·콥소(kobso, 科布索) 및 바이후(baihū, 拜護)·쿠투치(kutuci, 庫圖戚)·용코이(yongkoi, 雍魁)·바이사이(baisai, 拜賽)·우두허이(ūduhei, 吳都黑)·서너이(senei, 色內)·수니오트(sūniot, 蘇鈕特)·투루허이(tūruhei, 圖魯黑)·마니다이(manidai, 馬尼代)·부다이(budai, 布代)·소노이(sonoi, 索內)·망기타이(manggitai, 莽奇泰)·산진(sanjin, 山津)·울제이투(ūljeitu, 吳爾寨圖)·멍커더이(mengkedei, 孟克得)·아주(aju, 阿朱)·와르카(warka, 瓦爾喀)·바랑(barang, 巴朗)·자르투(jartu, 扎爾圖) 등은 모두 야간 수비를 제대로 하지 못했다. 호군교 서렁·랑수는 3일간 굶기고 한 달간 감금하고 석방한다. 시위 말자하·콥소·툴가투 및 서너이·나르마이·용코이 등은 모두 3일간 굶긴다. 자르투·소닌·멍커더이·아주·울제이투·산진·오보다이(obodai, 俄波代)·성거(sengge, 僧格)·바랑·와르카·바이후·우

두허이 · 쿠투치 · 망기타이 등은 각각 채찍 100대를 때린다. 호군교 소노이 · 마니다이는 3일간 굶기고 채찍 100대를 때린다. 부다이는 3일간 굶기고 채찍 50대를 때린다. 바이사이는 20일간 감금하고 석방한다. 시위 아할리얀(ahaliyan, 阿哈連)은 10일간 감금하고 석방한다.

시라(sira, 席喇)는 야간 수비로 파견되어 화살 한 발도 쏘지 않았으니 채찍 80대를 때린다. 투루허이(turuhei, 圖魯黑)는 새로 온 사람이고, 키타트(kitat, 祁他特)는 사람이 본래 겁이 많으니 모두 죄를 면해 준다. 시위 궁터이 · 토다이(todai, 脫代) · 마르두(mardu, 馬爾都)는 나이가 어리고 새로 들어와서 군대에 익숙하지 않으며 또한 기장(旗長)이 잘못 지명하여 파견했으니 모두 죄를 면해 준다. 부과한 벌은(罰銀)에서 시위 쿤(kūn, 坤)에게 400냥을 상으로 내리니, 그가 홀로 어영의 문을 지키며 힘써 적병을 막았기 때문이다.

종실 내대신 시한과 일던에게 각각 200냥을 상으로 내려, 주둔지를 엄수하여 적이 침범하지 못하게 한 것을 칭찬한다. 바투루 잔(baturu jan, 巴圖魯詹) · 차카나이(cakanai, 察喀鼐), 종실 억친(ekcin, 額克親) · 무르차(murca, 穆爾察)에게 각각 80냥, 일등시위 바시타(basita, 巴世塔) · 어빌룬(ebilun, 遏必隆)에게 각각 50냥, 이등시위 종실 더마후(demahū, 德馬護) · 거허리(geheri, 格黑禮) · 커시너(kesine, 克世訥) · 라구(lagu, 喇谷) · 건두르(gendur, 艮都爾) · 착두르(cakdur, 察克都爾) · 촉투(coktu, 綽克圖) · 안질란(anjilan, 安濟蘭) · 오토이(otoi, 鄂兌)에게 각각 40냥, 삼등시위 무리마(murima, 穆理瑪) · 서터르(seter, 塞特爾) · 요단(yodan, 姚丹) · 알라히(alahi, 阿喇喜)에게 각각 30냥, 호군교 나이거(naige, 柰格) · 쇼서(šose, 碩色) · 후렁거(hurengge, 戶冷格) · 맘피(mampi, 滿丕)에게 각각 25냥, 친군 길타바(giltaba, 奇爾塔巴) · 하타(hata, 哈塔) · 셔쿠(šeku, 舍庫) · 토토이(totoi, 托退) · 두이친(duicin, 兌秦) · 솔호(solho, 索爾和) · 야하(yaha, 雅哈) · 투야시(tuyaši, 土雅什) · 아하(aha, 阿哈) · 이키나(ikina, 宜奇納) · 서두(sedu, 色都) · 만두하이(manduhai,

滿都海)・마푸타(mafuta, 馬富塔)・우샤(uša, 吳沙)・야치부(yacibu, 雅戚布)・바인주(bainju, 拜尹柱)・몽골다이(monggoldai, 蒙戈爾代)・남사이(namsai, 那木賽)・로톤(loton, 羅屯)・둠바이(dumbai, 敦拜)・도르지(dorji, 多爾濟)에게 각각 20냥, 적병을 활 쏘아 맞춘 21명에게 각각 8냥, 호군교 샹시(šangsi, 尙什)에게 20냥, 호군교 오보트(obot, 儀博特)・시한(sihan, 石漢)・킴타니(kimtani, 奇木塔尼) 및 간주이(ganjui, 甘追)・촐몬(colmon, 綽爾門)・버부진(bebujin, 白布津)・우바타이(ubatai, 吳巴泰)・볼로혼(bolohon, 博洛渾) 등에게 각각 10냥을 상 내린다.

양황기는 어영의 문을 지키면서 힘써 대적하고 용맹하게 싸워서 적병을 물리쳤다. 정황기는 문을 지킬 때 적병이 들어오자 시위 쿤(kūn, 坤)만 홀로 문 앞에 서서 용감하게 피하지 않았다. 시위 무청거(mucengge, 穆成格)・노르순(norsun, 諾爾孫)은 문 옆에 서 있으면서 막지 못했다. 야간에 수비하는 관원이나 시위와 친군 등은 모두 어영의 문 좌우에 흩어져 있어 적병이 들어오게 했고 야간 수비에 파견해야 할 인원의 수가 부족했다. 정황기의 내대신・시위・친군 등을 모두 죄에 처한다. 무청거와 노르순은 비록 용감하게 적을 막지는 못했으나 어영의 문을 떠나지 않았으므로 죄를 면해 준다. 벌은 2,400냥은 시위 쿤에게 400냥을 상주는 것 외에 나머지 2,000냥은 모두 양황기 내대신・시위・친군 등에게 상 내려 적병을 물리친 공적을 치하한다.

○ 楊善・剛林等, 自朝鮮議罪還, 奏言. 臣等與邊司衙門, 及平安監司官會審, 議得益州張時行・崔磯・崔南・崔進・崔景春・韓廷林・朴其侯・白太和・白元仁, 宣川車敬雲・車元哲, 郭山金之柏, 此十二人, 俱已論死. 平安監司官審擬遣戍者, 共十七人. 宣川李義和, 發配陰山城, 益州李思敬, 發配博川, 白若桂, 發配芥川, 崔守儉, 發配貴城. 金成邑・壽楠, 發配奚川, 張裕極, 發配貴城. 龍川張斗, 發配麗山城, 白天賢, 發配順川城, 文孟震, 發配寧邊城, 安克解 · 安克進, 發配張蓋城, 張奇 · 張林 · 張玉, 發配昌城, 何三益進, 東一家里, 發配平鄉城.

○ 양샨(yangšan, 楊善)과 가린(garin, 剛林) 등이 조선에서 죄를 논하고 돌아와 상주했다.[3] 「신들은 비변사(備邊司) 아문 및 평안감사(平安監司)의 관리들과 회동하여 익주(益州; 義州)의 장시행(張時行) · 최기(崔磯) · 최남(崔南) · 최진(崔進) · 최경춘(崔景春) · 한정림(韓廷林) · 박기후(朴其侯) · 백태화(白太和) · 백원인(白元仁), 선천(宣川)의 차경운(車敬雲) · 차원철(車元哲), 곽산(郭山)의 김지백(金之柏) 등 12명을 모두 사형죄로 논했습니다. 평안감사의 관리들이 유배형으로 심의한 것은 모두 17명입니다. 선천(宣川)의 이의화(李義和)는 음산성(陰山城; 殷山), 익주(益州; 義州)의 이사경(李思敬)은 박천(博川), 백약계(白若桂)는 개천(芥川), 최수검(崔守儉)은 귀성(貴城; 龜城), 김성읍(金成邑)과 수남(壽楠)은 해천(奚川), 장유극(張裕極)은 귀성(貴城; 龜城), 용천(龍川)의 장두(張斗)는 여산성(麗山城), 백천현(白天賢)은 순천성(順川城), 문맹진(文孟震)은 영변성(寧邊城), 안극해(安克解)와 안극진(安克進)은 장개성(張蓋城), 장기(張奇) · 장림(張林) · 장옥(張玉)은 창성(昌城), 하삼익진(何三益進)과 동일가리(東一家里)는 평향성(平鄉城)으로 유배했습니다.」

○ 甲寅, 上率諸大臣, 月祭敏惠恭和元妃.

---

3 양샨과 가린 등이 조선에 다녀온 일은 『조선인조실록』 권42 인조 19년 10월 18일; 24일 기사에 보인다.

○ 갑인일(12.13), 주상은 대신들을 이끌고 민혜공화원비(敏惠恭和元妃)에게 월제(月祭)를 지냈다.

○ 和碩鄭親王濟爾哈朗 · 多羅睿郡王多爾衮 · 多羅武英郡王阿濟格 · 多羅肅郡王豪格 · 多羅郡王阿達禮 · 多羅貝勒多鐸等, 遣孫塔 · 喇色 · 外音圖 · 寧古里等奏報, 松山城內, 洪承疇以兵六千, 夜犯正紅旗護軍騎兵, 及正黃旗庫魯克達爾漢阿賴營. 我軍各守汛地, 沿壕射敗敵兵, 共斬殺四百二十四人, 敵兵退入松山城, 門閉, 不得入. 兩日之內, 收服二千餘人, 敵之從杏山宵遁者, 爲我伏兵所殺, 凡五百七十四人.

○ 호쇼이 정친왕 지르갈랑 · 도로이 예군왕 도르곤 · 도로이 무영군왕 아지거 · 도로이 숙군왕 호오거 · 도로이 군왕 아달리 · 도로이 버일러 도도 등이 순타(sunta, 孫塔) · 라서(lase, 喇色) · 와인투(waintu, 外音圖) · 닝구리(ningguri, 寧古里) 등을 보내 보고했다. 「송산성 안에서 홍승주가 병사 6,000명을 데리고 밤에 정홍기 호군 기병과 정황기 쿨룩 다르한 알라이의 군영을 침범했습니다. 우리 군대는 각각 주둔지를 지키며 해자에 기대어 적병을 활로 공격하여 모두 424명을 참살했습니다. 적병은 송산성으로 퇴각했으나 문이 잠겨 들어가지 못했습니다. 이틀 동안 2,000여 명을 복속시켰습니다. 행산에서 밤에 도망치다가 우리 복병에게 죽임을 당한 적병은 모두 574명입니다.」

○ 賜烏朱穆秦部落蘇勒親王多爾濟濟農貢馬使臣納木達爾漢, 緞布.

○ 우주무친 부락의 수러 친왕 도르지 지농이 말을 바치러 보낸 사

신 나무 다르한(namu darhan, 納木達爾漢)에게 비단과 면포를 하사했다.

○ 賜科爾沁國土謝圖親王巴達禮下得爾布, 貂帽·緞朝衣·玲瓏鞓帶·銀器·緞布等物, 以其送索倫部落博穆博果爾子圖麻爾至也.

○ 코르친국 투시예투 친왕 바다리 속하의 더르부(derbu, 得爾布)에게 담비가죽모자·비단 조의·정교하게 장식한 가죽띠·은그릇·비단과 면포 등의 물건을 하사했다. 그가 솔론 부락의 봄보고르의 아들 투마르(tumar, 圖麻爾)를 보내왔기 때문이다.

○ 賜碩磊馬哈撒嘛諦塞臣汗來使巴綏, 及阿玉石哈談巴圖魯下渾津台吉等宴, 各賞緞布有差.

○ 숄로이 마하 사마디 세첸 칸의 사신 바수이 및 아유시 하탄 바투루 속하의 혼진 타이지 등에게 잔치를 베풀고 각각 비단과 면포를 차등 있게 하사했다.

○ 東方巴牙喇·脫科洛·努牙喇·黑葉·馬爾遮賴·科爾佛科爾·克宜克勒·庫薩喀里, 八姓頭目, 遣董糾等, 來貢貂皮, 賜宴, 賞衣帽·緞布等物有差.

○ 동방의 바야라(bayara, 巴牙喇)·토코로(tokoro, 脫科洛)·누얄라(nuyala, 努牙喇)[4]·허여(heye, 黑葉)·말저라이(maljerai, 馬爾遮賴)·코르포콜(korfokol, 科爾佛科爾)·커이커러(keikere, 克宜克勒)·쿠사카리

(kūsakari, 庫薩喀里) 8성(姓)의 두목이 둥기오(dunggio, 董糾) 등을 파견하여 담비가죽을 바쳤다. 잔치를 베풀고 옷과 모자·비단과 면포 등의 물건을 차등 있게 하사했다.

○ 庫爾喀部落加哈禪等, 來貢海豹皮, 賜宴, 賞衣帽·緞布等物有差.

○ 쿠르카 부락의 기야하찬 등이 바다표범가죽을 바치러 왔다. 잔치를 베풀고 옷과 모자·비단과 면포 등의 물건을 차등 있게 하사했다.

○ 薩哈爾察部落額駙巴爾達齊, 遣喇庫等, 來貢貂皮, 賜宴, 賞衣帽·緞布等物有差.

○ 사할차 부락의 어푸 발다치가 라쿠(lakū, 喇庫) 등을 파견하여 담비가죽을 바쳤다. 잔치를 베풀고 옷과 모자, 비단과 면포 등 물건을 차등 있게 하사했다.

---

4 누얄라: 努牙喇, 부락명. 본래는 노로(noro, 諾雷)이고, 諾羅, 努牙喇, 耨野勒, 祿耶勒, 努業勒, 努雅勒, 盧業勒, 盧日熱, 鬧雷, 努烈, 鄂倫 등으로 다양하게 표기되었다. 거주지는 노로강(noro bira, 현재 撓力河). 위치는 현재 黑龍江省 饒河縣 북쪽 撓力河口의 남안이며 饒河縣과 寶淸縣에 해당한다. 1616년 누르하치가 2,000명을 파견하여 동해 사할리얀 부를 원정했을 때 투항했고, 청 초기에 동해 후르카 부에 속했다. 1652년(순치9) 커이커리(克宜克勒.keikeri), 후시하리(祜什哈哩.husihari)와 함께 호톤가샨(和屯噶珊. 현재 依蘭縣)으로 이주했고 三姓城(현재 依蘭縣)을 축성하여 거주했다. 이후 佐領이 설치되어 부족장은 世管佐領에 임명되었고, 만주팔기로 편입되어 신만주(ice manju)로 불렸으며, 팔기로 편제되지 않은 부족민은 鄉長과 姓長이 관할했다.

○ 朝鮮國王李倧, 遣太監吳益功, 進貢蘇木·紙張等物, 以供敏惠恭和元妃喪祭之用.

○ 조선국왕 이종이 태감 오익공(吳益功; 吳以恭)을 파견하여 소목(蘇木)과 종이 등의 물건을 민혜공화원비(敏惠恭和元妃)의 제사용품으로 사용하도록 올렸다.

○ 戊午, 先是, 牛彔章京華應春出征時, 詐言買馬留後, 至關口, 爲守關者所阻, 不得出, 遂還. 部議華應春, 應鞭一百, 解牛彔任, 得旨, 依議.

○ 무오일(12.17), 이전에 니루장긴 화응춘(華應春)이 출정했을 때 말을 사겠다고 속이고 뒤에 남았는데, 관구(關口)에서 수비병에게 가로막혀 나오지 못하다가 나중에 돌아왔다. 부(部)에서 화응춘의 죄를 의논하여 채찍으로 100대를 때리고 니루에서 해임해야 한다고 했다. 논의대로 하라는 유지를 받았다.

○ 遣科爾沁國和碩額駙土謝圖親王巴達禮, 偕和碩公主歸國, 命多羅安平貝勒杜度·多羅饒餘貝勒阿巴泰·承政滿達爾漢等, 送至北長亭, 設宴餞之.

○ 코르친국 호쇼이 어푸 투시예투 친왕 바다리와 호쇼이 공주를 보내 귀국하게 하고, 도로이 안평 버일러 두두·도로이 요여 버일러 아바타이·승정 만다르한 등에게 명하여 북장정(北長亭)까지 가서 전

송하고 잔치를 베풀어 전별하게 했다.

○ 賜蘇尼特部落墨爾根郡王騰機思額駙, 郡王頂帶·儀仗.

○ 수니트 부락 머르건 군왕 텅기스 어푸에게 군왕의 정대(頂帶)와 의장을 하사했다.

○ 遣墨爾根郡王騰機思額駙, 偕公主歸國, 命多羅饒餘貝勒阿巴泰·承政滿達爾漢, 送至北長亭, 設宴餞之.

○ 머르건 군왕 텅기스 어푸와 공주를 보내 귀국하게 하고 도로이 요여 버일러 아바타이와 승정 만다르한에게 북장정(北長亭)까지 가서 전송하고 잔치를 베풀어 전별하게 했다.

○ 庚申, 和碩鄭親王濟爾哈朗·多羅睿郡王多爾衮·多羅肅郡王豪格·多羅武英郡王阿濟格等, 遣席納海·詹代·碩兌·安泰等奏報, 臣等遣前鋒兵前往寧遠捉生, 路遇敵人伏兵, 拒戰而退, 我軍被傷, 約二十人. 及詢敵兵消息, 云發兵三萬援錦州, 見駐寧遠, 又有兵七萬, 在永平·灤州一路牧馬, 謹此奏聞.

○ 경신일(12.19), 호쇼이 정친왕 지르갈랑·도로이 예군왕 도르곤·도로이 숙군왕 호오거·도로이 무영군왕 아지거 등이 시나하이·찬다이·쇼도이·안타이 등을 보내 보고했다. 「신들은 전봉병을 영원으로 보내 포로를 잡게 했습니다. 길에서 적의 복병을 만나 항

전하여 물리쳤으나 우리 군사 약 20명이 부상을 당했습니다. 적병에게 정보를 심문하니 말하기를 "병사 3만 명을 동원하여 금주를 원조하여 영원에 주둔하고 있는 것을 보았으며 병사 7만 명이 영평(永平)과 난주(灤州) 일대에서 말을 먹이고 있다."라고 합니다. 이를 삼가 보고합니다.」

○ 辛酉, 申刻, 皇第十一子生, 麟趾宮貴妃出也.

○ 신유일(12.20), 신시(申時)에 열한 번째 황자가 태어났다. 인지궁 귀비(麟趾宮貴妃)가 출산했다.

○ 遣戶部啟心郎布丹, 齎敕往諭圍守錦州·松山·杏山諸王·貝勒等曰, 自茲以後, 有從三城內逃出者, 十五歲以下, 准留爲奴, 十六歲以上, 勿赦.

○ 호부계심랑 부단을 보내 칙유를 가지고 금주(錦州)·송산(松山)·행산(杏山)을 포위하고 있는 여러 왕과 버일러들에게 유시했다. 「지금부터 세 성에서 도망쳐 나오는 자는 15세 이하는 살려서 노비로 삼고 16세 이상은 용서하지 않는다.」

○ 癸亥, 先是, 鑲紅旗章京哈哈納, 首告海州河口駐防章京伊勒愼, 苛斂兵丁銀兩, 買豕祭天, 托言致祭則多得魚. 又私造浮屠, 書其上云, 聖朝邊兵建立. 又自載半月糧, 誑令衆人持三日糧, 登舟後, 以糗糧不敷, 令馬爾圖還取, 反云, 牛莊衆章京未到. 又與馬爾圖同獲一船, 所得銀兩, 私與所管兵丁方喀拉, 不與哈哈納所管兵丁達奇里均分, 勘實, 伊勒慎, 應論死, 奏聞, 上命鞭一百, 革職.

○ 계해일(12.22), 이전에 양홍기 장긴 하하나(hahana, 哈哈納)가 해주하구(海州河口)의 주방 장긴 이러션을 고발했다. 이러션은 병정에게 은량을 징수하여 돼지를 사서 하늘에 제사 지내면서 "물고기를 많이 잡기 위해 제사 지낸다."라고 핑계 댔다. 또 사사로이 불탑을 만들고 그 위에 "성조(聖朝)의 변경의 병사가 세운다."라고 적었다. 또 자신은 반 달 치 양식을 싣고 여러 사람에게는 3일 치 양식을 가져오라고 속이고, 배에 탄 후에는 양식이 충분하지 않으니 말투(maltu, 馬爾圖)에게 돌아가서 가져오라고 하며 오히려 말하기를 "우장(牛莊)의 장긴들이 아직 오지 않았다."라고 했다. 또 말투와 함께 배 1척을 획득하여 얻은 은량을 관할 병정 팡칼라(fangkala, 方喀拉)에게 사사로이 주고 하하나의 관할 병정 다키리(dakiri, 達奇里)에게 공평하게 나누어 주지 않았다. 조사하니 사실이어서 이러션을 사형으로 논해야 한다고 상주했다. 주상은 채찍 100대를 때리고 혁직하라고 명했다.

○ 丙寅, 命祖澤洪赴錦州, 索取妻子, 說其父祖大壽. 復遣學士額色黑, 筆帖式常鼐 · 石圖等同往. 諭曰, 爾等往說時, 宜令祖澤洪, 呼其相識者與之言, 勿爲所賺, 更宜謹防火器. 及澤洪等至錦州, 竟未得交語而還.

○ 병인일(12.25), 조택홍에게 명하여 금주에 가서 처자를 찾고 부친 조대수를 설득하게 했다. 또 학사 어서허이, 비트허시 창나이 · 시투(situ, 石圖) 등을 보내 함께 가게 하고 유시했다. 「너희는 가서 설득

할 때 반드시 조택홍이 아는 사람을 불러 이야기하고 속지 않게 하라. 또한 화기를 조심해서 지켜야 한다.」 조택홍은 금주에 갔으나 서로 말을 나누지 못하고 돌아왔다.

○ 丁卯, 先是, 多羅郡王阿達禮府內人和託, 往張家口貿易, 盜和碩禮親王銀三百兩. 鑲黃旗達雅齊·衛寨桑, 遂執和託, 付鑲紅旗畢喇石·正黃旗喇思希布, 二人又轉付撥什庫俄齊里監守, 和託脫逃. 至是, 議達雅齊·衛寨桑·畢喇石·喇思希布等, 防守踈忽, 以致和託乘間逸去, 應各坐以應得之罪. 撥什庫俄齊里, 防守不嚴, 以致和託脫逃, 應鞭一百. 達藍, 不能約束所屬, 以致和託盜銀, 應鞭七十. 多羅郡王阿達禮, 用人不當, 應坐以應得之罪, 仍以一人償補入官. 包衣牛彔章京蘇墨什, 選差不慎, 亦屬不合, 應鞭五十. 奏聞, 得旨, 依議.

○ 정묘일(12.26), 이전에 도로이 군왕 아달리의 부(府)의 사람 호토(hoto, 和託)가 장가구로 무역하러 갔다가 호쇼이 예친왕 다이샨의 은 300냥을 훔쳤다. 양황기의 다야치·우이 자이상이 호토를 잡아서 양홍기의 비라시(birasi, 畢喇石)와 정황기의 라스힙(lashib, 喇思希布)에게 맡겼다. 두 사람은 다시 보쇼쿠 오치리(ociri, 俄齊里)에게 맡겨 지키게 했는데 호토가 달아났다. 이때에 죄를 의논했다. "다야치·우이 자이상·비라시·라스힙 등은 수비를 소홀히 하여 호토가 틈을 타서 달아나게 했으니 각각 받아야 할 죄에 처해야 합니다. 보쇼쿠 오치리는 수비를 엄히 하지 않아 호토가 달아나게 했으니 채찍 100대를 때려야 합니다. 다란(daran, 達藍)은 소속인을 단속하지 못해서 호토가 은을 훔치게 했으니 채찍 70대를 때려야 합니다. 도로이 군왕 아달리는 사람을 올바로 쓰지 못했으니 마땅히 받아야 할 죄에 처하고 또한 사람 1명을 관에 몰수하여 보상해야 합니다. 보오이 니루장긴 수머시

(sumesi, 蘇墨什)는 차역을 선발하는 데 신중하지 못하고 적합하지 않았으니 채찍 50대를 때려야 합니다." 상주하자 논의대로 하라는 유지를 받았다.

○ 戊辰, 大祭敏惠恭和元妃, 上率多羅貝勒以下, 牛彔章京以上, 皇后率梅勒章京命婦以上, 行祭奠禮.

○ 무진일(12.27), 민혜공화원비(敏惠恭和元妃)의 대제(大祭)를 지냈다. 주상은 도로이 버일러 이하 니루장긴 이상을 이끌고, 황후는 머이런장긴의 부인 이상을 이끌고 제사의 예를 행하였다.

○ 烏朱穆秦部落蘇勒親王多爾濟濟農 · 歸化城章京古魯格等, 科爾沁國綽爾濟額駙下毛海葉爾登, 蘇尼特部落騰機特, 柰曼部落達爾漢郡王子巴達理額駙及公主, 四子部落達爾漢卓禮克圖俄木布, 阿霸垓部落卓禮克圖郡王多爾濟額齊格諾顏 · 達爾漢諾顏, 蘇尼特部落叟塞濟農等, 恭弔敏惠恭和元妃喪, 獻駝馬 · 緞疋.

○ 우주무친 부락의 수러 친왕 도르지 지농 · 귀화성 장긴 굴루거 등, 코르친국의 초르지 어푸 속하의 모오하이 열덩(moohai yeldeng, 毛海葉爾登), 수니트 부락 텅기트, 나이만 부락의 다르한 군왕의 아들 바다리(badari, 巴達理) 어푸와 공주, 사자(四子) 부락의 다르한 조릭투 옴부, 아바가 부락의 조릭투 군왕 도르지 어치거 노얀 · 다르한 노얀, 수니트 부락의 서오서 지농 등이 민혜공화원비(敏惠恭和元妃)의 상(喪)에 조문하고 낙타와 말 · 비단을 바쳤다.

○ 己巳, 歲暮, 遣官祭太廟·福陵.

○ 기사일(12.28), 세모(歲暮)에 태묘(太廟)와 복릉(福陵)에 관원을 보내 제사 지냈다.

○ 庚午, 先是, 上以馬賜前鋒統領沙爾虎達, 諭曰, 爾素日行不逮言, 此番若杏山敵兵敗, 爾當襲後, 追殺伏兵. 沙爾虎達奏曰, 臣幾曾臨陣誤事耶. 後杏山兵果敗, 沙爾虎達竟未襲擊, 遂囚之. 至是, 上命剛林·希福·羅碩, 勘問云, 爾更有何辭以對. 沙爾虎達奏曰, 誅臣, 惟有一死, 宥臣, 當效力疆埸. 奏聞, 上赦其罪, 革前鋒統領職.

○ 경오일(12.29), 이전에 주상은 전봉통령 샤르후다에게 말을 하사하고 유시했다. "너는 평소에 행동이 말에 미치지 못했다. 이번에 만약 행산의 적병이 무너지면 너는 후미를 공격하고 복병을 추격하여 죽여라." 샤르후다가 상주했다. "신이 언제 전장에서 실수한 적이 있었습니까." 후에 행산의 적병이 과연 무너졌는데, 샤르후다는 공격하지 않고 있다가 결국 구금되었다. 이때에 주상은 가린·히펴·로쇼에게 명하여 심문하게 했다. "너는 무엇이라 답하겠는가?" 샤르후다가 상주했다. "신을 죽이시면 죽을 뿐입니다. 신을 용서하시면 전장에서 힘을 다하겠습니다." 상주하자 주상은 그의 죄를 용서하고 전봉통령에서 혁직했다.

숭덕 7년

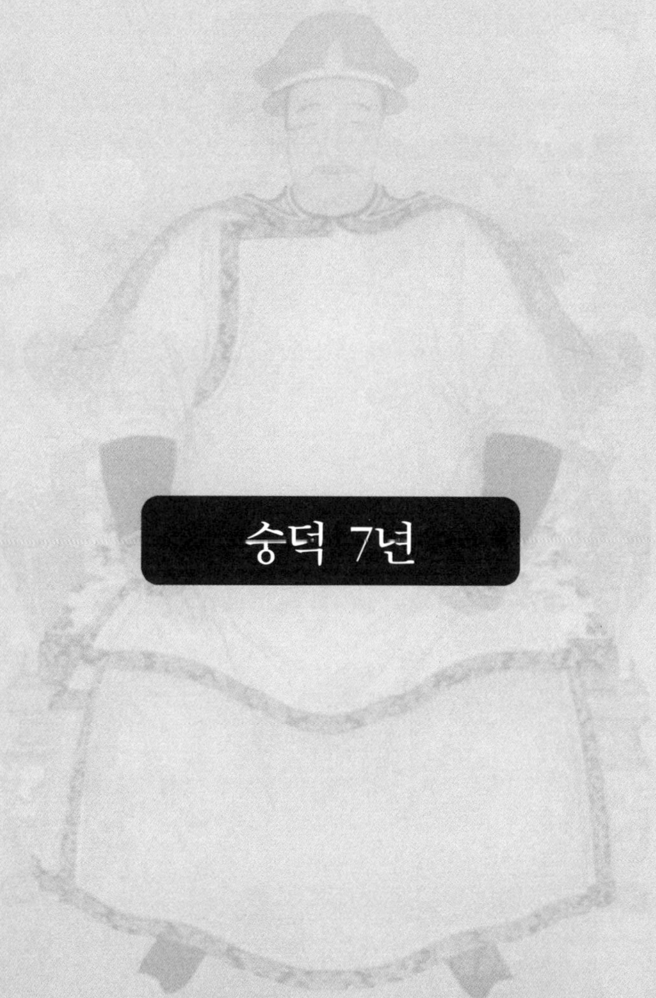

권59

숭덕 7년 정월 ~ 3월

崇德七年, 壬午, 春正月, 辛未朔, 卯刻, 上率和碩親王以下, 梅勒章京以上, 文武大臣, 及朝鮮世子, 外藩來朝蒙古王 · 貝勒, 併其大臣等, 謁堂子行禮. 以敏惠恭和元妃喪, 免朝賀, 停止筵宴樂舞.

○ 숭덕 7년 임오년 봄 정월 신미일 초하루(1.1), 묘시에 주상은 호쇼이 친왕 이하 머이런장긴 이상 문무대신, 조선의 세자와 외번에서 내조한 몽고의 왕과 버일러 및 그들의 대신들을 이끌고 당자에 나가 예를 행하였다. 민혜공화원비(敏惠恭和元妃)의 상중이므로 조하(朝賀)를 취소하고 잔치에서 음악과 가무를 중지했다.

○ 遣官祭太廟.

○ 관원을 파견하여 태묘(太廟)에 제사 지냈다.

○ 朝鮮國王李倧, 遣陪臣崔來吉等, 表賀元旦, 兼貢方物, 宴賚如例.

○ 조선국왕 이종이 배신 최래길(崔來吉)[1]을 보내 원단을 경하하는 표문을 올리고 방물을 바쳤다. 정례대로 잔치를 베풀고 선물을 주었다.

○ 賜外藩二十七旗進貢官員, 緞布等物, 宴之.

○ 외번 27기(旗)에서 공물을 바친 관원들에게 비단과 면포 등 물건을 하사하고 잔치를 베풀었다.

○ 土默特部落古祿格等二十頭目, 進貢馬匹 · 緞疋.

○ 투메트 부락의 굴루거 등 20명의 두목이 말 · 비단과 면포를 바쳤다.

○ 丙子, 諭戶部, 凡有糧貸人, 及無糧求貸者, 家長許互相稱貸, 勿得私向奴僕稱貸, 及私貸與奴僕.

○ 병자일(1.6), 호부에 유시했다. 「양식이 있어서 다른 사람에게

1 崔來吉: 1583-1649. 조선 광해군, 인조 때의 문신. 행직(行職)은 공조 판서(判書)이고, 봉작(封爵)은 정사공신(靖社功臣) 삼등 완천군(完川君)이고, 증직(贈職)은 영의정이다. 자는 자대(子大), 호는 이재(頤齋). 최명길(崔鳴吉)의 형.

빌려주거나 양식이 없어서 빌리는 경우, 가장(家長)은 서로 이자를 받고 빌려줄 수 있다. 그러나 사사로이 노복에게 이자를 받고 빌려주거나 노복에게 빌리는 것은 금지한다.」

○ 丁丑, 上命內弘文院大學士希福, 內國史院大學士剛林·學士羅碩等, 召和碩親王以下, 牛彔章京以上, 俱集篤恭殿, 諭曰, 凡和碩親王·多羅郡王·多羅貝勒·固山貝子及公, 俱有一定名號, 式昭國制. 今不遵定制, 概稱王·貝勒, 何以示別耶. 此後如有違制妄稱者, 坐以應得之罪, 舊令凡有稱呼失實者, 加以呵斥. 此後爾諸王·貝勒·貝子·公等, 凡遇人謟諛僭稱, 亦宜面斥其非. 如有聞人謟諛僭稱而不責斥者, 親王·郡王·貝勒·貝子·公等以下, 俱坐以應得之罪.

○ 정축일(1.7), 주상이 내홍문원대학사(內弘文院大學士) 히퍼, 내국사원대학사(內國史院大學士) 가린·하사(學士) 로쇼 등에게 명하여 호쇼이 친왕 이하 니루장긴 이상을 모두 독공전에 모이게 하고 유시했다. "호쇼이 친왕·도로이 군왕·도로이 버일러·구사이 버이서·공(公)은 모두 정해진 이름으로 나라의 제도를 드러내는 것이다. 지금 정해진 제도를 따르지 않고 왕과 버일러를 참칭하고 있으니 어찌 구별이 되겠는가. 이후로 만약 제도를 어기고 참칭하는 자가 있으면 받아야 할 죄에 처한다. 이전의 규정에도 호칭이 실제에 맞지 않으면 크게 질책했다. 이후로 너희 여러 왕·버일러·버이서·공(公)들은 사람들이 아첨하여 참칭하면 면전에서 잘못을 질책해야 한다. 만약 사람들이 아첨하여 참칭하는 것을 듣고도 질책하지 않으면 친왕·군왕·버일러·버이서·공(公) 이하는 모두 받아야 할 죄에 처할 것이다."

○ 戊寅, 科爾沁國和碩卓禮克圖親王吳克善子弼爾塔噶爾額駙, 及公主·貝勒·貝子等, 來弔敏惠恭和元妃喪, 獻貂皮·駝馬·緞疋等物.

○ 무인일(1.8), 코르친국 호쇼이 조릭투 친왕 욱샨의 아들 빌타가르 어푸와 공주·버일러·버이서 등이 민혜공화원비(敏惠恭和元妃)의 상을 조문하여 와서 담비가죽·낙타와 말·비단과 면포 등 물건을 바쳤다.

○ 己卯, 賜圍守錦州·松山·杏山王·貝勒·貝子·公·大臣等, 野豕·鱘魚·羊酥·乳餠有差.

○ 기묘일(1.9), 금주(錦州)·송산(松山)·행산(杏山)을 포위하고 있는 왕·버일러·버이서·공(公)·대신들에게 멧돼지·철갑상어·양젖 연유(羊酥)[2]·우유과자(乳餠) 등을 차등 있게 하사했다.

○ 戊子, 遣官月祭敏惠恭和元妃.

○ 무자일(1.18), 관원을 파견하여 민혜공화원비(敏惠恭和元妃)의 월제(月祭)를 지냈다.

---

2 羊酥는 양젖을 가열하여 수분을 제거한 농축유인 연유(煉乳)를 뜻한다.

○ 賜貢貂庫爾喀部落察庫納等七十七人, 衣·帽·韡·布等物有差, 仍賜宴.

○ 담비가죽을 바친 쿠르카 부락의 차쿠나(cakūna, 察庫納) 등 77명에게 옷·모자·가죽신발·면포 등 물건을 차등 있게 하사하고 잔치를 베풀었다.

○ 癸巳, 賜進貢喀爾喀部落海薩巴圖魯下吳巴什·塞冷, 額爾德尼下渾津, 額爾克戴青下綽爾門·額爾德尼托音班第, 達什葉爾登下貝多里, 及其從役人等, 緞布有差, 仍賜宴.

○ 계사일(1.23), 공물을 바친 칼카 부락의 하이서 바투루 속하의 우바시·서렁, 어르더니 속하의 혼진, 어르커 다이칭 속하의 촐몬·어르더니 토인 반디(erdeni toin bandi, 額爾德尼托音班第), 다시 열덩(dasi yeldeng, 達什葉爾登) 속하의 보이돌리(boidoli, 貝多里) 및 그들의 쿠툴러들에게 비단과 면포를 차등 있게 하사하고 잔치를 베풀었다.

○ 賜科爾沁國查薩克東果爾·額參等, 緞布等物.

○ 코르친국의 자삭 동고르·에센 등에게 비단과 면포 등의 물건을 하사했다.

○ 賜貢馬土默特部落車克車木·梅勒章京古祿格等一百三人宴, 仍命七家, 各宴之.

○ 말을 바친 투메트 부락의 척처무(cekcemu, 車克車木) · 머이런장긴 굴루거 등 103명에게 잔치를 베풀고 칠가(七家)에 명하여 각각 잔치하게 했다.

○ 懷順王耿仲明屬下二等梅勒章京呂國保, 年老解任, 以其子呂應學襲替.

○ 회순왕 경중명 속하의 이등 머이런장긴 여국보(呂國保)가 늙어 해임되고 그의 아들 여응학(呂應學)이 세습했다.

○ 三等甲喇章京張文煥病故, 以其子張烈襲職.

○ 삼등 잘란장긴 장문환(張文煥)이 병사하여 아들 장열(張烈)이 세습했다.

○ 以和託管梅勒章京事.

○ 호토에게 머이런장긴의 일을 관할하게 했다.

○ 乙未, 遣固倫公主 · 多羅郡王班第額駙歸國, 命多羅郡王 · 多羅貝勒福金等, 送至二十里外, 設宴餞之.

○ 을미일(1.25), 구룬 공주 · 도로이 군왕 반디 어푸를 보내 귀국하게 했다. 도로이 군왕 · 도로이 버일러 푸진들에게 명하여 20리 밖까지 가서 잔치를 베풀고 전별하게 했다.

○ 庚子, 先是, 格蘭訐告和碩禮親王代善, 詞稱翁俄泰 · 丹布, 盜取濟南府庫銀三萬七千兩, 代善知之, 徇隱不言. 及下法司審訊, 問學士羅碩云, 我至時, 此庫未有人動, 隨即封訖, 格蘭所告事虛. 案尚未結, 尋格蘭欲往探父病, 請於和碩鄭親王濟爾哈朗, 不准. 又欲祭掃母墳, 問吏部承政鎮國將軍阿拜, 亦不允. 格蘭遂往清河莊, 收取私債, 被其家人王三首告, 格蘭率其子姪及僕人逃去, 章京宜禮布即追緝之. 遇格蘭已回, 實未逃走, 但伊不候結案, 擅違鄭親王與吏部承政之言, 私往清河, 顯有異志, 罪一. 又嫁女與李獻箴之子, 不問本王, 罪二. 妄告隱藏濟南府庫銀, 罪三. 一議應死, 一議鞭一百. 李獻箴不問於王, 擅娶子婦, 坐以應得之罪, 女斷給本王. 奏聞, 上以格蘭誣告親王, 又違令私出, 發本王正法, 李獻箴, 坐以應得之罪, 女子給本王爲奴.

○ 경자일(1.30), 이전에 걸란(gelan, 格蘭)이 호쇼이 예친왕(禮親王) 다이샨을 고발하기를, 웅고타이(unggotai, 翁俄泰)와 담부(dambu, 丹布)가 제남부(濟南府)의 창고에서 은 37,000냥을 훔쳤는데 다이샨은 알면서도 숨기고 말하지 않았다고 했다. 법사에 지시하여 심문하게 했다. 학사 로쇼에게 물으니 말했다. "내가 도착했을 때 이 창고는 아직 사람이 건드리지 않아서 즉시 봉해 두었습니다. 걸란이 말한 것은

거짓입니다." 사건이 아직 끝나지 않았는데 걸란은 갑자기 부친의 병을 살피러 가겠다고 호쇼이 정친왕 지르갈랑에게 청했으나 허락하지 않았다. 또 모친의 무덤을 청소하러 가겠다고 이부승정 진국장군 아바이에게 물었으나 역시 허락하지 않았다. 걸란은 이윽고 청하장(淸河莊)에 사채(私債)를 받으러 갔다가 그의 가인(家人) 왕삼(王三)에게 고발되었다. 걸란은 아들과 조카, 노복을 데리고 도망쳤지만 장긴 일리부(ilibu, 宜禮布)가 쫓아가 체포했다. 의논했다. 「걸란은 돌아와서 달아나지는 않았지만 사건이 끝나기 전에 멋대로 정친왕과 이부승정의 말을 어기고 사사로이 청하에 간 것은 분명히 다른 마음을 품은 것이니 첫째 죄입니다. 또 딸을 이헌잠(李獻箴)의 아들에게 결혼시키면서 그의 왕에게 묻지 않았으니 둘째 죄입니다. 망령되이 제남부 창고의 은을 숨겼다고 고발했으니 셋째 죄입니다. 한쪽은 사형죄로 논해야 한다고 하고 한쪽은 채찍 100대를 때려야 한다고 합니다. 이헌잠은 왕에게 묻지 않고 멋대로 며느리를 취했으니 받아야 할 죄에 처하고 딸은 그의 왕에게 주어야 합니다.」 상주하자 주상은 걸란이 친왕을 무고하고 법령을 어기고 사사로이 밖으로 나갔으니 그의 왕에게 보내 법에 따라 처리하게 하고, 이헌잠은 받아야 할 죄에 처하고 딸은 그의 왕에게 주어 노복으로 삼게 했다.

二月, 辛丑朔, 賜土默特部落貢使車克車木, 梅勒章京古祿格, 甲喇章京託博克·拜都喇, 牛彔章京恩克·宜蘇得爾, 畢禮克章京弟席魯克, 阿古章京子達賴, 特津章京弟根都等, 貂裘·貂帽·鞾帶·雕鞍·撒袋等物有差.

○ 2월 신축일 초하루(2.1), 투메트 부락의 공물을 바친 사신 척처무(cekcemu, 車克車木), 머이런장긴 굴루거, 잘란장긴 토복(tobok, 託博

克)·바이둘라, 니루장긴 엉커·이수더르, 빌릭 장긴의 동생 실룩(siluk, 席魯克), 아구(agū, 阿古) 장긴의 아들 달라이(dalai, 達賴), 터진 장긴의 동생 건두 등에게 담비가죽옷·담비 모자·가죽신과 요대·조각한 안장·화살집 등 물건을 차등 있게 하사했다.

○ 賜巴圖等六人, 衣·帽·鞾·帶·鞍馬·撒袋等物, 以其自明陽和來歸故也.

○ 바투 등 6명에게 옷·모자·가죽신·안장을 갖춘 말·화살집 등 물건을 하사했다. 그들이 명나라의 양화(陽和)에서 투항해왔기 때문이었다.

○ 賜進貢喀喇車里克部落噶爾馬, 緞布等物.

○ 공물을 바친 카라처릭 부락의 가르마에게 비단과 면포 등의 물건을 하사했다.

○ 壬寅, 賜朝鮮國太監白大圭等, 銀兩·貂皮有差, 併賜宴, 以其解送明人故也.

○ 임인일(2.2), 조선국의 태감 백대규(白大圭; 白大珪) 등에게 은·담비가죽 등의 물건을 차등 있게 하사하고 잔치를 베풀었다. 이들이 명나라 사람을 보내왔기 때문이었다.

○ 癸卯, 未刻, 上率和碩禮親王代善, 出地載門, 往獵於葉赫地方, 過敏惠恭和元妃殯所, 上以茶酒致奠. 行至蒲河岡, 駐蹕.

○ 계묘일(2.3), 미시에 주상은 호쇼이 예친왕(禮親王) 다이샨을 데리고 지재문(地載門)을 나가 여허 지방에서 수렵했다. 민혜공화원비(敏惠恭和元妃)의 빈소를 지날 때 주상은 차와 술로 제사 지냈다. 포하(蒲河)의 언덕에 가서 머물렀다.

○ 丙午, 杜爾伯特部落扎薩克塞冷來朝, 賜宴於禮部.

○ 병오일(2.6), 두르베트 부락의 자삭 서렁이 내조하여 예부에서 잔치를 내렸다.

○ 戊申, 明濟南府德王朱由樞病故, 諭禮部, 以禮葬之.

○ 무신일(2.8), 명나라 제남부의 덕왕(德王) 주유추(朱由樞)가 병으로 죽었다. 예부에 유시하여 예를 갖추어 장사 지내게 했다.

○ 戊午, 遣官月祭敏惠恭和元妃.

○ 무오일(2.18), 관원을 보내 민혜공화원비(敏惠恭和元妃)의 월제(月祭)를 지냈다.

○ 主事庫魯里, 自錦州 · 松山 · 杏山還, 奏報. 多羅武英郡王阿濟格, 圍杏山, 遣前鋒統領俄莫克圖巴圖魯 · 鄂碩等, 率前鋒兵往畧寧遠地方, 復以兵少, 恐爲敵兵阻截, 續遣護衛及親軍約四十人, 前往接應. 路遇俄莫克圖巴圖魯 · 鄂碩等, 俘獲牲畜而返, 遂與俱歸. 時明寧遠總兵吳三桂 · 王樸 · 白廣恩, 遣副將二員, 率兵六百人, 尾我兵之後, 我兵誘而敗之, 獲甲十九, 馬六十.

○ 주사 굴루리(gūluri, 庫魯里)가 금주 · 송산 · 행산에서 돌아와 보고했다. "도로이 무영군왕 아지거가 행산을 포위하고 전봉통령 오목투 바투루 · 오쇼 등을 보내 전봉병을 이끌고 영원 지방을 약탈하게 했습니다. 병사가 적어서 적병에게 막힐까 걱정하여 다시 호위와 친군 40여 명을 보내 가서 맞이하게 했습니다. 길에서 오목투 바투루 · 오쇼 등이 가축을 노획하여 돌아오는 것을 만나 함께 돌아왔습니다. 이때 명나라의 영원총병 오삼계(吳三桂) · 왕박(王樸) · 백광은(白廣恩)이 부장 2명을 보내 병사 600명을 거느리고 우리 병사의 뒤를 따라오자 우리 병사들이 유인하여 격파하고 갑옷 19벌, 말 60마리를 획득했습니다."

○ 辛酉, 圍守松山多羅肅郡王豪格, 多羅郡王阿達禮, 多羅貝勒多鐸 · 羅洛宏等, 自軍中遣安泰 · 扈葉等奏報, 明松山副將夏承德, 自城內遣人密約我軍, 可於彼守禦之處, 乘夜竪梯登城, 彼即在內接應. 相約已定, 遂以左翼雲梯一架, 右翼雲梯一架, 在前, 八旗雲梯八架隨後. 登梯軍士, 一一派定. 夏承德以其子夏舒爲質. 十八日夜子時, 竪梯於城南面, 阿山旗下薩爾糾牛彔下班布里 · 何洛會旗下耿格牛彔下羅洛科, 奮勇先登, 衆俱繼之. 敵兵方覺, 我軍巡邏於城上, 詰朝, 夏承德部卒, 別聚一處, 搜敵兵殺之, 生擒明總督洪承疇, 巡撫邱民仰, 總兵王廷臣 · 曹變蛟 · 祖大樂, 遊擊祖大名 · 祖大成, 總兵白廣恩之子白良弼等, 其兵道一員, 副將十員, 遊擊 · 都司 · 守備 · 紅旗 · 千總 · 把總等官百餘員, 兵三千六十三名, 盡戮之, 夏承德部下男子 · 婦女 · 幼稚, 共一千八百六十三名口, 又俘獲婦女 · 幼稚, 共一千二百四十九口, 馬十六匹, 騾一頭, 甲胄一萬一千三百副, 弓九百五十張, 刀三千口, 玲瓏撒袋十三副, 鞍四副, 大小紅衣礮 · 鳥鎗, 共三千二百七十三位, 金玉等帶三條, 金 · 珠 · 銀兩共一萬五千有奇, 緞疋及各色衣服, 共一萬五千九百有奇, 貂 · 豹 · 虎 · 狼等皮, 共二十一, 貂帽十三, 貉裘 · 羊裘, 共五十四. 奏入, 上諭松山諸王, 將俘獲之物, 酌量分賜將士, 一應軍器, 即於松山城內收貯.

○ 신유일(2.21), 송산을 포위하고 지키는 도로이 숙군왕 호오거, 도로이 군왕 아달리, 도로이 버일러 도도 · 롤로혼 등은 군중에서 안타이 · 후여 등을 파견하여 보고했다. 「명나라 송산의 부장 하승덕(夏承德)[3]이 성에서 사람을 보내서 우리 군과 밀약하여, 그가 방어하는 곳으로 밤에 사다리를 세우고 성에 오르면 내응하기로 했습니다. 약속을 정한 후에 마침내 좌익의 운제(雲梯) 1개, 우익의 운제 1개를 앞세우고, 팔기의 운제 8개를 뒤따르게 했습니다. 사다리를 오르는 군사는 일일이 임무를 정했습니다. 하승덕의 아들 하서(夏舒)를 인질로 삼았습니다. 18일 밤 자시(子時)에 성의 남면에 사다리를 세우고, 아산기(旗) 속하의 사르기오 니루의 밤부리 · 홀로호이 기(旗) 속하의 경거

3 夏承德: 廣寧人. 숭정 년간 松山副將이 되었다. 松山 · 錦州 전투에서 송산성에 식량이 고갈되자 아들 夏舒를 인질로 주고 청군에 투항하기로 약속했다. 숭정 15년(1642) 2월 18일 밤에 호오거가 이끄는 청군이 송산을 함락시키자, 다음날 새벽 하승덕(夏承德)은 홍승주(洪承疇)를 생포하여 투항했다.

이 니루의 롤로코(loloko, 羅洛科)가 용맹히 앞서 오르고 무리가 모두 뒤를 따랐습니다. 적군이 막 깨달았을 때 우리 군대는 이미 성 위를 점령했습니다. 다음날 아침에 하승덕 부대의 병사를 따로 한곳에 모으고, 적병을 수색하여 죽이고, 명나라의 총독 홍승주(洪承疇), 순무 구민앙(邱民仰), 총병 왕정신(王廷臣) · 조변교(曹變蛟) · 조대락(祖大樂),[4] 유격 조대명(祖大名)[5] · 조대성(祖大成)[6], 총병 백광은(白廣恩)의 아들 백량필(白良弼) 등을 생포하고, 병도(兵道) 1명, 부장 10명, 유격 · 도사 · 수비 · 홍기(紅旗) · 천총 · 파총 등의 관원 100여 명과 병사 3,063명을 모두 죽였습니다. 하승덕의 부대 예하의 남자와 부녀자와 아이는 모두 1,863명입니다. 또한 사로잡은 부녀자와 아이는 모두 1,249명이고, 말은 16마리, 나귀 1마리, 갑옷 11,300벌, 활 950개, 칼 3,000개, 장식한 화살집 13개, 안장 4개, 대소 홍의포(紅衣礮)와 조총 모두 3,273정, 금과 옥으로 장식한 요대 3개, 금(金) · 주(珠) · 은량(銀兩) 총 15,000 남짓, 비단과 각종 의복 총 15,900 남짓, 담비 · 표범 · 호랑이 · 늑대 등의 가죽 총 21장, 담비가죽 모자 13개, 오소리가죽옷 · 양가죽옷 총 54벌입니다.」 상주하자 주상은 송산의 여러 왕들에게 유시하여, 노획한 물건들을 헤아려 장수와 병사들에게 나누어 주고 무기는 송산성에 저장하라고 했다.

○ 壬戌, 上行獵葉赫地方, 凡十九日. 至是, 自遼河回盛京, 復過敏惠恭和元妃殯所, 上以茶奠之. 午刻, 由地載門入, 還宮.

4 祖大樂: 조대수의 사촌동생.
5 祖大名: 조대수의 사촌동생.
6 祖大成: 조대수의 셋째 동생.

○ 임술일(2.22), 주상이 여허(yehe, 葉赫) 지방에 수렵을 간 지 19일이 되었다. 이때에 요하에서 성경(盛京)으로 돌아오면서 다시 민혜공화원비(敏惠恭和元妃)의 빈소에 들러 주상이 차(茶)를 올렸다. 오시(午時)에 지재문(地載門)으로 들어와서 궁으로 돌아왔다.

○ 松山歸降副將夏承德等至. 上命禮部承政滿達爾漢, 郊迎十五里, 宴之, 入城.

○ 송산에서 귀부한 부장 하승덕(夏承德) 등이 도착했다. 주상이 명하여, 예부승정 만다르한이 교외 15리에서 영접하여 잔치를 베풀고 성으로 들어왔다.

○ 癸亥, 以松山既下, 凡大凌河各官, 有兄弟妻子在彼者, 俱令察出完聚.

○ 계해일(2.23), 송산이 함락되었기 때문에 대릉하 관원들의 형제와 처자가 그곳에 있는 경우 모두 찾아 데려와서 합치게 했다.

○ 甲子, 都察院參政祖可法 · 張存仁, 理事官馬國柱 · 雷興等條奏, 臣等聞漢人有哀鳴求和之說, 則彼國情勢, 可明見矣. 兵力已竭, 而將心委靡, 救困無術, 征調難前. 或者審天時, 度人事, 而自知退步, 亦未可知. 但城下求和, 春秋恥之. 此漢人言之至熟, 而今搖尾乞憐, 未必無他念也. 以皇上之聖算, 自必燭彼肺肝. 臣等愚陋, 不能上合宸衷, 然淺見薄識有三焉. 彼之求和, 一則不過舍金錢而贖三城之官民, 二則不過緩攻克而待各邊之征調, 三則海運陸運, 從寧遠城而至塔山, 恐我兵截其糧道, 暫借和議爲運糧之計. 前以松山爲駐兵之處, 今借塔山爲屯糧之地. 我皇上聰明睿智, 自洞見彼之眞情密謀也. 且臣等明知漢人必不肯令眞正大臣, 冒入險地, 多有善爲說辭之人, 假以服色者. 伏望聖裁. 又奏, 臣觀今之敵勢, 松山已破, 杏山錦州, 指日淪沒. 皇上勝算, 誠無遺策. 但我國兵馬, 久勞於外, 餱糧轉運, 刻不容緩. 去歲遇霜甚早, 幸皇上寬仁, 上天默佑, 米價尙未大貴. 臣等今聞有急於運送, 而苦於不能移家者, 戶部執國法而不從寬假. 望皇上大沛恩綸, 輟其緩而從其急, 暫容今秋收穫. 大兵凱旋之後, 來春當更者更, 當移者移, 則兵民皆戴堯天化日之恩矣.

○ 갑자일(2.24), 도찰원참정 조가법(祖可法)·장존인(張存仁), 이사관 마국주(馬國柱)·뇌흥(雷興) 등이 조목별로 상주했다. 「신들은 한인이 화친을 애걸한다는 말을 듣고 저 나라의 정세를 명확히 알 수 있었습니다. 저들의 병력은 고갈되었고 장수의 마음은 위축되었고 곤궁을 구할 방법이 없고 징발하기가 어렵습니다. 혹 천시(天時)를 살피고 인사(人事)를 헤아려 스스로 물러남을 알지도 모르겠습니다. 하지만 성하지맹(城下之盟)을 『춘추(春秋)』에서 치욕으로 여긴다는 것은 한인이 잘 아는 말인데 지금 애걸하니 다른 생각이 있을 것입니다. 황상의 성산(聖算)이 저절로 반드시 그들의 마음을 비출 것입니다. 신들은 우매하여 황상의 뜻을 알지 못하지만, 얕은 식견이나마 세 가지를 말씀드립니다. 저들이 화친을 청하는 것은, 첫째 금전을 써서 세 성(城)의 관민을 속환하려는 것에 불과합니다. 둘째 우리 공격을 늦추어서 변경의 징발을 기다리려는 것에 불과합니다. 셋째 해운(海運)과 육운(陸運)이 영원성에서 탑산까지 이르는데 우리 군대가 곡식수송로를 차단할까 두려워서 임시로 화친을 핑계로 곡식을 운송하려는 계획입니다.

이전에 송산을 군사주둔지로 삼았는데 지금은 탑산에 의지하여 식량 저장지로 삼고 있습니다. 우리 황상은 총명하고 지혜로우셔서 저들의 실상과 음모를 자연히 아실 것입니다. 한인은 본래 대신(大臣)을 험지로 들어가게 하지 않는다는 것을 신들 또한 잘 알고 있습니다. 말을 잘하는 사람이 복색을 거짓으로 꾸민 경우가 많습니다. 삼가 성상께서 결정해 주시기를 바랍니다.」

또 상주했다. 「신이 지금 적의 형세를 보건대, 송산은 이미 무너졌고 행산과 금주는 곧 함락될 것입니다. 황상의 계획에 진실로 실책이 없습니다. 그러나 우리나라의 병마는 오랫동안 밖에서 피로하고 군량의 운송은 잠시도 지체할 수 없습니다. 작년에 서리가 일찍 내렸는데 다행히 황상께서 어질고 상천이 보우하시어 쌀값이 아직 폭등하지 않았습니다. 신들이 지금 듣기에, 군량을 운송하기에 급하고 이주할 수 없어 괴로운데 호부에서 국법을 집행하는 데 관대하지 않다고 합니다. 바라건대 황상께서는 은혜를 내리시어, 천천히 할 일은 그만두고 급히 할 일은 서두르게 하시어 올해 가을 추수를 일시 허용하십시오. 대군이 개선한 후 내년 봄에 교체해야 할 자는 교체하고, 이주해야 할 자는 이주하면 병사와 민이 모두 태평성대를 누리는 은혜일 것입니다.」

三月, 庚午朔.

○ 3월 경오일 초하루(3.1).

○ 癸酉, 內國史院學士羅碩·內祕書院學士額色黑等奏報明十三站夏百總, 率所屬男子一百名, 及婦女·幼稚來歸.

○ 계유일(3.4), 내국사원학사 로쇼·내비서원학사 어서허이 등은 명나라 십삼참(十三站)의 하백총(夏百總)이 소속 남자 100명과 부녀자와 아이를 이끌고 내귀했다고 상주했다.

○ 諭固山額眞石廷柱·巴顏·劉之源·金礪曰, 蒙天庇佑, 所獲松山一切鎗礟·火藥·礟子, 可用者用之, 不堪用者, 加意收藏, 不可怠忽.

○ 구사어전 석정주·바얀·유지원(劉之源)·김려(金礪)에게 유시하여 말하기를, 하늘의 도움으로 획득한 송산의 모든 총포와 화약과 탄환은 쓸 수 있는 것은 쓰고, 쓰기 어려우면 주의하여 보관하되 게으르거나 소홀히 하지 말라고 했다.

○ 圍杏山多羅武英郡王阿濟格, 自軍中遣喇色奏報, 明國訂於三月初四日, 遣人講和, 迄今未至. 寧遠總兵吳三桂·白廣恩, 及祖大壽之子, 率兵四千, 欲來窺視我營, 駐於塔山, 令兵一半前至高橋, 與我哨兵相遇, 拒戰時, 多羅武英郡王阿濟格, 遣兩翼前鋒兵, 一從大路, 一從後路. 緝擒鄉導, 以探敵兵虛實, 回報云, 敵兵不戰而退. 遂令前鋒兵在前, 護軍統領二員, 每旗甲喇章京二員, 每牛彔護軍一名隨後追至連山, 斬殺三十人, 生擒其總督屬下百戶一名, 獲馬三十匹.

○ 행산을 포위한 도로이 무영군왕 아지거가 군중에서 라서(lase, 喇色)를 파견하여 상주했다. 「명나라는 3월 4일에 사람을 파견하여 화친을 논의하기로 했는데 아직까지 오지 않았습니다. 영원총병 오삼계(吳三桂)·백광은(白廣恩)과 조대수의 아들이 병사 4,000명을 이끌고 우리 군영을 엿보러 와서 탑산(塔山)에 주둔했는데, 병력의 절반을 고

교(高橋)에 보내서 우리 초병과 마주쳤습니다. 우리가 그들과 전투할 때 도로이 무영군왕 아지거는 양익의 전봉병을 보내서 한 부대는 큰 길을 따라가고, 한 부대는 뒷길을 따라 갔습니다. 지역의 길잡이를 잡아서 적병의 허실을 탐문하니 말하기를, 적병은 전투하지 않고 후퇴했다고 했습니다. 마침내 전봉병을 앞세우고, 호군통령 2명과 각 기의 잘란장긴 2명과 각 니루의 호군 1명을 뒤따르게 하여, 연산(連山)에 도착해서 30명을 참살하고 총독의 속하 백호(百戶) 1명과 말 30마리를 노획했습니다.」

○ 上遣席賴 · 查塔 · 鍾古 · 商吉圖等, 往諭圍松山多羅肅郡王豪格 · 多羅郡王阿達禮 · 多羅貝勒多鐸等曰, 松山所獲明總督洪承疇 · 總兵祖大壽之弟祖大樂, 可解至盛京, 巡撫邱民仰, 總兵王廷臣 · 曹變蛟, 著處死, 祖大名 · 祖大成, 縱還錦州.

○ 주상이 시라이(sirai, 席賴) · 자타(jata, 查塔) · 중구(junggu, 鍾古) · 샹기투(šanggitu, 商吉圖) 등을 파견하여, 송산을 포위하고 있는 도로이 숙군왕 호오거 · 도로이 군왕 아달리 · 도로이 버일러 도도 등에게 유시했다. 「송산에서 잡은 명나라의 총독 홍승주(洪承疇) · 총병 조대수의 동생 조대락(祖大樂)을 성경(盛京)으로 보내고, 순무 구민앙(邱民仰), 총병 왕정신(王廷臣) · 조변교(曹變蛟)는 죽이고, 조대명(祖大名) · 조대성(祖大成)은 금주(錦州)로 놓아 보내라.」

○ 己卯, 大軍自上年三月, 掘壕防守, 更番出戍, 圍困錦州. 至是, 年三月, 歷年一載. 明援兵盡絕, 城內糧盡, 饑民相食. 祖大壽戰守計窮, 又聞松山已失, 乃率衆官出城, 至和碩鄭親王濟爾哈朗 · 多羅睿郡王多爾袞軍前, 叩首乞降. 王等遂遣啟心郎額爾格圖, 議政大臣雅賴等, 至盛京具奏. 王等圍困錦州, 祖澤遠, 屢遣人至營, 言祖澤洪若在, 欲邀與語. 王等詰之云, 祖澤洪與爾言時, 爾等不與之言, 今澤洪已回, 復與誰語耶. 至第三日, 其使復來云, 此言係祖總兵遣來相告者. 諸王云, 祖總兵云何, 答云, 祖總兵言, 近聞松山已失, 若得見總兵祖大樂, 我即歸順, 我若歸順, 寧遠亦可得也. 諸王聞此言, 與衆大臣議, 彼既云, 見祖大樂即降, 何妨使之相見, 待彼降後, 再奏未遲也. 遂令來人至祖大樂處, 與之相見. 次日又遣三人來云, 祖總兵傳問諸王, 可許與盟誓, 及有用印文移否. 如有之, 即歸順矣. 諸王怒云, 爾等所言, 果祖大壽之言乎. 抑爾等私言乎. 昨云見祖大樂即降, 今又何出此妄言耶. 我圍困此城, 旦夕可取. 有何顧慮, 乃與爾盟誓乎. 爾欲降則降, 不降則已. 誰強爾降也. 遂將來使二人羈留, 止遣一人回. 其人方回至城, 祖大壽即遣中軍官高勳·副將祖澤遠, 復來云, 昨乃小人妄言, 非祖總兵之言也. 望乞寬恕. 王若令, 今日來, 則今日至, 令明日來, 則明日至. 惟王命是聽. 言畢而返. 次早, 祖大壽率衆官, 詣軍前叩首降, 即日衆固山額眞率兵入城, 駐於城上, 守護城門. 諸王議取寧遠之策, 當乘大壽妻子尚未撤回, 總兵吳三桂尚未更替之時, 亟當前往, 遂定議. 至錦州城內兵, 約有七千人, 與祖大壽同心歸順之官屬兵丁, 悉留之勿殺, 其餘或誅與否, 謹候上裁. 是夜, 上遂遣內院學士額色黑, 筆帖式石圖·祁徹白等, 往諭曰, 總兵祖大壽部下之人, 悉與留養, 其他悉誅之. 凡在錦州蒙古人, 俱察出處斬. 杏山·塔山兩處, 可令祖大壽人往說之降, 并可令大壽所屬, 有父母兄弟之人, 極誠實者, 前往寧遠, 俟有回信來奏. 其多羅武英郡王之軍, 可於塔山西, 連山大路, 嚴行堵截, 一至海邊, 一至山下立軍營. 松山所獲祖大樂·祖大成, 帶往錦州, 與伊妻子完聚, 令與大壽同處. 祖大名, 先曾有旨誅之, 若已經正法則已, 若爾等至時, 尚未正法, 從寬宥釋, 亦令依於大壽處. 爾等可急往. 恐祖大壽屬下之人, 有誤被誅戮者, 速行宣諭.

○ 기묘일(3.10), 대군이 작년 3월부터 참호를 파서 방어하고 병사를 교체하면서 금주를 포위하고 있었다. 올해 3월에 1년이 지났다. 명나라의 구원병은 끊겼고 성안의 양식이 떨어져 굶주린 백성이 사람을 서로 잡아먹었다. 조대수는 방어전략이 다했고, 또한 송산이 함락되었다는 소식을 듣고 관원들을 이끌고 성을 나와서 호쇼이 정친왕 지르갈랑과 도로이 예군왕 도르곤의 군대 앞에서 고두하며 투항했다. 왕들은 마침내 계심랑 어르거투 · 의정대신 야라이 등을 보내어 성경(盛京)에 상주했다.

「왕들이 금주를 포위하자 조택원(祖澤遠)은 여러 번 사람을 군영에 파견하여, 조택홍(祖澤洪)이 있으면 만나서 말하고 싶다고 했습니다. 왕들이 힐난하여 말했습니다. "조택홍이 너와 말하려고 할 때 너희는 함께 말을 하지 않았다. 지금 조택홍이 돌아갔는데 다시 누구와 말할 것인가." 3일 후에 그 사신이 다시 와서 말했습니다. "이 말은 조 총병(祖總兵)이 사람을 보내서 알린 것입니다." 왕들이 말했습니다. "조 총병이 무어라고 말했는가?" 사신이 대답했습니다. "조 총병이 말하기를, '근래 듣기에 송산이 함락되었다고 합니다. 만약 총병 조대락(祖大樂)을 볼 수 있으면 나는 즉시 귀순하겠습니다. 내가 귀순하면 영원도 얻을 수 있습니다.'라고 했습니다." 왕들이 이 말을 듣고 대신들과 논의했습니다. 그들이 말했습니다. "조대락(祖大樂)을 보고 즉시 항복한다면 서로 만나게 하는 것이 무슨 문제인가. 그가 항복하는 것을 기다려 다시 상주해도 늦지 않다." 마침내 파견 온 사람을 조대락의 거처에 보내서 서로 만나게 했습니다.

다음날 또 세 사람을 파견해서 말했습니다. "조 총병(祖總兵)이 왕들에게 전해 묻기를, '맹세를 허락하는 것은 도장 찍은 문서를 보내는지 아닌지에 달려 있습니다. 만약 문서가 있으면 즉시 귀순하겠습니다.' 라고 했습니다." 왕들이 노하여 말했습니다. "너희의 말이 진실로 조대수의 말인가? 아니면 너희의 사적인 말인가? 어제는 조대락을 보면 즉시 항복한다고 말했는데, 오늘은 왜 망언을 하는가? 우리가 이 성을 포위했으니 하루 만에 취할 수 있다. 무엇을 고려하여 너희와 맹세하겠는가? 너는 항복하려면 하고, 하지 않으려면 그만두어라. 누가 너에게 항복을 강요했는가?" 마침내 파견온 사신 2명을 구금하고 1명만 돌려보냈습니다. 그 사람이 성에 돌아간 후 조대수가 즉시 파견한 중군관(中軍官) 고훈(高勳)·부장 조택원(祖澤遠)이 다시 와서 말했습니다. "어제는 소인의 망언이었고 조 총병의 말이 아니었습니다. 관대하게 용서해 주시기 바랍니다. 왕께서 만약 오늘 오라고 하시면 오늘 올 것이고, 내일 오라고 하시면 내일 오겠습니다. 오직 왕의 명을 듣겠습니다." 말을 마치고 돌아갔습니다.

다음날 아침에 조대수는 관원들을 이끌고 군영 앞으로 와서 고두하며 투항했습니다. 그날 여러 구사어전들이 병사를 이끌고 입성해서 성 위에서 주둔하고 성문을 지켰습니다. 여러 왕들은 영원(寧遠)을 취하는 계책을 논의했는데, 조대수의 처자가 아직 돌아오지 않았고 총병 오삼계가 아직 교체되지 않은 때를 타서 빨리 전진해야 한다고 마침내 의논을 정했습니다. 금주성 안의 병사가 약 7,000명인데, 조대수와 한마음으로 함께 귀순한 관원과 병사를 모두 남겨 두어 죽이지 않을지, 그 나머지를 죽일 것인지 여부는 황상의 결정을 기다리겠습니다.」

그날 밤에 주상은 내원학사 어서허이, 비트허시 시투·키처버(kicebe, 祁徹白) 등을 파견하여 유시했다.「총병 조대수의 부하는 모두 남겨서 살려 주고 그 밖에는 모두 죽여라. 금주에 있는 몽고인은 나오는 것을 살펴서 모두 베어 죽여라. 행산·탑산 두 곳은 조대수의 사람을 보내서 투항을 권유하라. 조대수의 소속인이고 부모형제가 있으며 매우 성실한 자를 영원으로 가게 하고, 보고해 오는 것을 기다려라. 도로이 무영군왕의 군대는 탑산의 서쪽에서 연산(連山)의 대로(大路)를 엄히 차단하여, 한끝은 해변에 이르고 한끝은 산 아래 군영에 이르게 하라. 송산에서 잡은 조대락(祖大樂)·조대성(祖大成)을 금주로 데려가서 그들의 처자와 만나게 하고 조대수와 같은 곳에 있게 하라. 이전에 조대명(祖大名)을 죽이라는 유지를 내렸는데, 만약 이미 사형을 집행하였으면 되었고, 아직 사형을 집행하지 않았으면 관대하게 석방하고 역시 조대수가 있는 곳에 있게 하라. 너희는 빨리 가라. 조대수의 속하인이 잘못 죽임당할까 우려되니 빨리 가서 유지를 전하라.」

○ 庚辰, 上因克取錦州, 率和碩禮親王代善·多羅饒餘貝勒阿巴泰·朝鮮國世子, 及文武諸臣, 陳設鹵簿鼓吹, 辰刻出撫近門, 謁堂子, 祭纛, 行禮畢, 還宮.

○ 경진일(3.11), 주상은 금주를 함락시켰기 때문에, 호쇼이 예친왕(禮親王) 다이샨·도로이 요여 버일러 아바타이·조선국 세자·문무 신하들을 이끌고, 노부(鹵簿)와 고취(鼓吹)를 배치하고 진시에 무근문(撫近門)을 나가서 당자(堂子)에 배례하고 독제(纛祭)를 지냈다. 예를 행한 후 궁으로 돌아왔다.

○ 辛巳, 多羅饒餘貝勒阿巴泰, 率固倫額駙祁他特·巴牙思護朗·朝鮮國世子李溰, 及滿洲·蒙古·漢人諸臣, 上表稱賀. 表云, 恭惟寬溫仁聖皇帝, 聖神天授, 智勇性成, 運偉畧於寰中, 奏奇勳於閫外,茲遣諸王·貝勒·大臣, 率兵攻明錦州, 天威一振, 殲明援兵十三萬. 明郎中張若麒, 總兵吳三桂·王樸·李輔明·唐通·白廣恩·馬科等各路驚竄. 又收克松山. 明總督洪承疇, 巡撫邱民仰, 兵道張斗·姚恭·王之禎, 總兵祖大樂·曹變蛟·王廷臣, 副將十員, 及衆末弁, 俱生擒之. 負恩之總兵祖大壽, 自知罪在不赦, 冒死率衆, 叩首乞降. 此皆皇上英明神武, 出奇制勝之所致也. 臣等不勝懽忭, 謹頓首稱賀以聞.

○ 신사일(3.12), 도로이 요여 버일러 아바타이가 구룬 어푸 키타트, 바야스훌랑(bayashūlang, 巴牙思護朗), 조선국 세자 이왕(李溰), 만주·몽고·한인 신하들을 이끌고 표문을 올려 경하했다. 표문에서 말했다.「삼가 생각건대 관온인성황제께서는 신성함을 하늘이 주시고 지혜와 용맹은 천성을 이루고, 대운이 나라 안에서 위대하시고, 공적은 나라 밖에서 탁월합니다. 이에 여러 왕과 버일러와 대신들은 군대를 이끌고 명나라의 금주를 공격하여 하늘의 위세를 떨쳤고 명나라의 구원병 13만을 섬멸했습니다. 명나라의 낭중(郎中) 장약기(張若麒), 총병 오삼계(吳三桂)·왕박(王樸)·이보명(李輔明)·당통(唐通)·백광은(白廣恩)·마과(馬科) 등은 각자 놀라서 도망쳤습니다. 또한 송산을 함락시켰습니다. 명나라의 총독 홍승주(洪承疇), 순무 구민앙(邱民仰), 병도(兵道) 장두(張斗)·요공(姚恭)·왕지정(王之禎), 총병 조대락(祖大樂)·조변교(曹變蛟)·왕정신(王廷臣), 부장 10명과 여러 하급관원들을 모두 생포했습니다. 은혜를 저버린 총병 조대수는 스스로 죄를 용서받지 못할 것임을 알고 죽음을 무릅쓰고 무리를 이끌고 고두하며 투항했습니다. 이는 모두 황상이 영명하고 용맹하시어 탁월한 계책으로 승리한 결과입니다. 신들은 기쁨을 이기지 못하여 삼가 머리 숙여 경하드리며 보고합니다.」

○ 都察院參政祖可法·張存仁, 理事官馬國柱·雷興等奏言, 皇上威福天授, 克建奇勳. 今觀天心人事, 則明之敗亡, 已昭然矣. 爲今日計, 正宜順天意, 合人心. 皇上成一統之規模, 興萬世之基業, 在此際也. 今錦州既下, 寧遠驚駭, 山海潰亂, 燕京震動. 明總兵吳三桂, 以松錦失守之故, 既蹈可殺之罪. 今祖氏全歸, 吳鎭自不能安, 又必有脫死之術. 祖氏之子婦, 在寧遠者, 已心切來歸矣. 況其爲祖鎭之遺類, 與其在門墻者, 豈不畏死而求生乎. 皇上宜速令祖大壽·洪承疇等, 薙髮, 以堅其心, 我大軍乘機以臨寧境, 聲言吳總兵所屬各官之罪, 搖動其志. 如此, 則大彰我國之威, 布揚皇上之德, 將因此即得寧遠, 未必不如得松山後, 即得錦州之速也. 寧遠若爲我有, 則明國計窮力竭, 勢必南遷, 我皇上一統基業, 已在掌握中矣. 伏望聖裁.

○ 도찰원참정 조가법(祖可法)·장존인(張存仁), 이사관 마국주(馬國柱)·뇌흥(雷興) 등이 상주했다. 「황상께서는 위복(威福)을 하늘로부터 받아 공적을 세우셨습니다. 지금 천심(天心)과 인사(人事)를 보건대 명나라가 패망할 것이 분명합니다. 오늘날의 계책으로는, 반드시 하늘의 뜻을 따르고 사람의 마음에 합치해야 합니다. 황상께서 통일의 규모(規模)를 이루고 만세의 기업(基業)을 일으키심이 이때에 달렸습니다. 지금 금주가 함락되어 영원이 놀라고, 산해관이 혼란하며, 연경이 흔들리고 있습니다. 명나라의 총병 오삼계는 송산과 금주를 지키지 못했기 때문에 사형죄를 범했습니다. 지금 조대수 일족이 전부 귀순했으니 오삼계는 스스로 편안할 수 없고 또한 반드시 죽음에서 벗어날 방법이 있을 것입니다. 조대수의 아들과 며느리는 영원(寧遠)에 있지만 이미 마음으로는 간절히 내귀했습니다. 하물며 조대수의 남아 있는 수하들이 어찌 죽음을 두려워하여 삶을 구하지 않겠습니까. 황상께서는 어서 조대수·홍승주를 체발하게 하여 그 마음을 굳

게 만드시고, 우리 대군이 기회를 타서 영원 지역으로 접근하여 오삼계 총병의 속하 관원의 죄를 소리쳐서 그들의 마음을 동요시켜야 합니다. 그렇게 하면 우리나라의 위세를 드러내고 황상의 덕을 나타낼 것이니, 이 때문에 앞으로 영원을 얻는 것이 송산을 얻은 후에 즉시 금주를 얻은 것처럼 빠르게 될 수도 있습니다. 우리가 영원을 차지하면 명나라의 계획이 궁해지고 힘이 고갈되어 형세상 반드시 남천할 것이니, 우리 황상께서 기업(基業)을 일통하는 것이 이미 손아귀에 있습니다. 삼가 성상의 결정을 바랍니다.」

○ 守備顧用極奏言, 祖大壽之降, 出乎不得已, 其心變易不常. 皇上當加意隄防, 恐效凌河故轍. 伏乞聖裁.

○ 수비 고용극(顧用極)이 상주하여 말했다. 「조대수가 투항한 것은 부득이하게 나온 것이어서, 그 마음이 수시로 바뀝니다. 황상께서는 주의하여 대비하셔야 하니 대릉하의 전철을 따를까 우려됩니다. 삼가 성상의 결정을 청합니다.」

○ 梅勒章京孫定遼奏言, 昨奉聖諭, 謂臣從察哈爾回時, 私遣二人赴明國. 臣不勝戰慄悚懼, 方知十二年來, 負此大罪, 荷皇上如天之仁, 不殺而生全之. 切思聖恩如此臣罪如彼, 臣復何言. 今松山錦州既克, 正臣心迹可白之時也. 從前逃去之二人, 非臣親屬, 不過從役, 出逃之後, 曾在臣家否, 彼時有臣之囑言否. 今逃去之二人, 未必一時全獲, 倘獲一人, 伏望皇上嚴刑審問, 再於祖總兵處, 察訪原人之言, 則臣罪自明, 臣心自白矣. 况臣在明國, 不過一武弁, 自歸順後, 仰受皇上一視同仁之大恩, 乃敢作此詭異之行乎. 伏乞皇上洞察眞僞, 臣罪臣心, 可昭雪矣. 奏入, 得旨, 這所奏知道了, 以後著勉力供職.

○ 머이런장긴 손정요(孫定遼)가 상주하여 말했다. 「어제 받은 성유(聖諭)에서 말씀하시기를, 신(臣)이 차하르에서 돌아올 때 몰래 두 사람을 명나라에 보냈다고 하셨습니다. 신은 떨림과 두려움을 이기지 못하고, 비로소 지난 12년간 이 큰 죄를 지었는데도 황상께서 하늘과 같은 어짊으로 죽이지 않으셔서 목숨을 보전한 은혜를 입었음을 알았습니다. 삼가 생각건대 성은이 이와 같고 신의 죄가 이와 같으니 신이 다시 무슨 말을 하겠습니까. 지금 송산과 금주가 함락되었으니, 바로 신의 본심을 말씀드릴 때입니다. 이전에 도망간 두 사람은 신의 친속이 아니고 쿠틀러에 불과하며, 도망간 후에 신의 집에 있지 않았고 그때 신이 전한 말도 없었습니다. 지금 도망간 두 사람이 반드시 다 잡히지 않더라도 혹시 한명이라도 잡히면, 삼가 바라건대 황상께서 엄히 심문하십시오. 그리고 조 총병(祖總兵)의 거처에서 원래 있었던 사람의 말을 조사하면, 신의 죄가 스스로 밝혀질 것이고, 신의 마음이 스스로 드러날 것입니다. 하물며 신은 명나라에서 일개 무관이었고 귀순한 후에는 황상의 일시동인(一視同仁) 하시는 큰 은혜를 받았는데, 감히 이런 괴상한 행동을 저지르겠습니까. 엎드려 바라건대 황상께서는 진위를 통찰하시어 신의 죄와 신의 마음의 누명을 벗겨 주십시오.」 상주하니 지(旨)를 받았다. 「이 상주한 바를 알았다. 이후에 힘을 다하여 직분에 충실하라.」

○ 壬午, 遣筆帖式寧古里 · 鏗特 · 張通阿等, 往諭錦州和碩鄭親王濟爾哈朗, 多羅睿郡王多爾衮曰, 爾等可傳諭祖大壽, 諸王因爾相持, 日久不下, 欲盡加屠戮, 不留一人, 朕深加憫念. 如將錦州人民, 盡行誅戮, 以後將何以招攜懷遠, 俾大軍一至, 各來歸順乎. 因悉將爾部衆留養, 其在錦州之蒙古兵, 及山海關官兵, 縱使生全. 彼亦不肯爲我留也. 如或逃去, 養之何益. 且恐不利於爾. 至關外寧遠等處官員, 其妻子雖不在錦州者, 亦留養之. 又諭諸王曰, 原在錦州居民, 竝商賈人等, 可悉予保全, 歸順官軍, 盡令薙髮, 其應誅之人, 可語祖大壽顯正其抗逆之罪, 然後加誅. 其所獲之金帛糗糧, 詳細察收. 官屬兵丁之應誅應留, 及所俘獲之物, 速行開明具奏. 至巡城守壕將士不可謂錦州已得. 遂爾怠忽, 恐僞降官員, 變貌易服而逃也. 寧遠之人, 有言欲見大壽便歸順者, 不可輕聽. 其更番回家兵丁, 可令暫停, 俟將所獲人畜, 檢收既畢, 即令攜來. 又多羅武英郡王, 原令駐劄於寧遠連山之間, 朕聞諸王・貝勒云, 在彼處無益, 宜過寧遠, 遮截大路屯駐. 如欲前往時, 須防敵兵伏有地礮, 當避路傍山而行. 若遇敵步兵營, 不可遽擊, 必俟彼行動, 伺便擊之. 寧遠之人, 若欲歸順, 令我軍入城, 必索城中大員爲質, 命我兵嚴守城門, 然後可入. 不然, 恐墮其計. 再令圍杏山之官員, 每旗章京一員, 每牛彔兵二名, 往助多羅武英郡王軍, 特諭.

○ 임오일(3.13), 비트허시 닝구리(ninggguri, 寧古里)・컹터이(kengtei, 鏗特)・장퉁가(jangtungga, 張通阿) 등을 파견하여 금주에 가서 호쇼이 정친왕 지르갈랑・도로이 예군왕 도르곤에게 유시하게 했다. 「너희는 조대수에게 유시를 전하라. "왕들이 너 때문에 대치한 지 오래 지나도 함락되지 않아서 모두 죽이고 한 사람도 남겨 두지 않으려고 했지만, 짐은 매우 불쌍히 여겼다. 만약 금주의 인민을 모두 죽이면 그 후에 어떻게 먼 곳의 사람들을 회유하고 대군이 갔을 때 귀순시킬 수 있겠는가. 그렇기 때문에 너의 무리를 모두 살려서 남겨 두고, 금주 안의 몽고병과 산해관의 관병을 살려서 놓아주었다. 그들이 또한 나

를 위해 머무르고 싶어하지 않아서 도주하면 살리는 것이 무슨 이익이겠는가. 또한 너에게 불리할 것이 우려되었다. 산해관 밖의 영원 등지의 관원은 그 처자식이 금주에 있지 않아도 살려 주고 남겨 두었다."」

또 왕들에게 유시했다. 「원래 금주에 거주하는 모든 백성과 상인들을 보호하고, 귀순한 관군은 모두 체발시키고, 죽여야 할 사람은 조대수에게 항역(抗逆)의 죄를 밝혀 말한 후에 죽여라. 획득한 금백(金帛)과 식량은 상세히 조사해서 거두라. 관속과 병정 가운데 죽여야 할 자와 남겨야 할 자와 노획한 물건을 속히 정리하여 상주하라. 성을 순찰하고 참호를 지키는 장수와 병사는 금주를 이미 얻었다고 말하지 말라. 너희가 나태해지면 거짓으로 항복한 관원이 용모와 의복을 바꾸고 도주할 것이다. 영원 사람이 조대수를 보고 귀순하고 싶다고 말하면 가벼이 듣지 말라. 교체되어 귀가하는 병정은 잠시 멈추게 하고 획득한 인축(人畜)을 검사하고 거둔 후에 가지고 가게 하라. 또 도로이 무영군왕은 원래 영원과 연산(連山)의 사이에 주둔했는데, 짐이 듣기에 여러 왕과 버일러들은 그곳이 무익하므로 영원을 지나서 대로(大路)를 차단하며 주둔해야 한다고 말한다. 만약 전진하려면 반드시 적병이 매복한 대포를 방어하며 길을 피해서 산 옆으로 가야 한다. 만약 적의 보병 군영을 만나는 경우 갑자기 공격하면 안 되고 반드시 적이 움직이기를 기다렸다가 기회를 엿보아 공격하라. 영원 사람이 귀순하려고 하면 아군이 입성하여 반드시 성안을 수색해서 고위 관원을 인질로 삼고, 아군이 성문을 엄히 지킨 후에 입성하라. 그렇게 하지 않으면 적의 계략에 빠질까 우려된다. 다시 명하니, 행산을 포위한 관원은 각 기(旗)의 장긴 1명, 각 니루의 병사 2명이 가서 도로이 무영군왕의 군대를 보조하라. 특별히 유시한다.」

○ 乙酉, 駐守錦州 · 杏山王 · 貝勒等, 遣啟心郎詹霸, 奏報, 明國差總兵二員，錦衣衛官一員，職方司官一員，至王·貝勒前，欲求講和，齎來明主敕諭一道云，諭兵部尚書陳新甲．據卿部奏，遼瀋有休兵息民之意，中朝未輕信者．亦因以前督撫各官，未曾從實奏明．今卿部累次代陳力保其出於眞心．我國家開誠懷遠，似亦不難聽從，以仰體上天好生之仁，以復還我祖宗恩義聯絡之舊，今特諭卿便宜行事，差官宣布，取有的確信音回奏．上覽畢，亦降敕一道，諭諸王·貝勒曰，閱爾等所奏，明之筆札，多有不實．若謂與我國之書，何云諭兵部尚書陳新甲．既謂與陳新甲，又何用皇帝之寶，況其所用之寶，大而且偏，豈有製寶不循定式之理，此非眞寶明矣．況札內竟無實欲講和之意，乃云我國家開誠懷遠，似亦不難聽從，以復還我祖宗恩義聯絡之舊等語．此皆藐視我國，實無講和之眞心．然彼雖巧詐，朕以實情言之，向來啟此兵端，原非我國之願，因明國不辨是非，凌辱我國，情實難堪，故不得已而起兵耳．其相凌之事，不能枚舉．朕從前屢欲和好，而明國不從．今明國口稱欲和，其眞僞不得而知．然和好固朕之夙願，朕豈有所迫而願和歟．朕蒙皇天眷顧，昔時金國所屬，盡爲我有．沿海一帶，自東北以迄西北，至使犬·使鹿·產黑狐黑貂等國，及厄魯特國，在在臣服．元裔朝鮮，悉入版圖．所獲明國官民，不啻數百萬．恩威遠播，所向無敵，如此而猶欲和好者，蓋爲百萬生靈惜耳．若和事果成，則何必爭內外大小之名．但各居其國，互相贈遺，通商貿易，斯民俱得安其生業，則兩國之君臣百姓，共享太平之福矣．惟是我朝兵強國富，尚且諄諄願和，柰明國執滯不通，自以爲天之子，鄙視他人，口出大言，不願和好，不知皇天無親，有德者受命，無德者廢棄．從來帝王，有一姓相傳，永不易位者乎．自古及今，其間代興之國，崛起之君，不可勝數．明之君臣，慮不及此，不願修好，致億萬生民，死於塗炭者，皆明之君臣殺之耳．其罪在彼，朕無與焉．朕以實意諭爾等知之，爾等其傳示於彼．特諭．

○ 을유일(3.16), 금주와 행산에 주둔한 왕·버일러들이 계심랑 잠바를 파견하여 보고했다. 「명나라가 파견한 총병 2명, 금의위(錦衣衛) 관원 1명, 직방사(職方司) 관원 1명이 왕·버일러에게 와서 강화를 요청하며 명나라 군주의 칙유 1통을 가져왔습니다. 칙유에서 말했습니다. "병부상서 진신갑(陳新甲)에게 유시한다. 경(卿)의 부(部)의 상주에서, 저들이 요심(遼瀋)에서 전쟁을 중지하고 백성을 쉬게 하려는 뜻이 있는데 조정에서 쉽게 믿지 않는 것은 이전에 총독과 순무 각 관원이 사실대로 명백히 상주하지 않았기 때문이라고 했다. 지금 경(卿)의 부(部)에서 여러 번 그것이 진심에서 나왔음을 대신 힘을 다해 보증했다. 우리나라는 진심으로 먼 곳의 사람들을 회유하니, 허락하기 어렵지 않을 듯하다. 하늘의 살리기를 좋아하는 어짊을 본받고 우리 조종(祖宗)의 은의(恩義)로 관계 맺는 옛 방식을 되살려, 지금 특별히 유시하여 경(卿)이 편의대로 일을 처리하는 파견관임을 알리니, 정확한 소식을 취하여 회주(回奏)하라."」[7]

주상이 읽은 후 또 칙서 1통을 내려서 왕과 버일러들에게 유시했다. 「너희가 상주한 명나라의 서찰을 읽으니 부실한 곳이 많다. 만약 우리나라에 보내는 서찰이라면 왜 병부상서 진신갑(陳新甲)에게 내리는 유지라고 했겠는가. 진신갑에게 보낸 서찰이면 왜 황제의 보새(寶璽)를 사용했겠는가. 하물며 쓰인 보새가 크고 쏠려 있으니, 어찌 국가에서 제작한 보새가 정해진 격식을 따르지 않았겠는가. 이는 진짜 보새가 아닌 것이 분명하다. 하물며 서찰에 실제로 강화를 하고 싶다는 뜻이 없고, 우리나라는 진심으로 먼 곳의 사람들을 회유한다느니,

7 숭정제가 兵部尙書 陳新甲에게 내린 유지는 『崇禎實錄』 권15, 숭정 15년 정월 1일조에 실려 있다. "丁丑, 紹愉偕參將李禦蘭, 周維墉至寧遠, 聞於淸, 請敕爲信. 乃復請於朝, 敕曰: '朕聞沈陽有罷兵息民之意, 向來沿邊督撫未經奏聞. 既承講款, 朕不難開誠懷遠, 如我祖宗朝舊約, 恩義聯絡, 永爲和好.' 淸得之, 以爲邊吏僞作, 並怒敕中語. 紹愉聞之."

따르기 어렵지 않을 듯하다느니, 우리 조종(祖宗)의 은의(恩義)로 관계 맺는 옛 방식을 되살린다느니 라고 말한다. 이는 모두 우리나라를 멸시하는 것이고 실제로는 강화하려는 진심이 없다. 하지만 그것이 교묘한 사기일지라도 짐은 진심으로 말하는데, 이전에 이 전쟁을 시작한 것은 본래 우리나라가 원한 것이 아니고, 명나라가 시비를 가리지 않고 우리나라를 모욕하여 상황을 참을 수 없었기 때문에 할 수 없이 전쟁을 일으켰을 뿐이다. 우리를 멸시한 일은 일일이 거론할 수 없다.

짐은 종전에 여러 번 화호하려고 했으나 명나라가 따르지 않았다. 지금 명나라는 말로는 화호하고 싶다고 하지만 진위를 알기 어렵다. 화호는 진실로 짐이 바라는 것이지만, 짐이 어찌 압박을 받고 화호하기를 원하겠는가. 짐은 하늘의 보살핌을 받아 옛날에 금나라에 속했던 것을 모두 소유했다. 바닷가 일대는 동북부터 서북에 이르기까지, 사견(使犬)·사록(使鹿)·검은 여우와 흑담비가 나는 나라·울러트국 곳곳이 신복했다. 원나라의 후예와 조선이 모두 우리 판도에 들어왔다. 획득한 명나라의 관민은 단지 수백만 명이 아니다. 은혜와 위력이 멀리까지 뻗어 나갔고 향하는 곳마다 무적이다. 이러한데도 내가 오히려 화호하려는 이유는 백만 백성의 생명을 아까워하기 때문이다. 화친을 정말 이루려고 한다면 반드시 내외(內外)와 대소(大小)의 명분을 다투겠는가. 다만 각자의 나라가 서로 선물을 주고, 무역을 하고, 백성이 모두 생업에 안주하면 두 나라의 군신(君臣)과 백성이 함께 태평의 복을 누릴 것이다.

지금 우리나라는 부국강병한데도 간곡히 화호를 원하는데, 어찌 명나라는 고집스럽게 통하지 아니하고 스스로를 천자로 여기고 타인을 멸시하며, 입으로는 큰소리를 치면서 화호를 원하지 않는가. 하늘이 사람을 가려서 친하지 않고 덕이 있는 자에게 천명을 주시고 덕이 없는 자를 버리는 것을 모르는가. 종래에 제왕이 하나의 성(姓)으로 전해지면서 영원히 자리를 바꾸지 않은 적이 있는가. 예로부터 지금까지 그 사이에 왕조를 바꾸어 흥한 나라와 일어난 임금이 셀 수 없이 많다. 명나라의 군신(君臣)은 이를 생각하지 못하고 수호를 원하지 않으니, 억만 백성이 도탄에 빠져 죽음에 이르는 것이 모두 명나라의 군신이 죽이는 것이다. 그 죄가 저들에게 있으니 짐은 관여하지 않겠다. 짐은 진실한 뜻으로 너희에게 유시하여 알리니, 너희는 저들에게 전하여 알리라. 특별히 유시한다.」

○ 丙戌, 和碩鄭親王濟爾哈朗 · 多羅睿郡王多爾衮, 遣圖賴 · 賽木布 · 博貝 · 光泰等, 齎錦州城內明之官屬軍士死者留者, 及我軍俘獲諸物數目冊籍至. 奏稱, 所留官員, 總兵祖大壽, 革職總兵祖大弼, 副將高勳 · 祖澤遠, 參將祖澤沛 · 祖澤盛 · 劉志友 · 鄧雲 · 李勝 · 郭朝宗, 遊擊吳汝玠 · 王江 · 張成梁 · 祖雲龍, 都司金應第 · 劉獻忠 · 張交元 · 唐珍 · 塗世科 · 高應奇, 守備王文貴 · 潘永德 · 蘭一元 · 崔允升, 男子 · 婦女 · 幼稚, 共三千四百三十八名口, 喇嘛二十六名, 僧人六十八名, 又俘獲人, 共四千八百九十四名, 馬牛 · 金銀等物, 俱載入冊內. 上覽畢, 諭大學士希福 · 剛林等曰, 汝等可帶大凌河官員, 往錦州和碩鄭親王 · 多羅睿郡王處, 察認伊等妻子奴僕, 即給予之. 將祖大壽部下官屬兵丁戶口, 及各家妻子奴僕, 開明具奏. 其留下人民, 編入戶籍, 可令在彼居住者, 即令在彼居住, 所獲進獻之蒙古婦人四百口, 并漢婦人一百口, 即行護送來京. 凡圍錦州章京, 俱照職加賞, 陣亡中傷之人, 亦分別賞卹. 其餘均分與軍士, 一切賞賚之事, 必與二王商酌而行.

○ 병술일(3.17), 호쇼이 정친왕 지르갈랑 · 도로이 예군왕 도르곤이 툴라이 · 사임부(saimbu, 賽木布) · 보보이(boboi, 博貝) · 구왕타이 등을 보내, 금주성 안에 있는 명나라의 관속과 병정 가운데 죽은 자와

살아남은 자 및 아군이 부획한 모든 물자의 숫자를 기록해 만든 책적(冊籍)을 보냈다. 상주에서 말했다. 「남아 있는 관원들은 총병 조대수와 혁직된 총병 조대필(祖大弼), 부장 고훈(高勳)·조택원(祖澤遠), 참장 조택패(祖澤沛)·유지우(劉志友)·등운(鄧雲)·이승(李勝)·곽조종(郭朝宗), 유격 오여개(吳汝玠)·왕강(王江)·장성량(張成梁)·조운룡(祖雲龍), 도사 김응제(金應第)·유헌충(劉獻忠)·장교원(張交元)·당진(唐珍)·도세과(塗世科)·고응기(高應奇), 수비 왕문귀(王文貴)·반영덕(潘永德)·인일원(藺一元)·최윤승(崔允升)과 남자·부녀자·어린아이가 모두 3,438명, 라마 26명, 승려 68명이고, 또 부획한 사람이 모두 4,894명입니다. 말·소·금은 등의 물품을 모두 책(冊)에 기록했습니다.」

주상은 읽은 후 대학사 히퍼·가린 등에게 유시했다. 「너희는 대릉하의 관원을 데리고 금주의 호쇼이 정친왕·도로이 예군왕(睿郡王)이 있는 곳으로 가서 그들의 처자식과 노복들을 살펴서 확인하고 돌려주어라. 조대수의 부하 관속과 병정의 호구 및 각 집안의 처자식과 노복들을 명확히 파악하고 상주하라. 남아 있는 백성들은 호적에 편입시키고 그곳에 살 수 있는 사람들은 계속 살게 하고, 잡아서 바친 몽고 부인 400명과 한인 부인 100명을 성경(盛京)으로 데리고 오라. 금주를 포위한 장긴들은 모두 직책에 따라 상을 주고, 전쟁에서 죽거나 크게 다친 사람들도 상을 나누어 주고 돌보도록 하라. 남은 것들은 고르게 나누어 군사들에게 주고, 모든 포상의 일은 반드시 두 왕과 상의하여 행하라.」

○ 丁亥, 大學士希福·剛林等至錦州, 將大凌河歸順各官妻子奴僕, 凡存在錦州者, 俱察出給與. 總兵祖大壽, 及部下官兵戶口, 亦逐一察明. 遣筆帖式富古里·張通阿·鏗特奏言, 前奉上命, 凡所留居民人等, 即著於錦州居住. 但其家財什物, 既遇兵戈之後, 散棄一空, 恐此處難以存住. 至祖大壽妻子奴僕, 及部下官屬兵丁戶口, 共四千五百八十名. 所有家貲, 本欲令夫役護送, 但輜重等物, 未易移運. 現今圍困杏山之多羅肅郡王豪格·多羅貝勒多鐸等, 遣兵捉生偵信, 遇出城採薪者, 殺三十餘人. 杏山周圍掘壕將竣, 又敵兵五百餘人, 欲進寧遠, 被前鋒努山等擊敗之, 殺五十二人獲馬二十九匹, 并此奏聞.

○ 정해일(3.18), 대학사 히퍼·가린 등이 금주에 이르러, 대릉하에서 귀순한 각 관원의 처자와 노복들 가운데 금주에 있는 자들을 모두 찾아내어 돌려주었다. 총병 조대수 및 그 부하 관병과 호구도 하나하나 조사했다. 비트허시 닝구리·장퉁가·컹터이를 보내 상주하여 말했다. 「이전에 주상의 명을 받들어 남아 있는 민인들을 모두 금주에 거주하게 했습니다. 다만 가산과 집기들은 전쟁을 당한 후에 흩어지고 버려져 텅 비었으니 이곳에서 살기가 어려울까 염려됩니다. 조대수의 처자와 노복 및 관속과 병정의 호구(戶口)가 모두 4,580명입니다. 모든 가산은 본래 부역인들을 시켜 호송하고자 했으나, 군수품 등 물건은 쉽게 옮길 수 없었습니다. 현재 행산(杏山)을 포위한 도로이 숙군왕(肅郡王) 호오거·도로이 버일러 도도 등이 병사를 보내 포로를 잡아 정탐하다가, 성을 나와 땔나무를 하러 오는 자들을 만나 30여 명을 죽였습니다. 행산(杏山) 주위에 해자를 파는 일은 곧 완성될 것입니다. 또한 적병 500여 명이 영원으로 진격하고자 했으나 전봉(前鋒) 누산 등에게 격파되었고 52명을 죽이고 말 29마리를 노획했습니다. 이를 아울러 상주합니다.」

上覽畢, 遣筆帖式渾達·鄂謨克圖, 往錦州, 諭和碩鄭親王濟爾哈

朗 · 多羅睿郡王多爾袞曰, 編爲民戶者, 既不能在錦州居住, 當令一的當官員, 率領牛莊所屬兵丁, 從牛莊大路, 送至蓋州安插. 若遇運米來接濟之兵, 其護送人員, 不可中道輕離. 俟渡遼河後, 任其隨意行走. 朝鮮兵丁回時, 亦令從此路往, 其至東京日期, 當預先來報, 以便遣人往迎, 宴犒之. 朝鮮運到餘米, 仍令彼國人看守, 待庫禮至, 交收後, 方可遣回. 祖大壽等歸順官屬兵丁戶口, 若我國撤回之兵, 不能攜帶, 則令彼處種地之滿洲 · 蒙古 · 漢人, 及喀喇沁每牛彔, 出堅固牛車一輛, 令本牛彔下無馬之兵, 護之以來. 如不足, 則令義州駐防兵, 量馬多寡, 出馬運送之. 如再不足, 則令撤回之兵, 馬上均分帶來. 祖總兵輜重難運之物, 仍留其家, 令彼委的當人守視, 後乘暇往取可也. 伊家口來時, 遣的當官員護送, 其至廣寧城日期, 當預先來報, 以便遣人往迎. 喇嘛 · 和尚, 亦令前來, 各官來時, 多羅武英郡王 · 多羅貝勒多鐸, 謹慎防護, 不可疎忽.

수상이 읽은 후 비트허시 혼다 · 오복두를 금주로 보내 호쇼이 정친왕 지르갈랑 · 도로이 예군왕(睿郡王) 도르곤에게 유시했다. 「민호로 편제한 자들 가운데 금주에 살 수 없는 자들은 적당한 관원 1명이 우장(牛莊) 소속 병사들을 이끌고 우장 대로를 따라 개주(蓋州)로 가서 정착시켜라. 만약 쌀을 운반하여 지원하러 오는 병사를 만나면 호송 인원들은 중도에 가벼이 떠나서는 안 된다. 요하를 건넌 후에 그들이 원하는 대로 가게 하라. 조선의 병사들이 돌아갈 때도 그 길을 따라가게 하고, 동경(東京)에 도착하는 날짜를 미리 보고하여 사람을 보내 맞이하고 연회를 베풀게 하라. 조선이 여분의 쌀을 운반하면 그 나라 사람들이 지키게 하고, 쿠리(kuri, 庫禮)가 오기를 기다려 거두어들인 후에 조선인을 돌려보내면 된다. 조대수 등 귀순한 관속과 병정의 호구(戶口)를 만약 우리나라의 회군하는 병사들이 데려오지 못하면 그곳에서 농사짓는 만주 · 몽고 · 한인 및 카라친의 각 니루에서 견고한 소수레를 한 량씩 차출하여 해당 니루의 말이 없는 병사들에게 호송하게 하라. 만약 부족하면 의주에 주둔한 병사들에게 말의 많고 적음을 헤아려 말을 내어 호송하게 하라. 그래도 부족하면 회군하는 병사들에게 말에 나누어 태워서 데려오게 하라. 조대수 총병의 군수품과 운반하기 어려운 물건들은 그대로 집에 남겨 두고, 적당한 사람에게 맡겨 지키게 하고 나중에 기회를 보아 가져오면 된다. 그의 가솔들이 올 때 적당한 관원을 보내서 호송하고, 광녕성(廣寧城)에 이르는 날짜는 미리 보고하여 사람을 보내 맞이할 수 있게 하라. 라마와 화상(和尙)도 오게 하라. 각 관원이 올 때 도로이 무영군왕 · 도로이 버일러 도도는 신중하게 방비하여 소홀히 해서는 안 된다.」

○ 喀爾喀部落查薩克圖汗 · 鄂爾多斯部落善達, 遣綽什熙等頭目來朝, 貢駝馬 · 鵰翎等物.

○ 칼카 부락의 자삭투 칸과 오르도스 부락의 샨다(šanda, 善達)가 초시히(cosihi, 綽什熙) 등의 두목을 보내 내조하고 낙타와 말 · 독수리 깃털 등의 물건을 바쳤다.

○ 己丑, 和碩鄭親王濟爾哈朗 · 多羅睿郡王多爾衮, 自錦州遣學士額色黑, 筆帖式石圖 · 祁徹白等奏報, 臣等曾遣人往寧遠祖大壽之子處, 因城守官員, 知大壽已降, 不令入城, 在城外與之語, 未竟始末而回. 又多羅武英郡王阿濟格, 過寧遠西, 離城十里, 截路下營, 率本護軍, 同前鋒兵, 及外藩蒙古兵, 往視明寧遠城通海運糧之水路, 遇城內兵出, 擊敗之, 殺九十餘人, 獲馬十三匹.

○ 기축일(3.20), 호쇼이 정친왕 지르갈랑 · 도로이 예군왕(睿郡王) 도르곤이 금주에서 대학사 어서허이, 비트허시 시투 · 키처버 등을 보내어 상주했다. 「신들은 일찍이 영원(寧遠)의 조대수의 처자가 있는 곳에 사람을 보냈으나 성을 수비하는 관원들이 조대수가 이미 항복했다는 것을 알고 성에 들어가지 못하게 했습니다. 성 밖에서 그들에게 말을 전했으나 결국 끝내지 못하고 돌아왔습니다. 또 도로이 무영군왕 아지거가 영원 서쪽을 지나 성에서 10리 떨어진 곳 길가에 군영을 세우고, 해당 호군과 전봉병 및 외번몽고 병사들을 함께 이끌고 명나라의 영원성에서 식량을 바다로 운송하는 수로를 보러 갔다가 성안에서 나오는 병사들을 만나 격파하고 90여 명을 죽이고 말 13마리를 노획했습니다."

○ 癸巳, 賜貢貂之使鹿部落墨滕格等三人, 索倫部落牛彔章京訥耨克等二十二人宴, 并賜鞍馬 · 撒袋 · 衣帽 · 緞布等物有差.

○ 계사일(3.24), 담비가죽을 공물로 바친 사록부락(使鹿部落)의 머텅거(metengge, 墨滕格) 등 3명과 솔론 부락의 니루장긴 너너오커(neneoke, 訥耨克) 등 22명에게 연회를 베풀고, 아울러 안장을 갖춘 말 · 화살집 · 옷과 모자 · 비단과 면포 등의 물건을 차등 있게 하사했다.

○ 乙未, 上遣內祕書院學士額色黑, 往錦州 · 杏山, 諭王 · 貝勒等曰, 多羅睿郡王 · 肅郡王 · 饒餘貝勒, 輔國公博和託, 固山額眞宗室拜尹圖 · 何洛會 · 吳賴 · 伊拜, 駐劄杏山. 和碩鄭親王, 固山貝子羅託 · 尼堪, 輔國公屯齊 · 滿達海 · 特爾祜, 固山額眞公艾度禮 · 葉臣, 庫魯克達爾漢阿賴·恩格圖·石廷柱·巴顏·劉之源·金礪, 駐劄塔山. 多羅武英郡王·多羅郡王阿達禮·多羅貝勒多鐸·羅洛宏, 固山貝子博洛, 輔國公篇古·扎喀納·杜爾祜·和託·穆爾祜·屯齊喀, 固山額眞阿山·譚泰·葉克書·準塔巴圖魯·巴特瑪·馬喇希·俄莫克圖, 俱著回京. 仍將滿洲·蒙古各旗護軍·騎兵·前鋒兵, 分爲兩班, 一令來京, 一令駐防. 其駐防者, 每牛彔護軍四名, 騎兵十八名. 此十八名內, 每牛彔派兵四名, 每旗派賢能章京一員, 其次章京一員. 蒙古旗每牛彔派兵四名, 每旗派賢能章京一員, 撥什庫一名, 駐於錦州. 其餘騎軍將士, 左翼駐於杏山, 右翼駐於塔山. 護軍前鋒將士, 亦令駐塔山, 漢軍將士, 俱留之, 候用火礮攻取塔山. 其惸獨者, 察出時, 令其先回, 再將漢軍將士, 酌量留駐錦州. 其三順王, 及續順公官屬兵丁, 照例更番, 候用火礮攻塔山畢, 分左右翼, 駐於杏山塔山. 又令薩穆什喀, 率所屬步兵, 將松山城毁如平地. 至礮藥等項, 仍在原庫貯收, 周圍築墻掘壕, 量撥人夫防守畢, 然後發步兵回京, 再將隨薩穆什喀各章京等, 派入換班之內. 其朝鮮兵, 盡行發回. 其分撥錦州城內房屋, 將駐蹕之所, 急行修理, 令人看守. 王以下, 公以上房屋, 令各自修理, 餘房分給各旗居之, 不得析毁. 其漢軍旗·三順王, 及續順公所得房舍, 令彼各遣人居守. 松山城內房舍, 毋得焚毁, 亦照旗分定, 以備修葺房屋之用. 其祖大壽家資, 令與換班者一同攜來.

○ 을미일(3.26), 주상이 내비서원학사 어서허이를 금주와 행산에 보내 여러 왕과 버일러들에게 유시했다. 「도로이 예군왕·숙군왕·요여 버일러, 보국공 보호토·구사어전 종실 바인투·홀로호이·울라이·이바이는 행산에 주둔하라. 호쇼이 정친왕, 구사이 버이서 로토·니칸, 보국공 툰치·만다하이·터르후, 구사어전 공(公) 아이두리·여천, 쿨룩 다르한 알라이·엉거투·석정주·바얀·유지원(劉

之源)·김려(金礪)는 탑산에 주둔하라. 도로이 무영군왕·도로이 군왕 아달리·도로이 버일러 도도·롤로혼, 구사이 버이서 볼로, 보국공 피양구·자카나·두르후·호토·무르후·툰치카, 구사어전 아산·탄타이·역슈·준타 바투루·바트마·말라히·오목투는 모두 성경(盛京)으로 돌아오라. 만주와 몽고의 각 기(旗)와 호군·기병·전봉병을 두 반으로 나누어 하나는 성경으로 오고 하나는 주둔하라. 주둔하는 부대는 니루마다 호군 4명, 기병 18명으로 한다. 이 18명은 니루마다 병사 4명, 기(旗)마다 현능한 장긴 1명, 그다음 장긴 1명을 파견한다. 몽고기는 니루마다 병사 4명, 기(旗)마다 현능한 장긴 1명과 보쇼쿠 1명을 파견하여 금주에 주둔하라. 남은 기병과 장수와 병사들은 좌익은 행산에 주둔하고 우익은 탑산에 주둔하라. 호군과 전봉의 장수와 병사 또한 탑산에 주둔하고, 한군 장수와 병사는 모두 그곳에 머무르고, 화포를 사용하여 탑산을 공격해 취하라. 가족이 없는 자들은 살피러 나갈 때 먼저 돌아가게 하고, 또 한군 장수와 병사들은 헤아려 금주에 남아서 지키게 하라. 삼순왕(三順王) 및 속순공(續順公)의 관속과 병정은 규정에 따라 교대하고 화포로 탑산 공격을 마치는 것을 기다렸다가 좌우익으로 나누어 행산과 탑산에 주둔하라. 또 삼시카에게 소속 보병을 이끌고 송산성을 무너뜨려 평지로 만들게 하라. 화약 등의 물품은 본래 창고에 넣어 두어라. 주위에 담장을 쌓고 호를 파고 인부를 헤아려 뽑아 지키게 한 후 보병을 출발시켜 성경으로 돌아오게 하라. 다시 삼시카와 각 장긴 등을 파견하여 교대에 포함시켜라. 조선 병사들은 모두 출발시켜 돌아가게 하라. 금주성 안의 가옥들을 나누어 선발하여 황제의 머물 곳을 급히 수리하고 사람을 시켜 지키게 하라. 왕 이하 공 이상의 집은 각자 수리하게 하고 남은 집은 각 기(旗)에 나누어주어 살게 하고 철거하지 말라. 한군기(漢軍旗)·삼순왕 및 속순공이 얻은 집은 그들이 각자 사람을 보내 거주하여 지키게 하라. 송산성 안의 집은 불태워 훼손하지 말고 기(旗)마다 나누어 주어

집을 수리하는 용도에 대비하게 하라. 조대수의 가산은 교대할 자들에게 주어 함께 가져오게 하라.」

○ 戊戌, 朝鮮國王李倧, 移咨到部. 咨云, 據議政府狀啟, 本年二月初十日, 該石城軍丁貴生告稱, 初三日下午時, 有異樣船一隻, 行至扭島外洋, 遭颶風大作, 泊於多大浦鎭前. 即著通事崔義吉, 馳往泊船處, 詳探事情, 去後, 回據本官口報, 本差係是倭差平城幸坐船, 封進押物人一名, 侍奉一名, 伴從三名, 稍工四十名. 詰問得本倭稱有公幹. 有許首座·滕智繩等, 亦從後而來, 當俟洪李兩通事至, 面悉之等情. 據此, 行據本府狀啟, 差禮曹官一員, 與通事官洪喜男·李長生等, 前往釜山. 細問本倭情由去後, 續據東萊府節制使丁好恕馳報. 洪喜男·李長生等, 就館探問, 本倭言我國大君, 年將四十, 每以無嗣爲憂, 上年八月, 始生一男, 名之曰若君. 大小官員, 咸聚江滸致賀, 大君言於島主曰, 吾以無功無德之人, 承襲關白, 三世於茲. 年將四十, 尙無一子, 惟得罪先世是懼. 幸而天祐神助, 晩得此男, 朝鮮聞之, 亦必喜悅矣. 有一執政言於島主曰, 此是日本國之大慶, 朝鮮必有遣使致賀之舉. 因著島主通知, 故島主差我等來者. 且日光山, 有甲康廟堂, 而廟堂之後, 新創社堂, 樑柱四壁, 皆以玉石營造, 華麗無比. 有守僧二人, 其一, 年一百二十歲, 即甲康生時親信者也, 其一, 即天皇之子也. 上年冬, 大君率衆官親往焚香, 後與衆官及兩僧會坐相賀, 老僧言曰, 今爲甲康營建社堂, 而甲康爲朝鮮殲滅秀吉, 和好誠信, 於今四十餘年, 朝鮮若聞大君爲甲康至誠追遠之事, 則必有相賀之禮, 又有送物留迹之舉. 令島主將此意報知朝鮮, 請得國王殿下親筆一紙, 及諸臣讚通詩篇, 以爲萬世傳流之寶. 至如大藏佛經, 乃是寺刹極重之書. 大鐘·香爐·燭臺·花瓶等器, 雖是我國易得之物, 若得朝鮮所鑄, 以爲社堂傳玩之寶, 此亦朝鮮之功德也. 又言上年冬, 執政等問於島主曰, 近聞漢人商賈之言, 朝鮮與清國和好之事, 島主何不報知於大君耶. 島主答稱朝鮮既與清國和好, 別無他情. 執政但唯唯而已等情. 卑職等答稱, 貴國大君生子, 果是慶事. 大藏經, 則壬辰兵火之後, 經板散失, 今難印出. 大鐘等器, 我國原非產銅之地, 如此大器, 決難鑄成. 本倭回言, 銅蠟當自鄙島量入送來, 但欲得貴國一鑄, 以爲流傳之物耳. 卑職等再三搪塞, 答以即係國王親筆, 亦難准請. 則本倭多有愠色, 曰島主欲與朝鮮永結和好, 以爲兩國安寧之計, 如此相懇, 而終不之許, 則從前相好之意, 盡爲虛假等語. 及覩其書契, 有本邦雍容垂拱云, 八月上旬, 若君慶誕之日, 太平盛事, 莫大於此, 想貴國亦不勝歡愜也, 先奉賀緘以聞. 他詞俱令平城幸口述, 平差又言, 我等不日當回棹, 轉報大君. 慎勿等閒視之. 卑職等多方開諭, 令其且待朝廷分付等情具報. 據此, 竊照彼方隆創佛宇, 慶幸生男, 其在鄰國之道, 惟當順適其心, 助成其事, 實合機宜. 且其所欲者, 俱非難辦之物. 況倭情巧詐褊急, 多張恐嚇之語. 今若不許, 亦慮失其懽心, 姑依其願, 許其准請, 合無移咨該部, 以便轉奏等因. 據此爲照, 倭差所言, 係是邊情, 理宜轉報, 煩乞貴部查照轉奏施行.

○ 무술일(3.29), 조선국왕 이종이 예부에 자문을 보냈다. 자문에서 말했다.

「의정부의 장계(狀啟)는 아래와 같습니다. 『"올해 2월 초 10일, 해당 석성(石城)의 군인[8] 정귀생(丁貴生)이 고하기를, 초삼일 오후에 이양선(異樣船) 한 척이 뉴도(扭島) 앞바다에서 큰 폭풍을 만나 다대포진(多大浦鎭) 앞에 정박했다고 했습니다. 즉시 통사(通事) 최의길(崔義吉)이 배가 정박한 곳에 가서 사정을 상세히 조사하고 돌아와서 구두로

8 『朝鮮國王來書』 崇德 7년 3월 2일조에는 '烽軍' 즉 봉수군으로 기록되어 있다.

보고했습니다. '그 파견인은 왜국(倭國)의 파견인 평성행(平城幸)[9]이고, 좌선(坐船)에는 봉진압물(封進押物)[10] 1명, 시봉(侍奉) 1명, 반종(伴從) 3명, 선원 40명이 타고 있었습니다. 물어보니 그 왜인들은 공무가 있다고 했습니다. 허수좌(許首座)[11] · 등지승(滕智繩)[12] 등도 뒤따라오니, 홍희남(洪喜男) · 이장생(李長生) 두 통사가 와서 만나고 상황을 조사하기를 기다린다고 합니다.'" 이를 받고, 다시 받은 의정부 장계(狀啟)에서 말했습니다. "예조(禮曹)의 관원 1명과 통사관(通事官) 홍희남(洪喜男) · 이장생(李長生) 등을 파견하여 부산(釜山)에 가서 그 왜인의 사정을 자세히 물어야 합니다."

그 후 뒤이어 동래부 절제사(東萊府節制使) 정호서(丁好恕)가 보낸 치보를 받았습니다. "홍희남(洪喜男) · 이장생(李長生) 등이 관소(館所)[13]에 가서 탐문하니, 그 왜인이 말했습니다. '우리나라 대군(大君)[14]께서 40세가 되어 후사가 없음을 늘 근심하셨는데, 작년 8월에 아들을 낳으셔서 약군(若君)[15]이라고 칭했습니다. 대소 관원들이 함께 에도(江滸; 江戶)[16]에 모여 축하했습니다. 대군께서 도주(島主)[17]에게 말씀하시기를 〈나는 공과 덕이 없는 사람으로, 관백(關白)[18]을 이어받아 이제 삼 대째가 되었다. 나이 40살인데, 아직 아들 하나가 없어서 선

9 『조선인조실록』 43권, 인조 20년 1월 8일 기사에는 '平成幸'으로 표기되어 있다.
10 봉진압물(封進押物)은 대마도주가 조선국왕에게 헌상하는 예물을 담당하는 관리이다.
11 『조선인조실록』 43권, 인조 20년 3월 11일 기사에는 '恕首座'로 기록되어 있다.
12 『조선인조실록』 43권, 인조 20년 3월 11일 기사에는 '藤智繩'으로 기록되어 있다.
13 왜관을 가리킨다.
14 에도막부 3대 쇼군인 도쿠가와 이에미쓰(德川家光, 재임:1623-1651)를 가리킨다.
15 약군(若君)은 나이 어린 군주, 혹은 신분이 높은 어린 사람을 의미한다.
16 江滸는 江戶 즉 에도를 가리킨다.
17 島主는 대마도주(對馬島主)를 가리킨다.
18 일본의 관직명, 중국의 승상에 해당한다.

대에게 죄를 지을까 두려웠다. 다행히 하늘이 도와서 늦게나마 아들을 얻었으니, 조선이 이 소식을 들으면 또한 기뻐할 것이다.〉라고 하셨습니다. 한 집정(執政)이 도주(島主)에게 〈이는 일본국의 큰 경사이니 조선은 반드시 사신을 보내 축하해야 합니다.〉라고 말했습니다. 도주(島主)께서 통지하셨기 때문에, 도주(島主)께서 우리를 파견했습니다. 또 일광산(日光山)[19]에 갑강(甲康; 家康)[20]의 묘당(廟堂)이 있는데, 묘당의 뒤편에 새로 지은 사당(祠堂)은 들보와 기둥과 네 벽을 모두 옥석으로 지어서 비할 데 없이 화려합니다. 지키는 승려 2명을 두었는데, 한 사람은 120세로 갑강(甲康; 家康)이 살아 있을 때 가까이하고 믿었던 자이고, 한 사람은 바로 천황의 아들입니다. 작년 겨울 대군(大君)이 여러 관리를 이끌고 직접 가서 분향했고, 그 후에 여러 관리와 두 승려가 모여서 서로 치하했는데, 노승이 말했습니다. 〈지금 갑강(甲康; 家康)을 위하여 사당을 지었는데, 갑강(甲康; 家康)은 조선을 위하여 수길(秀吉)[21]을 섬멸했고, 조선과 화친하고 신뢰한 지 이제 40여 년입니다. 조선이 만약 대군(大君)께서 갑강(甲康; 家康)을 위하여 정성으로 추모하는 일을 들으면, 반드시 축하하는 예를 갖출 것이고 또 물품을 보내어 기념물을 남길 것입니다. 도주(島主)를 시켜 이러한 뜻을 조선에게 알리고, 조선국왕 전하께 친히 글을 써 달라고 청하고 신하들에게 찬송시를 지어 주기를 청하여 얻어서 만세에 전하는 보물로 삼으십시오. 대장불경(大藏佛經)은 사찰의 매우 중요한 책입니다. 대종(大鐘)・향로(香爐)・촉대(燭臺)・화병(花瓶) 등의 기물은 우리나라에서도 쉽게 구하는 물건이지만, 조선이 주조한 것을 얻어서 사당에서 대대로 전하는 보물로 삼으면 이는 또한 조선의 공덕일 것입니

19 닛코산을 가리킨다. 도쿠가와 이에야스(德川家康)의 사당이 있다.

20 甲康은 家康 즉 도쿠가와 이에야스(德川家康)를 가리킨다.

21 도요토미 히데요시(豊臣秀吉)를 가리킨다.

다.〉 또 작년 겨울 집정(執政) 등이 도주(島主)에게 물었습니다. 〈근래 한인 상인의 말을 들으니 조선이 청국과 화친한다고 하는데, 도주(島主)는 어찌 대군(大君)께 보고하지 않았소?〉 도주(島主)께서 대답했습니다. 〈조선은 이미 청나라와 화친했고 다른 상황은 없습니다.〉 집정(執政)은 다만 〈그렇군요〉 라고만 했습니다.'

저희는 답변했습니다. '귀국의 대군(大君)이 아들을 낳은 일은 과연 경사입니다. 대장경은 임진년 전란 이후 경판이 산실되어, 지금은 인쇄하기 어렵습니다. 대종(大鐘) 등의 기물은 우리나라가 본래 구리가 나는 지역이 아니어서 이러한 큰 기물을 주조하기 어렵습니다.' 그 왜인이 말했습니다. '구리와 납[22]은 우리 섬에서 헤아려 보낼 것이고, 다만 귀국에서 주조만 해 주면 후세에 전할 물건으로 삼고자 할 뿐입니다.' 저희는 거듭 거절하고, 국왕전하의 친필은 요청을 들어주기가 어렵다고 답했습니다. 곧 그 왜인은 화가 난 기색으로 말했습니다. '도주(島主)께서 조선과 영원히 화친을 체결하여 두 나라의 안녕을 위한 계책으로 삼고자 이렇게 간청하는데 끝내 허락하지 않으니, 종전에 서로 우호하는 뜻은 모두 헛것이 될 것입니다.'

그 서계(書契)를 보니, '본방(本邦)은 태평무사합니다. 8월 상순 약군(若君)의 경사스러운 탄생일에[23] 태평의 융성함이 이보다 클 수 없습니다. 생각건대 귀국도 매우 기쁠 것입니다. 먼저 축하서신을 올려 알립니다. 다른 말들은 평성행(平城幸)이 구두로 할 것입니다.'라고 했습니다. 평성행(平城幸)이 또 말하기를, '우리는 며칠 안에 돌아가서 대군께 전해야 합니다. 부디 소홀히 하지 말아 주십시오.'라고 했습니

---

22 원문의 '蠟'은 『朝鮮國王來書』 崇德 7년 3월 2일조에 '鑞'으로 기록되어 있다.

23 원문의 '若君慶誕之日'(若君의 경사스러운 탄생일)은 『朝鮮國王來書』 崇德 7년 3월 2일조에 '若君慶誕 日域歡仰'(若君의 경사로운 탄생에 일본 전체가 기뻐하고)로 기록되어 있다.

다. 저희는 여러 방면으로 타이르고 조정의 분부를 기다리라고 했습니다. 이에 보고합니다.”

이를 받고 삼가 살펴보건대, 저들이 막 사찰을 완공하고 아들을 낳은 것을 기뻐하니, 이웃 나라의 도리로 그 마음에 맞추고 그 일을 도와 성사시키는 것이 마땅하고 상황에 합당합니다. 또한 저들이 바라는 것이 모두 마련하기 어렵지 않은 물건들입니다. 하물며 왜인은 성정이 교활하고 성급하여 위협하는 말을 늘어놓았습니다. 지금 만일 허락하지 않으면 그들의 환심을 잃을까 우려됩니다. 우선 그들의 소원대로 요청을 허락하고, 해당 부에 자문을 보내어 상주를 전달하는 것이 어떨까 합니다.』

이를 받고 살펴보건대, 왜차의 말은 변방의 상황에 관계되니 전보(轉報)하는 것이 도리에 합당합니다. 번거롭더라도 귀부에서 살펴서 전주(轉奏)해 주시기 바랍니다.」

又一咨云, 據議政府狀啟, 咸鏡北道節度使李言惕馳報, 江邊古羅耳洞, 有騎馬人八名, 來至本鎭城外, 問知是上國人. 本人等言, 開市差官, 率三百餘人馬, 明日當到會寧府. 續據會寧府判官趙衡塘報, 差官到本府, 節制使元翻病重, 卑職代行接待之禮. 仍將差官帶來從人馬匹, 從實點得寫官一員, 譯官一員, 從人一百名, 商賈二百八名, 馬二百六十九匹. 若以此數依前式支供, 通共一朔米豆等項, 多至五百六十餘石, 又有間五日別供之穀, 而差官分付, 從人一百名, 皆以大米支供. 則當此歉歲, 本府所儲, 只有大米二十餘石, 萬無一朔支撑之理, 罔知所措等情.

准此, 照得上年本道凶歉, 倍於他處, 六鎭倉儲, 大米絕少. 會計約不過四五十石, 其他雜穀, 亦甚不敷. 接應一事, 委屬可慮. 萬般哀訴, 則差官只許五十名以大米支供, 五十名以小米支供, 著令間日輪流受食. 卑職極陳難繼之情, 畧無動聽之意, 誠極窘迫等因. 續據會寧府節制使元翻塘報, 差官招城津僉使金命吉·前萬戶李英南·前權管許國材等, 說稱我等騎來馬匹, 甚爲瘦憊. 例給料豆之外, 逐日加給豆五升·耳麥三斗可也. 卑職回言, 一馬一日所飼豆五升·耳麥一斗之外, 又有間五日別供豆五石·耳麥十石, 則雖或加給, 何能盡飼乎. 差官勒令間五日別供之外, 間三日, 更給耳麥一百石·黃豆二十石, 不得已, 又取倉儲黃豆十石·耳麥五十石支給. 至於商賈人等, 所供亦比前三倍, 竭蹶之狀, 委難枚擧等因.

續准本官馳報, 有上國人六名, 馳到本府開市處, 則前來差官, 急起迎拜馬前, 引入客舍上房. 仍著通事招卑職出迎, 其軍威驛馬等項, 一依平安道例, 上緊擧行. 卑職回言, 使臣所幹何事, 通事答稱, 使臣, 則戶部官員, 其次, 禮部人也, 以也春請穀事而來, 兵使迎候, 各處宴享等事, 亦令一依敕使行之, 而既無白牌, 又不豫備, 倉皇顚倒, 罔知攸措等因. 據此, 續報, 已著各官十分加意擧行. 至如買賣兌換, 向有定例, 前後開市, 十有七番, 我等應接, 未嘗違誤, 往來差官, 亦皆遵例. 不期玆者差官以下商賈人等, 恣意欺詐, 違例勒索, 罔有紀極, 誠爲可慮等因. 據此, 竊照本國上年荒歉, 酷於前歲, 北路饑饉, 甚於他道. 前後差官, 適當此時, 供億之費, 殊極窘迫. 第戶部官員, 既以使臣出來, 則一應迎接, 理宜尊敬, 至於買賣一節, 只是逐年照例相待之事, 而差官之外, 許多從人商賈人等, 徵索米豆, 取討酒食, 分外恣横, 莫敢誰何. 哀我邊民, 洊罹饑饉, 又苦誅求, 從前商賈買賣之時, 未有如此之事. 天朝若聞此言, 亦必惕然惻念, 有所變通等因, 具啟. 據此爲照, 買賣·交易·供饋自有規例, 而本人等不遵定式, 縱恣無忌, 若不禁約, 誠恐日後貽害益滋, 煩乞貴部查照, 禁約施行.

또 하나의 자문에서 말했다. 「의정부의 장계를 받았습니다. 『함경북도 절도사 이언척(李言惕)의 치보를 받았습니다. "강변의 고라이동(古羅耳洞)[24]에 말을 탄 8명이 나와서 진성(鎭城)[25]의 밖에 이르렀기에, 물어보고 상국(上國)의 사람임을 알았습니다. 그 사람들이 말하기를 '개시(開市)에 파견된 관원이 300여 인마(人馬)를 이끌고 내일 회령부(會寧府)에 도착할 것이다.'라고 했습니다.

이어서 회령부 판관(會寧府判官) 조형(趙衡)의 당보(塘報)를 받았습니다. '차관(差官)이 본 부(府)에 왔는데, 절제사 원숙(元翽)의 병이 중하여 제가 대신 접대의 예를 행하였습니다. 차관(差官)이 데려온 종인과 마필을 사실대로 점검하니, 사관(寫官) 1명, 역관(譯官) 1명, 종인 100명, 상인 208명, 말 269마리였습니다. 만약 이 숫자대로 규정에 따라 음식을 제공하면, 총 한 달간 제공할 쌀과 콩 등의 항목은 560여 석에 이릅니다.[26] 또 5일마다 별도로 제공할 곡식이 있는데, 차관(差官)이 종인(從人) 100명에게 모두 쌀로 지급하라고 분부했습니다. 흉년이 들어 본부(本府)에 저장한 것이 겨우 쌀 20여 석이어서 한 달을 지탱할 수 없으니, 어찌할 바를 모르겠습니다.'

이를 받고 생각해 보니, 작년에 본 도(道)의 흉작이 다른 곳보다 두 배로 심해서, 육진(六鎭)의 창고에 쌀이 매우 부족합니다. 계산해 보면 대략 40-50석에 불과하고, 기타 잡곡들도 심히 부족하여 접대하는 일이 근심스럽습니다. 온갖 하소연을 하니, 차관(差官)은 단지 50명에

---

24 古羅耳洞은 조선 함경도 고령(高嶺)의 북쪽 두만강 너머에 위치. 鄭尙驥의 〈東國地圖〉에서는 古羅里로 표기했다.

25 鎭城은 古羅耳洞에서 두만강을 건너 마주보는 高嶺鎭城을 가리킨다.

26 『朝鮮國王來書』 崇德 7년 3월 2일조에는 원문에서 생략된 하루당 소요 물품까지 기록되어 있다. "若以此數依前式支供 則一日所供田米六石零 大米二石零 黃豆九石 耳麥十七石十四斗 通計一朔米豆等項 多至五百六十餘石"(만약 이 수효를 전의 방식대로 지공하려면 하루에 지출할 비용이 전미(田米) 6석 남짓, 쌀 2석 남짓, 황두 9석, 귀보리 17석 14두입니다. 한 달 간 쓰일 쌀과 콩 등의 항목을 모두 합치면 560여 석이나 됩니다.)

게는 쌀을 지급하고 50명에게는 좁쌀을 지급하는 것을 허락하고, 격일마다 교대로 식사를 제공하라고 했습니다. 저희는 계속하기 어려운 상황을 진술했는데, 귀 기울여 들으려는 뜻이 전혀 없으니 실로 매우 곤란합니다.[27]

이어서 회령부절제사(會寧府節制使) 원숙(元翻)의 보고를 받았습니다. '차관(差官)이 성진첨사(城津僉使) 김명길(金命吉) · 전 만호(萬戶) 이영남(李英南) · 전 권관(權管) 허국재(許國材) 등을 불러서 말하기를 〈우리가 타고 온 말이 매우 야위었다. 정례(定例)에 따라 주는 말먹이 콩 외에, 날마다 콩 5승 · 귀보리 3두를 더 달라.〉 라고 했습니다. 제가 대답했습니다. 〈말 1마리가 하루에 먹는 콩 5승 · 귀보리 1두 외에, 또 5일마다 별도로 콩 5석 · 귀보리 10석을 공급하고 있습니다. 그러니 더 지급한다고 해도 어찌 다 먹일 수 있겠습니까? 차관(差官)께서 강제로 명을 내려 5일마다 별도로 공급하는 외에 3일마다 귀보리 100석 · 노란콩 20석을 더 달라고 하니, 어쩔 수 없이 또 창고에서 노란콩 10석 · 귀보리 50석을 내어서 지급했습니다. 상인들에게 지급하는 것도 전에 비해 3배나 되니 절박한 상황을 일일이 거론하기 어렵습니다.〉'

이어서 본관(本官)의 치보를 받았습니다. '상국(上國)의 사람 6명이 말을 타고 본부(本府)의 개시(開市)에 이르니, 전에 온 차관(差官)이 급히 일어나 말 앞에서 영접하고, 객사의 상방(上房)에 모시고 들어갔습니다. 얼마 후 통사가 저를 불러 나가서 맞이하라고 하여, 군사의 위세와 역마[28] 등의 사항을 모두 평안도의 정례(定例)에 따라 서둘러 거

---

27 『朝鮮國王來書』 崇德 7년 3월 2일조에 의하면 '온갖 하소연을… 곤란합니다.'는 會寧府 判官 趙衜의 馳報이다.

28 『朝鮮國王來書』 崇德 7년 3월 2일조에는 '군사의 위세와 역마' 앞에 '房妓'가 기록되어 있다. '房妓'의 누락은 『청태종실록』의 의도적인 삭제에 해당한다. 조선 기록에 광범위하게 보이는 평안도와 함경도의 방기 제공 문제와 갈등, 즉 방기들

행하였습니다. 제가 〈사신께서는 어떤 볼 일이십니까?〉라고 묻자, 통사가 대답하기를, 〈사신은 호부 관원이고, 다음 분은 예부 관원입니다. 야춘(也春)에서 곡식을 청한 일로 왔습니다. 병사(兵使)가 맞이하고 각 장소에서 연회를 여는 등의 일을 모두 칙사(敕使)를 맞이하는 격식대로 행하십시오.〉 라고 했습니다. 백패(白牌)가 없고 준비한 것도 없어 황망하여 어찌해야 할지 모르겠습니다.'

이어서 보고를 받았습니다.[29] '각 관원으로 하여금 매우 주의하여 거행하도록 했습니다. 매매와 교환은 이전부터 정례(定例)가 있습니다. 전후로 개시(開市)를 한 것이 17번인데 우리의 응대에 잘못이 없었고, 왕래하는 차관(差官)도 모두 정례(定例)를 준수했습니다. 뜻밖에 이번에 차관(差官) 이하 상인들이 제멋대로 속이고 정례(定例)를 어기고 강요하여 기강의 해이가 극심하니, 진실로 염려됩니다.'"

이를 받고 삼가 생각건대, 본국의 작년 흉년은 그 전년보다 심했고, 북로(北路)의 기근은 다른 도(道)보다 심했습니다. 전후의 차관(差官)이 마침 이때에 방문하여 소요되는 비용이 매우 곤궁합니다. 다만 호부 관원은 이미 사신으로 왔으니 일체의 영접에 마땅히 공경해야 합니다. 매매의 경우는 해마다 정례(定例)에 따라 응대하는 일일 뿐인데, 차관(差官) 외에 많은 종인과 상인들까지 쌀과 콩을 요구하고 술과 식량을 달라고 하며 분수에 넘는 일을 멋대로 하는데 누가 감히 무어라 하지 못합니다. 가엾은 우리의 변민들이 거듭 기근을 겪는데 거기에 괴로운 징수까지 있습니다. 종전에 상인이 매매할 때는 이러한 일이 없었습니다. 천조(天朝)에서 만약 이 말을 들으시면, 반드시 근심

의 거부 및 자살, 醫女를 투입하여 청사를 대접하는 일 등의 문제는 『청태종실록』에 한 번도 나오지 않는다.

29 『朝鮮國王來書』 崇德 7년 3월 2일조에 의하면 이 보고는 함경도 관찰사 여이징(呂爾徵)의 치보이다.

하고 불쌍히 여겨 대책을 세울 것입니다. 장계를 올립니다.』

이를 받고 살피건대, 매매와 교역과 공궤(供饋)는 이전부터 정례(定例)가 있는데, 그 사람들이 정례를 준수하지 않고 제멋대로 거리낌 없이 행동했습니다. 이를 금지하지 않으면 진실로 차후에 해를 끼치는 일이 더할까 두렵습니다. 번거롭겠지만 바라건대 귀부는 금지하는 조치를 시행해 주십시오.」

又一咨云, 議政府狀啟, 據世子陪從宰臣李景奭等馳報, 將挖參各犯, 從實查問供辭, 等候該部處置, 聞有通事韓甫龍·卞蘭等, 來到世子館所, 說稱所據供辭, 既已具悉, 別無更問之事. 各犯等出送, 本國酌處等情. 續據平安道觀察使鄭太和馳報, 挖參犯人四十七名, 世子陪從禁軍鄭之恭管押, 本月二十二日渡江, 到龍川府. 犯人嘉山軍士金迸始, 自義州得病, 到本站物故. 續據黃海道觀察使金光煜狀啟, 犯人金山, 到瑞興物故. 餘犯著令刑官, 嚴行究問, 終不承認. 臣等會議得各人犯等, 欲免越境挖參之罪, 屢加刑訊, 終不吐實, 情則可惡. 而天朝既已矜其無知犯法, 許令本國查處, 實出於天地好生之德. 元數六十五名, 內先已物故者四名. 因病留住者一名, 渡江後物故金迸始·金山等二名, 及各人招內, 謂以首倡而情涉可疑者, 金季得等十三名, 及李有先等四十五名, 竝減死分輕重決罪, 移咨該部等因. 爲此除將各犯物故緣由, 及斷過李有先等決杖發配, 金季得等決杖極邊發配, 各罪名開坐外, 合行移咨, 煩乞貴部查照施行.

또 하나의 자문에서 말했다. 「의정부의 장계(狀啟)는 아래와 같습니다. 『세자를 수행하는 재신 이경석(李景奭)[30] 등의 치보를 받았습니다. "인삼을 몰래 캔 범인들을 사실대로 조사해 진술을 받았습니다. 해당 부의 처리를 기다리는 동안, 통사 한보룡(韓甫龍)·변란(卞蘭) 등이 세자관소에 도착해서 말하기를, '받은 진술은 이미 모두 알고 있으니 특별히 더 물어볼 일이 없습니다. 각 범인들을 보낼 것이니 본국에서 헤아려 처분하게 하십시오.'라고 했습니다."

이어서 평안도 관찰사 정태화(鄭太和)의 치보를 받았습니다. "인삼을 몰래 캔 범인 47명을 세자를 모시는 금군 정지공(鄭之恭)이 압송하여 이달 22일에 강을 건너 용천부(龍川府)에 이르렀습니다. 범인 가산(嘉山; 甲山)의 군사(軍士) 김아시(金迓始)[31]는 의주(義州)에서 병을 얻어 본 참(站)에 도착한 후에 죽었습니다."

이어서 황해도 관찰사 김광욱(金光煜)의 장계를 받았습니다. "범인 김산(金山)은 서흥(瑞興)에 이르러 죽었고, 나머지 범인들은 모두 형관(刑官)에게 엄히 심문하게 했는데 끝내 죄를 인정하지 않았습니다. 신들이 논의해 보니, 범인들은 국경을 넘어서 삼을 몰래 캔 죄를 면하려고 여러 차례 형벌을 받았는데도 끝내 실토하지 않았으니 상황이 가증스럽습니다. 천조에서는 그들이 무지하여 죄를 지은 것을 불쌍히 여겨 본국에서 조사하는 것을 허락하시니, 이는 실로 천지(天地)의 살리기 좋아하는 덕에서 나온 것입니다. 원래 숫자는 65명인데 이 가운데 이미 죽은 자가 4명, 병으로 일행에서 떨어져 남아 있는 자 1명, 강을 건넌 후에 죽은 김아시(金迓始)과 김산(金山) 등 2명, 범인들의 진술 내에서 우두머리로 정황이 의심되는 김계득(金季得) 등 13명, 이유선(李有先) 등 45명은 모두 사형죄를 감해서 경중을 나누고 죄를 결정하여 해당 부에 자문을 보내야 합니다."』

---

30 李景奭: 1595-1671. 조선 인조 때의 문신. 자는 상보(尙輔). 호는 백헌(白軒). 병자호란 때 부제학으로 삼전도 한비의 비문을 쓰고, 척화신으로 심양에 끌려갔다가 돌아왔다. 영의정을 지냈고, 글씨와 문장에 뛰어났다. 저서로 『백헌집(白軒集)』이 있다.

31 金迓始는 『朝鮮國王來書』 崇德 7년 3월 2일조에 '金乭屎'(김돌시)로 기록되어 있다.

이에 각 범인들이 죽은 이유와 이유선(李有先) 등은 장을 쳐서 유배 보내고 김계득(金季得) 등은 장을 쳐서 극변(極邊)으로 유배 보내는 등 각각의 죄명을 열거하여 처리한 것 외에 자문을 보내니, 번거롭겠지만 귀부에서 살펴 처리해 주십시오.」

又一咨云, 本年正月初六日, 據世子陪從宰臣李景奭馳啟, 據文臣四員·通使顧爾馬渾, 來傳聖諭云, 金尚先等, 發往爾國義州拘置. 爲此據議政府啟稱, 金尚先等, 蒙皇上寬宥之恩, 發回我國, 五臣死而復生, 仰荷好生之德, 超出尋常萬萬矣. 隨將金尚先等, 交付平安道觀察使節制使收管, 合將感戴情由, 移咨達部, 轉爲奏上. 竊思五臣被執, 其所犯情罪, 皇上已明知之矣. 今蒙聖德如天, 春生秋肅, 免其拘繫, 釋歸本國, 誠莫大之恩也. 其發回五臣, 已付平安道拘置義州訖. 理合移咨貴部, 轉奏施行.

또 하나의 자문에서 말했다. 「올해 정월 초6일, 세자를 수행하는 재신 이경석(李景奭)의 치계를 받았습니다. "문신 4명과 통사 굴마훈이 전해 온 성유(聖諭)에서 '김상선(金尙先; 金尙憲) 등을 너희 나라의 의주(義州)로 보내 가두어라.'라고 했습니다." 이에 의정부의 장계에 따라 김상선(金尙先; 金尙憲) 등은 황상의 관대한 은혜를 입어 우리나라로 돌아왔고 다섯 신하는 죽었다가 다시 살아났으니, 살리기를 좋아하는 덕을 받은 것이 보통 사람보다 매우 큽니다. 김상선(金尙先; 金尙憲) 등은 평안도 관찰사와 절제사에게 인도하여 관리하게 하고, 감사한 사정을 적은 자문을 부(部)에 보내니, 전달하여 상주해 주십시오. 삼가 생각건대 다섯 신하가 잡혔으니 그들의 죄상은 황상께서 이미 알고 계실 것입니다. 지금 하늘같은 성덕을 베푸시어 봄에 살리고 가을에 엄하시어 구금을 면해 주고 본국으로 돌려보내시니, 진실로 크나큰 은혜입니다. 돌려보낸 다섯 신하는 이미 평안도로 보내어 의주(義州)에 구금했습니다. 귀부에 자문을 보내니 상주를 전달하여 주십시오.」

又一咨云, 據世子陪從宰臣李景奭馳啟, 臣承奉天朝所諭, 來到義州, 將安州在官犯人等, 依律擬斷, 將還至京等因. 據此爲照, 安州在官犯人等, 本官既已依奉處決, 除將各犯處決二名, 決杖發配五名, 放釋一名, 前府使李烓義州拘置, 各罪名開坐外, 合行移咨, 照驗施行.

또 하나의 자문에서 말했다. 「세자를 수행하는 재신(宰臣) 이경석(李景奭)의 치계를 받았습니다. "신은 천조에서 내린 유지를 받들어 의주(義州)에 이르러 안주(安州) 관아에 있는 범인들을 법률에 따라 죄를 정하고 경사로 돌아왔습니다." 이를 받고 살피건대, 안주(安州)의 관아에 있는 범인들은 그 관원이 이미 성지를 받들어 처결했습니다. 각 범인은 처결 2명, 장을 쳐서 유배 보낸 것이 5명, 석방 1명입니다. 전(前) 부사 이계(李烓)[32]는 의주(義州)에 구금하고, 각 죄목을 열거한 것 외에, 자문을 보내니 살펴 처리해 주십시오.」

---

32 이계(李烓): 1603-1642. 본관은 전주(全州). 자는 희원(熙遠), 호는 명고(鳴皐). 효령대군(孝寧大君)의 8대손. 간관으로 있으면서 청나라와의 관계에서 주화파로서 척화파 김상헌(金尙憲) 등을 공격하는 데에 앞장섰다. 1641년 말 선천부사로 있을 때에 명나라 상선과 밀무역하다가 청나라에 발각되어 의주에 구금되었다. 청나라 장군 잉굴다이(龍骨大)의 요구를 받고 조선이 파견한 의금부도사 정석문(鄭錫文)에 의해 1642년 참수되었다.

권60

숭덕 7년 4월 ~ 5월

崇德七年, 壬午, 夏四月, 庚子朔. 兵部移咨朝鮮國王李倧. 咨云, 據王咨內所言倭國情事, 本部一一奏聞, 奉旨. 詳倭國之言, 雖無大惡, 實有欺壓朝鮮之意, 旣修隣好, 王當量其可否而行, 勿爲衆擾, 欽此欽遵, 理合咨覆貴國.

○ 숭덕 7년 임오년 여름 4월 경자일 초하루(4.1), 병부에서 조선국왕 이종(李倧)에게 자문을 보냈다. 자문에서 말했다. 「왕의 자문에서 말한 왜국(倭國)의 사정을 본 부(部)가 일일이 상주하고 성지를 받들었습니다. "왜국의 언사를 살펴보건대 비록 크게 나쁜 것은 없으나 실로 조선을 위압하려는 의도가 있다. 이웃 나라 간의 화호를 맺었으니 왕은 그 가부를 살펴 행하되 백성들을 동요하게 하지 말라." 이를 받들어 귀국에 자문으로 답신합니다.」[1]

---

1 『同文彙考』 別編 卷4 倭情條에 「兵部知會詳閱日本情形咨」라는 제목으로 이 기사와 대동소이한 내용의 자문이 수록되어 있다.

○ 是日, 戶部移咨朝鮮國王李倧. 咨云, 據王咨稱, 差來貿易之人, 供饋自有常規, 此番來人, 不遵舊規, 縱恣勒索, 擾累人民. 若不禁約, 被恐後日貽害滋甚, 等情到部, 但差去之人未回, 其勒索情由, 未經確訊, 難以據咨具奏. 爲此復咨貴國, 可將邊境官員送世子處, 待差遣官從回時, 兩造竝陳, 若擾害人民果眞, 定將差去人員, 從重治罪. 儻或捏情妄報, 亦將轉報官, 從重治罪. 俟訊明之日, 奏聞請旨.

○ 이날 호부에서 조선국왕 이종에게 자문을 보냈다. 자문에서 말했다. 「왕은 자문에서 다음과 같이 말했습니다. "무역하러 파견된 자에게 공궤하는 것은 정례(定例)가 있습니다. 이번에 온 자들은 옛 정례(定例)를 따르지 않고 마음대로 늑색해서 백성들을 괴롭게 했습니다. 만약 이를 규제하지 않으면 훗날 끼칠 해악이 더욱 심할 것이 우려됩니다." 이러한 사정이 본부에 도착했습니다. 다만 파견된 자가 아직 돌아오지 않아 강탈한 사정을 확실히 전해 듣지 못했으므로 자문에만 의거하여 갖주어 아뢰기가 어렵습니다. 이에 다시 귀국에 자문을 보내니, 변경의 관원을 세자의 처소에 보내 파견관이 돌아오기를 기다려 양측을 모두 진술하게 하여 만약 백성을 동요시키고 해악을 끼친 것이 사실이면 파견 인원을 중죄로 다스려야 합니다. 만일 사정을 날조해 거짓으로 알렸으면 또한 보고한 관원을 중죄로 처벌해야 합니다. 심문하는 날을 기다렸다가 상주하여 성지를 청하겠습니다.」[2]

○ 都察院參政張存仁奏言, 皇上威明天縱, 用兵如神, 見無不周, 謀

2 『同文彙考』別編 卷3 交易條에 조선 측에서 보낸 「報也春交易違式咨」라는 자문에 답신한 청 호부의 자문이 「戶部回咨」라는 제목으로 수록되어 있다.

無不遂, 誠開天立極之聖主也. 今松錦既破, 明國督臣洪承疇, 寧·錦鎮臣祖大壽, 已俱爲我皇上所擒降, 此時明國將帥, 有不人人破膽, 處處惶懼者乎. 臣觀洪承疇, 欣欣自得僥倖再生, 是能審天時, 達世務, 仰慕皇上爲天授福德之眞主. 祖大壽悔盟背約, 仍靦顏來歸, 是勢窮力竭, 見松山已下, 援兵盡沒, 欲仍蹈大凌河之漏網, 未可知也. 皇上自有睿鑒, 臣愚淺之識, 以爲正宜於此時, 示生殺之大權, 分厚薄之定典. 洪承疇雖非挺身投順, 皇上留之以生, 是生其能識時勢也. 祖大壽宜斬, 是斬其背盟狡詐也.

洪承疇既幸得生, 必思效用於我國, 似不宜久加拘禁, 應速令薙髮, 酌加任用, 使明國之主, 聞之寒心, 在廷文臣, 聞之奪氣. 蓋皇上特爲文臣之歸順者, 開一生路也. 且洪承疇身係書生, 養於我國, 譬如孤羊在檻穽之中, 蠅飛無百步之力耳, 縱之何所能, 禁之何所用, 此恩養之不宜薄者也. 祖大壽係我國寇讐, 反覆不常, 皇上即欲生之, 似宜嚴加拘禁而防範之, 但待以不殺足矣. 况前途正多可攻之城, 可闢之地, 皇上於此不可堅明人後來抗守之志. 彼謂祖大壽既負恩背約, 至於受圍糧絶殺人相食, 不得已而後出城乞命, 尙且得生, 儻使城城效尤, 人人比例, 不至十分窘急, 孰肯輸誠早順者乎. 此恩養之不宜厚者也. 即今吳三桂觀望於前, 焉知不蹈此轍乎.

彼吳三桂苟延於寧遠, 終爲我皇上擒獲之人, 彼罪戾已深, 危疑更甚, 皇上宜頒敕諭於寧遠城中鎮將等官,　開明松錦生殺之理順逆之端. 誅留分別, 一一詳示, 吳三桂竝非奇材良將, 有不搖動其心者乎. 當年大凌河之役, 臣與祖大壽·何可剛三人, 得皇上賜書二次, 聖語諄諄, 詞意仁厚, 祖大壽因而動念, 臣亦爲之動念. 祖大壽聽臣口誦皇上天生不偶之語, 夜三更時, 密遣劉毓英, 約臣於南門城樓內計議投順. 彼時止臣二人商定, 隨寫書繫箭, 射出城外, 有令石副將來會之語, 而他將未之知也. 此非皇上前此賜書之明驗乎. 今之寧遠, 正在倉皇無措之際, 乘其心未定而計未審, 曉以天心之眷佑, 仗我皇上之福, 一紙賜書, 勝於加兵數萬, 人心動搖, 勢如破竹, 皇上乘機運策, 因時速成. 關寧一破, 燕京震動, 必至南遷, 大河以北, 可傳檄而定也. 臣受澤已深, 謬叨言責, 凡有一得之愚, 不顧忌諱, 冒瀆敷陳, 伏候聖裁.

○ 도찰원참정 장존인(張存仁)이 상주하여 말했다. 「황상께서는 위명(威明)을 타고나시어 군사를 부리는 것이 신과 같으며, 두루 보지 못하는 것이 없고 이루지 못하는 계책이 없으니, 진실로 하늘을 열고 지극한 경지에 오르신 성군이십니다. 지금 송산(松山)과 금주(錦州)를 격파했고 명나라의 총독 홍승주(洪承疇)와 영원(寧遠)・금주(錦州)의 진신(鎭臣) 조대수가 우리 황상께 사로잡히고 항복했으니, 지금 명나라 장수들 중에 간담이 서늘해지지 않은 자가 있겠으며 두려워하지 않는 곳이 있겠습니까? 신이 보건대 홍승주는 요행히 새 삶을 얻은 것에 기뻐하고 만족해합니다. 이는 천시를 살피는 데 능하고 세상일에 통달하여 황상께서 하늘이 부여하는 복록과 공덕의 진정한 주인임을 우러러 흠모하는 것입니다. 조대수는 맹약한 것을 후회하여 배반했다가 거듭 뻔뻔스럽게 귀부해 왔습니다. 이는 형세는 궁해지고 힘은 다하여 송산(松山)이 함락되고 구원병도 모두 몰살당한 것을 보고 대릉하(大凌河)에서 처벌을 면했던 것을 또 답습하려는 것인지 알 수 없습니다. 황상께 뛰어난 식견이 있지만, 신의 어리석고 얕은 식견으로는 지금 살리고 죽이는 큰 권한을 보이시어 후대하고 박대하는 전범을 정해 구분하는 것이 옳습니다. 홍승주는 비록 앞장서 귀순해 오지는 않았으나 황상께서 그를 머물러두어 살리셨으니 이는 시세를 아는 자를 살리는 것입니다. 조대수는 목을 베어야 하니 이는 그 맹약을 저버리고 간사하게 속이는 자를 목 베는 것입니다.

홍승주는 요행히 살아남았기에 반드시 우리나라에 힘을 다하기를 생각할 것이므로 오랫동안 구금해 두는 것은 마땅하지 않습니다. 속히 체발하게 하고 참작하여 임용함으로써 명나라 군주가 이를 듣고 간담이 서늘해지게 만들고, 조정의 문신들이 이를 듣고 두려워 기운이 빠지게 만들어야 합니다. 대개 황상께서는 특히 귀순해 온 문신들에게 살길을 열어 주셨습니다. 홍승주 본인은 서생으로, 우리나라에서 부양하는 것이 마치 외로운 양 한 마리가 함정 가운데 빠져 있고 파리가 백 걸음 거리를 날아오를 힘이 없는 것과 같으니, 놓아준들 무엇을 하겠으며 가둬둔들 무슨 소용이겠습니까? 이는 은혜로 부양하는 것을 각박하게 해서는 안 된다는 것입니다. 조대수는 우리나라의 원수로 말이나 행동을 바꾸어 한결같지 않은데, 황상께서 만약 그를 살리고자 하시면 마땅히 엄중하게 구금하고 방비하여 죽이지 않는 것으로 충분합니다. 하물며 앞으로 공격해야 할 성과 물리쳐야 할 땅이 매우 많으니, 황상께서는 지금 명나라 사람들의 훗날 항전하며 지키려는 뜻이 굳어지게 해서는 안 됩니다. 저들은 조대수가 이미 은혜를 입고도 맹약을 저버렸다가 포위당해 군량이 끊어져 서로 잡아먹기에 이르러 부득이 성을 나와 목숨을 구걸했는데도 또 목숨을 구했다고 합니다. 만약 여러 성(城)들이 이를 따라하고 여러 사람들이 이를 본받는다면 궁색하고 다급해지기 전에 누가 마음을 다해 일찍 귀순하겠습니까? 이는 은혜로 부양하는 것이 지나치게 후해서는 안 된다는 것입니다. 지금 오삼계(吳三桂)가 저 앞에서 관망하고 있는데 이 전철을 밟지 않을지 어찌 알겠습니까?

오삼계가 영원성에서 구차하게 연명하고 있지만 끝내 우리 황상에게 사로잡히게 될 텐데, 그의 죄가 커서 위태롭게 여기고 의심하는 것이 더욱 심합니다. 황상께서는 마땅히 영원성 안의 진장(鎭將)을 비롯한 관원들에게 칙유를 반포하여 송산과 금주에서 살리고 죽이는 이치와 순종하고 거역하는 단서를 밝게 알리셔야 합니다. 죽이고 살리는 일을 분별하여 일일이 상세하게 보여주면, 오삼계가 뛰어난 재능을 가진 좋은 장수도 아닌데 마음이 어찌 흔들리지 않겠습니까? 대릉하에서 전투가 있었던 해에 신과 조대수 · 하가강(何可剛) 세 사람이 황상께서 내리신 글을 두 차례 받았을 때, 성상(聖上)께서 거듭 타이르는 말씀이 인자하고 후덕하여 조대수가 마음이 움직였고 신도 그 때문에 마음이 움직였습니다. 조대수는 황상께서 하늘이 내리신 분임에도 때를 만나지 못했다고 신이 말하는 것을 듣고, 밤 3경 무렵에 몰래 유육영(劉毓英)을 보내 신과 남문 성루 안에서 투항을 의논하기로 약조했습니다. 그때 신 두 사람만 상의하고 정하여 곧 서신을 써서 화살에 매어 성 바깥으로 쏘아 보냈습니다. 석 부장(石副將)에게 오라는 말이었으나 다른 장수들은 이를 알지 못했으니, 이는 황상께서 전에 내리신 글에서 밝힌 것이 아니겠습니까? 지금 영원성은 곧 황급한 때이니 마음을 정하지 못하고 계책을 살피지 못하는 것을 틈타서 우리 황상의 복록(福祿)이 하늘의 도움에 의지하고 있음을 밝히는 한 장의 글을 내리면 군사 수만 명을 더하는 것보다 인심이 동요하고 파죽지세가 될 것입니다. 황상께서는 기회를 타고 책략을 운용하여 시세를 따라 속히 이루십시오. 산해관과 영원성이 일거에 무너지면 연경이 크게 놀라 반드시 남쪽으로 천도할 것이고, 황하(黃河) 이북은 격문을 전하는 것으로 평정할 수 있을 것입니다. 신이 은택을 입은 것이 깊고 외람되이 언관의 직책을 맡았기에, 우둔한 견해를 피하지 않고 감히 진술하니, 엎드려 성상의 재결을 기다립니다.」

○ 丁未, 遣刑部啟心郎額爾格圖, 齎敕諭詣圍守杏山王 · 貝勒軍營, 令傳諭寧遠 · 杏山 · 塔山等處. 敕寧遠總兵吳三桂曰, 大清國皇帝敕諭寧遠吳大將軍. 朕以大兵圍困松錦, 松山副將夏承德, 先行納款, 率衆來歸, 故彼眷屬竝所部之人俱加留養, 洪承疇亦留養之矣. 其餘抗命者, 盡行誅戮, 惟祖大樂等, 因係將軍之戚, 姑留之, 錦州祖大壽歸命, 其眷屬部衆, 俱獲保全. 此正大將軍趨吉避凶建功立業之秋也. 儻狐疑未決, 不速來歸, 爾明國皇帝, 有不疑將軍而加之罪者乎. 將軍果能乘機搆會, 決意來歸, 則明哲之智, 誠附之功, 與迫而後歸之松錦諸臣, 大相懸絕, 將軍之親戚可以完聚, 富貴可以長保矣. 否則將軍之全軍已爲我所敗, 印信已爲我所奪, 松錦陷沒, 坐視而不能救, 種種罪愆, 爾明國皇帝, 寧有輕恕將軍之理耶. 曩者祖大壽之在錦州也. 爾明國皇帝, 每疑之而欲加以罪, 然而終不能者, 以其族黨甚強, 且據錦州故耳. 今將軍以孤立之身, 負危疑之迹, 豈能自保無虞. 况爾明國, 流寇轉熾, 土宇凋殘, 傾亡之象, 將軍已目擊之. 時勢若此, 將軍雖勇, 一人之力, 其奈之何哉. 將軍不於此時翻然悔悟, 決計歸順, 勞我士馬, 遲我時日, 彼時雖降, 亦不足重矣. 今爾明國皇帝, 雖遣使講和, 其誠僞難知, 成否亦未可必, 而將軍親故, 俱在於斯, 歸我之念, 誠宜早定. 朕以眞情反覆開諭, 將軍其詳慮而熟思之.

○ 정미일(4.8), 형부계심랑 어르거투를 보내 칙유를 가지고 행산(杏山)을 포위해 지키고 있는 왕과 버일러의 군영에 가서 영원·행산·탑산 등지에 칙유를 전하도록 명했다. 영원총병(寧遠總兵) 오삼계에게 칙유하여 말했다. 「대청국 황제가 영원성의 오(吳) 대장군에게 칙유한다. 짐이 대군으로 송산과 금주를 포위하니 송산부장 하승덕(夏承德)이 앞장서 마음을 다해 복종하여 무리를 이끌고 귀부해 왔기 때문에 그의 권속과 부하들을 함께 모두 더하여 남겨 두어 보살폈고, 홍승주 또한 남겨 두어 보살폈다. 그 밖에 명을 거역한 자들은 모두 몰살시켰으나 오직 조대락(祖大樂) 등은 장군의 인척이므로 잠시 남겨 두었는데, 금주의 조대수가 귀의했기에 그 권속과 부하들도 모두 보전했다. 지금은 바로 대장군이 길한 것을 따르고 흉한 것을 피하여 공

적을 세워야 할 때인데, 혹시 의심이 많아서 결단하지 못하여 속히 귀부해 오지 않으면 너희 명나라 황제가 장군을 의심하여 죄를 더하지 않을 리가 있겠는가? 장군이 과연 기회를 잡아서 귀부해 오기로 결정하면 그 뛰어난 지략과 성심으로 귀부한 공로는 궁박해진 뒤에야 귀부해 온 송산과 금주의 여러 신하들과는 크게 다를 것이며, 장군의 친척들도 온전히 모여 살 수 있을 것이고 부귀 또한 오래도록 보전할 수 있을 것이다. 그렇지 않으면 장군의 모든 군사를 이미 내가 패퇴시켰고 인신(印信)도 이미 내가 빼앗았고, 송산과 금주가 함몰되는데도 구경만 했을 뿐 구원하지 못하여 죄가 한두 가지가 아닌데, 너희 명나라 황제가 어찌 장군을 가벼이 용서할 리가 있겠는가? 지난번 조대수가 금주에 있을 때 너희 명나라 황제가 매번 그를 의심하고 죄를 더하고자 했으나 끝내 하지 못했던 것은 그 집안이 심히 강성하며 금주에 의지하고 있었기 때문이었을 뿐이다. 지금 장군이 고립된 처지로 위태로운 행적을 짊어지고 어찌 스스로를 보전하고 근심이 없을 수 있겠는가? 하물며 너희 명나라는 도적들이 기승을 부려 나라가 쇠약해지고 곧 멸망할 형세임을 장군이 이미 목격했다. 시세가 이러하니 장군이 비록 용맹하더라도 한 사람의 힘만으로 어찌하겠는가? 장군이 이때에 불현듯 잘못을 뉘우치고 깨달아 귀순할 계획을 결정하지 않고 우리 군사와 마필을 번거롭게 하고 우리의 시일을 지연시키면, 그때 항복하더라도 중히 여기지 않을 것이다. 지금 너희 명나라 황제가 비록 사신을 보내 화의를 논하지만 그 진위 여부를 알기 어렵고 성패 여부 또한 기약할 수 없는데, 장군의 친인척은 모두 여기에 있으니 우리에게 귀순할 생각을 속히 정해야 마땅하다. 짐이 진정으로 거듭 유시하니, 장군은 이를 상세히 생각하고 깊이 고심해 보라.」

勑白廣恩曰, 大淸國皇帝勑諭寧遠白將軍. 朕以大兵圍困松錦, 祖大

壽出城歸命, 洪承疇 · 祖大樂等官俱已就擒, 將軍之子白良弼亦爲朕所獲而優養之. 今明國變亂蜂起, 內外不能相顧, 傾亡之勢想, 將軍亦熟知之矣. 況邇來松錦覆軍陷地, 罪有所歸, 爾明國皇帝, 豈有輕恕將軍之理. 將軍若肯開導吳將軍, 因時立功, 同來歸命, 則罪譴可以獲免, 父子得以相見, 而富貴亦可以永享矣. 將軍其速圖之. 敕栢副將曰, 大淸國皇帝敕諭寧遠城守栢將軍. 朕以大兵圍困錦州 · 松山, 祖大壽出城歸命, 洪承疇 · 祖大樂等, 俱已臣服, 此正將軍立功名, 保身家之時也. 將軍若能開導吳大將軍, 同心協謀, 擧城歸順, 則功名顯榮, 親族完聚, 共享富貴矣. 今明國失道, 盜賊蜂起, 將軍不速審機效順, 將何待乎.

백광은(白廣恩)에게 칙유하여 말했다. 「대청국 황제가 영원성의 백(白) 장군에게 칙유한다. 짐이 대군으로 송산과 금주를 포위하여 조대수가 성을 나와 귀순했고 홍승주 · 조대락 등의 관원도 모두 생포되었으며, 장군의 아들 백량필(白良弼)도 짐이 사로잡아 잘 대우하며 보살피고 있다. 지금 명나라는 변란이 벌떼같이 일어나 안팎을 돌아볼 겨를이 없어 멸망할 형세임은 장군도 잘 알고 있을 것이다. 하물며 근래 송산과 금주에서 군사가 패배하고 성지가 함락되었으니 죄를 묻는다면 너희 명나라 황제가 어찌 장군을 가벼이 용서할 리가 있겠는가? 장군이 만약 오 장군을 깨우쳐 인도하여 시세를 따라 공을 세우고 함께 귀순하면, 죄와 허물을 면제받을 수 있고 부자가 서로 만날 수 있고 부귀도 영원히 누릴 수 있다. 장군은 이를 속히 도모하라.」

백(栢) 부장에게 칙유하여 말했다. 「대청국 황제가 영원성을 지키는 백(栢) 장군에게 칙유한다. 짐이 대군으로 금주와 송산을 포위하여 조대수가 성을 나와 귀순했고 홍승주 · 조대락 등도 모두 이미 신하로서 복종했다. 이는 바로 장군이 공훈과 명예를 세우고 자기 자신과 집안을 보전할 때이다. 장군이 만약 오삼계 대장군을 깨우쳐 인도하여 한마음으로 협력해 성을 들어 귀순하면 공훈과 명예가 빛나고 친족이 온전히 모여 살면서 함께 부귀를 누릴 것이다. 지금 명나라는 나라를 다스리는 도리를 잃어 도적이 벌떼같이 일어나고 있는데 장군은 속히 시세를 살펴 귀순하지 않고 무엇을 기다리는가?」

又敕杏山·塔山官軍曰, 大清國皇帝敕諭杏山塔山官屬軍士. 朕以大兵圍困松錦, 曠日持久, 城內之人, 相食而死者甚衆, 其餘未死者, 克城之日, 本應盡誅, 以正其久抗之罪. 但松山副將夏承德納款我軍, 使我軍得入, 故獨全其部衆, 惟不與同謀者殺之. 錦州祖大壽雖迫而後降, 亦尙留養, 其餘未降而死者, 正復不少. 爾等毋得效尤松錦, 迫而後降, 謂可僥倖全生也. 若不勞我士馬, 速來歸命, 朕當念其歸命之速而優養之, 儻延遲日久, 至於糧絶, 罔識趨避, 自絶於天, 城下之日, 悉罹誅戮, 悔無及矣. 況總兵祖大壽已降, 總督洪承疇等已悉爲我擒, 爾等不降, 尙安待哉.

또 행산·탑산의 관속과 군사들에게 칙유하여 말했다. 「대청국 황제가 행산·탑산의 관속과 군사에게 칙유한다. 짐이 대군으로 송산과 금주를 포위하여 오랜 시간이 지나자 성 안의 사람들이 서로 잡아먹고 죽는 자들이 심히 많았고 그 나머지 죽지 않은 자들은 성을 함락시킨 날 모두 주살하여 오래도록 항전한 죄를 다스렸다. 다만 송산의 부장 하승덕이 우리 군대에 마음을 다해 복종하여 우리 군대가 진입하도록 했기 때문에 오직 그의 부하들만 보전시켜 주었고 함께 모의에 참여하지 않은 자는 죽였다. 금주의 조대수는 비록 궁박해진 뒤에야 항복했지만 오히려 남겨 두어 보살폈다. 그 나머지 항복하지 않고 죽은 자들이 참으로 적지 않았다. 너희는 송산과 금주가 궁박해진 후에야 항복한 것을 따라하면서 요행히 목숨을 보전할 수 있으리라 생각하면 안 된다. 만약 우리 병사와 군마를 번거롭게 하지 않고 속히 와서 귀순하면 짐이 마땅히 그 귀순의 빠름을 감안하여 우대하여 부양할 것이다. 그러나 만약 양곡이 끊어질 때까지 오래 지체하면서 따라야 할 것과 피해야 할 것을 알지 못하고 스스로 천명을 저버리면 성이 함락되는 날 모조리 도륙당할 것이니 후회해도 늦을 것이다. 하물며 총병 조대수가 항복했고 총독 홍승주 등도 모두 내게 사로잡혔는데, 너희는 항복하지 않고 무엇을 기다리는가.」

張存仁·祖可法·裴國珍·吳三鳳·胡弘先等又遵旨, 各遺三桂書一函. 張存仁書云, 暌違多載, 聞台臺拜大將軍, 叨愛末者, 實深慶幸. 但明國氣運已衰, 東土福星正旺, 救錦圍而松杏受困, 守一城而三城俱失. 十餘萬之兵馬, 一朝盡於疆埸, 數百萬之金錢, 瞬息棄爲灰燼, 督撫鎭道, 委爲就縶之俘, 將帥偏裨, 轉作興朝之佐. 竊思台臺與祖氏三大將, 俱係母舅, 十餘副參, 又係昆弟, 親族若此, 罪案若彼, 台臺欲逃罪而責無可諉, 欲明心而踪有可疑. 況洪制臺以專閫重任, 尙知審天時度人事, 惴惴然保性命而圖富貴, 祖總兵悔盟抗守, 仍投聖主歸有道, 欣欣然保富貴而全餘年, 冲幼如台臺, 何爲坐俟禍及乎. 大厦將傾, 一木難支, 縱使苟延日月, 不過擁兵自衛, 跋扈要君, 智竭力窮, 蹈令舅之轍而已. 何若全城投順, 未困先降, 仰邀聖主之恩, 勳名俱重哉. 幸高明速爲裁審.

장존인(張存仁)[3]·조가법(祖可法)·배국진(裴國珍)·오삼봉(吳三

3 장존인은 오삼계의 절친한 친구이다. 조가법은 오삼계의 외사촌형제이다. 배국진은 오삼계의 이모부이다. 오삼봉은 오삼계의 친형이다. 호홍선은 오삼계의 이

鳳)·호홍선(胡弘先) 등도 성지를 받들어 각자 오삼계에게 서신 한 통씩을 보냈다. 장존인이 서신에서 말했다.「헤어진 지 오래인데 대대(台臺)[4]가 대장군에 임명되었다는 소식을 들으니 마지막까지 보살핌을 받는 것이 실로 깊어 경사스럽고 다행스러운 일입니다. 다만 명나라의 기운은 이미 쇠했는데 동쪽 땅에서 길한 별이 실로 왕성하게 빛나니, 금주의 포위를 구하려다가 송산과 행산이 곤란을 겪었고 성 하나를 지키려다가 성 셋을 모두 잃었습니다. 10여 만의 병사와 군마가 하루아침에 모두 땅에 묻히고 수백만의 금전이 순식간에 잿더미가 되었으며, 독무(督撫)와 진도(鎭道)가 사로잡혀 포로가 되었고 장수와 보좌관들은 우리나라를 돕기로 마음을 바꾸었습니다. 삼가 생각건대 대대(台臺)에게 조씨의 세 대장은 모두 외숙들이고 10여 명의 부장과 참장들 또한 형제들인데, 친족이 이러하고 죄상이 저러하므로 대대(台臺)는 죄를 피하고자 해도 책임을 핑계 댈 수 없고 속마음을 밝히고 싶어도 종적에 의심할 만한 점이 있습니다. 하물며 홍승주 제대(制臺)[5]는 지방군을 통솔하는 중책을 맡았는데도 오히려 천시를 살피고 인간사를 헤아릴 줄 알아 두려워 떨면서 생명을 보전하고 부귀를 도모했으며, 조대수 총병은 맹약을 후회하고 저항하며 지키다가 우리 성상(聖上)께 투항하고 바른 도리에 귀의하여 매우 기뻐하면서 부귀를 보존하고 여생을 온전하게 했는데, 대대(台臺)처럼 한창인 분께서 어찌 앉아서 화를 기다리겠습니까? 큰 집이 기울어지면 기둥 하나로 버틸 수 없으니, 설령 시일을 끌더라도 병사를 이끌고 자신을 지키는 정도에 불과하고 발호하여 군주를 협박해도 지혜와 힘이 다하여 외숙의 전철을 밟게 될 뿐입니다. 어찌 포위당하기 전에 먼저 성을 통째로 들

종사촌형이다.

4 台臺: 장관 및 고관 일반에 대한 존칭. 여기서는 오삼계를 지칭한다.

5 制臺: 총독에 대한 존칭. 여기서는 홍승주를 지칭한다.

어 귀순하고 항복하여 성상(聖上)의 은덕을 맞이하고 공훈과 명예가 커지는 것만 하겠습니까? 고명하신 대대(台臺)는 속히 살펴 결단하시면 다행이겠습니다.」

祖可法書云, 日月易邁, 一別多年, 遙聞鎭臺懸大將軍印, 喜何如之. 玆者松錦已下, 洪總督暨祖氏全歸, 如諸將高勳等, 審天時度人事, 悉來歸附, 不佞深爲鎭臺慮也. 督撫鎭道, 俱順興朝, 城池兵馬, 悉行委棄, 不能逃一定之明法可知矣. 兼之宗族之弟兄, 俱臣服於此, 鎭臺又不能洗骨肉之嫌疑可知矣. 況天運人心, 皆歸新主, 有識者之所共知, 望乞鎭臺熟爲審處, 及早投誠, 裂土分茅, 超出尋常萬萬也. 毋至勢窮力竭, 搖尾乞憐. 拙筆不堪上覽, 苦口乃是良藥, 高明速速裁行是望. 裴國珍書云, 自別賢甥, 經十二年矣. 側聞登壇大拜, 曷勝踴躍. 但識時務者, 呼爲俊傑, 賢甥高明, 豈有不知. 愚觀今日時勢, 誠天意攸歸之日也. 我皇上聰明天縱, 聖智神武, 戰勝攻取, 靡不如意. 松錦既下, 勢如破竹, 天下之事, 指顧可定, 賢甥若能順時而來, 則裂土分茅, 可以預決. 愚又慮賢甥之登顯職, 皆由於祖鎭臺, 今祖氏全家歸順, 明國豈有不疑賢甥者乎. 前者賢甥在陣逃出, 大兵盡喪, 總督文武官俱陷, 賢甥獨存, 罪將安歸. 竊恐功名富貴, 必不能常保, 而身家性命, 又不知作何結局也. 萬全之計, 不如以寧遠全城投順, 城中十萬生靈, 俱獲保全, 而賢甥事業, 正未可量矣. 情忝骨肉, 故爾冒言, 惟熟計而詳察之幸甚.

조가법이 서신에서 말했다. 「세월이 빠르게 흘러 헤어진 지 몇 년이 되었습니다. 멀리서 진대(鎭臺)[6]가 대장군이 되었다고 들으니 기뻐 어쩔 줄 모르겠습니다. 지금 송산과 금주가 함락되었고 홍승주 총독 및 조씨가 전부 귀순했으며, 고훈(高勳) 등 여러 장수들도 천시를 살피고 인간사를 헤아려 모두 귀부했으니 저는 진대(鎭臺)가 심히 염려됩니다. 독무(督撫)와 진도(鎭道)가 모두 우리나라에 귀순하여 성지와 병마가 모두 버려졌으니 분명히 정해진 법으로부터 도망할 수 없음을 알 수 있습니다. 게다가 종족의 형제들이 모두 여기에 신하로서 복종했으니 진대(鎭臺)는 골육의 혐의를 씻지 못할 것임을 알 수 있습니다. 하물며 천운과 인심이 모두 새로운 군주께 귀의한다는 것은 식견이 있는 자들 모두가 아는 바이니, 바라건대 진대(鎭臺)도 처지를 잘 살피시고 빨리 귀순하면 제후의 자리에 오르시어 보통 사람들보다 만 배는 뛰어날 것입니다. 형세가 곤궁해지고 힘이 다한 후에 비굴하게 애걸하지 마십시오. 부족한 글을 감히 올리기 어려우나 입에 쓴 약이 좋으니, 고명하신 진대(鎭臺)는 속히 판단하여 행동하시기 바랍니다.」

배국진이 서신에서 말했다. 「조카와 이별한 지 12년이 되었다. 소식을 듣건대 대장군이라는 중대한 직책에 올랐다 하니 뛸 듯이 기쁜 마음을 참을 수 없다. 다만 시무를 아는 자가 준걸이라는 것을 고명한 조카가 어찌 모를 리 있겠는가? 내가 오늘날의 시세를 보건대 진실로 하늘의 뜻이 옮겨 가는 때이다. 우리 황상께서는 하늘이 주신 총명을 받아 신묘한 지략으로 전쟁에서 승리하고 공격하여 취하는 것이 뜻대로 되지 않는 것이 없다. 송산과 금주가 함락되었으니 마치 파죽지세와 같이 천하의 일이 신속하게 결정될 것이니, 조카가 만약 시세를 좇아 투항하면 제후의 자리에 오르는 것은 이미 예정된 것이다. 내가 우려하는 것은, 조카가 중요한 직책에 오른 것이 모두 조대수 진대(鎭臺) 덕분인데 지금 조씨 집안 전체가 귀순했으니 명나라가 어찌 조카를 의심하지 않겠는가? 전에 조카가 전장에서 도망친 후 대군이 모두 몰살당했고 총독과 문무관원이 모두 무릎을 꿇었는데 조카만 홀로 살아

---

6 鎭臺: 총병에 대한 존칭. 여기서는 오삼계를 지칭한다.

남았으니 죄가 장차 어디로 돌아가겠는가? 생각건대 공명과 부귀를 항상 보전할 수는 없고 자신과 가족의 생명 또한 어떤 결말을 맞을지 알 수 없다. 만전을 기하는 계책으로 영원성을 통째로 들어 귀순하는 것만 한 것이 없으니, 성 안의 10만 명 목숨을 모두 보전하고 조카의 사업 또한 진실로 한없이 번창할 것이다. 골육의 정으로 너에게 감히 말하니, 오직 깊이 계획하고 상세히 살펴 주면 매우 다행이겠다.」

吳三鳳書云, 久別賢弟, 十有餘年, 賢弟拜將, 門戶生輝, 幸甚幸甚. 愚兄蒙我皇上仁愛豢養, 解衣推食, 踰於他輩, 仰承皇上愛屋及烏, 實叨賢弟之光. 今祖氏來歸, 賢弟難免同舟之疑. 棄暗投明, 哲人也, 擇主而事, 良將也, 大丈夫知時達機, 保全身家可也. 思之思之, 臨楮翹望. 胡弘先書云, 睽違十二年矣. 所喜者, 賢弟弱冠之年, 得拜大將軍之職. 憶昔幼年把臂時, 見賢弟聰俊絕人, 曾以大成相許, 今果位極人臣, 方知天之生才不偶也. 然愚兄旣爲賢弟慶封拜之早, 復又爲賢弟慮富貴之短. 今日吾弟兄之母舅, 一宗來歸, 全城投降, 賢弟欲遠至戚之嫌, 不可得矣. 喪沒大兵, 失守城池, 賢弟欲逃法網之誅, 亦不可得矣. 熟慮及此, 賢弟保同宗之身家, 全寧遠之生靈, 體天心, 度人事, 速來相聚, 依然位極人臣, 去危即安, 彼此均榮. 愚兄不勝顒望之至.

오삼봉이 서신에서 말했다. 「아우와 이별한 지 오래되어 10여 년이 흘렀는데 아우가 장군에 임명되어 문호를 빛냈다니 매우 다행이다. 어리석은 형은 우리 황상께서 아끼고 사랑하여 보살펴 주시는 은혜를 입었으니 옷을 벗어 주고 음식을 밀어주는 것이 다른 무리보다 한층 더하여 집에 대한 사랑이 까마귀에게까지 미치는 것 같이 실로 아우를 원하시는 황상의 은애를 받들고 있다. 지금 조씨가 귀부해 왔으니 아우도 한 배를 탔다는 의심을 면하기 어려울 것이다. 어둠을 버리고 빛에 투항하는 것이 현명한 사람이고 군주를 택하여 섬기는 것이 뛰어난 장수이니, 대장부라면 시운을 알고 기세에 통달하여 자신과 집안을 보전해야 할 것이다. 생각에 생각을 더하여 서신을 보내니 빠른 답신을 기다린다.」

호홍선이 서신에서 말했다. 「헤어진 지 12년이 되었는데 아우가 약관의 나이에 대장군의 직위에 임명되었다니 기뻐할 일이다. 어릴 적에 서로 팔짱을 끼던 시절을 떠올리건대 아우는 총명하고 준수함이 남보다 뛰어나 일찍이 크게 성공할 것이라며 친하게 교제했는데, 지금 과연 신하로서 최고의 자리에 올랐으니 바야흐로 하늘이 내린 인재가 일찍이 때를 만나지 못했음을 알 수 있다. 그러니 어리석은 형은 아우를 위해 일찍부터 높은 자리에 오른 것을 축하하면서도 아우를 위해 부귀의 짧음을 염려한다. 오늘날 우리 형제의 외숙이 집안 전체와 함께 귀부하면서 성을 통째로 들어다 투항했으니 아우가 가까운 친인척의 혐의로부터 멀어지고자 하더라도 할 수 없을 것이며, 대군이 몰살당했고 성지를 지키는 데 실패했으니 아우가 죽을죄에서 도망치고자 해도 할 수 없을 것이다. 이렇게 된 것을 깊이 생각해 보건대 아우가 자신과 가족을 비롯한 집안 전체를 보존하고 영원성의 목숨을 온전히 하려면, 천심을 체득하고 인간사를 헤아려 속히 투항하여 전과 마찬가지로 신하로서 최고의 자리에 올라 위태로움을 제거하고 평안함을 얻어 피차가 모두 영화를 누려야 한다. 어리석은 형은 지극한 심정으로 간절히 바라마지 않는다.」

○ 白廣恩子白良弼與其父書云, 自去年八月二十二日晩間離別, 蒙囑我等去後, 料松山可不被圍, 不過十數日, 我自回來等語. 不意去後, 本城糧米斷絕, 所留馬三匹, 騾五頭, 俱變賣換糧, 以救饑餒, 於二月十九日夜間, 大兵進城. 聞知男是白總兵之子, 厚加恩養, 伯父白廣威與趙光才 · 洪總督俱在一處, 謹禀.

○ 백광은(白廣恩)의 아들 백량필(白良弼)이 부친에게 쓴 글에서 말했다. 「작년 8월 22일 저녁에 이별하면서 우리에게 뒷일을 당부하고 떠나시며, "송산의 포위가 십수일을 넘지 않을 것으로 생각된다, 나는 그때 돌아오겠다."라고 하셨습니다. 뜻밖에 떠나신 후 본성의 식량이 끊겨서 남은 말 3마리와 노새 5마리를 모두 팔아 양곡으로 바꾸어 굶주림을 모면하고 있었습니다. 2월 19일 밤에 대군이 성으로 진격했는데, 제가 백(白) 총병의 아들이라고 듣고 후대하며 은혜로이 살려 주었습니다. 백부 백광위(白廣威)와 조광재(趙光才) · 홍 총독(洪總督)이 모두 한곳에 있습니다. 삼가 아룁니다.」

○ 庚戌, 寅刻, 兩日竝出. 上大下小, 須臾大日之光散沒, 日色如故.

○ 경술일(4.11), 인시에 두 해가 함께 떠올랐다. 위의 것은 컸고 아래의 것은 작았는데, 순식간에 큰 해의 빛이 흩어져 사라지고 햇빛이 예전과 같아졌다.

○ 辛亥, 內秘書院學士額色黑, 以攻克塔山捷音奏報. 和碩鄭親王濟爾哈朗 · 多羅睿郡王多爾袞 · 多羅肅郡王豪格, 欽遵上諭, 率右翼將士及兩翼護軍漢軍, 載火器至塔山城, 列紅衣礮於西. 初八日進攻, 至初九日午時, 城崩二十餘丈, 我兵由崩處先登, 遂克其城. 城內三營官屬兵丁共七千, 盡殲之, 俘獲城內物數, 俟後開報奏聞. 上命於篤恭殿集衆官宣捷.

○ 신해일(4.12), 내비서원학사 어서허이가 탑산(塔山)을 공격해 함락시켰다는 승전보를 상주했다. 「호쇼이 정친왕 지르갈랑 · 도로이 예군왕 도르곤 · 도로이 숙군왕 호오거가 상유(上諭)를 받들어 우익의 군사 및 양익(兩翼)의 호군과 한군(漢軍)을 이끌고 화기를 운반해 탑산성에 이르러 홍의포를 서쪽에 도열시켰습니다. 초8일에 나아가 공격했는데 초9일 오시(午時)가 되자 성곽 20여 장이 붕괴했기에 우리 군사가 무너진 곳을 거쳐 먼저 올라가 마침내 성을 함락시켰습니다. 성 안의 세 군영의 관속과 병정이 모두 7,000명이었는데 전부 죽였고, 노획한 성 안의 물건의 수량과 종류는 나중에 기록해 보고하는 것을 기다려 상주하겠습니다.」 주상이 독공전에 관원들을 모아 승전을 선포하도록 명했다.

○ 和碩鄭親王濟爾哈朗 · 多羅睿郡王多爾袞 · 多羅肅郡王豪格, 遣和託 · 鍾古等, 以俘獲塔山人口及金 · 銀 · 牛 · 馬 · 財貨等物數目奏聞, 上覽畢, 命和託 · 鍾古等還軍中. 諭曰, 俘獲之物, 照品賞給陣亡及被傷者, 效力攻城之章京等官, 從優加賞人口, 其餘散給攻城之兵, 扈從諸王兵及守營兵勿與. 再令運米於錦州, 俟人畜米穀等物料理, 既畢, 平其城垣, 大軍退回高橋, 一面傍海, 一面倚山, 橫截大路駐營, 相時而進.

○ 호쇼이 정친왕 지르갈랑 · 도로이 예군왕 도르곤 · 도로이 숙군왕 호오거가 호토 · 중구 등을 보내 탑산에서 노획한 인구 및 금 · 은 · 소 · 말과 재화 등의 물건의 수량과 종류를 조목조목 상주했다.

주상이 읽고 호토·중구 등에게 군중으로 돌아가게 하고 유시했다. “노획한 물건은 품급을 살펴 전사자와 부상자에게 상으로 주며, 힘을 다해 성을 공격한 장긴 등의 관원들의 경우 우대하는 차원에서 인구를 추가로 포상한다. 그 나머지는 성을 공격한 군사들에게 나누어 주되 여러 왕을 수행한 군사 및 군영을 지킨 군사들에게는 주지 말라. 다시 금주에 군량미를 운송하고 사람과 가축, 미곡 등의 물품을 처리하라. 그 후 성벽을 허물고 대군은 고교(高橋)로 물러나 한쪽으로는 바다를 가까이 하고 다른 한쪽으로는 산을 끼고 대로를 가로질러 군영을 세우고 주둔하다가 때를 살펴 나아가라.”

又命和託·鍾古齋敕往諭杏山官屬兵丁. 諭曰, 大淸國皇帝敕諭杏山呂將軍及衆官軍士等, 朕以大軍久圍松錦, 松山軍民糧盡, 人相殺而食, 副將夏承德勢窮力竭, 自分必死, 遂質子於軍前, 接引大軍入城, 故將夏承德同謀歸順之衆, 盡宥養之. 其祖大樂·祖大成·祖大名等, 因係祖大壽之昆弟, 俱經惠養, 即總督洪承疇亦赦而養之. 其餘抗拒者, 盡皆誅之. 錦州自被圍以來, 有出城樵採者, 旣爲我兵截擊, 城中糧盡, 又互相殘食, 軍民死傷殆盡. 祖大壽勢迫, 匹馬來歸, 其中降夷驚亂, 自相屠殺, 故將作亂者盡誅之, 凡祖大壽部衆, 悉得保全. 旋又招撫塔山, 因其拒命不順, 遂以紅衣礮擊而取之. 夫松錦二城, 曠日持久, 勞我士馬, 雖迫而後降, 尙赦而養之, 惟抗拒者戮之耳. 今爾杏山受困日淺, 若不勞我士馬, 敕書到日, 即擧城投順, 朕當保撫全城, 秋毫無犯, 汝等不特可全身家, 并當敘爾獻城之功. 如恐誘汝等而殺之, 遲疑不降, 獨不思作大事者, 以撫育兆庶爲本. 豈有專恃刑戮者乎. 若然朕何以服天下哉. 朕命汝等速降者, 非攻不能取, 圍不能下也. 十三萬援兵已敗, 松錦塔三城已獲, 獨此蕞爾孤城, 焉有委而置之之理. 事勢所至, 不待朕言, 想汝等亦熟知之. 若朕命速降而不來降, 後或攻或困, 城下之日, 盡行屠戮, 悔無及矣.

또 호토·중구에게 칙서를 가지고 가서 행산(杏山)의 관속과 병정에게 유시하게 했다. 「대청국 황제가 행산의 여(呂) 장군 및 관원들과 군사들에게 칙유한다. 짐이 대군으로 오래도록 송산과 금주를 포위하니 송산의 군사와 백성들이 식량이 떨어져 사람들끼리 서로 죽이고 잡아먹기까지 했다. 부장 하승덕이 형세가 곤궁해지고 힘이 다하여 반드시 죽을 것을 알고 군영에 인질을 보내 대군을 맞아들여 성에 들였으므로 하승덕과 함께 귀순하기로 모의한 무리들은 모두 용서하여 부양했다. 조대락·조대성·조대명 등은 조대수의 형제들이라 모두 은혜로 부양하고 있으며 총독 홍승주 또한 사면해 주어 부양하고 있으나, 그 나머지 항거한 자들은 모조리 주살했다. 금주가 포위당한 이래로 성을 나와 땔나무를 채취하던 자들이 있을 때마다 우리 군사가 곧장 공격해 차단하니, 성안에 양곡이 끊어져 서로 잡아먹었고 군사와 백성들 중 거의 대부분이 죽거나 다쳤다. 조대수가 형세에 몰려 단기필마로 귀부하자 그 가운데 명에 투항했던 이적(夷狄)들이 놀라 난리를 일으켜 자기들끼리 죽고 죽였다. 난리를 일으킨 자들은 모조리 주살했으나 조대수의 부하들만은 모두 살려 주었다. 이내 또 탑산을 초무했으나 명을 거역하는 불순한 무리들 때문에 마침내 홍의포를 쏘아 함락시켰다. 송산과 금주 두 성은 오래도록 시일을 끌어 우리 병사와 군마를 수고롭게 했는데, 비록 형세에 몰린 뒤에야 항복했지만 오히려 용서하고 부양했으며 저항한 자들만 도륙했을 뿐이다. 지금 너희 행산은 포위된 지 얼마 되지 않았으니 만약 우리 병사와 군마를 수고롭게 하지 않고 칙서가 다다르는 날 곧장 성을 통째로 들어서 귀순해 오면, 짐이 성 전체를 보호하고 부양하면서 털끝만큼도 범하는 일이 없을 것이며 너희는 너희 자신과 가족을 보전할 뿐만 아니라 성을 바친 공로도 인정받을 것이다. 만약 너희를 꾀어 죽일까 두려워하고 의심하여 시간을 끌면서 항복하지 않으면, 이는 큰일을 하려는 자가 모든 백성들을 살피고 기르는 것을 근본으로 삼음을 알지 못하는 것이다. 어찌 오직 형벌로 죽이는 것에만 의지하겠는가? 만일 그렇다면 짐이 어찌 천하를 복속시키겠는가? 짐이 너희에게 속히 항복하라고 명하는 것은 공격하더라도 점령하지 못하고 포위하더라도 함락시키지 못해서가 아니다. 13만의 구원병이 이미 패퇴했고 송산·금주·탑산 세 성을 이미 장악했으니 이 비좁고 외로운 성 하나만 어찌 내버려두겠는가? 일의 형세가 여기에 이르렀으니, 짐의 말을 기다릴 것도 없이 너희가 이미 잘 알고 있을 것이다. 만약 짐이 속히 항복하라고 했는데도 항복하러 오지 않으면 훗날 공격하거나 포위하여 성을 함락시키는 날에 모조리 도륙할 것이니 그때 후회해도 소용없을 것이다.」

又諭和託等曰, 將此敕諭曉示城內, 再以善言招撫之, 來降則已, 否則聽在彼諸王相機而行, 若城可擊, 用紅衣礮擊之, 儻一擧礮, 彼即歸順, 亦許其降. 擧礮時, 不可擊城上女牆, 當擊城之中間, 俟十分頹壞, 方令我兵登進. 其小有破壞處, 不許驟登.

또한 호토 등에게 유시했다. 「이 칙유를 성안에 널리 보이고 다시 좋은 말로 초무하라. 항복해 오면 그만이지만 그렇지 않으면 그곳에 있는 여러 왕들에게 시기를 살펴 행동하도록 하라. 만약 성을 공격할 만하면 홍의포를 쏘아 격파하되, 한 발의 포성으로 저들이 곧장 귀순해 오면 항복을 허락하라. 화포를 발사할 때 성벽 위의 성가퀴를 맞추면 안 되고 성벽 한가운데를 맞추어 대부분이 무너지기를 기다렸다가 그때 우리 군사에게 성벽에 올라 진격하라고 명해야 한다. 조금만 부서진 곳을 통해 성벽에 오르는 것은 허락하지 않는다.」

○ 一等昂邦章京察哈爾瑣諾木折爾默病故, 以其子阿喇納襲職.

○ 일등 암바장긴 차하르 소놈 젤메(sonom jelme, 瑣諾木折爾默)가 병사하여 그 아들 아라나(arana, 阿喇納)에게 습직하게 했다.

○ 乙卯, 賜朝鮮總兵 · 副將 · 遊擊 · 守備 · 通事等官及被傷陣亡兵丁, 銀兩有差.

○ 을묘일(4.16), 조선의 총병 · 부장 · 유격 · 수비 · 통사 등의 관원과 부상을 입거나 전사한 병정들에게 은량을 차등 있게 하사했다.

○ 賜鄂爾多斯貢使善達 · 超什熙等十一人, 貂鑲朝衣 · 帽鞾 · 鞓帶 · 撒袋 · 弓矢 · 甲胄 · 鞍轡 · 銀緞等物有差.

○ 오르도스의 조공사신 샨다(šanda, 善達) · 초시히(cosihi, 超什熙) 등 11명에게 담비가죽을 두른 조의(朝衣) · 모자와 신발 · 가죽띠 · 화살집 · 활과 화살 · 갑옷과 투구 · 안장과 고삐 · 은과 비단 등의 물품을 차등 있게 하사했다.

○ 賜外藩蒙古二十旗頭目及僕從人等宴, 竝賞緞布等物有差.

○ 외번몽고 20기(旗)의 두목 및 종복인 등에게 연회를 베풀고 아울러 비단과 면포 등의 물품을 차등 있게 하사했다.

○ 朝鮮總兵官金得幹, 率副將三員 · 遊擊三員 · 守備十員 · 兵一千 · 從役五百名, 往杏山助圍, 命迎至東京, 宴之.

○ 조선 총병관 김득간(金得幹; 金大乾)이 부장 3명 · 유격 3명 · 수비 10명 · 병사 1,000명 · 수행인 500명을 이끌고 행산(杏山)으로 가서 포위를 도우려 하니 명하여 동경(東京)에서 맞이하고 잔치하게 했다.

○ 朝鮮總兵官牛典儀, 率遊擊一員 · 守備八員 · 兵八百 · 從役三百九十五名, 自錦州換班還, 命迎至東京, 宴之.

○ 조선 총병관 우전의(牛典儀; 柳廷益)가 유격 1명 · 수비 8명 · 병사 800명 · 수행인 395명을 이끌고 금주(錦州)에서 돌아가 교대하려 하니 명하여 동경(東京)에서 맞이하고 잔치하게 했다.

○ 丁巳, 月祭敏惠恭和元妃.

○ 정사일(4.18), 민혜공화원비(敏惠恭和元妃)에게 월제(月祭)를 지냈다.

○ 己未, 上御殿. 多羅武英郡王阿濟格, 多羅貝勒多鐸 · 羅洛宏, 固倫額駙祁他特 · 弼爾塔噶爾, 朝鮮國世子李溰, 率滿洲 · 蒙古 · 漢人官員等, 以攻克錦州 · 松山 · 塔山, 上表行慶賀禮. 表云, 伏惟寬溫仁聖皇帝陛下, 命諸王 · 貝勒 · 大臣等, 率兵圍困錦州, 車駕一至, 敗明國援兵十三萬. 明郎中張若麒, 總兵吳三桂·王樸·李輔明·唐通·白廣恩·馬科等, 驚駭潰散, 分路逃竄. 遂復圍克松山, 總督洪承疇, 巡撫邱民仰, 兵備道張斗·姚恭·王之禎, 總兵 祖大樂·曹變蛟·王廷臣, 副將十員, 竝其餘武弁, 悉爲我生擒. 錦州忘恩之總兵祖大壽, 自分必死, 遂舍命匹馬來營, 叩首乞降. 後又以紅衣礮攻破塔山. 此皆皇上神謀奇策之所致也. 臣等不勝欣幸, 謹具表稱賀以聞.

○ 기미일(4.20), 주상이 전(殿)에 들었다. 도로이 무영군왕 아지거, 도로이 버일러 도도·롤로혼, 구룬 어푸 키타트·빌타가르, 조선국 세자 이왕(李溰)이 만주·몽고·한인 관원 등을 이끌고 금주(錦州)·송산(松山)·탑산(塔山)을 함락한 것에 대해 표문을 올려 경하례(慶賀禮)를 행하였다. 표문에서 말했다. 「삼가 생각건대 관온인성황제 폐하께서 여러 왕·버일러·대신들에게 명하여 병사를 이끌고 금주(錦州)를 포위하게 하고, 어가가 한번 이르자 명나라의 원병 13만을 패퇴시켰습니다. 명나라의 낭중(郎中) 장약기(張若麒), 총병 오삼계(吳三桂)·왕박(王樸)·이보명(李輔明)·당통(唐通)·백광은(白廣恩)·마과(馬科) 등은 놀라 흩어져 여러 길로 나뉘어 도망갔습니다. 마침내 다시 송산(松山)을 함락하고 총독 홍승주(洪承疇), 순무 구민앙(邱民仰), 병비도 장두(張斗)·요공(姚恭)·왕지정(王之禎), 총병 조대락(祖大樂)·조변교(曹變蛟)·왕정신(王廷臣), 부장 10명, 아울러 그 외 무관들이 모두 우리의 포로가 되었습니다. 금주(錦州)의 은혜를 모르는 총병 조대수는 스스로 반드시 죽을 거라 여기고 목숨을 걸고 혼자 군영에 와서 머리를 조아리고 항복했습니다. 후에 또 홍의포(紅衣礮)로 탑산(塔山)을 격파했습니다. 이는 모두 황상의 신묘한 책략에 의한 결과입니다. 신들은 기쁨을 주체하지 못하여 삼가 표문을 갖추어 경하드립니다.」

○ 甲子, 和碩鄭親王濟爾哈朗 · 多羅睿郡王多爾袞 · 多羅饒餘貝勒阿巴泰等, 遣侍衛占代 · 誇代 · 達奇等, 以克杏山捷音奏報. 臣等奉皇上敕諭, 即傳示杏山城內, 其城內各官云, 任汝攻擊, 我等斷然不降, 復送還敕諭. 臣等遂於二十一日黎明, 移礮於城北面, 先攻取其近城之臺. 二十二日, 即於臺前列紅衣礮, 擊毁城垣, 約二十五丈餘, 我兵將欲登城, 城中危急, 衆官遂開門, 至營中叩首云, 我等先欲歸順, 畏懼軍威, 所以未降. 今或殺或宥, 惟命是聽. 臣等遂令將士入城, 立於城上, 并撥兵守門. 其投降官屬兵丁及人畜物數, 俟察明具奏.

○ 갑자일(4.25), 호쇼이 정친왕 지르갈랑 · 도로이 예군왕(睿郡王) 도르곤 · 도로이 요여 버일러 아바타이 등이 시위(侍衛) 잔다이(jandai, 占代) · 쿠와다이(kūwadai, 誇代) · 다키(daki, 達奇) 등을 보내 행산(杏山)을 함락한 승전보를 상주했다. 「신들이 황상의 칙유(敕諭)를 받들어 곧장 행산성 안에 전달하여 보였으나 성안의 각 관원이 "너의 공격을 받아도 우리는 결코 항복하지 않을 것이다."라고 하며 다시 칙유를 돌려보냈습니다. 신들이 마침내 21일 새벽에 대포를 성의 북쪽으로 이동시키고 먼저 가까운 성의 대(臺)를 함락했습니다. 22일에 대(臺) 앞에 홍의포(紅衣礮)를 줄 세워서 성의 담을 약 25장(丈) 공격해 무너뜨리고 우리 병사가 성에 오르려고 하자 성안이 다급해져서 관원들이 마침내 문을 열고 군영에 와서 머리를 조아리며 말했습니다. "우리는 먼저 귀순하려 했으나 군세가 두려워 항복하지 못했습니다. 지금 죽이든 용서하든 오직 명하는 대로 따를 뿐입니다." 신들은 장수와 병사들을 입성시켜 성 위에 세우고 병사를 뽑아 문을 지키게 했습니다. 투항한 관속과 병정 및 사람 · 가축 · 물품의 수는 이후 조사하고 갖추어 상주하겠습니다.」

○ 丙寅, 和碩鄭親王濟爾哈朗·多羅睿郡王多爾衮·多羅饒餘貝勒阿巴泰等, 籍杏山投降官民及俘獲之數, 遣邦紐等齎報. 計獲男子二千五百七十六人, 婦女幼稚四千二百六十二口, 駝二隻, 馬二十二匹, 牛五頭, 騾七頭, 米穀一百四十四石, 甲二千七百四十六副, 紅衣礮·鳥鎗, 共八百六十有三.

○ 병인일(4.27), 호쇼이 정친왕 지르갈랑·도로이 예군왕(睿郡王) 도르곤, 도로이 요여 버일러 아바타이 등이 행산(杏山)에서 투항한 관민과 노획한 것의 수를 기록하여 방니오 등에게 들려 보내 보고했다. 획득한 수는 남자 2,576명, 부녀자와 어린아이 4,262명, 낙타 2마리, 말 22마리, 소 5마리, 노새 7마리, 쌀 144석, 갑옷 2,746개, 홍의포·조총 모두 863개였다.

○ 丁卯, 命學士額色黑·占代·誇代·達奇等, 往諭和碩鄭親王濟爾哈朗·多羅睿郡王多爾衮·多羅饒餘貝勒阿巴泰等曰, 杏山歸順官屬兵丁, 可俱送來京. 其餘士民, 從牛莊路遣發, 安插蓋州. 先曾諭撥每牛彔騎兵十八人, 駐防錦州·杏山. 今止撥滿洲·蒙古·漢軍每牛彔兵十人, 滿洲固山額眞四員, 蒙古固山額眞四員, 如彼處無固山額眞者, 以梅勒章京代之, 隨阿巴泰駐守錦州. 其餘每牛彔八人, 護送來京戶口及往蓋州居住之人. 量其多寡, 分撥將士, 愼謹護送. 松山·塔山二城, 如析毁既平, 可令外藩蒙古兵還. 如未畢, 待畢時遣之. 又杏山城內兵器諸物, 運至錦州, 杏山城亦令析毁. 一切事宜, 俟料理既畢, 和碩鄭親王濟爾哈朗·多羅睿郡王多爾衮等率護軍回京.

○ 정묘일(4.28), 학사(學士) 어서허이·잔다이·쿠와다이·다키

등에게 명하여 호쇼이 정친왕 지르갈랑 · 도로이 예군왕(睿郡王) 도르곤 · 도로이 요여 버일러 아바타이 등에게 가서 유시하게 했다. 「행산(杏山)에서 귀순한 관속과 병정은 모두 경사로 보내라. 남은 사민(士民)들은 우장(牛莊) 길을 따라 보내 개주(蓋州)에 안주시켜라. 이전에 유시하여 니루마다 기병 18명을 뽑아 금주와 행산에 주둔하게 했었는데, 지금 만주 · 몽고 · 한군의 니루마다 병사 10명과 만주 구사어전 4명, 몽고 구사어전 4명만 뽑고 그곳에 구사어전이 없는 경우에는 머이런장긴이 대신하여, 아바타이를 따라 금주에 주둔하라. 나머지는 니루당 8명씩 경사로 오는 호구와 개주(蓋州)에 거주하러 가는 사람들을 호송하라. 많고 적음을 헤아려 장수와 병사를 나누어 배치하고 신중히 호송하라. 송산(松山)과 탑산(塔山) 두 성은 허물어 평지로 만들게 되면 외번몽고 병사들을 돌아가게 하라. 아직 끝나지 않았으면 끝날 때까지 기다린 뒤에 보내라. 또 행산성 안의 병기와 여러 물품을 금주로 옮기고 행산성도 허물어라. 모든 일을 처리하면 호쇼이 정친왕 지르갈랑 · 도로이 예군왕(睿郡王) 도르곤 등은 호군을 이끌고 경사로 돌아오라.」

五月, 己巳朔, 圍守杏山 · 塔山和碩鄭親王濟爾哈朗 · 多羅睿郡王多爾袞等, 遣刑部啟心郎額爾格圖 · 噶布喇 · 吳達禮等奏言, 明國遣兵部職方司員外馬紹愉, 主事朱濟之, 副將周維墉 · 魯宗孔, 遊擊 · 都司 · 守備八員, 僧一名, 從役九十九名, 在寧遠城, 欲來見皇上, 以求和好. 是日, 上遣兵部啟心郎詹霸, 內院筆帖式葉成格 · 石圖等, 前往諭之曰, 聞明國差官, 已至寧遠. 爾等至彼處, 令每翼章京一員, 每旗護軍十名, 偕之來. 其偕來者, 務選老成, 不通漢語, 及忠實寡言之人. 途中止宿, 爾等與之分寓停歇. 若至我境, 按人給以羊隻. 將至京時, 爾等先來報聞. 其駐防錦州之多羅饒餘貝勒阿巴泰, 或欲在城,或欲在野, 任其自便可也.

○ 5월 기사일 초하루(5.1), 행산·탑산을 포위하고 있는 호쇼이 정친왕 지르갈랑·도로이 예군왕(睿郡王) 도르곤 등이 형부계심랑(刑部啟心郎) 어르거투·가불라·우다리 등을 보내 상주했다. 「명나라에서 보낸 병부직방사원외랑(兵部職方司員外郎) 마소유(馬紹愉), 주사(主事) 주제지(朱濟之), 부장(副將) 주유용(周維墉)·노종공(魯宗孔), 유격(遊擊)·도사(都司)·수비(守備) 8명, 승려 1명, 수행인 99명이 영원성에 있는데 황상을 알현하고 화친을 구하고자 합니다.」 이날 주상이 병부계심랑 잠바(jamba, 詹霸)·내원(內院)의 비트허시 여청거(yecengge, 葉成格)·시투(situ, 石圖) 등을 보내 가서 유시하게 했다. 「명나라에서 파견한 관원이 이미 영원에 이르렀다고 들었다. 너희가 그곳에 가서 익(翼)마다 장긴 1명, 기(旗)마다 호군 10명을 그들과 함께 오게 하라. 함께 올 자는 노련하고 한어(漢語)가 통하지 않으며 충성스럽고 과묵한 사람으로 가려 뽑아라. 도중에 머무를 때 너희는 그들과 숙소를 나누어서 쉬어라. 우리 경내에 도착하면 사람마다 양(羊)을 지급하라. 경사에 도착할 즈음에 너희가 먼저 와서 보고하라. 금주에 주둔하는 도로이 요여 버일러 아바타이는 성에 있든 성 밖에 있든 편한 대로 하라.」

○ 癸酉, 命擒獲明國總督洪承疇, 總兵祖大壽·董協·祖大樂, 革職總兵祖大弼, 副將夏承德·高勳·祖澤遠等朝見. 上御崇政殿, 總督洪承疇, 跪大清門外請罪, 奏曰, 臣係明國主帥, 將兵十三萬來松山, 援錦州. 曾經數戰, 冒犯軍威, 聖駕一至, 衆兵敗沒. 臣坐困於松山城內, 糗糧罄絕, 人皆相食. 城破被擒, 自分應死, 蒙皇上矜憐, 不殺而恩養之. 今令朝見, 臣自知罪重, 不敢遽入. 所以先陳罪狀, 許入與否, 候旨定奪. 上諭曰, 洪承疇所陳誠是. 彼時與我軍交戰, 各爲其主. 朕豈介意. 朕所以宥爾者. 以擊敗十三萬兵, 與得松錦諸城, 皆天也. 天道好生, 善養人者, 斯合天道. 朕故推恩活爾. 爾但念朕撫育之恩, 盡心圖報. 從前情罪, 悉與寬釋. 昔陣前所獲張春, 亦曾養之, 彼不能爲明死節, 又不能効力事朕, 一無所成而死. 爾愼勿如彼之所爲也. 總兵祖大壽, 亦跪奏曰, 臣之罪, 與洪承疇不同. 臣有數罪宜死. 昔困於大凌河, 糧盡食人, 奄奄待斃, 計窮乞降, 蒙皇上不殺恩養, 命臣招妻子兄弟宗族來降, 遣往錦州. 臣不惟背棄洪恩, 亦且屢次與大軍對敵. 今又在錦州被圍, 糧盡困迫, 方出歸順, 理應萬死. 上諭曰, 祖大壽所陳亦是. 爾之背我, 一則爲爾主, 一則爲爾妻子宗族耳. 然得汝而不加誅之意, 朕懷之久矣. 朕常語內院諸臣曰, 祖大壽必不能死, 後來被困, 仍當俯首來降. 朕則始終待以不死也. 往事已不可追. 此後當竭盡爾力以事朕, 則善矣. 副將祖澤遠跪奏曰, 臣亦自大凌河放回. 臣之罪, 與祖大壽同. 亦應萬死. 上諭曰, 爾乃志量褊淺之人. 所以不復來歸者, 亦視主將祖大壽耳. 昔朕往視杏山, 爾不但不肯開門迎降, 乃明知是朕, 而特發火礮, 豈非背恩之大者乎. 爾擧礮能傷幾人耶. 無論爾小城士卒無多, 即洪承疇以十三萬兵, 屢擧火礮, 所傷亦復有幾. 朕因爾背恩太甚, 故言及此. 朕見人之過, 即明言曉諭, 斷不念其舊惡. 事後復加推求, 豈但待爾如此. 即尊於爾之祖大壽, 尙且留養. 况爾小人, 何足加誅. 爾年方少壯, 自後凡遇戰陣, 奮發効力可也. 祖澤遠與其叔祖大樂, 泣曰, 皇上之言誠然. 各叩首謝. 於是洪承疇·祖大壽及新降各官, 入大清門, 於崇德殿前朝見. 禮畢, 上召洪承疇·祖大壽·祖大樂·夏承德·祖大弼, 入殿內, 命坐於左側, 賜茶, 問洪承疇曰, 朕觀爾明主宗室被俘, 置若罔聞. 至將帥率兵死戰, 或陣前被擒, 或勢窮降服, 必誅其妻子, 否則沒入爲奴者, 何故.

此舊規乎, 抑新制乎. 洪承疇奏曰, 昔無此例. 今因文臣衆多, 臺諫紛爭, 各陳所見, 以聞於上, 遂致如此. 上曰, 今日之文臣固衆, 昔之文臣亦豈少耶. 特今君暗臣蔽, 故多枉殺. 似此死戰被擒, 勢蹙歸降之輩, 豈可戮彼妻子. 即其身在敵國, 可以財幣贖而得之, 亦所當爲, 何至坐妻子以死徙之罪乎. 其無辜冤濫亦甚矣. 洪承疇垂涕叩首奏曰, 皇上此諭, 眞至仁之言也. 是日, 祖大壽·祖大樂·祖大弼·夏承德·祖澤遠·高勳·祖澤沛·祖澤洪等, 各獻珊瑚樹·琥珀·珊瑚·珍珠等數珠, 珠箍·珠花·沉香·玉帶·赤金首飾·玉壺·玉犀·玻瓈·瑪瑙·金銀等盃盤, 各種銀器·貂·猞狸猻·狐·豹·天馬皮等裘, 蟒·倭·素緞·紗羅·紬·褐·氆氌·羢毯·蟒衣·緞紗羅衣·黃金·白金·紅氈·帳房·雕鞍·馬匹·弓面·鵰翎·虎豹皮·琉璃燈·角燈·磁器·櫃箱·椅·杌·床·轎·鍍金盔甲·苗刀等物. 命洪承疇·祖大壽等, 出坐於大清門外, 閱之, 上俱不納. 大壽等跪於大清門外, 奏曰, 皇上一物不受, 臣等實切不安. 伏望稍賜鑒納. 上念其誠懇, 酌納一二件, 餘俱却之. 上還宮. 命多羅貝勒多鐸, 固山貝子博洛·羅託·尼堪, 內大臣圖爾格, 固山額眞阿山·譚泰·葉克書, 及內院官員, 賜洪承疇·祖大壽等宴於崇政殿. 宴畢, 謝恩, 出大清門外. 上又命大學士希福·范文程·剛林, 學士羅碩等, 諭承疇大壽曰, 朕今日未服視朝衣冠, 又不躬親賜宴, 非有所慢於爾等也. 蓋因關雎宮敏惠恭和元妃之喪, 未過期故耳. 承疇大壽等叩首奏曰, 聖恩優異, 臣等何以克當. 雖死亦無憾矣.

○ 계유일(5.5), 사로잡은 명나라 총독 홍승주(洪承疇), 총병 조대수·동협(董協)·조대락(祖大樂), 혁직총병 조대필(祖大弼), 부장 하승덕(夏承德)·고훈(高勳)·조택원(祖澤遠) 등에게 알현하게 했다. 주상이 숭정전에 들자 총독 홍승주가 대청문(大淸門) 밖에서 무릎 꿇고 죄

를 청해 상주했다. "신은 명나라의 주수(主帥)로 장병 13만을 이끌고 송산으로 와서 금주를 구원하려 했습니다. 일찍이 몇 차례 전투를 치러 군의 위세를 함부로 범하였는데 황상의 어가(御駕)가 한번 이르자 모든 병사가 패했습니다. 신은 송산성 안에서 곤란에 처하였고 양식이 바닥나서 사람들이 모두 서로 잡아먹었습니다. 성이 격파되고 사로잡혀 스스로 죽어 마땅하다고 여기나 황상께서 어여삐 여겨 죽이지 않고 은혜로 길러 주셨습니다. 지금 알현을 명하셨는데 신은 스스로 죄가 무거움을 알아 감히 들어가지 못하겠습니다. 그래서 먼저 죄상을 진술하니 들어가도 될지의 여부는 지(旨)로 결정해 주시기를 기다리겠습니다."

주상이 유시했다. "홍승주가 진술한 바는 참으로 옳다. 그때 우리 군대와 교전한 것은 각자 주인을 위해서였다. 짐이 어찌 마음에 두겠는가? 짐이 그래서 너를 용서한 것이다. 13만 병사를 격퇴하여 송산·금주의 여러 성을 얻은 것은 모두 하늘이다. 하늘의 도는 살리기를 좋아하니, 사람을 잘 길러야 하늘의 도에 부합하는 것이다. 짐은 그래서 은혜를 베풀어 너를 살린 것이다. 너는 짐의 어루만져 기르는 은혜만을 생각하고 마음을 다해 보답하라. 이전의 죄는 모두 풀었다. 예전에 전투에서 사로잡은 장춘(張春)도 살려 주었으나 그는 명나라를 위해 절개를 지켜 죽지도 못하고 힘을 다해 짐을 섬기지도 못하여 아무것도 이루지 못하고 죽었다. 너는 진심으로 그가 한 짓처럼 하지 마라."

총병 조대수 역시 무릎 꿇고 상주했다. "신의 죄는 홍승주와 같지 않습니다. 신은 여러 번 죄를 지어 죽어 마땅합니다. 옛날 대릉하에서 곤란에 처하여 양식이 바닥나 사람을 잡아먹으면서 근근이 죽기만을 기다리다가 계책이 궁하여 항복을 구걸했는데, 황상의 죽이지 않고 살려 주신 은혜를 입어 신에게 명하시어 처자와 형제, 종족을 불러 항복하라고 하면서 금주로 보내셨습니다. 신은 큰 은혜를 저버렸을 뿐만 아니라 누차 황상의 대군과 대적했습니다. 지금 또 금주에서 포위되어 양식이 바닥나 곤궁해지자 비로소 나와서 귀순하였으니 도리상 만번 죽어 마땅합니다." 주상이 유시했다. "조대수가 진술한 바 역시 옳다. 네가 나를 배신한 것은 하나는 너의 주인을 위함이고 하나는 너의 처자와 종족을 위했을 뿐이다. 그러나 너를 잡더라도 죽이면 안 된다는 생각을 짐은 오랫동안 품고 있었다. 짐이 항상 내원(內院)의 신하들에게 조대수는 반드시 죽이면 안 되고, 나중에 곤란해지면 분명 머리를 조아리며 항복해 올 것이라고 말했다. 짐은 시종 기다리고 죽이지 않았다. 지난 일은 돌이킬 수 없다. 이후 너의 힘을 다해 짐을 섬기면 좋은 것이다."

부장 조택원(祖澤遠)이 무릎 꿇고 상주했다. "신 역시 대릉하에서 놓아 주셨습니다. 신의 죄는 조대수와 같습니다. 역시 만 번 죽어 마땅합니다." 주상이 유시했다. "너는 뜻과 도량이 좁고 얕은 사람이다. 그래서 복종하지 않으면서 내귀했던 것도 주장인 조대수를 본받았던 것일 뿐이다. 예전에 짐이 행산(杏山)에 가서 봤을 때 너는 문을 열고 마중나와 항복하지 않았을 뿐만 아니라 짐인 것을 분명히 알고도 곧 화포를 쏘았으니 어찌 크게 은혜를 저버린 것이 아니겠는가? 네가 쏜 포가 몇 사람이나 부상을 입혔겠는가? 너의 작은 성에 있는 적은 수의 병졸은 말할 것도 없고 홍승주(洪承疇)의 13만 병사가 여러 번 화포를 쏘았어도 부상을 입은 자는 겨우 몇 명뿐이었다. 짐은 네가 은혜를 저버린 것이 매우 심하기 때문에 이렇게 말하는 것이다. 짐은 사람의 잘못을 보면 분명히 말해서 깨우치게 하지만 결코 지난 악행을 유념하지 않는다. 사후에 다시 추궁하는 것을 어찌 너에게만 하겠는가? 너보다 지위가 높은 조대수도 살려 주거늘 하물며 너 같은 소인을 어찌 죽이겠는가? 너는 젊고 씩씩하니 앞으로 전투에서 분발하여 힘을 다해야 한다."

조택원(祖澤遠)은 그의 숙부 조대락(祖大樂)과 울며 말했다. "황상의 말씀이 진실로 맞습니다." 각자 머리를 조아려 사례했다. 이에 홍승주 · 조대수 및 새로 항복한 각 관원들이 대청문(大淸門)으로 들어서서 숭덕전(崇德殿) 앞에서 알현했다. 예가 끝나자 주상이 홍승주 · 조대수 · 조대락(祖大樂) · 하승덕(夏承德) · 조대필(祖大弼)을 불러 전(殿) 안으로 들어오게 하고 왼쪽에 앉혀 차를 하사하며 홍승주에게 물었다. "짐이 보건대 너의 명나라 군주는 종실이 사로잡혔는데 못 들은 체 한다. 장수들이 병사를 이끌고 죽도록 싸우다 전투에서 사로잡히거나 궁지에 몰려 항복하면 반드시 처자를 죽이고 아니면 적몰해 노비로 삼는다는데 왜 그런가? 이는 오래된 법규인가 아니면 새로운 제도인가?"

홍승주가 상주했다. "옛날에는 이런 정례(定例)가 없었습니다. 지금은 문관이 매우 많아서 언관(言官)들이 분쟁하면서 각자 자신의 의견을 진술하여 주상에게 상주하니 마침내 이에 이르렀습니다." 주상이 말했다. "지금 문관이 매우 많다고 하지만 옛날에는 문관이 적었는가? 특히 지금 군주가 사리에 어둡고 신하가 일을 덮어 버리니 무고한 죽음이 많은 것이다. 이처럼 목숨 걸고 싸우다 사로잡히거나 형세가 궁지에 몰려 항복한 무리들일 뿐인데 어찌 그들의 처자를 죽일 수 있는가? 몸이 적국에 있더라도 재물로 속(贖)하게 해서 데려오면 될 것인데, 어찌 처자를 사형이나 유배의 죄에 처하게 하는가? 죄 없이 억울함이 심하다." 홍승주가 눈물을 흘리며 머리를 조아리고 상주했다. "황상께서 이렇게 유시해 주시니 진실로 인자한 말씀입니다."

이날 조대수 · 조대락(祖大樂) · 조대필(祖大弼) · 하승덕(夏承德) · 조택원(祖澤遠) · 고훈(高勳) · 조택패(祖澤沛) · 조택홍(祖澤洪) 등이 각자 산호수 · 호박 · 산호 · 진주 등 여러 구슬과 주잠(珠簪) · 주화(珠花) · 침향 · 옥대 · 적금(赤金) 머리장식 · 옥술병 · 옥뿔, 유리 · 마노(瑪瑙) · 금은 등의 잔과 소반, 각종 은그릇, 담비 · 스라소니 · 여우 · 표범 · 천마(天馬)[7] 등의 가죽으로 만든 옷, 망단(蟒緞) · 왜단(倭緞) · 소단(素緞), 사라(紗羅) · 명주 · 베 · 양탄자 · 양털 담요 · 망의(蟒衣) ·

단사라의(緞紗羅衣) · 황금 · 백금 · 붉은 양탄자 · 천막 · 조각한 안장 · 말 · 활에 박는 소뿔 · 독수리 깃털 · 호랑이와 표범 가죽 · 유리등잔 · 뿔등잔 · 자기 · 상자 · 등받이의자 · 등받이 없는 의자 · 걸상 · 가마 · 도금한 투구와 갑옷 · 묘도(苗刀) 등의 물품을 헌상했다. 홍승주 · 조대수 등에게 명하여 대청문(大淸門) 밖으로 나가서 앉게 하고 헌상품을 살펴보고 주상은 모두 받지 않았다. 조대수 등이 대청문 밖에서 무릎 꿇고 상주했다. "황상께서 물건을 하나도 받지 않으시니 신들은 실로 편하지가 않습니다. 삼가 바라건대 조금이라도 살펴 거두어 주십시오." 주상이 간절한 성의를 생각하여 한두 개씩을 받고 나머지는 모두 물렸다.

주상이 궁으로 돌아왔다. 도로이 버일러 도도, 구사이 버이서 볼로 · 로토 · 니칸, 내대신(內大臣) 투르거이, 구사어전 아산 · 탄타이 · 역슈 및 내원(內院)의 관원들에게 명하여 홍승주 · 조대수 등에게 숭정전에서 잔치를 베풀게 했다. 잔치가 끝나자 사은하고 대청문 밖으로 나갔다. 주상이 또 대학사 히퍼 · 범문정 · 가린, 학사 로쇼 등에게 명하여 홍승주 · 조대수에게 유시하게 했다. "짐이 오늘 조의(朝衣)와 관(冠)을 갖추어 보이지 않고 또 친히 잔치를 베풀지 않은 것은 너희에게 소홀해서가 아니다. 모두 관저궁(關雎宮) 민혜공화원비(敏惠恭和元妃)의 제사 시기가 끝나지 않아서 그랬을 뿐이다." 홍승주 · 조대수가 머리를 조아리며 상주했다. "성은이 매우 크니 신들이 어찌 감당하겠습니까? 죽어도 여한이 없습니다."

○ 戊寅, 鑲紅旗牛彔章京濟馬護家善友邪教李國梁, 左道惑衆, 潛懷

---

7 天馬: 만주어로 cindagan. 큰 토끼의 일종. 여름과 가을에는 일반 토끼와 같은 색이지만 겨울에 털색이 하얗게 변함. 寒帶 밀림에 서식함.

異心, 爲其主母告於戶部. 比質問, 供有一用印劄付. 據送禮部訊實, 竝獲其印, 及其餘劄付, 爲首十六人, 及受劄付者十六人, 無劄付者五十二人, 竝不相認識者九十三人. 部議俱應論死. 奏聞, 上命爲首十六人處斬, 有劄付十六人, 各鞭一百, 貫耳鼻, 無劄付五十二人, 止鞭一百, 其不認識之九十三人, 各鞭八十二. 遂令嚴禁善友邪教. 上諭禮部曰, 自古僧以供佛爲事, 道以祀神爲事. 近有善友邪教, 非僧非道, 一無所歸, 實係左道也. 且人生而爲善, 則死亦無罪, 若無罪戾, 何用立善友之名. 旣有罪戾, 雖爲善友何益. 與其積惡而爲善友, 何若行善之爲愈乎. 語云, 行善者天降以福. 善原在心, 非不食肉之謂也. 今因善友康養民 · 李國梁等, 合羣結黨, 私造印劄, 惑世誣民, 紊亂綱常. 凡列名於籍者, 三百餘人. 法司俱擬死罪, 朕加寬宥, 止誅爲首十六人. 自今以後, 除僧道外, 凡從善友邪教者, 不論老少男婦, 爾部永行禁止. 如有不遵禁約者, 或被他人首發, 或經衙門察獲, 殺無赦. 該管各牛彔章京 · 撥什庫, 及本主不行察究者, 一例治罪. 禁諭之前一日, 有鑲白旗善友三人, 鑲黃旗 · 鑲紅旗 · 正藍旗善友各一人, 持書於大淸門外, 告云, 楚國無以爲寶, 惟善以爲寶. 今奈何不分邪正黑白, 而概行禁革. 縱不惜善友, 獨不看佛之金面乎. 禮部議, 以其不遵禁約, 執付各本主殺之.

○ 무인일(5.10), 양홍기 니루장긴 지마후 집의 선우사교(善友邪教) 이국량(李國梁)이 잘못된 교리로 사람들을 미혹시키고 몰래 배반의 뜻을 품어서 주인의 모친을 통해 호부에 고발되었다. 함께 심문하니 모두 인(印)과 차부(劄付)를 쓴다고 공술했다. 이에 예부에 보내 사실을 조사하게 하니 인(印)과 나머지 차부를 발견했는데 주동자 16명, 차부를 받은 자 16명, 차부가 없는 자가 52명, 차부를 알지 못하는 자가 93명이었다. 부(部)에서 의논하여 모두 사형죄로 논해야 한다고 했다.

상주하자 주상이 명하여 주동자 16명은 참형에 처하고 차부를 가진 16명은 각각 채찍 100대를 때리고 귀와 코를 뚫으며 차부가 없는 52명은 채찍 100대만 때리게 했다. 알지 못하는 93명은 각각 채찍 82대를 때리게 했다. 마침내 명하여 선우사교(善友邪教)를 엄히 금지하게 했다.

주상이 예부에 유시했다. 「예로부터 승려는 부처를 모시고 도사는 신을 모신다. 최근 선우사교는 승려도 아니고 도사도 아니며 어디에도 속하지 않으니 실로 좌도(左道)이다. 또 사람이 살면서 선을 행하면 죽어도 죄가 없다. 죄가 없으면 어찌 선우(善友)의 이름을 만들어 쓰며, 죄가 있으면 선우(善友)가 된다 해도 무슨 이익인가? 악행을 쌓고 선우(善友)가 되는 것이 어찌 선을 행하는 것보다 낫겠는가? 속담에 이르기를 선을 행하는 자에게는 하늘이 복을 내린다고 했다. 선함은 원래 마음에 있는 것이지 고기를 먹지 않는 것을 가리키는 것이 아니다. 지금 선우(善友) 강양민(康養民) · 이국량(李國梁) 등의 무리가 당을 결성하여 사사로이 인(印)과 차부를 만들고 세상과 백성을 속이며 기강을 문란하게 했다. 명단에 이름이 열거된 자만 300여 명이다. 법사(法司)에서 모두 사형죄로 정했으나 짐이 너그럽게 용서하여 단지 주동자 16명만 죽이겠다. 지금 이후 승려나 도사 외에 선우사교(善友邪教)를 따르는 자는 남녀노소를 막론하고 너희 부(部)에서 영원히 금지하라. 만약 금령을 준수하지 않으면 타인에게 고발되건 아문(衙門)이 찾아내건 죽이고 용서하지 않겠다. 해당 관할 각 니루장긴 · 보쇼쿠 및 소속 주인이 찾아내지 못하는 경우 모두 죄로 다스린다.」

금지하는 유시가 내려지기 하루 전, 양백기 선우 3명, 양황기 · 양홍기 · 정람기 선우 각 1명이 글을 가지고 대청문(大清門) 밖에서 고하였다. 「초(楚) 나라는 보배로 여기는 것이 없고 오직 선(善)만을 보배로 여긴다고 했습니다. 지금 어찌 정(正)과 사(邪), 흑과 백을 구분하지 않고 모두 금지하십니까? 선우(善友)를 아끼시지 않고 어찌 부처를 볼

체면이 서겠습니까?」 예부에서 의논하여 금령을 준수하지 않았으므로 잡아서 각자 속한 주인에게 주어서 죽이도록 했다.

○ 以碩詹爲梅勒章京.

○ 쇼잔을 머이런장긴으로 삼았다.

○ 科爾沁土謝圖親王巴達禮之姑, 欲離其所居之處, 乞來京附近居住, 理藩院參政塞冷奏聞. 上以婦女輩隨地可居, 遂以兩黃旗移營舊地, 令居之. 仍賜貂裘·蟒粧素緞·布疋·紅氈·白金·銀器·雕鞍·馬匹等物.

○ 코르친 투시예투 친왕 바다리의 고모가 거주지에서 떨어져 경사 부근에 거주하고 싶어 한다고 이번원참정 서령이 상주했다. 주상이 부녀자들은 어디든 거주해도 된다고 하여 마침내 두 황기에게 옛 땅으로 유목지를 옮기고 거주하게 했다. 이어서 담비가죽옷·망단(蟒緞)과 장단(粧緞)과 소단(素緞)·면포·붉은 양탄자·백금·은그릇·조각한 안장·말 등의 물품을 하사했다.

○ 先是, 松山·錦州·塔山俘獲蒙古婦人二百二十五口, 漢婦人四百五十一口, 幼穉六口. 至是, 命擇蒙古婦人, 賜和碩親王以下, 固山貝子以上各一人, 其餘分給各處歸附無妻之人爲妻.

○ 이전에 송산·금주·탑산에서 몽고 부녀자 225명·한인 부녀

자 451명, 어린아이 6명을 사로잡았다. 이때에 명하여 몽고 부인을 가려 뽑아 호쇼이 친왕 이하 구사이 버이서 이상에게 각 1명씩을 하사하고 나머지는 각 지역에 귀부한 아내 없는 사람에게 나누어 주고 아내로 삼게 했다.

○ 己卯, 午刻, 上偕皇后·諸妃, 出地載門, 往閱草場. 幸達代塔, 渡遼河, 閱視牛馬. 凡十五日.

○ 기묘일(5.11), 오시(午時)에 주상이 황후·여러 비(妃)와 함께 지재문(地載門)을 나와 초장(草場)에 가서 보았다. 다다이 수바르간(dadai subargan, 達代塔)에 가서 요하(遼河)를 건너 소와 말을 둘러보았다. 모두 15일이 걸렸다.

○ 壬午, 先是, 詹霸·葉成格·石圖等, 往迎明使, 於初三日至塔山城, 初七日偕之來, 既至我境, 詹霸·葉成格先來奏報. 十四日當至京城. 上命大臣, 迎於二十里外, 設宴. 宴時, 令來使先行一跪三叩頭禮. 宴畢仍行一跪三叩頭禮, 謝恩. 入城, 宿於館驛. 上復命禮部承政滿達爾漢, 參政阿哈尼堪, 內院大學士范文程·剛林, 學士羅碩, 至館驛, 宴明國議和使臣. 兵部職方司員外馬紹愉, 主事朱濟之, 副將周維墉·魯宗孔等, 行禮如初. 宴時, 其來使攜有敕書一道云, 敕諭兵部尚書陳新甲. 昨據卿部奏稱, 前日所諭休兵息民事情, 至今未有確報, 因未遣官至瀋, 未得的音. 今准該部便宜行事, 差官前往, 確探實情具奏. 特諭.

○ 임오일(5.14), 이전에 잠바(jamba, 詹霸)·여청거(yecengge, 葉成

格)・시투(situ, 石圖) 등이 가서 명나라의 사신을 영접하고 초3일에 탑산성(塔山城)에 이르렀으며 초7일에 함께 와서 우리 경내에 도착했다. 잠바・여청거가 먼저 와서 보고하고, 사신은 14일에 경성(京城)에 도착했다. 주상이 대신들에게 명하여 20리 밖에서 맞이하고 잔치하게 했다. 잔치할 때, 온 사신에게 먼저 일궤삼고두의 예를 행하게 했다. 잔치를 마치고 이어서 일궤삼고두의 예를 행하여 사은했다. 입성하여 관역(館驛)에서 숙박했다. 주상이 다시 명하여 예부승정 만다르한, 참정 아하니칸, 내원대학사(內院大學士) 범문정・가린, 학사(學士) 로쇼가 관역(館驛)에 가서 명나라의 화친하러 온 사신들에게 잔치를 베풀게 했다. 병부직방사원외랑(兵部職方司員外郎) 마소유(馬紹愉), 주사(主事) 주제지(朱濟之), 부장 주유용(周維墉)・노종공(魯宗孔) 등이 예(禮)를 이전과 같이 행하였다. 잔치할 때, 사신이 가져온 칙서(敕書) 1통에서 말했다. 「병부상서 진신갑(陳新甲)에게 칙유(敕諭)한다. 이전에 경(卿)의 부(部)의 상주에 의거해 앞서 전쟁을 중지하고 백성을 쉬게 하는 사안을 유시했는데, 그 일 처리가 지금 확실히 보고되지 않았다. 관원을 심양에 보내지 않았기 때문에 정확한 소식을 얻지 못했다. 지금 병부에서 상황에 따라 행하도록 허락하니 파견관은 실정을 확실히 살피고 상주하라. 특별히 유시한다.」

○ 甲午, 上回鑾, 偕皇后・諸妃, 入地載門, 還宮.

○ 갑오일(5.26), 주상이 어가를 돌려 황후・여러 비와 함께 지재문(地載門)으로 들어와 환궁했다.

○ 丙申, 都察院參政祖可法・張存仁・庫爾禪, 理事官巴朗・達爾

戶 · 馬國柱 · 雷興等疏言, 我皇上天威遠震, 廟算靡遺, 戰無不勝, 攻無不克, 疆宇日廓, 屬國日廣. 一統基業, 佇在目前. 天意屬我皇上者, 已彰彰矣. 南朝盜賊蜂起, 饑饉載途, 兵力竭而倉廩虛, 征調不前, 中原勢如瓦解. 關外所恃者, 止有九城, 已破其四矣. 遼之兵將, 已失十之八九矣. 倚賴之武職, 重托之文臣, 皆爲我擒矣. 明國之君, 審天時, 度人事, 自知氣運衰敗. 文臣不能効謀, 武職不能宣力. 欲戰無術, 欲守無資. 我兵再舉, 彼南遷必矣. 大勢一動, 河北皆皇上有也. 南地非練兵之地, 南人非備敵之人. 表裏山河, 全屬皇上. 漢人此時, 心膽俱喪, 如坐針氈. 是以遣使乞憐, 求和諄切. 臣等料度如此. 皇上明竝日月, 自有遠謨, 諒彼不能出範圍也. 伏乞皇上首廣其地, 次廣其財. 廣其地以窮彼國之勢, 廣其財以竭彼國之力. 廣地, 以黃河爲界, 上策也, 以山海爲界, 中策也, 以寧遠爲界, 下策也. 廣財, 令彼納貢稱臣爲上策, 令蒙古各家索其舊額爲中策, 止於關口互市爲下策. 防彼目前之譎詐, 慮彼後日之更張, 無縱彼以厚其力, 無疏我以懈其心. 聖算必明. 臣等分司言職, 爲此冒昧具奏. 伏乞聖裁.

○ 병신일(5.28), 도찰원참정 조가법(祖可法) · 장존인(張存仁) · 쿠르찬, 이사관 바랑 · 다르후(darhū, 達爾戶) · 마국주(馬國柱) · 뇌흥(雷興) 등이 상주해 말했다. 「우리 황상의 하늘같은 위세가 멀리까지 진동하고 계략에 놓치는 것이 없어 싸우면 이기지 못함이 없으며 공격하면 함락하지 못함이 없으니 강토는 날로 넓어지고 속국은 늘어 갑니다. 왕업을 하나로 통괄함이 눈앞에 쌓여 갑니다. 하늘의 뜻이 우리 황상께 있음은 이미 분명합니다. 남조(南朝)는 도적이 봉기하고 기근이 거리에 넘치며 병사의 힘은 고갈되고 창고는 비어서 징집하고 조발하여 나아가지 못하니 중원의 세력은 기왓장 깨지듯 합니다. 관(關) 밖에 믿을 것은 단지 9개 성인데, 이미 4개 성이 격파되었습니다. 요

(遼)의 병사와 장수는 이미 열에 여덟아홉을 잃었습니다. 의지할 무관과 중책을 맡을 문관은 모두 우리에게 사로잡혔습니다. 명나라의 군주는 하늘의 때를 살피고 사람의 일을 헤아려 스스로 기운이 쇠퇴했음을 알고 있습니다. 문관은 효과적인 꾀를 내지 못하고 무관은 힘을 펼치지 못합니다. 싸우려 해도 술수가 없고 지키려 해도 밑천이 없습니다. 우리 병사가 다시 거병하면 저들은 남쪽으로 천도할 것이 분명합니다. 큰 위세로 한번 움직이면 하북(河北)이 모두 황상의 것이 될 것입니다. 남쪽 땅은 훈련된 병사가 없는 곳이며 남쪽 사람들은 적에 대비할 사람들이 못됩니다. 모든 산하가 황상께 속할 것입니다. 한인들은 지금 의지와 담력을 모두 상실하여 바늘 위에 앉은 듯 합니다. 그래서 사신을 보내 동정을 구걸하고 화친을 구하기를 정성스럽게 하는 것입니다. 신들은 이렇게 생각합니다. 황상의 밝으심은 해와 달에 견주고 혼자서도 멀리까지 꿰뚫으시니 진정 저들은 예상 밖으로 벗어나지 못할 것입니다. 삼가 바라건대 황상께서 먼저 땅을 넓히시고 다음에 재물을 늘리십시오. 땅을 넓혀서 저 나라의 세력을 궁하게 하고 재물을 늘려서 저 나라의 힘을 고갈되게 하십시오. 땅을 넓힌다면 황하(黃河)를 경계로 하는 것이 상책이고, 산해관을 경계로 하는 것은 중책이고, 영원을 경계로 하는 것은 하책입니다. 재물을 늘린다면 저들에게 공물을 바치게 만들고 신하를 칭하게 하는 것이 상책이고, 몽고 각가(家)에게 이전 액수를 거두게 하는 것은 중책이고, 단지 관구(關口)에서 호시(互市)를 하는 것은 하책입니다. 저들의 눈앞의 속임수를 방어하고 저들의 후일의 성장을 고려하여, 저들을 내버려두어 힘을 키우게 하지 말고 우리를 소홀히 하여 마음을 풀지 말아야 합니다. 황상의 계책은 분명 밝으실 것입니다. 신들은 언관(言官) 직을 맡고 있어 이렇게 우매함을 무릅쓰고 갖추어 상주합니다. 삼가 황상의 재가를 바랍니다.」

권61

숭덕 7년 6월 ~ 7월

○ 辛丑, 賜明國議和使臣 兵部職方司員外馬紹愉, 主事朱濟之, 副將周維墉 · 魯宗孔, 并天寧寺僧性容, 遊擊王應宗, 都司朱龍, 守備喬國棟 · 張祚 · 趙榮祖 · 李國登 · 王有功 · 黃有才等　貂皮銀兩有差, 從役九十九人, 亦各賜貂皮遣還. 上命大臣送至十五里外, 設宴餞之. 仍以書報明國, 書曰, 大清國皇帝致書於明國皇帝. 向來所以搆兵者, 蓋因爾明國無故害我二祖, 我皇考太祖皇帝, 猶固守邊疆, 和好如舊, 乃爾明國, 反肆憑陵, 干預境外之事, 哈達國汗萬竊踞之地, 我已征服, 爾逼令復還. 又遣人於葉赫金台石 · 布揚古處, 設兵防守, 以我國已聘之女, 嫁於蒙古. 乙卯年, 爾明國奪我土地, 擾我耕獲, 逐我居民, 燒毀廬舍, 仍驅令出境, 所在勒石. 是以我皇考太祖皇帝, 收服附近諸國, 烏喇國布占泰 · 輝發國拜音達禮 · 哈達國萬之子孟格布祿所有之地, 漸次削平. 於是, 昭告天地, 親征爾國, 又平定葉赫國金台石 · 布揚古之地. 其後每欲致書修好, 而爾國不從, 事漸滋蔓, 遂至於今. 此皆貴國先朝君臣事也, 事屬既往, 於皇帝何與.

然從前曲直, 亦宜辨之. 今予仍欲修好者, 誠非有所迫而使然也. 予纘承皇考太祖皇帝之業, 嗣位以來, 蒙天眷佑, 自東北海濱, 迄西北海濱, 其間使犬·使鹿之邦, 及產黑狐黑貂之地, 不事耕種, 漁獵爲生之俗厄魯特部落, 以至斡難河源遠邇諸國, 在在臣服. 蒙古大元及朝鮮國, 悉入版圖. 於是, 擧朝諸王·大臣, 及外藩臣服諸王等, 合辭勸進, 乃昭告天地, 受號稱尊, 國號大清, 改元崇德. 邇來我軍, 每入爾境, 輒克城陷陣, 乘勝長驅, 若圖進取, 亦復何難.

然予仍願和好者, 特爲億兆生靈計耳. 蓋嗜殺者殃, 好生者祥, 應感之理, 昭然不爽. 若兩國各能審度禍福, 矜全億兆, 而誠心和好, 則自玆以後, 宿怨盡釋, 彼此不必復言矣. 至我兩國尊卑之分, 又何必較哉. 古云, 情通則明, 情蔽則暗. 若爾國使來, 予令面見, 予國使往爾, 亦令面見, 如此則情不壅蔽, 而和事可久. 若自視尊大, 俾使臣不得面見, 情詞無由通達, 則和事終敗, 徒貽家國之憂矣. 夫豈拒絶使臣進見, 遂足以示尊耶.

至兩國有吉凶大事, 則當遣使交相慶弔. 每歲貴國饋黃金萬兩·白金百萬, 我國饋人參千觔·貂皮千張. 若我國滿洲·蒙古·漢人及朝鮮人等, 有逃叛至貴國者, 當遣還我國, 貴國人有逃叛至我國者, 亦遣還貴國. 以寧遠·雙樹堡中間土嶺爲貴國界, 以塔山爲我國界, 以連山爲適中之地, 兩國俱於此互市. 自寧遠·雙樹堡土嶺界北, 至寧遠北臺, 直抵山海關長城一帶, 若我國人有越入, 及貴國人有越出者, 俱加稽察, 按律處死. 或兩國人, 有乘船捕魚, 海中往來者, 爾國自寧遠雙樹堡中間土嶺, 沿海至黃城島以西爲界, 我國於黃城島以東爲界, 若兩國有越境妄行者, 亦俱察出處死. 儻願如書中所言, 以成和好, 則我兩人或親誓天地, 或各遣大臣代誓. 爾速遣使齎和書及誓書以來, 予亦遣使齎和書及誓書以往. 若不願和好, 再勿遣使致書. 其億兆死亡之孽, 於予無與矣.

於是, 以書授來使, 命章京庫爾禪·薩蘇喀, 筆帖式查布海·法爾戶達等, 率兵四十人, 過錦州, 出我軍偵探地方, 送來使至連山而還.

○ 신축일(6.3), 화친을 의논하러 온 명나라 사신 병부직방사원외(兵部職方司員外) 마소유(馬紹愉), 주사(主事) 주제지(朱濟之), 부장 주유용(周維墉)·노종공(魯宗孔)과 천녕사(天寧寺)의 승려 성용(性容), 유격 왕응종(王應宗), 도사(都司) 주룡(朱龍), 수비 교국동(喬國棟)·장조(張祚)·조영조(趙榮祖)·이국등(李國登)·왕유공(王有功)·황유재(黃有才) 등에게 담비가죽과 은량(銀兩)을 차등 있게 하사했다. 종역(從役) 99명에게도 각기 담비가죽을 하사하여 돌려보냈다. 주상이 대신에게 명하여 15리 밖까지 호송하고 잔치를 베풀어 전송하게 했다. 그리고 서신으로 명나라에 회답했다. 서신에서 말했다.

「대청국 황제가 명나라 황제에게 글을 보냅니다. 예전에 전쟁을 하게 된 이유는 대개 그대 명나라가 나의 두 할아버지를 까닭 없이 해친 데서 비롯되었습니다. 그럼에도 우리 황고 태조황제께서는 변강(邊疆)을 굳게 지키며 이전과 같이 화호하셨습니다. 그러나 그대 명나라는 도리어 방자하게 능멸하면서 변경 밖의 일에 간여했습니다. 하다국의 한(汗)인 완(wan, 萬)이 몰래 차지하고 있던 땅을 우리가 정복했음에도 그대는 핍박을 가하여 다시 돌려주도록 했습니다. 또 여허의 긴타이시·부양구에게 사람을 보내고 군대를 주둔시켜 지켰으며, 우리나라에서 맞아들이기로 했던 여자를 몽고에 시집보내게 했습니다. 을묘년(1615) 그대 명나라는 우리의 토지를 빼앗고 우리의 수확물을 짓밟았으며 우리의 거주민들을 내쫓고 우리의 가옥을 불살랐으며, 이어서 변경 밖으로 몰아내고 그곳에 강제로 석비를 세웠습니다.

이 때문에 우리 황고 태조황제는 부근의 여러 나라를 거두어 복속시키고 울라국의 부잔타이·호이파국의 바인다리·하다국 완의 아들 멍거불루가 소유한 땅을 차례대로 평정하셨습니다. 이어서 천지(天地)에 밝게 고한 뒤, 그대의 나라를 친히 정벌하고 또 여허국의 긴타이시·부양구의 땅을 평정하셨습니다. 그 뒤 매번 서신을 보내어 화호(和好)를 하고자 했으나, 그대 나라에서 따르지 않았기 때문에 일이 점차 커지더니 결국 오늘날과 같은 지경에 이르게 되었습니다. 그러나 이는 모두 귀국의 선대 군신(君臣)의 일이니 이미 과거의 일이 황제와 무슨 관련이 있겠습니까.

그러나 종전의 옳고 그름은 역시 분명히 해야 마땅합니다. 지금 내가 다시 화호(和好)를 하려는 것은 진실로 급박한 사정이 있어서 그런 것이 아닙니다. 나는 황고 태조황제의 사업을 계승하여 제위에 오른 뒤로 하늘의 보우하심을 입어 동북 해안부터 서북 해안까지, 그 사이의 사견부(使犬部)와 사록부(使鹿部), 검은 여우와 흑담비가 나는 지역에서 농사를 짓지 않고 어로와 수렵으로 살아가는 울러트 부락, 오논강(onon, 斡難河) 원류의 멀고 가까운 여러 나라들에 이르기까지 곳곳에서 신복해 왔으며 몽고의 대원(大元)과 조선국도 모두 판도에 들어왔습니다. 이에 온 조정의 여러 왕, 대신들 그리고 외번(外藩)의 신복해 온 여러 왕들이 함께 글을 올려 제위에 오르기를 권하니 곧 천지에 밝게 고하고 존호를 받아 국호를 대청(大淸), 개원(改元)은 숭덕(崇德)이라고 했습니다. 근래 우리 군대가 매번 그대의 변경에 들어가 번번이 성을 함락시키고 전장에서 승리를 거두어 승승장구하니 만약 가서 취하고자 하면 또 무슨 어려움이 있으리오.

그럼에도 내가 계속 화호(和好)를 원하는 것은 특별히 억조생령(億兆生靈)을 위한 계책일 뿐입니다. 대개 죽이기를 즐기는 자는 재앙을 받고 살리기를 좋아하는 자는 길하니 감응(感應)의 이치가 분명하여 어긋나지 않습니다. 만약 양국이 각자 화복(禍福)을 깊이 헤아려 백성을 아끼고 온전하게 하는 데 힘써 성심(誠心)으로 화호(和好)하면 이제부터 묵은 한을 모두 씻어 버리게 될 것임은 피차 재론할 필요도 없습니다. 우리 양국의 존비(尊卑)를 구분하는 것도 어찌 꼭 견줄 일이겠습니까. 옛말에 "정을 통하면 밝고 정을 막으면 어둡다."라고 했습니다. 만약 귀국 사신이 올 때 내가 대면하고, 우리나라 사신이 갔을 때 그대가 대면하면 이것이 바로 정을 막지 않는 것이니 화친이 오래갈 수 있습니다. 만약 스스로를 높고 크다 여겨서 사신에게 대면하지 못하게 하면 정사(情詞)를 통할 길이 없을 것이니 화친은 끝내 이루어지지 못하고 국가에 근심만 끼치게 될 것입니다. 사신의 접견을 거절하는 것이 어찌 족히 존귀함을 보이는 것이겠습니까.

양국에 길흉의 대사가 있으면 사신을 파견하여 서로 경하하고 조문해야 합니다. 매년 귀국이 금 1만 냥, 백금 100만 냥을 주면, 우리나라는 인삼 1,000근과 담비가죽 1,000장을 주겠습니다. 만약 우리나라의 만주·몽고·한인과 조선인 등이 배반해서 귀국으로 도망치면 우리나라에 돌려보내야 하고 귀국의 사람이 배반해서 우리나라로 도망치면 귀국으로 돌려보내야 합니다. 영원(寧遠)과 쌍수보(雙樹堡) 중간의 토령(土嶺)을 귀국의 경계로, 탑산(塔山)을 우리나라의 경계로 삼고 연산관을 중간지대로 삼아 양국 모두 이곳에서 호시(互市)를 엽시다. 영원과 쌍수보 중간의 토령(土嶺) 북쪽 경계부터 영원(寧遠)의 북대(北臺)에 이르러 산해관의 장성(長城) 일대에 이르기까지, 만약 우리나라 사람이 변경을 넘어가거나 귀국 사람이 변경을 넘어오는 경우 모두 상세히 조사하여 율에 따라 죽여야 합니다. 혹시 양국 사람들로 배를 타고 물고기를 잡겠다고 바다를 오가는 자가 있으면 귀국은 영원과 쌍수보 중간의 토령 바닷가로부터 황성도(黃城島)까지를 경계로 하고, 우리나라는 황성도 동쪽을 경계로 삼읍시다. 만약 양국에서 변경을 넘어 망령되이 행동하는 자가 있으면 또한 모두 가려내어 죽여야 합니다. 만약 서신에서 말한 바와 같이 화호(和好)를 이루고 싶다면 우리 두 사람이 직접 천지(天地)에 맹세하거나 각기 대신을 파견하여 대신 맹세해야 합니다. 그대는 속히 사신을 파견하여 화친의 글과 맹세의 글을 보내고, 나도 사신을 파견하여 화친의 글과 맹세의 글을 보내겠습니다. 만약 화호(和好)를 원치 않으면 다시는 사신을 파견하거나 글을 보내지 마십시오. 억조생령의 죽임에 대한 책임을 나에게 넘기지 마십시오.」

이때에 온 사신에게 서신을 주고, 장긴 쿠르찬 · 사수카, 비트허시 차부하이 · 파르구다(fargūda, 法爾戶達) 등에게 명하여 병사 40명을 이끌고 금주(錦州)를 지나 우리 군사들이 정탐하고 있는 지방으로 나가서 온 사신을 연산(連山)까지 보내고 돌아오게 했다.

○ 癸卯, 上召大學士范文程 · 剛林, 學士羅碩, 諭曰, 太祖時, 凡遇行兵巡幸, 軍士有踐踏田禾者, 重則射之, 輕則鞭之, 處分嚴明, 所以重農事也. 近來諸王 · 貝勒, 行兵出獵, 見有踐踏田禾者, 亦曾察出定罪否, 何竝無一究治者耶. 若果有之, 朕何未之聞耶. 朕前往牧馬之所, 見內大臣塔瞻 · 錫翰 · 博琫 · 石訥布庫 · 俄齊爾 · 額克親 · 丹坦 · 墨爾根袍 · 納木僧格等, 踐踏田禾, 已奪取其矢, 交與兵部究治矣. 至於出兵有功有罪官員, 應令其在盛京, 候定功罪. 若其餘閒散官員, 即當令其各往本牛彔屯莊, 查勘田土鋤墾與否, 如有棄而未鋤者, 可撥工助之. 五穀乃萬民之命所關, 何得兀然閒坐, 略不介意也. 其所定出兵官員功罪, 伊等心服則已, 若有屈抑, 即以奏聞. 范文程等遵上命, 至篤恭殿, 宣示諸王 · 貝勒 · 大臣畢, 王 · 貝勒奏曰, 臣等遇有踐踏田禾之人, 應鞭責者鞭責, 應罰贖者罰贖, 不敢疏縱也.

○ 계묘일(6.5), 주상이 대학사 범문정 · 가린, 학사 로쇼를 불러서 유시했다. "태조께서는 군대를 부리거나 순행할 때, 곡식을 짓밟는 군사가 있으면 무거운 죄는 활로 쏘고 가벼운 죄는 채찍으로 때렸으니, 처분이 엄격했던 것은 농사를 중시하셨기 때문이다. 근래 여러 왕 · 버일러들도 군대를 부리거나 사냥할 때 곡식을 짓밟은 자가 있으면 살펴서 죄의 여부를 정해야 하는데 어째서 전혀 죄를 다스린 경우가 없는 것인가? 만약 이러한 일이 과연 있었다면 어째서 짐이 듣지 못한 것인가? 짐이 전에 말을 유목하는 곳에 갔다가 내대신(內大臣) 타잔 ·

시한 · 보봉 · 시너 부쿠 · 오치르 · 억친 · 단탄 · 머르건 포오 · 나무 성거 등이 곡식을 짓밟는 것을 보고, 그들의 화살을 빼앗아서 병부에 건네어 죄를 헤아려 치죄하게 했다. 출병했을 때 공과 죄가 있는 관원들은 성경(盛京)에서 공적과 죄적이 정해지기를 기다리게 해야 할 것이다. 그 나머지 한산관원들의 경우에는 곧 소속 니루의 둔장에 가게 해서 토지를 일구었는지의 여부를 조사하여 만약 버려두고 일구지 않은 자가 있으면 일을 나누어 돕게 해야 할 것이다. 오곡은 바로 만민의 생명에 관계된 것이니, 어찌 홀로 한가하게 앉아서 개의치 않을 수 있는가. 출병 관원들에게 정해진 공적과 죄에 대해 너희가 심복한다면 그리하고, 만약 억울하다면 즉시 아뢰어라." 범문정 등이 주상의 명을 준행하여 독공전에 가서 여러 왕 · 버일러 · 대신들에게 선시(宣示)했다. 그러자 왕과 버일러들이 상주했다. "신들은 곡식을 짓밟은 사람이 있으면 채찍으로 때려야 할 자는 채찍으로 때리고, 속은(贖銀)을 벌로 부과해야 할 자는 속은을 벌로 부과하여 감히 소홀히 내버려두지 않겠습니다."

○ 甲辰, 朝鮮國王李倧, 移咨達部. 咨稱, 議政府狀啟, 本年三月初二日, 已將刨參犯人, 依律處決, 該守令亦合一體究問, 等因. 據此, 行據刑曹狀啟. 各犯欲免越境刨參之罪, 雖供吉州 · 嘉山等官, 委令戶曹納參, 許渠輩於我境採取, 但戶曹原無分定各官之規. 因慮地方官及無藉之徒, 冒境採參, 有何底止, 遂將里老人等, 什伍作統, 自四月至八月, 不許私自出入. 至於江邊要路淺灘等處, 多般設伏, 已有定例, 矧伊各犯人等, 皆非本土居民. 潛自越江, 深入偷窆之狀, 或稱自斜下 · 西北等堡, 或稱自鎭東 · 雲龍等堡, 所據各堡, 係是吉州 · 嘉山等官所管. 不能嚴飭禁斷, 合將吉州牧使張自好 · 嘉山府使李益, 比依正犯減等, 照律各決杖一百. 雲龍萬戶李重吉 · 西北萬戶黃致中·斜下北權管鄭秀男等, 竝刑訊定配. 仍將情由, 移咨該部, 等因, 具啟.

又咨稱, 據咸鏡北道節度使李延替狀稱, 也春屯所與之糧, 所買之牛, 俱完畢, 戶部使臣於本月二十二日起行. 其糧牛收發之數, 一竝冊送, 等因. 移咨貴部, 懇乞詳察施行. 其給過各色糧穀一千七百二十五石·牛二十隻, 幸爲存照.

○ 갑진일(6.6), 조선국왕 이종(李倧)이 보낸 자문이 부(部)에[1] 이르렀다. 자문에서 말했다.

「의정부의 장계에서 말했습니다. "올해 3월 2일에 인삼을 캐던 범인들을 법률에 의거하여 처결하고 해당 수령들도 함께 조사했습니다." 이를 받고, 이어서 형조(刑曹)의 장계를 받았습니다. "범인들이 각기 변경을 넘어가 인삼을 캔 죄를 면하고자, 비록 길주(吉州)와 가산(嘉山; 甲山) 등지의 관원들이 호조(戶曹)에 바칠 인삼이라면서 그 무리들에게 우리 변경에서 채취하도록 허락했다고 공술(供述)했지만, 호조는 원래 각 관에 분정하는 정례(定例)가 없습니다. 이로 인해 지방 관원들과 무뢰배들이 변경을 넘어가 인삼을 채취하면 어떻게 저지할까 염려하다가 결국 마을의 노인들을 십오(什伍)로 조직하여 4월부터 8월까지 사사로이 드나들지 못하게 했습니다. 강변의 주요 길목 가운데 강물이 얕은 곳들에는 많은 복병을 설치해 두는 것이 이미 정해진 정례(定例)이고, 하물며 저 범인들은 모두 그곳의 거주민이 아닙니다. 몰래 스스로 강을 건너 깊숙이 들어가 인삼을 캐는 상황으로 사하북보(斜下北堡)·서북보(西北堡) 등이나 진동보(鎭東堡)·운룡보(雲龍堡; 雲寵堡) 등을 칭하는데, 그들이 거론한 각 보는 길주(吉州)와 가산(嘉

1 이 자문의 수신처는 청의 刑部이다. 『朝鮮國王來書』 숭덕 7년 5월 2일조 참조.

山; 甲山) 관원의 관할에 해당합니다. 엄하게 금압하지 못했으니, 길주목사(吉州牧使) 장자호(張自好)와 가산부사(嘉山府使; 甲山府使) 이익(李益)을 정범(正犯)보다 등급을 감하고 율을 밝혀서 곤장 100대씩 때려야 합니다. 운룡만호(雲龍萬戶; 雲寵萬戶) 이중길(李重吉)·서북만호(西北萬戶) 황치중(黃致中)·사하북권관(斜下北權管) 정수남(鄭秀男) 등은 형벌을 가하고 유배해야 합니다. 그리고 이러한 사정과 사유를 갖추어 해당 부에 자문을 보내야 합니다."」

또 자문에서 말했다. 「함경북도 절도사 이연체(李延替; 李言惕)의 장계에서 말했습니다. "야춘(也春)의 둔소(屯所)에 곡식을 주고 소를 구매하는 일이 모두 완료되어 호부(戶部)의 사신이 이달 22일에 출발했습니다. 그 곡식과 소를 거둔 수량을 아울러 하나의 책으로 만들어 보냅니다." 귀 부(部)에[2] 자문을 보내니, 간절히 바라건대 자세히 살펴 주십시오. 지급한 각종 곡식은 1,725석이고, 소는 20마리입니다. 확인해 주시면 다행이겠습니다.」

○ 以鼇拜巴圖魯, 爲護軍統領.

○ 오보이 바투루를 호군통령으로 삼았다.

○ 宗室拜尹圖, 先以罪罷固山額眞任. 至是, 復給誥命, 仍令管旗務.

○ 종실 바인투는 이전에 죄를 지어 구사어전 직에서 파직되었다.

2 이 자문의 수신처는 청의 戶部이다. 『朝鮮國王來書』 숭덕 7년 5월 2일조 참조.

이때에 다시 고명(誥命)을 주고 예전처럼 기(旗)의 사무를 관할하게 했다.

○ 初漢軍止設四旗. 至是, 編爲八旗, 以祖澤潤 · 劉之源 · 吳守進 · 金礪 · 佟圖賴 · 石廷柱 · 巴顏 · 墨爾根侍衛李國翰, 八人爲固山額眞, 祖可法 · 張大猷 · 馬光輝 · 祖澤洪 · 王國光 · 郭朝忠 · 孟喬芳 · 郎紹貞 · 裴國珍 · 屯泰 · 何濟吉爾 · 金維城 · 祖澤遠 · 劉仲金 · 張存仁 · 曹光弼, 爲梅勒章京.

○ 이전에 한군(漢軍)은 4기(旗)만 설치했었다. 이때에 8기로 재편하고 조택윤(祖澤潤) · 유지원(劉之源) · 오수진(吳守進) · 김려(金礪) · 퉁 툴라이(tung tulai, 佟圖賴) · 석정주(石廷柱) · 바얀(bayan, 巴顏) · 머르건 시위 이국한(李國翰) 등 8명을 구사어전으로 삼고, 조가법(祖可法) · 장대유(張大猷) · 마광휘(馬光輝) · 조택홍(祖澤洪) · 왕국광(王國光) · 곽조충(郭朝忠) · 맹교방(孟喬芳) · 낭소정(郎紹貞) · 배국진(裴國珍) · 툰타이(tuntai, 屯泰) · 호지기르(hojigir, 何濟吉爾) · 김유성(金維城) · 조택원(祖澤遠) · 유중금(劉仲金) · 장존인(張存仁) · 조광필(曹光弼)을 머이런장긴으로 삼았다.

○ 以張大猷 · 金維城, 爲兵部參政, 王國光, 爲戶部參政. 固山貝子羅託 · 管都察院承政事宗室吳達海, 爲刑部承政, 訥爾特, 爲刑部參政, 郎球, 爲禮部承政.

○ 장대유(張大猷) · 김유성(金維城)을 병부참정, 왕국광(王國光)을 호부참정으로 삼았다. 구사이 버이서 로토 · 도찰원승정의 사무를 관

할하는 종실 우다하이를 형부승정, 너르터이를 형부참정, 랑키오를 예부승정으로 삼았다.

○ 以巴爾泰, 爲盛京城守管翼將領.

○ 바르타이를 성경성수 관익장령(盛京城守管翼將領)으로 삼았다.

○ 乙巳, 多羅安平貝勒杜度薨. 年四十六歲. 杜度疾甚時, 諸王·貝勒等, 方集於篤恭殿, 會議出征官員功罪. 上聞之, 罷朝, 令各回第. 嗣以杜度訃聞, 命護軍統領圖賴·鰲拜巴圖魯及護軍參領等往弔.

○ 을사일(6.7), 도로이 안평 버일러 두두가 죽었다. 향년 46세였다. 두두의 병세가 위중해졌을 때, 여러 왕과 버일러들은 독공전에 모여서 출정했던 관원들의 공적과 죄에 대해 의논하고 있었다. 주상이 두두의 병세를 듣고 조정을 파하게 하고 각자 집으로 돌아가게 했다. 이어서 두두의 부음이 있자 호군통령 툴라이·우바이 바투루 및 호군참령들에게 가서 조문하게 했다.

○ 癸丑, 先是, 梅勒章京錫翰, 於辛巳年, 以漢人冒充滿洲, 往張家口貿易. 後其妻復欲令漢人貿易, 赴部驗視, 部中識其爲漢人, 不准往, 其妻仍私遣往. 噶思海之妻效之, 亦令漢人往, 莽嘉出兵後, 其妻亦以漢人往. 莽嘉聞之, 即於出兵處, 告於參政碩詹, 遂送戶部. 至是, 皆審實. 以錫翰違禁, 私令漢人貿易, 應革去梅勒章京, 并罷參政任, 兩次所買緞布茶及馬二匹, 并所遣貿易二人, 俱入官. 其噶思海妻,所買緞布及遣往漢人, 亦應入官. 但女子無知, 效尤錫翰, 俱令錫翰代賠. 莽嘉自首, 免籍所買緞疋, 止以貿易漢人入官, 四漢人妻子財物, 俱入官. 又諾穆渾家侍婢, 首告諾穆渾前次貿易時, 曾以漢人冒充滿洲遣往, 今令其人復往, 亦審實. 因議應以二次所買貨物, 俱入官. 上命諾穆渾免追前次所買貨物, 其後次所買緞布及馬二匹, 并遣往漢人入官. 出首侍婢, 准其離主, 因係本旗恩圖妹, 仍給還恩圖. 錫翰·諾穆渾所屬採參人, 俱給和碩鄭親王, 餘依議.

○ 계축일(6.15), 이전에 머이런장긴 시한이 신사년(1641)에 한인을 만주인이라 사칭하고 장가구(張家口)에 가서 무역하게 했다. 나중에 그의 처가 다시 한인에게 무역시키려고 부(部)에 가서 검증받게 했는데, 부(部)에서 그가 한인임을 알아채고 가지 못하게 했으나 시한의 처는 그래도 마음대로 파견했다. 가스하이(gashai, 噶思海)의 처가 이를 모방하여 역시 한인에게 가게 했고, 망기야가 출병한 뒤에 그의 처도 한인을 보냈다. 망기야가 듣고 즉시 출병한 곳에서 참정 쇼잔에게 고하여 호부로 보냈다. 이때에 심리해 보니 모두 사실이었다. 아래와 같이 논의했다. 「시한은 금법을 어기고 몰래 한인으로 하여금 무역하게 했으므로 머이런장긴을 혁직하고 아울러 참정 직임도 파직해야 하며, 두번에 걸쳐 사들인 베와 차, 말 2마리 그리고 무역하라고 파견했던 2명을 모두 관에 몰수해야 합니다. 가스하이의 처는 사들인 비단과 면포 그리고 파견했던 한인을 모두 관에 몰수해야 하지만, 무지한 여자가 시한을 따라한 것일 뿐이니 모두 시한에게 대신 배상시켜야 합니다. 망기야는 자수했으므로 구매한 비단을 몰수하는 것은 면제하고 단지 무역한 한인만 관에 몰수하여 4명의 한인과 처자, 재물을 모두 관에 몰수해야 합니다. 또 놈혼(nomhon, 諾穆洪)이 전에 무역했을 때 한인을 만주인이라 사칭해서 보냈고, 이번에도 같은 사람을 다시

파견했다고 놈혼 집의 몸종이 자수했습니다. 조사하니 역시 사실이므로 두 번 구매한 물화를 모두 관에 몰수해야 합니다.」

주상이 명하여 놈혼이 예전에 구매한 물화를 추징하는 것은 면제하고, 나중에 구매한 비단과 면포 · 말 2마리, 파견했던 한인을 모두 관에 몰수하게 했다. 자수한 몸종은 주인으로부터 떨어뜨리기를 허락했는데, 본 기(旗) 소속 언투(entu, 恩圖)의 누이였으므로 다시 언투에게 돌려보냈다. 시한과 놈혼 속하의 채삼인들은 모두 호쇼이 정친왕에게 주고, 나머지는 모두 의논한 대로 따랐다.

○ 甲寅, 部議擊敗洪承疇時失律各官罪. 理藩院副理事官艾松古 · 尼堪 · 達該 · 扈什格 · 希福訥 · 吳納噶代, 筆帖式白登 · 席爾噶, 撥什庫博羅等, 當洪承疇援兵十三萬夜遁時, 俱未擐甲, 亦未偵探. 艾松古 · 尼堪 · 達該 · 扈什格 · 希福訥 · 吳納噶代, 應各鞭一百 · 貫耳鼻, 白登 · 席爾噶 · 博羅, 應各鞭一百. 又筆帖式席代 · 塞冷之從役桑噶爾寨, 誤殺巴哈之從役一人, 巴哈追問, 隱匿不擧, 又隱匿其從役衣褥鞾帽, 爲巴哈搜獲. 席代 · 桑噶爾寨, 應各鞭一百 · 貫耳. 其殺從役時, 艾松古與謀, 艾松古 · 席代 · 桑噶爾寨, 應共罰抵償銀七十兩, 其俘獲財物入官.

固山額眞譚泰 · 葉克書 · 馬喇希, 往審護軍統領噶布喇敗走之罪. 葉克書 · 馬喇希, 同留於多羅安平貝勒處. 及譚泰將行, 葉克書 · 馬喇希呼云, 任部中審理, 罪一. 諸王會審時, 噶布喇謬稱所取者皆正黃旗之箭, 惟令譚泰獨與之辯, 而葉克書 · 馬喇希不與對質, 罪二. 譚泰 · 葉克書 · 馬喇希, 率部員往驗取箭之所, 馬喇希指示其處, 葉克書支吾不前, 罪三. 葉克書明知非一箭可至, 乃云姑射以觀之, 罪四. 葉克書, 應罰銀五十兩, 馬喇希, 應坐以應得之罪.

又公滿達海, 以多羅郡王阿達禮換班之信, 令本旗安達禮牛彔下筆帖式蘇馬代，往告固山額眞葉克書，及部審時，葉克書意欲徇庇蘇馬代，反云未聞此言，葉克書應坐以應得之罪.

又葉克書於錦州，騎兵至時，任其縱火，焚木壘河橋而去，罪一. 無諸王令，私令外藩科爾沁兵百人，立於壕內，被殺者一人，罪二. 錦州城內兵，出犯鑲紅旗營時，和碩鄭親王，坐正黃旗營門. 令其衆護衛. 及正黃旗護軍往援，葉克書留本旗已撥之援兵布顔，不令之往，罪三. 不選才能章京守營，止委驍騎校守之，罪四. 葉克書，應罰銀百兩，竝追錦州之賞，以抵償銀一百五十兩，給與陣亡者之家，仍償一人.

葉臣旗下梅勒章京雍舜，當擊敗洪承疇三隊步兵時，臨陣墜馬，及獲他人之馬往追. 又由正黃旗後，避趨左翼，遇本旗兵還，即與之同還，伊後趕去. 明知本旗兵避趨左翼，欲私免本旗章京等罪，誑言在正黃旗右翼，罪一. 及部質審時，又云有誣我者，我等焚楮設誓，罪二. 雍舜，應論死. 葉臣旗下甲喇章京羅必達·黑舍密·衮塔石·吉馬護，牛彔章京台什喀·約詹·卓木博，當擊敗洪承疇三隊步兵時，入正黃旗所破空營，及山寨敵兵與我兵迎射，又由正黃旗後避趨左翼. 羅必達·黑舍密·衮塔石·吉馬護，應俱論死. 台什喀·約詹·卓木博，應革職·各鞭一百·籍其家.

馬喇希旗下梅勒章京康喀賴，於松山擊洪承疇三隊步兵時，退縮不前，罪一. 又與固山額眞葉臣，爭克塔山功，妄言葉臣於各城，惟以爭奪爲事，罪二. 康喀賴應論死. 馬喇希旗下甲喇章京諾賴·納哈處賴，當擊洪承疇三隊步兵時，退縮不前，應各鞭一百·籍其家.

葉克書旗下護軍統領布顔，當擊敗洪承疇三隊步兵時，入正黃旗所破空營，及山寨敵兵與我軍迎射，又由正黃旗後避趨左翼護軍統領阿爾津處. 布顔，係預派援兵，而王所遣之兵已至. 且與鑲紅旗相接甚近，乃逃遁於僻處，延遲後至. 布顔，應論死.

○ 갑인일(6.16), 부(部)에서 홍승주를 격파할 때 군율을 어긴 관원들의 죄를 의논했다.

「이번원부이사관(理藩院副理事官) 아이숭구(aisunggū, 艾松古)·니칸(nikan, 尼堪)·다가이(dagai, 達該)·후시거(hūsige, 扈什格)·히퍼너(hifene, 希福訥)·우나가다이(unagadai, 吳納噶代), 비트허시 버덩(bedeng, 白登)·시르가(sirga, 席爾噶), 보쇼쿠 보로(boro, 博羅) 등은 홍승주의 원병 13만 명이 밤에 도주했을 때, 모두 갑옷을 입지 않고 정탐도 하지 않았습니다. 아이숭구·니칸·다가이·후시거·히퍼너·우나가다이는 채찍으로 100대씩 때리고, 귀와 코를 뚫어야 합니다. 버덩·시르가·보로는 채찍으로 100대씩 때려야 합니다. 또 비트허시 시다이·서렁의 종 상가르자이는 바하의 종 1명을 오살했는데, 바하가 추궁하자 시체를 숨기고 주지 않았습니다. 또 그 종의 옷가지와 신발, 모자를 숨겼는데 바하가 찾아냈습니다. 시다이와 상가르자이는 채찍으로 100대씩 때리고 귀를 뚫어야 합니다. 종을 살해했을 때 아이숭구가 함께 모의했으니 아이숭구·시다이·상가르자이는 함께 보상은 70냥을 벌로 부과하고 그들이 노획한 재물은 관에 몰수해야 합니다.

구사어전 탄타이·역슈·말라히가 가서 호군통령 가불라가 패주한 죄를 심리했습니다. 역슈·말라히는 도로이 안평 버일러의 처소에 함께 머물렀습니다. 탄타이가 출발하려 하자 역슈·말라히는 부(部)에서 심리하는 임무라고 주장했으니, 첫째 죄입니다. 여러 왕들이 모여서 심리할 때 가불라는 취한 것이 모두 정황기의 화살이라고 속였는데 오직 탄타이만 홀로 말하게 하고 역슈·말라히는 대질하지 않았으니, 둘째 죄입니다. 탄타이·역슈·말라히가 부(部)의 관원들을 데리고 화살을 취한 곳에 가서 조사했을 때, 말라히는 그곳을 가리켰으나 역슈는 버티면서 가지 않았으니 셋째 죄입니다. 역슈는 한 대의 화살도 미치지 못할 것을 분명히 알면서도 도리어 일단 쏘아 보고 살펴

보자고 말했으니, 넷째 죄입니다. 역슈는 벌은 50냥을 부과하고, 말라히는 받아야 할 죄로 처벌해야 합니다.

또 공(公) 만다하이는 도로이 군왕 아달리가 군대를 교체할 것이라 믿고 본 기(旗)의 안다리 니루 속하의 비트허시 수마다이(sumadai, 蘇馬代)로 하여금 구사어전 역슈에게 가서 고하게 했습니다. 부(部)에서 심리할 때 역슈는 수마다이를 비호하려고 오히려 이 말을 듣지 못했다고 말했으니, 역슈는 받아야 할 죄로 처벌해야 합니다.

또 역슈는 금주(錦州)에 기병이 도착했을 때 함부로 불을 놓아 목루하교(木壘河橋)를 불태웠으니 첫째 죄입니다. 여러 왕들의 명령이 없는데도 마음대로 외번 코르친의 병사 100명을 참호 안에 서 있게 하여 1명이 피살되었으니, 둘째 죄입니다. 금주성(錦州城) 안에 있던 군사들이 나와서 양홍기의 진영을 침범했을 때 호쇼이 정친왕이 정황기 군영의 문(門)에 앉아 있으면서 그의 무리에게 호위하도록 했습니다. 그런데 정황기의 호군들이 구원하러 갈 때 역슈는 본 기(旗)에서 원병으로 뽑힌 부얀을 가지 못하게 했으니 셋째 죄입니다. 재능을 갖춘 장긴을 선발하여 진영을 지키게 하지 않고 단지 효기교에게 위임하여 지키게 했으니 넷째 죄입니다. 역슈는 벌은 100냥을 부과하고 아울러 금주에서 받은 상을 추징하며, 보상은 150냥을 내어 전사한 자들의 집에 주도록 하고 또 1명을 보상해야 합니다.

여천의 기(旗) 속하의 머이런장긴 용숀(yongšon, 雍舜)은 홍승주의 보병 3개 부대를 공격했을 때 전장에서 낙마하여 다른 사람의 말을 빼앗아 추격했고, 또 정황기의 후미를 경유하여 좌익으로 피해 들어갔다가 본 기(旗)가 회군할 때 함께 돌아오면서 그 후미에 있었습니다. 본 기(旗)의 병사들이 좌익으로 피해 들어간 것을 분명히 알면서도 사사로이 본 기(旗) 소속 장긴들의 죄를 면해 주고자 정황기의 우익에 있었다고 속였으니 첫째 죄입니다. 부(部)에서 대질하여 심리할 때 또 '나를 모해하는 자가 있다. 우리는 종이를 태워 맹세한다.'라고 말했으니 둘째 죄입니다. 용숀은 죽여야 합니다.

여천 기(旗) 속하의 잘란장긴 로비다(lobida, 羅必達)·허셔미(hešemi, 黑舍密)·군타시(guntasi, 袞塔石)·기마후(gimahū, 吉馬護), 니루장긴 타이시카(taisika, 台什喀)·요오잔(yoojan, 約詹)·좀보(jombo, 卓木博)는 홍승주의 보병 3개 부대를 공격했을 때 정황기가 격파한 빈 진영에 들어갔는데 산채에 있던 적병들이 우리 군사들에게 맞서 활을 쏘자 또 정황기의 후미를 경유하여 좌익으로 피해 들어갔습니다. 로비다·허셔미·군타시·기마후는 모두 죽여야 합니다. 타이시카·요오잔·좀보는 혁직하고 채찍으로 100대씩 때리고 가산을 적몰해야 합니다.

말라히 기(旗) 속하의 머이런장긴 캉칼라이는 송산(松山)에서 홍승주의 보병 3개 부대를 공격할 때 위축되어 전진하지 않았으니 첫째 죄입니다. 또 구사어전 여천과 탑산(塔山)을 점령한 공적을 다투면서 각성에서 여천에 대해 망언을 해 가며 오직 쟁탈을 일삼았으니 둘째 죄입니다. 캉칼라이는 죽여야 합니다. 말라히의 기(旗) 속하의 잘란장긴 노라이(norai, 諾賴)·나하출라이(nahaculai, 納哈處賴)는 홍승주의 보병 3개 부대를 공격했을 때 위축되어 전진하지 않았으니 채찍으로 100대씩 때리고 가산을 적몰해야 합니다.

역슈 기(旗) 속하의 호군통령 부얀은 홍승주의 보병 3개 부대를 격파했을 때, 정황기가 격파한 빈 진영에 들어갔는데 산채에 있던 적병이 우리 군사에게 맞서 활을 쏘자 또 정황기의 후미를 경유하여 좌익 호군통령 아르진이 있는 곳으로 피해 들어갔습니다. 부얀은 미리 파견해둔 원병이었지만 왕이 파견한 군대가 이미 이르렀고, 또 양홍기와 서로 매우 가까이 있었음에도 곧장 후미로 도망쳐서 머뭇거리다 뒤늦게 이르렀습니다. 부얀은 죽여야 합니다.

葉克書旗下護軍參領甘楚哈·俄爾精阿, 當擊敗洪承疇三隊步兵時, 入正黃旗所破空營, 及山寨敵兵與我兵迎射, 又由正黃旗後避趨左翼護軍統領阿爾津處, 應各鞭一百, 籍其家. 葉臣旗下護軍參領吳丹·僧格·阿爾泰, 當擊敗洪承疇三隊步兵時, 入正黃旗所破空營, 及山寨敵兵與我兵迎射, 又由正黃旗後避趨左翼, 應論死. 固山額真恩格圖, 誑言前鋒吳拜未嘗傳諭上命, 又不至所約之地, 罪一. 拒戰時, 披氈而坐, 罪二. 已見敵人, 兩次召之, 怠緩不前, 罪三. 恩格圖, 應革職, 罰銀百兩.

역슈 기 속하의 호군참령 간추하(gancuha, 甘楚哈)·올징가(oljingga, 俄爾精阿)는 홍승주(洪承疇)의 보병 3개 부대를 격파했을 때 정황기가 격파한 빈 진영에 들어갔는데 산채에 있던 적병들이 우리 군사들에게 맞서 활을 쏘자 또 정황기의 후미를 경유하여 좌익 호군통령 아르진이 있는 곳으로 피해 들어갔으니 채찍 100대를 때리고 가산을 적몰해야 합니다.

여천 기 속하의 호군참령 우단·성거·아르타이는 홍승주(洪承疇)의 보병 3개 부대를 격파했을 때 정황기에서 격파한 빈 진영에 들어갔는데 산채에 있던 적병들이 우리 군사들에게 맞서 활을 쏘자 또 정황기의 후미를 경유하여 좌익으로 달아났으니 죽여야 합니다.

구사어전 엉거투는 전봉(前鋒) 우바이가 주상의 명을 전달하지 않았다고 거짓말하고 약속한 곳에 도착하지 않았으니 첫째 죄입니다. 적을 맞아 싸울 때 담요를 펴고 앉아만 있었으니 둘째 죄입니다. 적을 보고 두 번 그를 불렀는데 태만하여 가지 않았으니 셋째 죄입니다. 엉거투는 혁직하고 벌은 100냥을 부과해야 합니다.

固山額真葉臣, 當晝擊松山兵時, 扈習率本甲喇兵, 擅自離營, 被敵傷三人, 失纛三桿, 葉臣, 應罰銀百兩. 多羅貝勒多鐸, 不遵法度, 以鳴鏑射畢禮克圖, 復以塞爾格勸阻, 用刀背擊之, 多鐸應罰銀千兩. 梅勒章京覺羅古納代, 牛彔章京巴山 · 卓布退, 在錦州, 值有敏惠恭和元妃之喪, 乃於承政索海所, 令祖大樂俳優歌舞. 古納代, 應革職, 籍其家, 鞭一百, 巴山 · 卓布退, 應革職, 解牛彔任, 各鞭一百, 貫耳鼻.

구사어전 여천은 낮에 송산(松山)의 적병을 격퇴할 때 후시(hūsi, 扈習)가 본 잘란 병사를 이끌고 있었는데 멋대로 군영을 떠났다가 적에게 3명이 부상당했고 독(纛)과 깃대 3개를 잃었습니다. 여천은 벌은 100냥을 부과해야 합니다.

도로이 버일러 도도는 법도를 준수하지 않고 빌릭투에게 명적(鳴鏑)을 쏘았으며 서르거(serge, 塞爾格)가 이를 말리자 칼등으로 그를 쳤습니다. 도도는 벌은 1,000냥을 부과해야 합니다.

머이런장긴 기오로 구나다이(gioro gūnadai, 覺羅古納代), 니루장긴 바산(basan, 巴山) · 좁토이(jobtoi, 卓布退)는 금주에 있었을 때 민혜공화원비(敏惠恭和元妃)의 상(喪)이 있었는데도 승정 소오하이의 처소에서 조대락(祖大樂)의 배우에게 노래하고 춤추게 했습니다. 구나다이는 혁직하고 가산을 적몰하며 채찍 100대를 때려야 합니다. 바산 · 좁토이는 혁직하고 니루의 직임에서 해임하며 각각 채찍 100대를 때리고 귀와 코를 뚫어야 합니다.」

奏聞, 上命艾松古 · 尼堪 · 達該 · 扈什格 · 希福訥 · 吳納噶代, 各鞭一百, 其貫耳鼻罪, 准折贖. 白登 · 席爾噶 · 博羅, 照議各鞭一百. 席代 · 桑噶爾寨, 亦各鞭一百, 其貫耳罪, 准折贖, 俘獲財物入官. 抵償銀七十兩, 令艾松古獨出, 給與巴哈. 葉克書 · 馬喇希, 俱係錦州事, 其所坐應得之罪, 及葉克書議罰銀五十兩, 俱著寬免, 葉克書罰銀百兩之處, 竝所得賞賜, 照議入官. 抵償銀一百五十兩, 給與陣亡者之家, 再償一人. 雍舜, 從寬免死, 准納贖, 羅必達 · 黑舍密 · 衮塔石 · 吉馬護, 俱免死, 各鞭一百, 折贖, 約詹, 免革職籍家, 鞭八十折贖. 台什喀 · 卓木博, 亦免革職籍家, 各鞭八十. 康喀賴, 免死, 戴罪立功, 諾賴 · 納哈處賴, 免籍家, 各鞭一百. 布顏, 免死, 准納贖. 俄爾精阿 · 甘楚哈, 免籍家, 各鞭一百, 准折贖. 吳丹 · 僧格 · 阿爾泰, 俱免死, 各鞭一百, 折贖. 恩格圖, 免革職, 罰銀百兩. 葉臣, 照議罰銀百兩, 多鐸免罰銀, 著罰雕鞍馬一匹, 盔甲一副. 至於古納代, 幼失祖父, 朕令襲職以充任使, 素稱忠直, 非姦僞之流, 可免罪, 著餓禁三日. 巴山 · 卓布退, 原非近侍受恩之人, 且不過觀索海戲耳, 俱著免議.

상주하니 주상이 명했다. 「아이숭구 · 니칸 · 다가이 · 후시거 · 히퍼너 · 우나가다이는 각각 채찍 100대를 때리고 코와 귀를 뚫는 죄는 은으로 대신 내도 된다. 버덩 · 시르가 · 보로는 의논한 대로 각기 채찍 100대를 때려라. 시다이 · 상가르자이는 채찍 100대를 때리고 귀를 뚫는 죄는 은으로 대신 내는 것을 허가하며 노획한 재물은 관에 몰수하라. 배상은 70냥은 아이숭구가 혼자 내어서 바하에게 주게 하라. 역슈 · 말라히의 금주(錦州)에 관련된 사안으로 받아야 할 죄와 역슈의 논의된 벌은 50냥을 모두 면해 주고, 역슈의 벌은 100냥과 받은 상사(賞賜)는 의논한 대로 관에 몰수하라. 배상은 150냥은 전사자의 가족에게 주고 다시 한 사람을 주라. 용숀은 관대하게 죽음을 면해 주며 납속을 허가한다. 로비다 · 허셔미 · 군타시 · 기마후도 모두 죽음을 면해 주고, 각각 채찍 100대를 때리되 은으로 대신 내는 것을 허락한다. 요오잔은 혁직과 가산 적몰은 면해 주고 채찍 80대를 때리되 은으로 대신 내는 것을 허락한다. 타이시카 · 좀보 역시 혁직과 가산 적몰은 면해 주되 각각 채찍 80대를 때려라. 캉칼라이는 사형을 면해 주되 공을 세워 죄를 씻어라. 노라이 · 나하출라이는 가산 적몰은 면해 주고 각각 채찍 100대를 때려라. 부얀은 죽음을 면해 주고 납속을 허가한다. 올징가 · 간추하는 가산 적몰은 면해 주되 각각 채찍 100대를 때리거나 은으로 대신 내도 된다. 우단 · 성거 · 아르타이는 모두 죽음을 면해 주되 각각 채찍 100대를 때리거나 은으로 대신 내도 된다. 엉거투는 혁직을 면해 주되 벌은 100냥을 부과한다. 여천은 의논한 대로 벌은 100냥을 부과하라. 도도는 벌은은 면해 주되 벌로 조각한 안장을 갖춘 말 1마리, 투구와 갑옷 1벌을 취하라. 구나다이는 어려서 할아버지와 아버지를 잃어 짐(朕)이 습직시켜 임무에 충당했다. 본래 충직하고 간사한 부류가 아니니 죄를 면해 주고 3일 동안 굶겨라. 바산 · 좁토이는 원래 근시(近侍)로서 은총을 입은 자가 아니고 소오하이가 노는 것을 보았을 뿐이니 모두 처벌을 면해 준다.」

○ 初伊勒愼與哈哈納相毆, 伊勒愼曰, 以我十三年熟練之兵, 必不與爾, 如與爾, 我誓不共戴天日. 哈哈納云, 豈在皇上旗分者應生, 我等應死乎. 其言侵及於上, 鎭國將軍阿拜 · 覺羅塔布都禮聞之, 告於法司, 及鞫問, 哈哈納供云, 我但言爾我俱係朝廷之官, 誰非身受國恩者乎. 部議伊勒愼 · 哈哈納, 角口無憑, 應免議外, 但質証之阿拜 · 塔布都禮, 曾在伊勒愼家夜宴, 復受箭翎魚網, 且哈哈納有一駝, 阿拜索之不與, 遂以已之駝, 竝刀一口易之, 受餽袒庇是實, 阿拜, 應革職, 罰贖身銀, 塔布都禮, 亦應罰贖身銀, 其駝及翎網入官. 奏聞, 上命免罰阿拜 · 塔布都禮贖身銀, 止坐以應得之罪.

○ 이전에 이러선과 하하나가 서로 싸웠다. 이러선이 말했다. "내

가 13년간 훈련시킨 병사를 너에게 줄 수 없다. 만약 너에게 주게 되면 내가 너와 같은 하늘을 이고 살지 않으리라." 하하나가 말했다. "어찌 황상의 기(旗)에 속한 자는 반드시 살고 우리는 반드시 죽겠는가." 이 말이 주상을 범한 것이라 하여, 진국장군(鎭國將軍) 아바이 · 기오로 탑두리(gioro tabduri, 覺羅塔布都禮)가 이를 듣고 법사(法司)에 고했다. 심문하니 하하나가 공술했다. "나는 다만 너와 내가 모두 조정의 관리인데 누구는 나라의 은혜를 받지 않느냐고 말한 것뿐입니다." 부에서 의논했다. 「이러션과 하하나의 말다툼에 증거가 없으니 처벌 논의를 면해 주어야 합니다. 그 밖에 대질한 아바이 · 탑두리는 일찍이 이러션의 집에서 밤중에 연회가 있었을 때 다시 화살깃과 어망을 받았고, 또한 하하나의 낙타 한 마리를 아바이가 빼앗고 주지 않았다가 결국 그 낙타를 병도(竝刀) 한 자루와 바꾸었기 때문에 뇌물을 받고 비호한 것이 사실입니다. 아바이는 혁직하고 벌로 속신은(贖身銀)을 내게 하고, 탑두리 역시 벌로 속신은을 내게 하며 그 낙타와 화살깃 · 어망을 관에 몰수해야 합니다.」 상주하니 주상은 아바이 · 탑두리의 속신은(贖身銀)을 면해 주고 다만 받아야 할 죄에 처하게 했다.

○ 壬戌, 賜貢貂索倫部落牛彔章京克爾特米 · 阿濟布等十四人, 衣服 · 鞾帽 · 緞布等物有差, 仍宴而遣之.

○ 임술일(6.24), 담비를 바친 솔론 부락의 니루장긴 컬터미(keltemi, 克爾特米), 아지부(ajibu, 阿濟布) 등 14명에게 의복 · 신발과 모자 · 비단과 면포 등의 물품을 차등 있게 하사하고 연회를 베풀어 주고 보냈다.

○ 癸亥, 朝鮮國王李倧, 以錦州之役, 上整旅親征, 擊敗明援兵十三萬, 錦州 · 松山相繼歸降, 又用紅衣礮, 攻克杏山 · 塔山等處, 遣其第三子林坪大君李㴭, 漢城府判尹潘三進等, 獻豹皮 · 水獺皮及各色苧布 · 綿紬等物, 上表稱賀, 竝齎奏疏一函. 表曰, 朝鮮國王臣李倧, 於崇德七年三月十八十九兩日, 據世子陪從官崔弘基, 以獲錦州 · 松山之捷來報, 臣即遣陪臣齎表箋禮物馳京. 去後, 四月二十九日, 崔弘基等又報連取杏山塔山之捷, 五月十七日, 世子陪從官貳師李景奭捧敕至臣. 闔國臣民, 不勝歡忭, 謹奉表稱賀者. 伏以皇威遠暢, 既振赫怒之師, 溫綸載頒, 俄聞全勝之慶, 輿圖益廣, 遠近同歡. 欽惟寬溫仁聖皇帝陛下, 聰明有臨, 神武不殺, 暨聲教於化外, 率服兆人, 制兵要於幾先, 折衝萬里, 是致六師之用命, 遂收四城之奇功, 髦倪載塗, 爭頌好生之德, 閭閻安堵, 咸稱無敵之仁, 若稽前聞, 孰踰斯盛. 伏念臣忝守敝服, 幸際洪休, 玉帛大庭, 縱阻駿奔之列, 車書薄海, 益切燕賀之忱. 臣無任望天仰聖激切屏營之至, 謹奉表稱賀以聞.

○ 계해일(6.25), 조선국왕 이종(李倧)이 금주(錦州)의 전투에서 주상이 군사를 갖추어 친정(親征)해서 명나라의 원병 13만을 격퇴시키고 금주 · 송산을 차례로 항복시키고 홍의포(紅衣礮)를 사용해 행산 · 탑산 등지를 함락시킨 것에 대해 셋째아들 임평대군(林坪大君; 麟坪大君) 이요(李㴭)와 한성부판윤(漢城府判尹) 반삼진(潘三進; 卞三近) 등을 보내 표범가죽 · 수달가죽 및 각종 모시 · 명주 등의 물품을 바치고 경하하는 표문 및 주소(奏疏) 1통을 보내왔다.

표문에서 말했다. 「조선국왕 신(臣) 이종(李倧)은 숭덕 7년 3월 18일과 19일 이틀에 걸쳐 세자를 수행하는 관원 최홍기(崔弘基; 崔惠吉)로부터 금주 · 송산에서의 승전보를 들었습니다. 신은 즉시 배신(陪臣)에게 표전(表箋)과 예물(禮物)을 주고 경사(京師)로 달려가게 했습니다. 그 후 4월 29일에 최홍기(崔弘基; 崔惠吉) 등이 또 행산과 탑산을 연이어 취했다는 승전보를 전해 왔고, 5월 17일에는 세자를 수행하는 관원 이사(貳師)[3] 이경석(李景奭)이 칙서를 받들고 신에게 왔습니다. 온 나라의 신민(臣民)이 기쁨을 이기지 못하고 삼가 표문을 올려 경축합니다. 삼가 생각건대 황제의 위엄을 멀리 떨치시어 성난 군사를 일으키시고 따뜻한 윤음(綸音)을 반포하시니, 얼마 후에 전승(全勝)했다는 기쁜 소식과 판도가 더욱 넓어졌다는 소식을 듣고 원근(遠近)이 함께 기뻐했습니다. 삼가 생각건대 관온인성황제 폐하께서는 총명하게 굽어 살피시고 신령스러운 무위(武威)로 함부로 죽이지 않으시어 성교(聲敎)가 화외(化外)에 미치게 하시고 온 백성을 복속시키셨으며 병사를 부림에 먼저 기회를 잡는 것을 요점으로 하여 만 리 밖까지 원정하셔서, 온 군사가 사력을 다해 싸워 4개[4] 성을 취하는 큰 공적을 얻기에 이르렀습니다. 모든 사람이 길에 나와서 살리기를 좋아하는 덕을 다투어 칭송하고 백성들이 평안해하며 적(敵)이 없는 어짊을 모두 칭송합니다. 예전을 상고해 보더라도 누가 이 융성함에 비하겠습니까. 삼가 생각건대 신이 과분하게 저희의 강역을 지키며 다행히 큰 평화를 만났으니, 대궐에 달려가 하례의 대열에 참여하지 못할지라도 수레와 문자가 해내(海內)에서 통일된 것을 축하하고 기뻐하는 정성은 간절합니다. 신들은 하늘을 바라보고 전하를 우러르는 간절한 심정을 가눌 길이 없습니다. 삼가 표문을 올려 경하드리며 상주합니다.」

奏疏曰, 本年五月十七日, 世子陪臣李景奭, 捧到敕諭云, 朕自與明

3 貳師: 조선 世子侍講院의 종1품 문관 벼슬. 세자에게 經書를 가르치는 일을 맡아 보았다. 師의 아래, 賓客의 위이다.

4 금주, 송산, 탑산, 행산을 가리킨다.

國搆兵以來, 每見生民死傷之衆, 心甚憫之, 屢欲和好. 奈明國君臣, 妄自尊大, 其視軍民之塗炭, 毫不關心, 竟不欲和, 近因朕命諸王率師圍困錦州, 明之十三萬援兵, 一朝覆沒, 始懼而請和, 令錦衣衛官一員, 職方司官一員, 總兵官二員, 三至我軍營求和, 統軍諸王, 以其無明主御寶書札却之, 嗣後又齎御寶書札至, 其使臣與我臣接見, 禮甚恭而詞甚遜, 甘居卑下, 不似曩日矣. 諸王悉以情狀來奏, 朕閱所用皇帝之寶, 大而稍偏, 初疑而未信, 乃以示所獲總督洪承疇, 承疇云, 此寶札果真. 昔壬申年, 皇帝征察哈爾時, 張家口沈巡撫六月二十八日盟誓之事, 明國皇帝亦悉知之, 但爲文臣浮議所惑, 故將沈某罷巡撫之任, 後來復命會議和事, 又爲諸文臣所阻, 遂寢其事. 此次請和, 決非虛語.

朕初以彼之請和, 不過巧詐誑誘, 欲免錦州四城之難, 亦未深信, 今復遣官至, 朕思四城已破, 十三萬援兵已盡, 加以饑饉洊臻, 寇盜蜂起, 流賊轉熾, 蓋迫於不得不和耳. 今我國外藩臣服, 不爲不多, 疆域版圖, 不爲不廣, 彼旣請和, 欲共享太平之福, 亦朕之夙願也. 據諸王·貝勒等咸謂明之國運將亡, 正宜乘此機會, 攻取燕京, 安用和爲. 但念戰爭不已, 傷民必衆, 朕心實有所不忍, 况縱蒙天眷, 統一寰區, 乂安之道, 經理之方, 正多籌畫. 欲使子子孫孫永守而弗替, 亦未可驟言也. 昔大金不嘗撫有中原乎. 盛衰有時, 具載史冊, 朕之真心如此, 諸王等所見如彼, 進取與和好, 二者孰善. 以王誼屬一體, 故降敕商議, 宜直陳所見, 勿得隱諱, 特諭.

臣欽此欽遵外, 臣竊照自古帝王之興, 必上合天心, 下順人望, 春生秋殺, 天之道也, 畏威懷德, 人之情也. 惟我皇上應天順人, 威德竝隆, 戰無不克, 攻無不取, 威聲所曁, 遠邇震疊, 德化旣浹, 髦倪鼓舞, 以致松錦杏塔, 一擧迅掃, 實前代未有之盛烈也. 以破竹之勢, 有席捲之形, 諸王之必欲乘此機會者, 宜也, 皇上寬仁, 不忍死傷之多, 欲成和事, 得享太平之樂, 此誠帝王止殺爲武, 不戰屈人之勝算. 聖念所及, 與天同大, 無容議爲. 顧此和戰重事, 有非藩臣所敢與聞, 而特降推心之問, 益切銜感之私, 臣無任感激惶恐之至, 緣係恭承聖敕, 仰答明旨事理, 爲此謹具奏聞.

주소(奏疏)에서 말했다. 「올해 5월 17일에 세자의 배신 이경석(李景奭)이 받들어 가져온 칙서에서 말씀하셨습니다. "짐은 명나라와 전쟁을 시작한 이래로 매번 백성들의 죽고 다친 모습들을 보면서 마음속으로 매우 측은하게 여겨 여러 번 화호(和好)하고자 했다. 그러나 명나라의 군주와 신하는 함부로 스스로를 높이면서 그들의 군사와 백성들이 도탄에 빠진 것을 보면서도 조금의 관심도 가지지 않아 화호하려고 하지 않았다. 최근에 짐이 여러 왕들에게 명하여 군사를 이끌고 금주를 포위하게 했으며 명나라의 13만 구원병을 하루아침에 전멸시키니, 저들이 두려워하기 시작하여 화의를 청했다. 금의위관(錦衣衛官) 1명, 직방사관(職方司官) 1명, 총병관 2명이 세 번 아군 진영에 와서 화의하고자 했으나 군사를 통솔하던 여러 왕들은 그들에게 명나라 군주의 옥새가 찍힌 서찰이 없었으므로 거절했다. 그 뒤에 다시 옥새가 찍힌 서찰이 왔기에 그 사신과 우리나라 신하가 접견했는데 예의가 매우 공손했고 말이 매우 겸손했으며 스스로 낮추는 것을 달게 여겨 지난번과는 달라 보였다. 여러 왕들은 모두 상황을 상주했다. 짐이 황제의 보새(寶璽)를 쓴 것을 보니 크지만 조금 치우쳐 있어 처음에는 의심하며 믿지 않고 사로잡은 총독 홍승주(洪承疇)에게 보여 주니 홍승주가 말했다. '이 보찰(寶札)은 진짜입니다. 예전 임신년(1632)에 황제께서 차하르를 정벌할 때 장가구(張家口)의 심 순무(沈巡撫)[5]가 6월 28일

5 沈棨를 가리킨다. 沈棨는 1630년부터 1632년까지 宣府巡撫를 역임하면서 청과

에 맹세한 일을 명나라 황제도 모두 알고 있었는데, 단지 문신들의 헛된 논의에 미혹되어 심 아무개를 순무에서 파직했습니다. 후에 다시 화의에 대한 일을 의논하고자 모이게 했지만 또 여러 문신들에 의해 막혀서 그 일을 멈추었습니다. 이번에 화의를 청하는 것은 결코 헛된 말이 아닙니다.' 짐은 처음에 저들이 화의를 청하는 것이 단지 교묘한 말로 속이는 것에 불과하고 금주(錦州) 등 4개 성의 어려움을 면하기 위해서라 여겨 깊이 믿지 않았었다. 지금 다시 관리를 보내왔으니 짐이 생각건대 4개 성이 함락되었고 13만 구원병도 전멸했으며 더욱이 연이어 기근이 닥치고 도적떼들이 봉기하고 유적들이 횡행하니 어쩔 수 없이 화의를 맺으려는 것일 뿐이다. 현재 우리나라에 신하로 복속한 외번(外藩)이 적지 않고 강역과 판도도 작지 않다. 저들이 이미 화의를 청했으니 함께 태평한 복을 누리는 것이 짐의 바람이다. 여러 왕과 버일러들은 모두 명나라의 국운이 끝나려고 하니 이 기회를 틈타 연경(燕京)을 공격해 취해야 하는데 왜 화친을 하느냐고 한다. 그러나 생각건대 전쟁이 끝나지 않으면 피해를 입는 백성들이 필시 많아질 것이니 짐의 마음이 실로 이를 보아 넘길 수 없다. 하물며 하늘의 보우하심을 입어 천하를 통일하더라도 평온하게 하는 도리와 다스리는 방도는 계획해야 할 것이 실로 많다. 자손에게 영원히 지키고 변하지 않게 하려는 것도 급작스럽게 말할 수 없다. 옛날 금나라가 중원을 다스리지 않았던가. 성쇠에 때가 있음은 모두 사책(史冊)에 실려 있다. 짐의 진심은 이러하고 여러 왕들의 소견은 저러하니 나아가 취하는 것과 화호(和好)하는 것 중에 어느 쪽이 좋은가? 왕은 정의(情誼)로 보아 한 몸과 같으니 칙서를 내려 상의한다. 바로 의견을 말하고 감추지 말라. 특별히 유시한다."

화의를 논의했다.

신(臣)이 이를 삼가 받들고 살펴보니 예로부터 제왕(帝王)이 흥성했던 것은 반드시 위로 천심(天心)과 맞고 아래로 인망(人望)을 따랐기 때문입니다. 봄에 살리고 가을에 죽이는 것은 하늘의 도리이고 위엄을 두려워하며 덕을 품는 것은 사람의 정리(情理)입니다. 생각건대 우리 황상께서는 천명에 응하고 민심에 따라 위엄과 덕이 나란히 융성하며 전투에서 이기지 못한 상대가 없고 공격하면 취하지 못한 곳이 없으니, 위엄과 명성이 멀고 가까운 곳에 모두 미쳐서 두렵게 하고 덕화(德化)가 두루 펼쳐져 노인과 아이가 춤을 추며, 송산·금주·행산·탑산을 일거에 쓸어버렸으니 실로 전대에 없었던 융성한 공업입니다. 파죽지세로 석권하는 형상이니 왕들이 이 기회를 타고 싶어 하는 것도 당연합니다. 황상께서는 어지시어 사상자가 많은 것을 차마 참지 못하시고 화호(和好)를 이루어 태평의 즐거움을 누리고자 하시니 이는 실로 제왕(帝王)이 죽이지 않는 것을 무(武)로 삼는다는 것이고, 싸우지 않고도 사람을 굴복시키는 것을 승산으로 삼는다는 것입니다. 성상(聖上)의 생각이 미치신 바가 하늘처럼 커서 다시 의논할 것이 없습니다. 돌아보면 이 화친과 전쟁의 중대한 일은 번신(藩臣)이 감히 들을 바가 아닌데 특별히 성심으로 질문을 내리시니 감사한 마음이 더욱 간절합니다. 신은 감격하고 황공한 마음을 이기지 못하여 성스러운 칙서를 공경히 받든 사정과 밝은 성지(聖旨)의 사리(事理)에 대해 삼가 답해 갖추어 상주합니다.」[6]

○ 甲子, 賜朝鮮林坪大君李淯及判尹潘三進等, 竝其兄李溰·李淏, 宴於禮部, 仍命和碩鄭親王濟爾哈朗, 多羅睿郡王多爾衮, 多羅肅郡王豪格, 多羅郡王阿達禮, 多羅貝勒多鐸·羅洛宏等, 各宴之.

---

6 해당 勅旨 및 奏疏의 내용은 『同文彙考』 別編 권4 「軍務」 편에도 수록되어 있다.

○ 갑자일(6.26), 조선의 임평대군(林坪大君; 麟坪大君) 이요(李㴭) 및 판윤(判尹) 반삼진(潘三進; 卞三近) 등과 그 형 이왕(李溰)·이호(李淏)에게 예부에서 연회를 베풀어 주었다. 또 호쇼이 정친왕 지르갈랑, 도로이 예군왕(睿郡王) 도르곤, 도로이 숙군왕(肅郡王) 호오거, 도로이 군왕 아달리, 도로이 버일러 도도·롤로혼에게 명하여 각기 연회를 베풀어 주게 했다.

> ○ 乙丑, 賜朝鮮國林坪大君李㴭, 判尹潘三進, 書狀官洪儲良, 一等太監納厄畢, 大通官·收發官等, 貂皮·蟒袍·緞袍·貂裘·鞾·雕鞍·馬匹·銀兩有差, 賜宴遣之.

○ 을축일(6.27), 조선국의 임평대군(林坪大君; 麟坪大君) 이요(李㴭), 판윤(判尹) 반삼진(潘三進; 卞三近), 서장관(書狀官) 홍저량(洪儲良; 洪處亮), 일등태감(一等太監) 납액필(納厄畢; 羅業), 대통관(大通官)·수발관(收發官) 등에게 담비가죽·망포(蟒袍)·비단겉옷·담비가죽옷·신발·조각한 안장·말·은량을 차등 있게 하사했고 연회를 베풀어 주고 보냈다.

> ○ 命八家各宴錦州·松山·杏山陣獲官員一次, 自洪承疇·祖大壽·祖大樂·祖澤遠·祖大弼·祖大名·高勳·呂品奇·白良弼以下, 竝參將·遊擊二十三員, 都司·守備五十四員, 皆預焉.

○ 팔가(八家)에 명하여 각기 금주(錦州)·송산(松山)·행산(杏山)의 전투에서 사로잡은 관원들에게 연회를 한 번씩 베풀어 주게 했다. 홍승주(洪承疇)·조대수·조대락(祖大樂)·조택원(祖澤遠)·조대필(祖

大弼)·조대명(祖大名)·고훈(高勳)·여품기(呂品奇)·백량필(白良弼)과 그 이하의 참장·유격 23명, 도사·수비 54명이 모두 참여했다.

○ 丁卯, 兩黃旗固山額真護軍統領等, 察敍出征效力克敵官兵具奏, 上命賜護軍統領圖賴·鰲拜巴圖魯, 護軍參領拜山·訥爾特等官兵二百員名, 馬各一匹.

○ 정묘일(6.29), 두 황기의 구사어전·호군통령 등이, 출정하여 힘써 적을 무찌른 관병들의 공을 살피고 서훈하여 상주했다. 주상이 명하여 호군통령 툴라이·오보이 바투루, 호군참령 바산·너르터이 등의 관병(官兵) 200명에게 각기 말 1마리씩을 하사하게 했다.

○ 戊辰, 以歸降復逃明總兵官痲登雲家口財產, 賜總兵官祖大壽.

○ 무진일(6.30), 항복했다가 다시 명으로 도망친 총병관 마등운(痲登雲)의 가구(家口)와 재산을 총병관 조대수에게 주었다.

秋七月, 己巳朔. 上命以錦州·松山·杏山新降官屬兵丁, 分給八旗之缺額者, 其餘男子·婦女·幼稚共二千有奇, 編發蓋州爲民. 又蒙古男子·婦女·幼稚共四百二十有奇, 又漢人八名, 分賜恭順王孔有德, 男子十名, 婦女·幼稚十六口, 懷順王耿仲明, 男子十名, 婦女·幼稚十二口, 智順王尚可喜, 男子十名·漢人一名·婦女·幼稚十二口, 續順公沈志祥, 男子五名, 婦女十六口, 察漢喇嘛, 男子三名, 婦女·幼稚三口, 其餘分賜公以下梅勒章京以上養之.

○ 가을 7월 기사일 초하루(7.1), 주상이 명하여 새롭게 귀부한 금주 · 송산 · 행산의 관속과 병정을 팔기의 결원에 나누어 충원하게 했다. 그 나머지 남자 · 여자 · 어린아이 총 2,000명 이상은 개주(蓋州)로 보내서 백성으로 편제했다. 또한 몽고인 남자 · 여자 · 어린아이 총 420명 이상 및 한인 8명은, 공순왕 공유덕에게 남자 10명, 여자와 어린아이 16명을 나누어 주었고, 회순왕 경중명에게 남자 10명, 여자와 어린아이 12명을 나누어 주었고, 지순왕 상가희에게 남자 10명, 한인 1명, 여자와 어린아이 12명을 나누어 주었다. 속순공 심지상에게 남자 5명, 여자 16명을 나누어 주었고, 차간 라마에게 남자 3명, 여자와 어린아이 3명을 나누어 주었다. 그 나머지는 공(公) 이하 머이런장긴 이상에게 각기 나누어 주고 보살피게 했다.

○ 庚午, 上召諸王 · 貝勒 · 貝子 · 公 · 固山額真 · 議政大臣等, 入淸寧宮, 諭曰, 朕觀爾等所行, 於國家政事, 皆不肯身任效力, 每謂國家之事, 於己無涉, 因循推託, 專委之朕, 似此不殫竭心力, 獨不畏天乎. 不勤政事之人, 上天豈佑之乎. 朕常戒爾等不盡心政事者, 惟恐爾等失爲臣之道, 而召天譴也. 從前怠於政事而失臣道者, 上天譴罰, 爾等已悉見之矣. 若勤於政事而盡臣道, 則必蒙上天恩佑, 政擧而身榮, 其理詎不彰明較著乎. 今征戰之事, 朕不具論, 但思爾諸王 · 貝勒 · 貝子 · 公 · 大臣等, 每率所屬大小將士, 出兵於外, 其人之賢否, 必已熟悉, 則某人賢, 某人不肖, 何不據實奏聞耶. 若不奏聞, 朕何由知之, 加以黜陟也, 緬想皇考太祖時, 蘇完扎爾固齊費英東, 見人之不善, 必先自斥責而後劾之, 見人之善, 必先自奬勵而後擧之, 其被劾者無怨言, 被擧者亦無驕色. 朕今竝未見爾等以善惡實奏, 似斯人之公直也. 諸王 · 貝勒 · 大臣等, 皆叩頭謝罪曰, 皇上所責誠是, 皆臣等識見短淺, 以致如此疎漏, 嗣後當盡心國事, 仰遵訓諭.

○ 경오일(7.2), 주상이 여러 왕·버일러·버이서·공·구사어전·의정대신 등을 불러서 청녕궁에 들어오게 하고 유시했다. "짐(朕)이 너희의 행동을 보니 나라의 정사(政事)에 대해 모두 맡은 임무에 힘쓰기를 기꺼워하지 않고, 매번 나랏일이라고 하면서도 스스로는 무관하다 여기면서 적당히 얼버무려 거절하거나 오로지 짐에게 떠넘기기만 하니, 이처럼 몸과 마음을 다해 힘쓰지 않는 것은 오직 하늘을 두려워하지 않아서가 아니겠느냐. 정사를 부지런히 하지 않는 사람을 어찌 하늘이 보살피겠는가. 짐이 항상 너희가 정사에 마음을 다하지 않는다고 경계했던 것은 너희가 신하의 도리를 잃어 하늘의 견책(譴責)을 불러올까 염려되어서였다. 이전에 정사에 태만하여 신하로서의 도리를 잃은 자를 하늘이 책망하여 벌을 내렸던 것을 너희는 이미 모두 보았을 것이다. 만약 정사에 근면하게 임해 신하로서의 도리를 다하면 반드시 하늘의 보우하심을 입어 정치가 제대로 행해지고 몸은 영예로워질 것이니, 그 이치가 어찌 매우 명백하지 않겠는가. 이번 정벌의 일에 대해서 짐은 구구하게 말하지 않겠다. 다만 생각건대 너희 왕·버일러·버이서·공(公)·대신들이 매번 소속 대소(大小) 장수와 병사들을 데리고 바깥으로 출병할 때 그 사람이 현명한지 아닌지를 분명히 잘 알고 있었을 것인데 아무개가 현명하고 아무개가 불초하다고 왜 사실대로 상주하지 않았느냐. 상주하지 않으면 짐이 어떻게 알고 들이고 내치겠느냐. 돌아보건대 황고 태조 때 수완의 자르구치 피옹돈은 좋지 않은 사람을 보면 반드시 먼저 스스로 꾸짖은 후에 탄핵했고, 좋은 사람을 보면 반드시 먼저 칭찬한 후에 천거했으니 탄핵을 당해도 원망하는 말을 하는 자가 없었으며 천거되어도 교만해하는 자가 없었다. 짐은 지금 너희가 좋고 나쁜 사실을 상주한 것이 그 사람과 공정하고 올바르게 부합한 것을 본 적이 없다." 여러 왕과 버일러·대신들이 모두 고두하며 사죄하여 말했다. "황상께서 질책하신 것이 참으로 옳습니다. 모두가 신들의 식견이 모자라고 얕아 이렇게 소홀하

게 된 것입니다. 이후로는 마땅히 나랏일에 마음을 다하여 훈유(訓諭)를 받들어 준수하겠습니다."

○ 辛未, 上幸牧馬所, 召祖大壽·祖大樂·祖大弼·祖大成·祖大名·祖澤遠·祖澤沛·高勳等, 賜之宴, 命內大臣·侍衛, 及祖大壽等新附各官較射, 賜固倫額駙弼爾塔噶爾駝十隻, 多羅睿郡王多爾袞·多羅肅郡王豪格·多羅貝勒多鐸駝各三隻, 祖大壽駝三隻, 祖大樂駝一隻, 內大臣宗室錫翰·內大臣圖爾格·固山額真譚泰·宗室拜尹圖駝各二隻, 內大臣多爾濟達爾漢諾顏·達雲·伊爾登·巴圖魯詹, 宗室額克親·穆爾察, 固山額真劉之源, 護軍統領圖賴·鰲拜巴圖魯, 梅勒章京譚布·伊爾德·訥爾特·阿哈尼堪, 甲喇章京希爾艮·努山·伊爾都齊·陳泰·吳納海·拜山·布克沙, 親隨侍衛哈談巴圖魯·阿禮麻·坤·德馬護·格黑禮·土喇克圖·遏必隆·圖祿會·巴哈, 錦州塞冷·古式安布·諾木齊·冷僧機·察漢喇嘛·畢禮克圖朗蘇·畢禮克圖渾津·額爾克圖·鄧長春·祖澤潤·祖可法·祖澤洪等, 駝各一隻.

○ 신미일(7.3), 주상이 말을 기르는 곳에 행차하여 조대수·조대락(祖大樂)·조대필(祖大弼)·조대성(祖大成)·조대명(祖大名)·조택원(祖澤遠)·조택패(祖澤沛)·고훈(高勳) 등을 불러 연회를 베풀어 주고, 내대신과 시위(侍衛) 및 조대수 등 새롭게 귀부한 각 관리들에게 명하여 활쏘기 시합을 하게 했다. 구룬 어푸 빌타가르에게 낙타 10마리를 주었고, 도로이 예군왕(睿郡王) 도르곤·도로이 숙군왕(肅郡王) 호오거·도로이 버일러 도도에게 낙타 3마리씩을 주었다. 조대수에게 낙타 3마리, 조대락(祖大樂)에게 낙타 1마리, 내대신 종실 시한·내대신 투르거이·구사어전 탄타이·종실 바인투에게 낙타 2마리씩을 주었

다. 내대신 도르지 다르한 노얀 · 다윤(dayūn, 達雲) · 일던 · 바투루 잔, 종실 억친 · 무르차, 구사어전 유지원(劉之源), 호군통령 툴라이 · 오보이 바투루, 머이런장긴 탐부 · 이르더 · 너르터이(nertei, 訥爾特) · 아하니칸, 잘란장긴 히르건(hirgen, 希爾艮) · 누산 · 일두치 · 천터이 · 우나하이 · 바이산 · 북샤(bukša, 布克沙), 친수시위(親隨侍衛) 하탄 바투루 · 알리마(alima, 阿禮麻) · 쿤(kūn, 坤) · 더마후(demahū, 德馬護) · 거허리(geheri, 格黑禮) · 툴락투(tulaktu, 土喇克圖) · 어빌룬 · 투루후이(turuhūi, 圖祿會) · 바하, 금주(錦州)의 서령 · 구시암부(gusi-ambu, 古式安布) · 놈치 · 령성기 · 차간 라마 · 빌릭투 랑수(biliktu langsu, 畢禮克圖朗蘇) · 빌릭투 혼진 · 어르커투 · 등장춘(鄧長春) · 조택윤(祖澤潤) · 조가법(祖可法) · 조택홍(祖澤洪) 등에게 각기 낙타 1마리씩을 주었다.

○ 先是, 葉克書旗下噶布喇, 於錦州陣逃, 部議應論死. 收繫之, 上召而詰之曰, 爾更有辯乎, 抑竟無辯, 爾意仍欲免死, 願戮力行間, 爲贖罪之地乎. 噶布喇奏云, 臣有辯, 但無質証人在耳. 復令收繫之, 及城克事畢, 噶布喇欲僥倖免罪, 又云, 臣無所辯. 至是, 議噶布喇於用兵時, 不圖立功贖罪, 詭言有辯, 及兵事已竣, 苟圖免罪, 復云無辯, 應論死, 奏聞, 上命噶布喇從寬免死, 令於篤恭殿宣示其罪, 鞭一百, 給與和碩禮親王代善爲奴, 籍其家產, 均給本牛彔人.

○ 이전에 역슈 기(旗) 속하의 가불라는 금주(錦州)의 전투에서 도망쳤기에 부(部)에서 죽여야 한다고 의논했다. 구금한 후 주상이 불러서 힐문했다. "너는 더 변명할 말이 있느냐, 아니면 결국 변명할 말이 없느냐. 너는 여전히 죽음을 피하고 싶은가, 아니면 힘껏 싸워 속죄하기를 원하느냐." 가불라가 말했다. "신은 변명할 말이 있지만 증언해 줄

사람이 없습니다." 가불라를 다시 구금시켰다. 성을 함락시킨 뒤에 가불라는 요행히 죄가 사면되기를 바라고 다시 말했다. "신은 변명할 말이 없습니다." 이때에 의논했다. 「가불라는 전투에서 공을 세워 속죄할 뜻이 없으면서 거짓말로 변명할 말이 있다고 했지만 전투를 마친 뒤에는 구차하게 사면을 바라면서 다시 변명할 말이 없다고 했으니 죽여야 합니다.」 상주하니 주상은 가불라에게 관대하게 사형을 면해 주되, 독공전(篤恭殿)에서 그의 죄상을 널리 알리게 하고 채찍 100대를 때리고, 호쇼이 예친왕(禮親王)에게 그를 노비로 주고 그의 가산은 몰수하여 그의 원래 니루 사람들에게 나누어 주게 했다.

○ 部議, 前鋒章京阿爾布尼·敦兌誑奏, 征明錦州時, 臺上步兵三人, 爲彼二人所殺. 及質訊, 原與公塔瞻之兵同殺, 罪一. 又阿爾布尼, 語公塔瞻云, 爾無恃上恐赫我, 罪二. 阿爾布尼, 應論死. 敦兌, 應鞭七十. 奏聞, 上命於篤恭殿, 宣示其罪. 阿爾布尼, 從寬免死, 准納贖. 敦兌, 免鞭責, 准折贖.

○ 부에서 의논했다. 「전봉장긴 아르부니와 돈도이(dondoi, 敦兌)가 거짓으로 주를 올리기를, 명나라 금주(錦州)를 정벌할 때 대(臺) 위의 보병 셋이 적 2명에게 살해당했다고 했습니다. 대질 심문하니 공(公) 타잔의 병사와 함께 살해한 것이었으므로 첫째 죄입니다. 또 아르부니가 공(公) 타잔에게 말하기를 "그대는 기댈 곳도 없으면서 나를 협박하는가."라고 했으니 둘째 죄입니다. 아르부니는 사형으로 논하고 돈도이는 채찍 70대를 때려야 합니다.」 상주하니, 주상이 명하여 독공전에서 그 죄를 널리 알리게 했다. 아르부니는 너그러이 사형은 면해 주고 납속을 허락했다. 돈도이는 채찍형을 면해 주고 대신 은을 내도록 허락했다.

○ 又議, 多羅肅郡王豪格, 征明錦州時, 遣楊善·雅賴, 詣俄羅塞臣處, 言爾所敗步兵隊伍, 勿言爲護軍所擊, 亦勿言未見騎兵, 罪一. 又逼問宜成格·順代·喀爾塔喇·葉什, 罪二. 豪格, 應罰銀二千兩. 多羅睿郡王多爾袞, 以欲免豪格所屬騎兵·官員罪, 因阿意順從, 遣雅賴同詣俄羅塞臣處, 多爾袞亦應罰銀千兩. 奏聞, 上命罰多爾袞銀五百兩, 豪格銀一千兩, 俱給與俄羅塞臣.

○ 또 의논했다. 「도로이 숙군왕(肅郡王) 호오거가 명나라 금주를 정벌할 때 양샨과 야라이를 올로서천이 있는 곳에 보내 말하기를 "네가 격파한 보병 대오가 호군에게 공격당했다고 말하지 말라. 또 기병을 보지 못했다는 말도 하지 말라."라고 했으니 첫째 죄입니다. 또 이청거·슌다이(šundai, 順代)·칼타라·여시를 추궁했으니 둘째 죄입니다. 호오거는 벌은 2,000냥을 내게 해야 합니다. 도로이 예군왕(睿郡王) 도르곤은 호오거 소속 기병과 관원의 죄를 면해 주고자 야라이를 올로서천이 있는 곳에 보내는 일에 협조했으니 도르곤에게도 벌은 1,000냥을 내게 해야 합니다.」 상주하니 주상이 명하여 도르곤에게 벌은 500냥, 호오거에게 벌은 1,000냥을 부과하고 모두 올로서천에게 주게 했다.

○ 正黃旗額爾克, 所屬滿洲壯丁十七名, 止編甲三名, 又私收本牛彔人在松山盜取之甲. 圍錦州城時, 不令其家丁預備差馬, 以牛彔下馬代之. 又其子恭格得, 身係壯丁, 私免披甲. 本牛彔人額塞圖, 率衆首於刑部, 訊問罪俱實. 議額爾克應革一世職, 罷牛彔任, 鞭一百. 奏聞, 上命額爾克革一世職, 罷牛彔任, 其鞭一百之處, 准折贖.

○ 정황기의 어르커는 소속 만주 장정 17명 중 3명만 갑병으로 편제했다. 또 해당 니루의 사람이 송산(松山)에서 훔친 갑옷을 사사로이 받았다. 금주성(錦州城)을 포위할 때에는 자신의 가정(家丁)에게 교대할 말을 준비시키지 않고 니루 속하의 말로 대신했다. 또 아들인 궁거더이(gunggedei, 恭格得)는 장정임에도 사사로이 피갑(披甲)을 면해 주었다. 해당 니루의 어서투가 무리를 이끌고 형부(刑部)에 고발하여 심문하니 죄가 모두 사실이었다. 논의하기를 어르커는 한 차례 세직을 혁직하고 니루 직을 박탈하며 채찍 100대를 때려야 한다고 했다. 상주하니, 주상이 명하여 어르커의 한 차례 세직을 혁직하고 니루 직을 박탈하고 채찍 100대를 때리되 은으로 대신 낼 수 있게 했다.

○ 先是, 承政索海, 當敏惠恭和元妃之喪, 擅令祖大樂俳優至帳內, 吹彈歌舞, 下部議. 至是, 議索海應論死. 奏聞, 上命索海免死, 革職, 解梅勒章京任, 分奴僕一半, 給護軍統領圖賴. 仍諭索海曰, 爾既耽於逸樂, 嗣後不必至篤恭殿, 及大清門前, 任爾家居自娛可也.

○ 이전에 승정 소오하이가 민혜공화원비(敏惠恭和元妃)의 장례 때 멋대로 조대락(祖大樂)을 시켜 배우를 천막에 들여서 음악을 연주하고 노래하고 춤추게 한 일을 부(部)에 내려 의논하게 했다. 이때에 소오하이를 사형으로 논해야 한다고 의논했다. 상주하니 주상은 소오하이의 사형은 면해 주고 혁직하여 머이런장긴에서 해임하고 노복의 절반을 분리하여 호군통령 툴라이에게 주게 했다. 이어서 소오하이에게 유시했다. "네가 벌써부터 놀며 즐기기에 빠져 있으니 이후로는 독공전과 대청문 앞에 올 필요 없이 집에 틀어박혀 혼자 즐기며 살면 된다."

○ 壬申，賜總兵官祖大壽御服五爪龍紗朝衣，嵌雙東珠·紅寶石·金頂朝帽，并緞鞾，緞襪．賜祖大弼·高勳朝服，繫孔雀翎凉帽·鞾襪等物．

○ 임신일(7.4), 총병관 조대수에게 주상이 입던 오조룡(五爪龍)을 수놓은 비단 조의(朝衣), 동주(東珠) 두 개·붉은 보석·금정(金頂)을 박은 조모(朝帽), 비단신발, 비단 버선을 하사했다. 조대필(祖大弼)과 고훈(高勳)에게는 조복(朝服), 공작 깃털을 단 여름모자, 신발과 버선 등의 물품을 하사했다.

○ 以訥爾特·代都爲梅勒章京，紐黑爲議政大臣．

○ 너르터이와 다이두(daidu, 代都)를 머이런장긴으로, 니오허를 의정대신으로 삼았다.

○ 命編漢軍爲八旗，各設牛彔章京．上諭曰，漢軍旗內新設官員，應用之人賢否，朕未悉知，著該部王·大臣，同漢軍固山額真·梅勒章京等，遴選用之．於是多羅睿郡王多爾袞·鎭國將軍承政阿拜·參政滿朱錫禮·啟心郎索尼等，與漢軍固山額真·梅勒章京，公同遴選，請旨補授．

○ 한군을 팔기로 편성하고 각각에 니루장긴을 설치하게 했다. 주상이 유시했다. 「한군기에 새로 설치할 관원으로 쓸 사람이 현명한지 아닌지 짐(朕)이 다 알 수 없으므로 해당 부의 왕·대신이 한군 구사어

전 · 머이런장긴 등과 함께 선발하여 써라.」 이에 도로이 예군왕(睿郡王) 도르곤 · 진국장군 승정 아바이 · 참정 만주시리 · 계심랑 소닌 등이 한군 구사어전 · 머이런장긴과 함께 선발하고 지(旨)를 청해 임명했다.

○ 丙子, 上御篤恭殿. 諸王 · 貝勒 · 大臣, 率文武各官, 表賀克取錦州 · 松山 · 杏山 · 塔山四城, 擊敗明十三萬援兵大捷. 行慶賀禮畢, 賜大宴. 表曰, 和碩鄭親王濟爾哈朗 · 多羅睿郡王多爾袞 · 多羅肅郡王豪格 · 多羅武英郡王阿濟格 · 多羅貝勒多鐸 · 多羅郡王阿達禮 · 多羅貝勒羅洛宏 · 固倫額駙弼爾塔噶爾 · 朝鮮世子李涅, 率滿 · 漢 · 蒙古等官, 稽首上言. 欽惟我寬溫仁聖皇帝, 命諸王 · 貝勒 · 將領等官, 帥兵圍困明錦州. 皇上整旅親征, 擊敗明援兵十三萬, 明郎中張若麒, 總兵吳三桂, 王樸 · 李輔明 · 唐通 · 白廣恩 · 馬科等, 無不喪膽, 倉皇奔竄. 皇上復圍松山, 克其城, 生擒明文臣總督洪承疇, 巡撫邱民仰, 兵備道張斗 · 姚恭 · 王之禎, 武臣總兵祖大樂 · 曹變蛟 · 王廷臣, 竝副將十員, 及弁領甚衆. 負恩錦州總兵祖大壽, 聞之, 自揣必死, 率衆馳奔軍前, 稽首歸命乞降. 繼用紅衣礮, 攻破塔山, 又破杏山, 杏山城守副將呂品奇 · 糧廳朱廷榭等, 咸知城破必死, 率衆迎降. 聖武遠揚, 膚功迅集, 此皆皇上神謀勝算之所致也. 臣等不勝懽忭, 謹奉表稱賀以聞.

○ 병자일(7.8), 주상이 독공전에 들었다. 여러 왕 · 버일러 · 대신이 문무 각 관원을 이끌고 금주 · 송산 · 행산 · 탑산 네 성을 함락하여 취하고 명나라의 13만 지원병을 격파해 큰 승리를 거둔 것을 표문을 올려 경하했다. 경하례(慶賀禮)를 마치고 큰 잔치를 베풀었다. 표문에서 말했다. 「호쇼이 정친왕 지르갈랑 · 도로이 예군왕(睿郡王) 도르

곤 · 도로이 숙군왕(肅郡王) 호오거 · 도로이 무영군왕 아지거 · 도로이 버일러 도도 · 도로이 군왕 아달리 · 도로이 버일러 롤로혼 · 구룬 어푸 빌타가르 · 조선의 세자 이왕(李溰)이 만주 · 한인 · 몽고 등 관원을 이끌고 머리를 조아려 말씀을 올립니다. 삼가 생각건대 우리 관온 인성황제께서는 여러 왕 · 버일러 · 장령 등 관원에게 명하여 병사를 이끌고 명나라 금주(錦州)를 포위하게 하셨습니다. 황상께서 군대를 정비하고 직접 정벌에 나서 명나라의 지원병 13만을 격파하시어 명나라의 낭중 장약기(張若麒), 총병 오삼계(吳三桂) · 왕박(王樸) · 이보명(李輔明) · 당통(唐通) · 백광은(白廣恩) · 마과(馬科) 등은 모두 간담이 서늘해져 다급히 도주했습니다. 황상은 다시 송산을 포위하고 성을 함락하여 명나라의 문신(文臣)인 총독 홍승주(洪承疇), 순무 구민앙(邱民仰), 병비도 장두(張斗) · 요공(姚恭) · 왕지정(王之禎), 무신(武臣)인 총병 조대락(祖大樂) · 조변교(曹變蛟) · 왕정신(王廷臣), 부장 10명, 변령(弁領) 다수를 사로잡으셨습니다. 은혜를 저버린 금주총병 조대수는 그것을 듣고 반드시 죽으리라 짐작하여 무리를 이끌고 군영 앞으로 달려와 머리를 조아리며 귀순하고 항복을 빌었습니다. 이어서 홍의포를 이용하여 탑산을 부수고 행산을 부수자 행산성을 지키는 부장 여품기(呂品奇)와 양청(糧廳) 주정사(朱廷榭) 등이 성이 무너지면 반드시 죽을 것을 알고 무리를 이끌고 나와 항복했습니다. 성무(聖武)를 멀리까지 떨치고 큰 공적을 빠르게 쌓았으니, 이는 모두 황상의 신묘한 계책으로 인한 것입니다. 신들은 기쁨을 이기지 못하고 삼가 표문을 올려 경하의 말씀을 드립니다.」

○ 敍諸王克捷軍功. 晉封多羅睿郡王多爾袞 · 多羅肅郡王豪格, 俱復爲和碩親王, 多羅貝勒多鐸, 爲多羅郡王. 賜和碩鄭親王濟爾哈朗 · 和碩睿親王多爾袞 · 和碩肅親王豪格, 鞍馬各一, 蟒緞各百. 多羅豫郡王多鐸·多羅郡王阿達禮, 鞍馬各一, 蟒緞各九十. 多羅饒餘貝勒阿巴泰·多羅貝勒羅洛宏, 蟒緞各七十. 其餘滿洲·蒙古·漢軍昂邦章京以下, 牛彔章京以上, 各以次賞緞布有差.

○ 여러 왕들에게 전쟁에서 승리한 공적을 서훈했다. 도로이 예군왕(睿郡王) 도르곤과 도로이 숙군왕(肅郡王) 호오거는 모두 다시 호쇼이 친왕으로, 도로이 버일러 도도는 도로이 군왕으로 승격해 봉했다. 호쇼이 정친왕 지르갈랑 · 호쇼이 예친왕(睿親王) 도르곤 · 호쇼이 숙친왕 호오거에게 안장을 갖춘 말 1마리씩, 망단 100필씩을 하사했다. 도로이 예군왕(豫郡王) 도도와 도로이 군왕 아달리에게는 안장을 갖춘 말 1마리씩, 망단 90필씩을 하사했다. 도로이 요여 버일러 아바타이와 도로이 버일러 롤로혼에게는 망단 70필씩을 하사했다. 나머지 만주 · 몽고 · 한군 암바장긴 이하 니루장긴 이상에게는 각각 상으로 비단과 면포를 차등 있게 하사했다.

○ 賞外藩二十四旗貝勒下頭目二十三人緞布, 賜宴, 遣還.

○ 외번 24기 버일러 속하 두목 23명에게 비단과 면포를 상으로 주고 연회를 베풀어 준 뒤 돌려보냈다.

○ 戊寅, 命輔國公博和託·屯齊喀·扎喀納, 固山額真葉臣·何洛會·準塔巴圖魯·巴特瑪等, 率將士往代多羅饒餘貝勒阿巴泰等, 戍守錦州.

○ 무인일(7.10), 보국공(輔國公) 보호토 · 툰치카 · 자카나, 구사어전 여천 · 홀로호이 · 준타 바투루 · 바트마 등에게 명하여 장수와 병사를 이끌고 가서 도로이 요여 버일러 아바타이 등을 대신하여 금주를 수비하게 했다.

○ 庚辰, 賜錦州 · 松山 · 杏山歸順官員, 羊隻有差.

○ 경진일(7.12), 금주 · 송산 · 행산에서 귀순한 관원에게 양을 차등 있게 하사했다.

○ 癸未, 以克取錦 · 松 · 塔 · 杏四城, 竝擊敗援兵大捷, 遣大臣告祭太廟福陵.

○ 계미일(7.15), 금주 · 송산 · 탑산 · 행산 네 성을 함락하여 취하고 지원병을 격파하여 크게 승리했기에 대신을 보내 태묘와 복릉에 제사를 지내 고하게 했다.

○ 乙酉, 部議諸王 · 貝勒 · 大臣, 圍明錦州徇隱之罪. 和碩鄭親王濟爾哈朗, 當錦州城內明兵出犯鑲黃旗壕塹時, 不察明我軍某處曾否迎戰, 罪一. 明知和碩睿親王多爾衮 · 和碩肅親王豪格 · 多羅豫郡王多鐸, 袒護所屬三旗護軍, 妄稱未曾投壕避敵, 曲從代隱, 罪二. 又不質問逃來之人, 罪三. 又不質問錦州官員, 罪四. 濟爾哈朗, 應罰銀六千兩. 又多爾衮 · 豪格 · 多鐸, 當錦州城內明兵出犯鑲黃旗壕塹, 妄稱三旗護軍, 未曾投壕避敵, 袒護所屬, 反加罪於進戰之阿桑喜, 罪一. 又不質問逃來人, 罪二. 又不質問錦州官員, 罪三. 多爾袞·豪格, 應各罰銀五千兩. 多鐸, 罰銀四千兩. 又多羅郡王阿達禮等, 明知多爾袞·豪格·多鐸, 袒護所屬三旗護軍, 妄稱未曾投壕避敵, 反坐進戰之阿桑喜罪, 徇情附和. 阿達禮, 應罰銀一千兩. 多羅貝勒羅洛宏, 罰銀八百兩. 固山貝子羅託, 罰銀五百兩. 公滿達海·屯齊, 各罰銀二百兩.

又固山貝子尼堪等, 當錦州城內明兵出犯鑲黃旗壕塹, 不察明未戰之兵, 尼堪, 應罰銀五百兩. 公扎喀納·屯齊喀, 各罰銀二百兩. 其同時徇情附和之固山額真阿山·譚泰·葉克書·承政伊孫, 應各罰銀三百兩. 蒙古固山額真馬喇希·巴特瑪, 各罰銀二百兩. 俄莫克圖, 準塔巴圖魯, 護軍統領德爾得赫, 梅勒章京席特庫·和託·薩必圖, 各罰銀一百兩. 蒙古旗梅勒章京安達禮, 罰銀八十兩. 護軍統領車爾布·議政大臣雅賴, 各罰銀五十兩, 固山額真公艾度禮·拜尹圖·葉臣, 各罰銀一百五十兩. 何洛會, 罰銀二百兩. 蒙古固山額真庫魯克達爾漢阿賴·伊拜·恩格圖, 各罰銀一百兩. 護軍統領圖賴, 議政大臣楊善·韓岱·僧格, 各罰銀五十兩. 刑部參政吳達海, 罰銀一百五十兩. 理事官及副理事官根特·舒書·邦紐·季山·吳克津·羅碩·克布圖, 各罰銀五十兩. 兵部參政和碩額駙古爾布什·圖賴·譚拜·巴都禮·藍拜, 各罰銀一百五十兩. 理事官及副理事官明安達禮·屠賚·甘都·和託·金維城·卓布退·朱古·希福·黑益訥·鍾托賴·巴爾噶孫·楊名高·古路固·黑什密·外山, 各罰銀五十兩. 又議, 固山額真何洛會·承政伊孫等, 不言俄羅塞臣於壕塹阻隔時先入功, 有意隱匿. 何洛會·伊孫, 應革職, 各罰銀百兩, 追奪賜物. 塞冷, 應罰銀五十兩. 甲喇章京富喇塔·張泰·阿爾賽·土薩·杭吉霸·蘇爾都·朱黑訥·阿濟拜·額爾哲·和爾布代·滿都護, 應各鞭五十. 奏聞, 上以圍困錦州日久, 勞苦有功, 概從寬免, 面諭多爾袞·豪格·

多鐸曰, 嗣後爾等當改過自新, 以贖前愆. 又諭阿達禮·羅洛宏·羅託·尼堪·滿達海·屯齊·扎喀納曰, 爾等自謂年幼不諳, 未與政事. 但目睹外錯, 何得不言. 今後仍復如此, 決不輕恕. 又諭各固山額真, 護軍統領, 梅勒章京, 議政大臣, 刑·兵二部參政, 理事·副理事等官曰, 朕以爾等久勞於外, 悉予寬免. 毋得仍行怠玩, 致干國法.

○ 을유일(7.17), 부(部)에서 여러 왕·버일러·대신이 명나라 금주를 포위하며 숨긴 죄에 대해 논의했다. 「호쇼이 정친왕 지르갈랑은 금주성 안에서 명나라 병사가 나와 양황기의 참호를 공격할 때 우리 군대가 어디에서 응전했는지 안 했는지 자세히 살피지 못했으니 첫째 죄입니다. 호쇼이 예친왕(睿親王) 도르곤·호쇼이 숙친왕 호오거·도로이 예군왕(豫郡王) 도도가 소속 3기의 호군을 비호하여, 참호에 뛰어들어 적을 피한 적이 없다 속여 말하는 것을 분명히 알면서도 굴종하여 대신 숨겨 주었으니 둘째 죄입니다. 또 도망쳐 온 자를 책문하지 않았으니 셋째 죄입니다. 또 금주 관원을 책문하지 않았으니 넷째 죄입니다. 지르갈랑에게 벌은 6,000냥을 부과해야 합니다.

또 도르곤·호오거·도도는 금주성 안에서 명나라 병사가 나와 양황기의 참호를 공격할 때, 3기의 호군이 참호에 뛰어들어 적을 피한 적이 없다 속여 말해 소속 인원을 비호했고, 도리어 나아가 싸운 아상히에게 죄를 주었으니 첫째 죄입니다. 또 도망쳐 온 자를 책문하지 않았으니 둘째 죄입니다. 또 금주 관원을 책문하지 않았으니 셋째 죄입니다. 도르곤과 호오거에게 각기 벌은 5,000냥을 부과해야 합니다. 도도에게는 벌은 4,000냥을 부과해야 합니다.

또 도로이 군왕 아달리 등은 도르곤·호오거·도도가 소속 3기의 호군을 비호하여 참호에 뛰어들어 적을 피한 적이 없다고 속여 말하고, 도리어 나아가 싸운 아상히에게 죄를 씌우는 것을 알면서도 인정에 이끌려 부화했습니다. 아달리에게는 벌은 1,000냥을 부과해야 합니다. 도로이 버일러 롤로혼에게는 벌은 800냥을 부과해야 합니다. 구사이 버이서 로토에게는 벌은 500냥을 부과해야 합니다. 공(公) 만다하이와 툰치에게는 각기 벌은 200냥을 부과해야 합니다.

또 구사이 버이서 니칸 등은 금주성 안에서 명나라 병사가 나와 양황기의 참호를 공격했을 때, 싸우지 않는 병사를 잘 살피지 못했습니다. 니칸에게는 벌은 500냥을 부과해야 합니다. 공(公) 자카나와 툰치카에게는 각기 벌은 200냥을 부과해야 합니다. 동시에 인정에 끌려 부화한 구사어전 아산 · 탄타이 · 역슈 · 승정 이순에게는 각기 벌은 300냥을 부과해야 합니다. 몽고 구사어전 말라히와 바트마에게는 각기 벌은 200냥을 부과해야 합니다. 오목투, 준타 바투루, 호군통령 더르더허이, 머이런장긴 시터쿠 · 호토 · 사비투에게는 각기 벌은 100냥을 부과해야 합니다. 몽고기 머이런장긴 안다리에게는 벌은 80냥을 부과해야 합니다. 호군통령 처르부와 의정대신 야라이에게는 각기 벌은 50냥을 부과해야 합니다. 구사어전 공(公) 아이두리 · 바인투 · 여천에게는 각기 벌은 150냥을 부과해야 합니다. 홀로호이에게는 벌은 200냥을 부과합니다. 몽고 구사어전 쿨룩 다르한 알라이 · 이바이 · 엉거투에게는 각기 벌은 100냥을 부과해야 합니다. 호군통령 툴라이, 의정대신 양샨 · 한다이 · 셍게에게는 각기 벌은 50냥을 부과해야 합니다. 형부참정 우다하이에게는 벌은 150냥을 부과해야 합니다. 이사관 및 부이사관 건터이 · 슈슈 · 방니오 · 기산(gisan, 季山) · 욱진(ukjin, 吳克津) · 로쇼 · 컵투에게는 각기 벌은 50냥을 부과해야 합니다. 병부참정 호쇼이 어푸 구르부시 · 툴라이 · 탐바이 · 바두리 · 람바이에게는 각기 벌은 150냥을 부과해야 합니다. 이사관 및 부이사관 밍간다리(minggandari, 明安達禮) · 툴라이(tulai, 屠賚) · 간두 · 호토 · 김유성(金維城) · 좁토이(jobtoi, 卓布退) · 주구(jugu, 朱古) · 히퍼 · 허이너(heine, 黑益訥) · 종톨라이(jongtolai, 鍾托賴) · 발가순 · 양명고(楊

名高)・굴루구(gulugu, 古路固)・허시미(hesimi, 黑什密)・와이산(waisan, 外山)에게는 각기 벌은 50냥을 부과해야 합니다.」

또 구사어전 홀로호이와 승정 이순 등은 올로서천이 참호에 가로막혀 있을 때 먼저 들어가 공격한 일을 말하지 않고 일부러 숨겼다. 이 사안에 대해 논의했다. 「홀로호이와 이순은 혁직하고 각기 벌은 100냥을 내게 하며 하사받은 물품을 빼앗아야 합니다. 서령에게는 벌은 50냥을 부과해야 합니다. 잘란장긴 풀라타・장타이(jangtai, 張泰)・아르사이・투사(tusa, 土薩)・항기바(hanggiba, 杭吉霸)・술두・주허너(juhene, 朱黑訥)・아지바이・얼저이(eljei, 額爾哲)・홀부다이(holbudai, 和爾布代)・만두후(manduhū, 滿都護)는 각기 채찍 50대를 때려야 합니다.」

상주하니 주상은 금주를 포위한 지 오래되었고 힘써 공을 세웠다는 이유로 대부분 처벌을 너그럽게 면해 주고 도르곤・호오거・도도에게 직접 유시했다. "이후로 너희는 개과천선하여 이전의 과실을 씻도록 하라." 또 아달리・롤로혼・로토・니칸・만다하이・툰치・자카나에게 유시했다. "너희는 스스로 어리고 현명하지 않다 말하면서 정사에 참여하지 않았다. 그러나 착오를 직접 보았는데도 어찌 말하지 않았는가. 지금부터 다시 이렇게 하면 결코 가벼이 용서하지 않을 것이다." 또 각 구사어전・호군통령・머이런장긴・의정대신・형부참정・병부참정・이사관・부이사관 등 관원에게 말했다. "짐은 너희가 밖에서 오래 힘써 왔기에 모두 처벌을 너그럽게 면해 주었다. 태만하지 말고 국법을 범하지 말라."

○ 又議, 鑲黃旗梅勒章京索海, 當擊敗松山敵兵回時, 墜馬, 遂乘廝卒之馬而出. 本旗甲喇章京喀喀木・博琫・佟克申・穆克屯, 失於察報, 應各鞭一百, 罰銀五十兩. 甲喇章京巴山, 應鞭一百. 奏聞, 上命喀喀木, 革一世職, 鞭一百, 准折贖. 博琫·佟克申, 鞭一百. 巴山, 鞭一百, 准折贖. 穆克屯鞭八十.

○ 또 의논했다. 「양황기 머이런장긴 소오하이는 송산(松山)의 적병을 격파하고 돌아갈 때 말에서 떨어져 쿠툴러의 말을 타고 가야 했습니다. 본 기(旗) 잘란장긴 카카무(kakamu, 喀喀木)·보봉(bobong, 博琫)·퉁커선(tungkešen, 佟克申)·묵둔(mukdun, 穆克屯)은 살펴서 보고하지 못했으므로 채찍 100대씩을 때리고 벌은 50냥을 부과해야 하며, 잘란장긴 바산은 채찍 100대를 때려야 합니다.」 상주하니, 주상이 명하여 카카무는 한 차례 세직을 없애고 채찍 100대를 때리되 은을 대신 납부할 수 있게 했다. 보봉과 퉁커선은 채찍 100대를 때리게 했다. 바산은 채찍 100대를 때리되 은을 대신 납부할 수 있게 했다. 퉁커선은 채찍 80대를 때리게 했다.

○ 又議, 多羅額駙英俄爾岱, 以奉禁不許出邊之布山, 私言於和碩睿親王多爾衮, 擅令於近城馬廄處行走. 英俄爾岱, 應罰銀千兩. 多爾衮, 明知布山不許出邊, 反給與手鎗, 意欲令彼隨征. 多爾衮, 應罰銀五千兩. 竝將屬下譚拜一牛彔撥出. 奏聞, 上命多爾衮·英俄爾岱, 俱免罰, 止坐以應得之罪.

○ 또 의논했다. 「도로이 어푸 잉굴다이는 금령으로 변경 출입이 불허된 부산(busan, 布山)을 호쇼이 예친왕(睿親王) 도르곤에게 사사로이 말해 멋대로 가까운 성의 마구간으로 가게 했습니다. 잉굴다이에게 벌은 1,000냥을 부과해야 합니다. 도르곤은 부산의 변경 출입이 금지되었다는 것을 알면서도 도리어 수창(手鎗)을 주어서 정벌에 가게

하려고 했습니다. 도르곤에게 벌은 5,000냥을 부과해야 합니다. 아울러 속하 탐바이의 1개 니루를 분리해 내보내야 합니다.」 상주하니 주상이 명하여 도르곤과 잉굴다이는 모두 벌을 면해 주고 다만 받아야 할 죄를 받게 했다.

○ 又議, 刑部不詳勘首告布山事. 和碩鄭親王濟爾哈朗, 應罰銀二百兩. 索海, 罰銀百兩. 參政吳達海·巴哈納, 各罰銀五十兩. 啟心郎額爾格圖, 罰銀五十兩. 理事官根特·舒書, 應各鞭一百. 奏聞, 上命濟爾哈朗·索海·吳達海·巴哈納·額爾格圖, 俱免罰, 止坐以應得之罪. 根特·舒書, 各鞭五十.

○ 또 부산을 고발한 일을 형부가 상세히 조사하지 않은 사안에 대해 의논했다. 「호쇼이 정친왕 지르갈랑에게는 벌은 200냥, 소오하이에게는 벌은 100냥, 참정 우다하이와 바하나에게는 각기 벌은 50냥, 계심랑 어르거투에게는 벌은 50냥을 부과해야 합니다. 이사관 건터이와 슈슈는 각기 채찍 100대를 때려야 합니다.」 상주하니 주상이 명하여 지르갈랑·소오하이·우다하이·바하나·어르거투 모두 벌을 면해 주고 받아야 할 죄를 받는 데 그치게 했다. 건터이와 슈슈는 각기 채찍 50대를 때리게 했다.

○ 上諭刑部大臣曰, 朕因諸王·貝勒等, 以力戰之阿桑喜, 及衝敵步隊之俄羅塞臣, 反坐以罪, 至敗奔投壕之兩白旗·正藍旗護軍參領宜成格·巴雅等, 反袒護之, 深用痛恨. 朕雖於此事格外寬免, 誠恐凡事審理差謬. 爾等須詳加覆審來奏, 若以輕爲重, 以重爲輕, 濫及無辜, 人民怨憾, 無有過於此者. 嗣後爾等宜秉公審理, 勿妄揣合朕意,疑朕先有成見也.

○ 주상이 형부대신에게 유시했다. "짐은 여러 왕과 버일러들이 힘써 싸운 아상히와 적의 보병대에 돌격한 올로서천에게 도리어 죄를 씌우고, 패배하고 달아나 참호로 뛰어든 두 백기와 정람기의 호군참령 이청거와 바야이 등을 오히려 비호하는 것이 심히 통탄스럽다. 짐이 비록 이 일을 특별히 너그럽게 면해 주었지만 모든 사안을 심리하는 데 착오가 있을 것이 걱정스럽다. 너희가 상세하게 거듭 심사하여 상주하지만, 만약 가벼운 죄를 무겁게 하고 무거운 죄를 가볍게 하면 무고한 사람이 넘치게 되고 백성들의 원한이 이보다 더한 것이 없을 것이다. 이후로 너희는 공평하게 심리해야 한다. 짐의 뜻에 망령되게 영합하지 말고, 짐에게 정해진 의견이 있다고 생각하지 말라."

○ 朝鮮國王李倧, 具咨覆部. 咨稱, 據貴部回咨, 令彼處該管官員至世子處, 待差人回來, 兩造竝陳, 俟問明之日, 再爲奏聞等因. 據此爲照敝邦北邊, 異於西路, 未諳接待來人之禮, 陳其凋弊, 欲爲定式. 故仰恃字小之惠, 一視之仁, 敢將該管官員移咨貴部, 竚候指揮. 不期大朝差官, 亦令兩造竝陳, 有如對質, 不勝愧悚之至. 除將管會寧府判官趙衡, 及接待官城津僉使金命吉, 前赴京師, 聽候貴部明查處置外, 爲此合行咨覆.

○ 조선국왕 이종(李倧)이 자문을 갖추어 부(部)에 회신했다. 자문에서 말했다. 「귀 부(部)의 회자(回咨)에 따르면, 『현지의 담당 관원을 세자가 있는 곳에 보내, 차인(差人)이 돌아와 양측이 모두 진술하고 조사하는 날을 기다렸다가 다시 상주하겠습니다.』라고 하셨습니다. 이

를 받고 살펴보건대, 폐방(敝邦)의 북변(北邊)은 서로(西路)와 달리 손님을 접대하는 예를 잘 알지 못하여 그 피폐함을 진술하고 규정을 만들고자 했습니다. 그러므로 작은 나라를 보살펴 주는 은혜와 차별 없는 사랑을 우러러 믿고 감히 담당 관원이 귀 부(部)에 자문을 보내 지도를 기다린 것입니다. 예기치 못하게 대조(大朝)의 차관이 또 쌍방에게 함께 진술시킨 것이 마치 대질과 같이 되어 부끄럽고 두려운 마음을 이기기 어렵습니다. 회령부(會寧府)를 관리하는 판관 조형(趙衡)과 접대관 성진첨사(城津僉使) 김명길(金命吉)을 미리 경사(京師)로 보내 귀부의 명확한 조사와 처리를 기다리는 것과 별도로 이 일에 대해 다시 자문을 보냅니다.」

○ 己丑, 戶部移咨朝鮮國王李倧. 本部即提前二次差去官員與王所差會寧來官趙衡等對質, 審得先咨差去官員, 擾害會寧府人民是實, 其官吏 · 筆帖式 · 通事人等, 已經從重究治. 其後遣去官員人等, 竝無擾害之事, 彼地官員, 不遵舊例, 竟失接待之禮. 且以不擾民之差員, 混行謬陳, 殊屬不合. 爲此二事世子奏聞, 擬加重罪. 奉上諭彼處官員, 有失接待, 理宜重懲, 但念其志在爲民, 若一概加以重罪, 嗣後將不復有以民事爲言者, 然亦不可盡釋, 聽王於彼處量加罪責結案. 再有與加哈禪同邑居住之十一人, 又另有一戶人口, 俱逃於爾處者, 王速查送來, 欽此欽遵, 爲此統合移咨.

○ 기축일(7.21), 호부(戶部)가 조선국왕 이종(李倧)에게 자문을 보냈다.「본부가 이전에 두 차례 파견한 관원과 왕이 보내 회령(會寧)에 온 관원 조형(趙衡) 등을 즉시 대질하여 판단하건대, 앞서 자문을 가져간 관원이 소란을 피워 회령부 사람들에게 해를 끼친 것이 사실이므로 해당 관리 · 비트허시 · 역관 등을 엄히 추궁하고 처벌했습니다. 나

중에 파견한 관원들은 해를 끼친 일이 없는데 현지의 관원이 구례를 따르지 않았고 끝내는 접대의 예를 잃었습니다. 또 백성에게 해를 끼치지 않은 관원을 섞어서 잘못 진술했습니다. 이는 매우 합당하지 못합니다. 이 두 가지 일을 세자가 상주하여 무거운 죄로 더하였습니다. 주상의 유시를 받드니, "현지의 관원이 접대의 예를 잃은 것을 엄히 처벌해야 마땅하다. 다만 그 뜻이 백성을 위하는 데 있었다. 모두에게 무거운 죄를 적용한다면 이후 다시는 백성의 일에 대해 말하는 자가 없을 것이다. 그러나 모두 용서할 수도 없으니 왕이 그곳에서 헤아려 처벌하고 판결을 내리도록 하라. 또한 기야하찬(giyahacan, 加哈禪)과 같은 읍(邑)에 거주하는 11명, 또 다른 한 개 호의 인구가 모두 그대가 있는 곳으로 도주했으니 왕은 속히 조사해서 보내라."라고 했습니다. 삼가 받들고 이 일로 통합하여 자문을 보냅니다.」

○ 命多羅郡王阿達禮管禮部事, 竝與議政.

○ 도로이 군왕 아달리에게 예부의 일을 관할하게 하고 의정(議政)에 참여하게 했다.

○ 乙未, 土默特部落頭目古祿格等來朝, 并貢駝馬, 緞疋等物.

○ 을미일(7.27), 투메트 부락의 두목 굴루거 등이 내조하여 낙타와 말, 비단과 면포 등의 물품을 바쳤다.

○ 丁酉, 漢軍固山額真金礪·吳守進, 梅勒章京孟喬芳, 奏言, 攻塔山時, 臣等先用紅衣礮擊壞其城, 鑲紅·鑲藍二旗兵, 始得於傾圮處攻入. 今論功以二旗爲先入, 功居第一, 臣等反居其後. 其臣等擊壞之處, 有固山額真公艾度禮·葉臣, 護軍統領圖賴·哈寧噶·敦拜·布沙可証. 臣等三人, 非敢希功要賞. 但欲報皇上宥罪擢用之恩, 勉効微勞, 反居人下, 謹爲我皇上陳之.

○ 정유일(7.29), 한군 구사어전 김려(金礪)·오수진(吳守進), 머이런장긴 맹교방(孟喬芳)이 아뢰었다. "탑산(塔山)을 공격할 때 신들이 먼저 홍의포를 사용해 성을 부수었기에 양홍기와 양람기의 두 기병이 비로소 무너진 곳을 찾아 공격해 들어갈 수 있었습니다. 지금 공을 논함에 두 기가 먼저 진입했다 하여 첫 번째 공을 차지했고 신들은 도리어 그 뒤가 되었습니다. 신들이 무너뜨린 곳은 구사어전 공(公) 아이두리·여천, 호군통령 툴라이·하닝가·둔바이·부샤이(bušai, 布沙)가 증명할 수 있습니다. 신들 3명은 감히 공로와 상을 바라는 것이 아닙니다. 다만 황상께서 죄를 용서해 주시고 발탁하여 써 주신 은혜에 보답하고자 작은 노력에 힘썼음에도 다른 사람의 아래에 위치하게 되었기에 삼가 이를 우리 황상께 아룁니다."

○ 鄂爾多斯部落額林臣濟農等五十二人來朝, 貢馬. 宴賚如例.

○ 오르도스 부락의 어린천 지농 등 52명이 내조하여 말을 바쳤다. 정례(定例)에 따라 연회를 베풀어 주었다.

○ 先是, 四子部落達爾漢卓禮克圖, 以其女來嫁固山貝子羅託. 至是, 還, 命羅託, 及鎭國公艾度禮 · 輔國公屯齊 · 滿達海等, 設宴餞之.

○ 이전에 사자(四子) 부락의 다르한 조릭투가 딸을 구사이 버이서 로토에게 시집보냈다. 이때에 돌아가니 로토 · 진국공(鎭國公) 아이두리 · 보국공(輔國公) 툰치 · 만다하이 등에 명하여 연회를 베풀고 전별하게 했다.

○ 賜土默特部落甲喇章京杭古等六十八人, 及額齊格喇嘛下得木齊俄木布等銀兩有差.

○ 투메트 부락의 잘란장긴 항구(hanggū, 杭古) 등 68명, 어치거 라마 속하의 덤치 옴부 등에게 은량을 차등 있게 하사했다.

권62

숭덕 7년 8월 ~ 9월

崇德七年, 壬午, 八月, 戊戌朔.

○ 숭덕 7년 임오년 8월 무술일 초하루(8.1).

○ 己亥, 命梅勒章京馬光輝 · 孟喬芳, 率劉之源旗下楊名高, 祖澤潤旗下李茂, 佟圖賴旗下佟國蔭, 石廷柱旗下金玉和, 吳守進旗下孫德盛, 金礪旗下柯永盛, 巴顏旗下高拱極, 墨爾根侍衛李國翰旗下楊文魁, 及鑄礮牛彔章京金世昌 · 王天相等, 往錦州鑄神威大將軍礮.

○ 기해일(8.2), 머이런장긴 마광휘(馬光輝)와 맹교방(孟喬芳)에게 명하여 유지원(劉之源) 기(旗) 속하의 양명고(楊名高), 조택윤(祖澤潤) 기 속하의 이무(李茂), 퉁 툴라이(tung tulai, 佟圖賴) 기 속하의 동국음(佟國蔭), 석정주 기 속하의 김옥화(金玉和), 오수진(吳守進) 기 속하의 손덕성(孫德盛), 김려(金礪) 기 속하의 가영성(柯永盛), 바얀 기 속하의 고공극(高拱極), 머르건 시위 이국한(李國翰) 기 속하의 양문괴(楊文魁)

및 대포를 주조하는 니루의 장긴 김세창(金世昌)·왕천상(王天相) 등을 이끌고 금주에 가서 신위대장군포(神威大將軍礮)를 주조하게 했다.

○ 以阿桑喜爲三等甲喇章京, 賜之敕曰, 爾以虛銜官, 當瑣諾木杜稜部衆叛時, 爾同瑣諾木杜稜追斬之. 察哈爾國人, 來刈瑣諾木杜稜禾稼, 爾復率本旗兵斬之, 又追斬圖勒克都塔布囊·坡薩·納哈楚·西代·巴達納, 五次逃人, 獲其妻子以歸. 征燕京時, 敗敵步卒於盧溝橋, 至遵化, 又遇敵步卒, 遵所指汛地, 率本旗兵擊敗之. 克大凌河時, 敵人攻我所據臺, 爾復敗其衆, 及還, 見鑲紅旗哈哈納馬斃徒行, 爾奮射敵人, 力救之歸. 遇明張兵道營軍, 晨率本旗兵對敵, 至夕, 又同護軍進擊, 連敗之. 征大同時, 以伏兵擊敗明陽和軍步卒五百人. 隨和碩睿親王過燕京, 畧山東, 遇明陽和總督兵, 率本旗兵擊敗之. 出長城時, 遇敵步兵列陣, 率本旗兵奮擊, 遇山上步卒二隊, 又率本旗兵奮擊, 俱敗之. 隨和碩睿親王·和碩肅親王, 初次圍明錦州時, 錦州兵與我左翼軍戰, 爾率本甲喇兵助擊, 克之, 又率本甲喇兵, 敗敵步卒於松山. 嗣隨和碩睿親王·和碩肅親王, 第三次圍錦州, 會松山騎兵, 來奪紅衣礮, 爾率本旗兵擊走其衆. 隨和碩鄭親王, 第四次圍錦州, 掘壕困之, 率本旗兵屯壕間, 見錦州城中馬步兵盡出, 執盾迎戰, 左翼三旗護軍不能抵敵, 退入壕內, 爾獨據汛地, 力戰獲勝. 以功超陞爾爲三等甲喇章京, 仍准襲四次.

○ 아상히를 삼등 잘란장긴으로 삼는 칙서를 하사하여 말했다. 「너는 허함관(虛銜官)으로 소놈 두렁의 부족에서 반란이 일어났을 때 소놈 두렁과 함께 추격하여 그들을 죽였다. 차하르국 사람들이 와서 소놈 두렁이 농사지은 것을 베어 버리자 너는 다시 본 기(旗)의 병사를 이끌고 가서 그들을 죽였다. 또 툴럭두(tulekdu, 圖勒克都) 타부낭·포

사(posa, 坡薩)·나가추(nagacu, 納哈楚)·시다이(sidai, 西代)·바다나(badana, 巴達納)를 추격하여 죽였고, 다섯 차례나 도주자들의 처자를 잡아서 돌아왔다. 연경을 공격할 때 적의 보병을 노구교에서 격파하고, 준화에 이르러 다시 적의 보병을 만나자 지정된 주둔지를 준수하여 본 기(旗)의 병사를 이끌고 가서 격파했다. 대릉하를 공격할 때 적병이 우리가 의지하고 있는 대(臺)를 공격하자 너는 다시 그들을 격파했고, 돌아와서 양홍기의 하하나가 말이 죽어서 걸어가는 것을 보고 너는 적병에 활을 쏘아 그를 힘써 구하여 돌아왔다. 명나라의 장 병도(張兵道)[1]의 영군(營軍)을 마주치자 새벽에 본 기(旗)의 병사를 이끌고 대적하고, 저녁이 되어 다시 호군과 함께 진격하여 거듭 격파했다. 대동을 공격할 때 복병으로 명나라 양화(陽和)의 보병 500명을 격파했다. 호쇼이 예친왕(睿親王)을 따라 연경을 지나 산동을 공략할 때 명의 양화총독의 군사를 마주쳐 본 기의 병사를 이끌고 격파했다. 장성을 나갈 때 적의 보병이 진을 친 것을 보고 본 기(旗)의 병사를 이끌고 공격했다. 산 위에 보병 두 부대가 있는 것을 보고 또 본 기(旗)의 병사를 이끌고 공격하여 모두 격파했다. 호쇼이 예친왕(睿親王)과 호쇼이 숙친왕을 따라 처음 명의 금주를 포위하러 갔을 때 금주의 병사가 우리의 좌익군과 전투를 벌이자 너는 본 잘란의 병사를 이끌고 공격을 도와서 함락시켰다. 또 본 잘란의 병사를 이끌고 송산에서 적의 보병을 격파했다. 그 후 호쇼이 예친왕(睿親王)·호쇼이 숙친왕을 따라 세 번째로 금주를 포위하러 갔을 때 송산의 기병이 홍의포를 탈취하러 온 것을 보고 너는 본 기(旗)의 병사를 이끌고 그들을 공격했다. 호쇼이 정친왕을 따라 네 번째로 금주를 포위하러 갔을 때 참호를 파서 포위하고 본 기(旗)의 병사를 이끌고 참호 사이에서 주둔하다가 금주성의

1 張 兵道는 본서 권57 숭덕 6년 8월 29일조 첫 번째 기사에 나오는 兵道 張斗를 가리킨다.

마병과 보병이 모두 나오는 것을 보고 방패를 쥐고 대적했다. 좌익 3기의 호군이 대적하지 못하고 해자 안으로 퇴각해 들어오자 너는 홀로 주둔지를 지키고 힘써 싸워서 승리했다. 그 공으로 너를 등급을 넘어 승진시켜 삼등 잘란장긴으로 삼고 4번 습직을 허락한다.」

○ 癸卯, 冊封多羅豫郡王多鐸妻爲多羅福金.

○ 계묘일(8.6), 도로이 예군왕(豫郡王) 도도의 처를 도로이 푸진으로 책봉했다.

○ 先是, 阿桑喜控於法司, 言錦州城內兵, 來攻鑲黃旗所守壕塹時, 三旗護軍俱退入大壕, 敵兵遂來戰, 我奮力拒之, 此皆伊爾德古納代之所知也. 後喀囊阿牛彔下護軍校吳薩喜, 首言三旗護軍入壕是實. 甲喇章京鄂兌, 言在城垛內, 止見三人檢箭, 竝未見有護軍. 法司質訊, 入壕時, 侍衛譚都, 見有護軍校薩齊庫, 登壕塹垛口發矢, 衆人入壕事實. 因議三旗甲喇章京達木布等罪, 應論死, 護軍校各鞭一百, 貫耳鼻, 衆護軍各鞭一百, 吳薩喜自首減罪, 鞭五十. 奏聞, 上命達木布·格巴庫·穆福·胡西納, 俱免死, 准減半納贖, 喀爾塔喇·費揚古, 准納贖, 吳薩喜, 鞭五十, 其餘護軍校, 俱免罪.

○ 이전에 아상히가 법사에 고발해 말했다. "금주성의 병사들이 양황기가 지키는 참호를 공격하러 왔을 때 3기의 호군들이 모두 큰 참호로 퇴각했습니다. 적병이 싸우러 왔을 때 저는 힘써 막았습니다. 이를 모두 일더이와 구나다이가 알고 있습니다." 후에 카낭가 니루 속하의 호군교 우사히(usahi, 吳薩喜)가 자수하여 말했다. "3기의 호군들이 참

호에 들어간 것은 사실입니다." 잘란장긴 오토이(otoi, 鄂兌)가 말했다. "성가퀴 안에서 단지 세 사람이 화살을 다듬고 있는 것을 보았고 호군은 보지 못했습니다." 법사가 심문하니, 참호에 들어갈 때 시위 탄두(tandu, 譚都)가 호군교 사지쿠(sajikū, 薩齊庫)를 보았고, 참호의 성가퀴 입구에 올라 화살을 쏘아 무리가 참호에 들어간 것이 사실이었다. 이에 의논했다. 「3기의 잘란장긴 담부(dambu, 達木布) 등의 죄는 사형에 처해야 합니다. 호군교는 각각 채찍으로 100대 때리고 귀과 코를 뚫어야 합니다. 여러 호군들은 각각 채찍으로 100대 때려야 합니다. 우사히는 자수했으므로 죄를 감하여 채찍으로 50대 때려야 합니다.」 상주하자 주상은 명하여 담부 · 거바쿠 · 무푸 · 후시나(hūsina, 胡西納)는 모두 사형을 면해 주고 절반으로 감하여 납속을 허락하고, 칼타라와 피양구는 납속을 허락하고, 우사히는 채찍 50대를 때리고 나머지 호군교는 모두 죄를 면해 주게 했다.

○ 初, 固山額真譚泰 · 護軍統領圖賴, 以委用甲喇章京事, 具奏允行. 鎭國將軍巴布海謂譚泰曰, 願罷我梅勒章京任, 今堪爲梅勒章京者, 多如草木, 豈須我也. 譚泰曰, 是何言歟, 上命授職, 豈可輕言願罷. 爲人臣者, 宜以爲國任事爲言, 何反欲解任乎. 巴布海誓曰, 我若口與心違, 天日鑒之, 當令我身死. 又圖賴分撥貧富牛彔時, 約巴布海會議, 巴布海曰, 我牛彔富足, 可隷第一甲喇. 譚泰 · 國賴, 各以其言奏聞, 上令傳問巴布海. 巴布海曰, 此言誰所奏者, 曰, 我譚泰 · 圖賴也. 巴布海曰, 爾何輕我, 我非太祖之子歟. 事下法司質訊, 巴布海言, 我未嘗設誓, 亦無多如草木, 竝太祖之子之言, 爾等誣我, 豈無天鑒乎. 及質問證見者, 巴布海又云, 我但言骸骨爲太祖所養, 身家富貴, 皆皇上所賜耳. 於是, 以所未承之言, 問內大臣圖爾格 · 固山額真拜尹圖皆曰, 設誓, 及多如草木之說, 并骸骨爲太祖所養, 富貴皆皇上所賜之言, 皆有之. 質訊得實, 巴布海應論死. 奏聞, 上宥其死, 革鎭國將軍職, 廢爲庶人, 奪其永管牛彔爲公中牛彔.

○ 이전에 구사어전 탄타이와 호군통령 툴라이가 잘란장긴을 임명하는 일을 상주하여 시행하였다. 진국장군 바부하이가 탄타이에게 말했다. “바라건대 나를 머이런장긴에서 파직하라. 지금 머이런장긴을 맡는 것은 하찮은 일이니 어찌 꼭 내가 해야겠는가.” 탄타이가 말했다. “이것이 무슨 말인가. 주상께서 명하면 직을 받아야지, 어찌 가벼운 말로 파직을 바라는가. 신하된 자는 마땅히 나라를 위해 일을 맡겠다고 말해야 하는데 어찌 오히려 파직을 바라는가.” 바부하이가 맹세하여 말했다. “만약 나의 말과 마음이 다르다면 하늘과 해가 보시고 나를 죽게 할 것이다.” 또 툴라이가 니루의 빈부(貧富)를 나눌 때 바부하이와 약속하여 의논했는데, 바부하이가 말했다. “나의 니루는 풍족하니 첫 번째 잘란에 속하게 해야 한다.” 탄타이와 툴라이가 각각 이 말을 상주하자 주상은 그들에게 전하여 바부하이에게 묻게 했다. 바부하이가 말했다. “이 말을 누가 상주했는가?” 그들이 말했다. “우리 탄타이와 툴라이가 했다.” 바부하이가 말했다. “너는 어찌 나를 업신여기는가? 나는 태조의 자식이 아닌가?” 일을 법사에 내려 심문하게 하자 바부하이가 말했다. “나는 맹세한 적도 없고 하찮게 여긴다고 말한 적도 없다. 또 태조의 자식이라고 했다는 것은 너희가 나를 모함하는 것이다. 어찌 하늘이 보지 않겠는가?” 증인과 대질하자 바부하이는 또 말했다. “나의 몸은 태조가 기르셨고 내 집의 부귀는 모두 황상께서 하사하셨다고 말했다.” 이에 확인하지 못한 말을 내대신 투르거이, 구사어전 바인투에게 물으니 모두 말했다. “맹세한 말과 하찮게 여긴다는 말과 몸은 태조가 기르셨고 부귀는 황상께서 하사했다는 말을 모두 했습니다.” 심문하니 사실이었으므로, 바부하이를 사형에 처

해야 한다고 상주했다. 주상은 사형을 용서하고 진국장군에서 혁직하여 서인으로 폐하고, 그의 영관니루(永管牛彔)를 삭탈하여 공중니루(公中牛彔)[2]로 삼았다.

○ 先是, 錦州兵迎戰時, 三旗護軍, 皆退入大壕, 獨阿桑喜拒戰. 及阿桑喜控於法司, 刑部參政覺羅巴哈納訊之, 阿桑喜言有逃來人可問, 巴哈納竟置不問, 復徇庇三旗護軍, 反坐阿桑喜之罪. 巴哈納審理不公, 應革職, 納贖免死. 奏聞, 上命革巴哈納職, 罰銀百兩.

○ 이전에 금주의 병사와 대적할 때 3기의 호군들은 모두 큰 참호로 퇴각하고 아상히가 혼자 맞서 싸웠다. 아상히가 법사에 고소하자 형부참정 기오로 바하나가 그를 심문했는데, 아상히가 도망해 온 사람이 있으니 심문할 만하다고 했으나 바하나는 끝내 두고 심문하지 않고 계속 3기의 호군을 비호하고 오히려 아상히를 죄주었다. 바하나의 심리가 공정하지 않으니 혁직하고 납속하여 사형을 면해 주어야 한다고 상주하자, 주상은 명하여 바하나를 혁직하고 벌은 100냥을 부과하게 했다.

○ 佛羅訐告多羅豫郡王多鐸, 言王以我父所遺家產私與沙理, 又偏右我妻, 逐我一高麗婦, 一滿洲婦. 事下法司質訊, 多鐸以佛羅父所遺家產與沙理, 及逐其高麗婦人俱實, 但事在赦前, 免議. 其強逼滿

---

2 公中牛彔: 公中佐領, siden niru. 니루(佐領)의 일종. 여러 씨족(姓)이 섞여 만들어진 니루. 그 niru ejen은 비세습 임명직이다. 반면 永管牛彔(jalan halame bošoro niru, 世管佐領)의 niru ejen은 세습직이다.

洲婦人離異，罪一．遣丹坦・噶賴二人往佛羅處，偏右其妻，罪二．又遣丹坦所屬扎塔，往脅佛羅云，若欲偕聚，當與一信照，罪三．多鐸，應罰銀五百兩，以佛羅所管半牛彔撥出，其父家產，仍與佛羅．丹坦曾以病故之人爲陣亡，以未披甲之人爲披甲，誑奏於上，罪一．不能諫勸豫郡王，反導王逐佛羅妾，罪二．庇佛羅妻，逼勒佛羅，言欲偕聚，與一信照，欲分離，即與分離，罪三．丹坦應革職，籍其家．噶賴・扎塔，聽從主使，應各鞭七十．佛羅逃後，其妻兄納木，取佛羅馬一匹，鵰翎一副，帳房一架，貉皮褥一牀，牛皮一張，罪一．豫郡王偏右納木妹，遣人往來，逼勒佛羅，皆納木所爲，罪二，應論死．奏聞，上命免多鐸所罰銀，并免撥出佛羅所管半牛彔，其佛羅父所遺家產，及所逐滿洲婦人，仍歸佛羅．丹坦革職，照免死例納贖．噶賴・扎塔，鞭七十，准折贖．納木准贖，免死．

○ 폴로(folo, 佛羅)가 도로이 예군왕(豫郡王) 도도를 고발하여 말했다. "왕이 내 부친이 남긴 가산을 마음대로 샤리(šari, 沙理)에게 주었습니다. 또 내 처의 편을 들어 나의 고려 부인 1명과 만주 부인 1명을 쫓아냈습니다."

법사에 일을 내려서 조사하게 했다. 「도도가 폴로의 부친이 남긴 가산을 샤리에게 주고 고려 부인을 쫓아낸 일은 모두 사실이었으나 사건이 사면 전의 일이라 논의하지 않았습니다. 그가 만주 부인을 겁박하여 이혼시킨 것이 첫째 죄입니다. 단탄과 가라이 두 사람을 폴로의 처소에 보내 부인의 편을 든 것이 둘째 죄입니다. 또 단탄이 자신의 속하인 자타를 폴로에게 보내 협박하며 함께 살고 싶으면 증명서를 한 장 주어야 한다고 한 것이 셋째 죄입니다. 도도에게 벌은 500냥을 부과하고, 폴로가 관할하는 절반 니루(管半牛彔)를 삭탈하고, 폴로 부친의 가산을 폴로에게 주어야 합니다. 단탄은 병사한 자를 전사했다고 하고, 갑병이 아닌 자를 갑병이라고 하여 주상에게 거짓으로 상주했으니 첫째 죄입니다. 예군왕(豫郡王) 도도에게 간언하지 못하고 오히려 왕에게 폴로의 처를 쫓아내게 했으니 둘째 죄입니다. 폴로의 처를 비호하고 폴로를 협박하여 함께 살고 싶으면 증명서를 한 장 주고 이혼하고자 하면 이혼하라고 한 것이 셋째 죄입니다. 단탄은 혁직하고 가산을 적몰해야 합니다. 가라이와 자타는 주인이 시키는 대로 따랐으니 각각 채찍으로 70대를 때려야 합니다. 폴로가 도망친 후에 그의 처형 나무는 폴로의 말 1마리, 황새 깃털 1벌, 장막 1벌, 오소리가죽 깔개 1장, 소가죽 1장을 취했으니 첫째 죄입니다. 예군왕(豫郡王)이 나무의 여동생을 편들어 사람을 보내 왕래하고 폴로를 겁박한 것은 모두 나무가 한 짓이니 둘째 죄입니다. 나무는 사형에 처해야 합니다.」

상주하자 주상은 명하여 도도에게 부과한 벌은을 면해 주고 또한 폴로가 관할하는 절반 니루를 삭탈하는 것을 면해 주고 폴로의 부친이 남긴 가산과 쫓아낸 만주 부인을 폴로에게 돌려주게 했다. 단탄은 혁직하고 사형을 면하는 정례(定例)에 따라 납속하게 했다. 가라이와 자타는 채찍으로 70대를 때리게 하고 납속을 허락했다. 나무는 납속을 허락하고 사형은 면해 주었다.

○ 丙午, 賞織造匠役三十二人, 緞布有差.

○ 병오일(8.9), 직조(織造)하는 장역(匠役) 32명에게 비단과 면포를 차등 있게 하사했다.

○ 鄂爾多斯部落布達代楚虎爾 · 善達台吉 · 古魯台吉 · 綽爾扎爾台

吉, 率三十三人來朝, 貢秋季馬駝 · 數珠 · 倭緞等物, 賜宴如例. 仍賜貂鑲朝衣 · 貂帽 · 玲瓏鞓帶 · 玲瓏撒袋 · 弓矢 · 雕鞍 · 甲胄 · 白金等物有差.

○ 오르도스 부락의 부다다이 추후르 · 샨다 타이지 · 구루 타이지 · 초르잘(corjal, 綽爾扎爾) 타이지가 33명을 데리고 내조하여 가을의 말과 낙타 · 염주 · 왜단(倭緞) 등 물건을 바치니 정례(定例)에 따라 잔치를 베풀었다. 담비가죽 테 두른 조의 · 담비가죽 모자 · 정교하게 장식한 가죽띠 · 정교하게 장식한 화살집, 활과 화살 · 조각한 안장 · 갑옷 · 백금 등 물건을 차등 있게 하사했다.

○ 己酉, 鄂爾多斯部落額林臣濟農 · 綽益木扎特台吉 · 濟農孫巴圖 · 大札木蘇台吉 · 小札木蘇台吉 · 單巴台吉來朝, 貢馬駝 · 綵緞 · 文綺等物, 酌納之.

○ 기유일(8.12), 오로도스 부락의 어린천 지농 · 초임자트 타이지(coimjat taiji, 綽益木扎特台吉) · 지농의 손자 바투(batu, 巴圖) · 대(大) 잠수 타이지(amba jamsu taiji, 大札木蘇台吉) · 소(小) 잠수 타이지(ajige jamsu taiji, 小札木蘇台吉) · 샴바 타이지(šamba taiji, 單巴台吉)가 내조하여 말과 낙타 · 채단(綵緞) · 문기(文綺) 등의 물건을 바치니 헤아려 받았다.

○ 癸丑, 賜單巴松 · 噶爾瑪 · 賀琫, 號爲達爾漢, 各賜敕書. 賜單巴松敕書曰, 爾父王喇嘛, 原係土默特部落塔布囊, 和碩睿親王過燕京,畧山東時, 迎往出邊, 擊敗山寨敵兵. 及隨和碩睿親王·和碩肅親王, 第三次圍錦州時, 敗洪承疇三營步兵於營外, 墜馬身歿. 是用賜號達爾漢, 以爾單巴松襲之, 免供應馬匹糗糧, 所賜名號, 仍准世襲. 賜賀琫敕書曰, 爾父達爾漢拜賽, 隨和碩睿親王·和碩肅親王, 第三次圍錦州時, 敗洪承疇三營步兵, 陣亡. 是用命爾賀琫, 仍襲達爾漢號, 免供應馬匹糗糧, 所賜名號, 仍准世襲. 賜噶爾瑪敕書曰, 爾父祁他特, 原管旗事, 隨和碩睿親王·和碩肅親王, 第三次圍錦州時, 敗洪承疇三營步兵, 被創身歿. 是用賜號達爾漢, 以爾噶爾瑪襲之, 免供應馬匹糗糧, 所賜名號, 仍准世襲.

○ 계축일(8.16), 샴바숭(šambasung, 單巴松)·가르마·호붕(hobung, 賀琫)에게 다르한 호칭을 내리고 각각 칙서를 하사했다. 샴바숭에게 하사한 칙서에서 말했다. 「너의 부친 왕 라마(wang lama, 王喇嘛)는 원래 투시예투 부락의 타부낭이었다. 호쇼이 예친왕(睿親王)이 연경을 지나 산동을 공략할 때 맞이하여 함께 변경을 나가 산채의 적병을 격파했다. 호쇼이 예친왕(睿親王)과 호쇼이 숙친왕을 따라 세 번째로 금주를 포위할 때 홍승주의 세 군영의 보병을 군영 밖에서 격파하고 말에서 떨어져 죽었다. 이에 다르한 호칭을 하사하여 너 샴바숭에게 계승하게 하고, 말과 양식의 납부를 면제하고, 하사한 호칭은 그대로 세습하게 한다.」

호붕(hobung, 賀琫)에게 하사한 칙서에서 말했다. 「너의 부친 다르한 바이사이는 호쇼이 예친왕(睿親王)과 호쇼이 숙친왕을 따라 세 번째로 금주를 포위할 때 홍승주의 세 군영의 보병을 격파하고 전사했다. 이에 너 호붕에게 다르한 호칭을 그대로 계승하게 하고, 말과 양식의 납부를 면제하고, 하사한 호칭은 그대로 세습하게 한다.」

가르마에게 하사한 칙서에서 말했다. 「너의 부친 키타트는 원래 기

(旗)의 일을 관할했다. 호쇼이 예친왕(睿親王)과 호쇼이 숙친왕을 따라 세 번째로 금주를 포위할 때 홍승주의 세 군영의 보병을 격파하고 부상을 입어서 죽었다. 이에 다르한 호칭을 하사하고 너 가르마에게 계승하게 하고, 말과 양식의 납부를 면제하고, 하사한 호칭은 그대로 세습하게 한다.」

○ 諭錦州·松山·杏山官員軍民曰, 恭順王屬下閔有祿, 於攻松山之役, 逃入錦州, 及攻克錦州外城時, 閔有祿自呼其名挺身放礮, 辱詈其主恭順王. 朕以閔有祿, 原係恭順王自山東歸順時攜至之人, 故以閔有祿仍令歸恭順王部下. 後總兵官祖大壽奏稱, 臣等俱受皇恩優養, 不惟此一人, 卽臣等各官家下人, 多係本國逃人. 若各歸原主, 則十分之內, 臣等所存, 不過二三矣. 朕思大壽之言良是, 嗣後凡有逃人, 爲錦州·松山·杏山官民收養者, 聽其收養, 不必追還本主, 特諭.

○ 금주·송산·행산의 관원과 군민에게 유시했다. 「공순왕 소속의 민유록(閔有祿)은 송산을 공격할 때 금주로 달아났다. 금주의 외성을 공격할 때 민유록은 스스로 이름을 부르며 앞장서 포를 쏘아서 주인 공순왕을 모욕했다. 민유록은 원래 공순왕이 산동에서 귀순할 때 데려온 사람이므로 짐은 민유록을 그대로 공순왕의 부하로 두게 했다. 후에 총병관 조대수가 상주해서 말했다. "신들은 모두 황은을 입어 우대를 받고 있습니다. 저 한 사람뿐만 아니라 신들 각 관원의 가인들은 모두 본국에서 도망친 자들입니다. 만약 각자 원래의 주인에게 돌아간다면 신들에게 남아 있는 자는 10명 중에 2-3명에 불과할 것입니다." 짐은 조대수의 말이 옳다고 여긴다. 이후로 도망자를 금주·송산·행산의 관민(官民)이 거두어 기르는 경우, 거두어 기르는 것을 허

락하니 원래의 주인에게 돌려주지 않아도 된다. 특별히 유시한다.」

○ 敘克錦州・松山・杏山・塔山四城功, 滿洲・蒙古・漢軍各官, 分別陞授有差.

○ 금주・송산・행산・탑산의 네 성을 함락한 공을 논하여 만주・몽고・한군의 각 관원을 나누어 차등 있게 승진시켰다.

○ 壬戌, 恭順王孔有德・懷順王耿仲明・智順王尙可喜・續順公沈志祥等, 以征明大捷, 奉表入賀. 上御殿, 孔有德等, 進表行禮, 表曰, 恭惟寬溫仁聖皇帝, 聖德高深, 神功卓越, 揚威疆外, 破勁敵如摧枯, 奮武寰中, 取堅城猶拾芥. 今擊敗明國援兵十三萬, 得錦州・松山・杏山・塔山四城, 又生擒洪承疇・祖大壽等衆官, 皆皇上神謀奇策之所致也. 臣等幸遇盛時, 不勝懽忭, 謹奉表稱賀以聞. 是日, 賜宴, 上以錦州大捷, 賜恭順王孔有德・懷順王耿仲明・智順王尙可喜, 各黑貂裘一, 貂皮八十, 人十戶. 續順公沈志祥, 黑貂裘一, 貂皮八十. 輔國公滿達海, 蟒緞六十. 固山貝子羅託・博洛, 輔國公屯齊, 各蟒緞五十. 固山貝子尼堪, 蟒緞四十. 鎭國公艾度禮, 蟒緞三十.

○ 임술일(8.25), 공순왕 공유덕・회순왕 경중명・지순왕 상가희・속순공 심지상 등이 명나라를 크게 이긴 일로 표문을 받들어 하례했다. 주상이 전(殿)에 이르니 공유덕 등은 표문을 바치고 예를 행하였다. 표문에서 말했다. 「삼가 생각건대 관온인성황제는 성덕이 높고 신공이 탁월하시어 천하에 위엄을 떨치시니, 강한 적병을 마른 나무 꺾듯이 격파하고 세상에 무예를 펼치시니 견고한 성채를 풀을 줍듯이

쉽게 얻었습니다. 지금 명나라의 원병 13만 명을 격파하고 금주 · 송산 · 행산 · 탑산의 네 성을 획득하고 홍승주 · 조대수 등 관원들을 사로잡은 것은 모두 황상의 신묘한 책략 덕분입니다. 신들은 국운이 왕성한 때를 만나 기쁨을 이기지 못하고 삼가 표문을 바쳐 하례드립니다.」 이날 잔치를 베풀었다. 주상은 금주에서 크게 이겼다고 하여 공순왕 공유덕 · 회순왕 경중명 · 지순왕 상가희에게 각각 흑담비가죽옷 1벌, 담비가죽 80장, 사람 10호(戶)를 하사했다. 속순공 심지상에게 흑담비가죽옷 한 벌과 담비가죽 80장, 보국공(輔國公) 만다하이에게 망단 60필, 구사이 버이서 로토 · 볼로, 보국공(輔國公) 툰치에게 각각 망단 50필, 구사이 버이서 니칸에게 망단 40필, 진국공(鎭國公) 아이두리에게 망단 30필을 하사했다.

○ 甲子, 恭順王孔有德 · 懷順王耿仲明 · 智順王尚可喜 · 續順公沈志祥, 奏請以所部兵, 隨漢軍旗下行走. 上允其請, 命歸併漢軍兵少之旗, 一同行走.

○ 갑자일(8.27), 공순왕 공유덕 · 회순왕 경중명 · 지순왕 상가희 · 속순공 심지상이 관할 병사들을 데리고 한군기 속하에서 따라가겠다고 주청했다. 주상은 주청을 허락하고 병사가 적은 한군기에 귀속시켜 함께 가게 했다.

○ 先是, 上行獵回鑾, 內秘書院學士楊方興 · 內弘文院學士王文奎 · 工部副理事官蔡永年, 同飲於禮部參政張良弼家, 三人皆大醉, 乘馬衝突, 不避御前儀仗. 內大臣執之, 付大學士希福 · 剛林, 學士羅碩 · 額色黑羈候, 即夕奏聞. 上曰, 伊等皆知典禮, 試於明早問之,觀其何辭以對. 次日, 命召三人至, 問之, 奏曰, 謹按會典, 近儀仗百步者絞, 入儀仗內者斬, 我等衝犯儀仗, 罪應死, 更有何言. 上曰, 楊方興·王文奎, 係內院近侍之人, 素知典禮, 今偶錯耳, 著姑免罪, 此後毋得飮酒, 致有錯誤. 蔡永年, 原係有罪革任之人, 復任工部, 令圖後效, 乃不思勉力辦事, 以贖前愆, 反怠惰飮酒, 是誠何心. 命數其罪, 亦從寬釋之.

○ 이전에 주상이 수렵을 갔다가 돌아올 때 내비서원학사 양방흥(楊方興)·내홍문원학사 왕문규(王文奎)·공부부이사관(工部副理事官) 채영년(蔡永年)은 예부참정 장량필(張良弼)의 집에서 함께 술을 마셨다. 세 사람은 크게 취하여 말을 타다가 부딪혀서 어전의장(御前儀仗)을 피하지 못했다. 내대신이 붙잡아 대학사(大學士) 히퍼와 가린에게 맡기자 학사(學士) 로쇼·어서허이가 구류하고 심문을 기다리다가 저녁에 상주했다. 주상이 말했다. "너희는 모두 전례(典禮)를 알고 있으니, 날이 밝은 아침에 물어서 무엇이라고 대답하는지 보아라." 다음날 세 사람을 불러와 물으니 상주했다. "삼가 회전(會典)에 의하면 의장에 100보 가까이 오는 자는 효수하고 의장 내에 들어오는 자는 참수합니다. 저희는 의장에 부딪히는 죄를 지었으므로 죄가 사형에 해당합니다. 다시 무슨 말을 하겠습니까." 주상이 말했다. "양방흥(楊方興)과 왕문규(王文奎)는 내원(內院)의 근시(近侍)로서 평소에 전례(典禮)를 잘 알고 있으나 이번에 잠시 실수한 것뿐이니 죄를 면해 준다. 앞으로 술을 마시고 실수해서는 안 된다. 채영년(蔡永年)은 원래 죄를 지어 혁직되었으나, 다시 공부에 임명하여 훗날의 공로를 도모하게 했다. 그런데 힘써 일하여 지난 허물을 속죄할 생각을 하지 않고 오히려 태만하게 술을 마셨으니 도대체 어떤 마음인가?" 그 죄를 열거하고 용서하여 풀어 주었다.

○ 乙丑, 以和碩鄭親王濟爾哈朗女, 配阿祿部落穆章. 是日行婚禮, 獻甲胄 · 馬駝 · 貂裘 · 珊瑚數珠等物, 酌納之.

○ 을축일(8.28), 호쇼이 정친왕 지르갈랑의 딸이 아루 부락의 무장(mujang, 穆章)과 혼인했다. 이날 혼례를 치르고 갑옷 · 말과 낙타 · 담비가죽옷 · 산호 염주 등의 물건을 바치니 헤아려 받았다.

○ 九月, 戊辰朔, 先是, 上御篤恭殿, 王以下及衆官, 皆列班侍立. 至是, 禮部多羅郡王阿達禮, 奏請更定儀制, 嗣後上御篤恭殿, 及出賜宴, 和碩親王以下及衆官等, 恭候駕過, 皆跪, 上陞階, 衆官方起, 及上還清寧宮, 亦如之.

○ 9월 무진일 초하루(9.1). 이전에 주상이 독공전에 이르면 왕 이하 관원들은 모두 줄지어 시립(侍立)했다. 이때에 예부의 도로이 군왕 아달리가 의전을 바꿀 것을 주청하여, 앞으로 주상이 독공전에 이르거나 연회에 나오면 호쇼이 친왕 이하 관원들은 어가가 지나갈 때 모두 무릎 꿇고 기다리고, 주상이 계단을 오른 후에 관원들이 비로소 일어서게 했다. 주상이 청녕궁으로 돌아갈 때도 이렇게 했다.

○ 牛彔章京馬爾戶納病故, 以其子滿柱襲職. 牛彔章京扎幹病故, 以其子恩克襲職. 俱仍准再襲一次.

○ 니루장긴 말후나(malhūna, 馬爾戶納)가 병사하여 그의 아들 만주(manju, 滿柱)에게 습직하게 했다. 니루장긴 자간(jagan, 扎幹)이 병사하

여 그의 아들 엉커에게 습직하게 했다. 모두 1번 다시 습직하는 것을 허락했다.

○ 己巳, 多羅安平貝勒杜度, 薨後月餘, 有侍妾自縊死. 法司議, 若果欲殉葬, 當與貝勒同死, 何至日久乃縊, 明係福金所逼, 福金應論死. 奏聞, 上命福金免死, 令餓禁三日夜.

○ 기사일(9.2), 도로이 안평 버일러 두두가 사망하고 한달 남짓 후에 시첩(侍妾)이 스스로 목을 매어 자살했다. 법사(法司)에서 논의했다. 「만약 진실로 순장하려고 했으면 버일러와 함께 죽었어야 하는데, 어찌 오래 지난 후에 목을 매었겠습니까. 분명히 푸진이 핍박한 것이니 푸진을 사형죄로 논해야 합니다.」 상주하자 주상은 푸진의 사형죄는 면해 주고 3일 밤낮을 가두어 굶기게 했다.

○ 綽益達木, 訐告多羅饒餘貝勒阿巴泰, 不知養贍, 不令披甲, 又索我兄牡馬一匹, 及戶部以三十石糧, 折給紬六疋, 白紡絲紬十一疋, 貝勒亦索去. 法司審實, 議阿巴泰應罰銀五百兩, 馬及紬疋, 追給綽益達木, 仍斷出離主. 奏聞, 得旨, 依議.

○ 초이담(coidam, 綽益達木)이 도로이 요여 버일러 아바타이를 고발했다. "사람을 보살피지도 않고 피갑(披甲)을 시키지도 않습니다. 또한 나의 형의 수말 1마리를 빼앗았고, 호부가 양식 30석을 주(紬) 6필, 백방사주(白紡絲紬)[3] 11필로 환산하여 지급했는데 버일러가 또 빼앗았습니다." 법사(法司)에서 조사하니 사실이어서 논의했다. 「아바타이는 벌은 500냥에 처하고, 말과 주필(紬疋)을 초이담에게 추후 지

급하고, 초이담은 소속 기에서 분리하여 주인에게서 떼어 내야 합니다.」 상주하자 주상은 논의대로 하라는 유지를 내렸다.

○ 懷順王耿仲明屬下石名雄·易崇寧·劉成遇·曾法孔·胡雲鸞等, 訐告仲明攜來松山人三十二名, 塔山人十二名, 隱匿不報, 又杖斃陳舜田, 又憾胡雲鸞訐告, 仇責之, 又馮有時係逃走之犯, 正法後, 仲明收其骨, 歲祭之. 法司審實, 議耿仲明應革王爵, 罰銀三千兩, 奏聞, 上以耿仲明收祭有時骸骨, 情罪較重, 命罰銀千兩, 均給恭順王孔有德, 智順王尚可喜, 胡雲鸞准撥出.

○ 회순왕 경중명의 속하 석명웅(石名雄)·역숭녕(易崇寧)·유성우(劉成遇)·증법공(曾法孔)·호운란(胡雲鸞) 등이 고발했다. "경중명은 송산에서 데려온 32명과 탑산에서 데려온 12명을 숨기고 보고하지 않았고, 진순전(陳舜田)을 곤장 쳐서 죽였고, 호운란이 고발한 것에 분개하여 원망하고 책망했고, 도망범 풍유시(馮有時)가 처형된 후에 그 뼈를 수습해서 해마다 제사를 지냈습니다." 법사(法司)에서 조사하니 사실이어서 논의했다. 「경중명은 왕작(王爵)을 박탈하고 벌은 3,000냥에 처해야 합니다.」 상주하자 주상은 경중명이 풍유시의 유골을 수습해서 제사 지낸 상황과 죄가 비교적 중하다고 여겨, 벌은 1,000냥을 거두어 공순왕 공유덕과 지순왕 상가희에게 나누어 주고, 호운란을 소속에서 분리시키는 것을 허락했다.

3 흰 누에고치만으로 실을 켜서 짠 명주.

○ 石名雄, 又訐告刑部啟心郎王廷選, 當訐告耿仲明時, 王廷選收仲明糧十斛, 銀三十兩, 以名雄所訐之言, 私告仲明, 法司審實, 王廷選應革職, 鞭一百, 奏聞, 上以王廷選違法受賂, 命於篤恭殿數其罪, 誅之. 其刑部將王廷選應死之罪, 錯擬鞭革, 奉旨察議. 尋議參政巴哈納·劉武元, 啟心郎額爾格圖, 應各罰銀五十兩, 理事官納爾賽·根特, 副理事官耿格·塔思虎里·克布圖·俄黑訥, 應各鞭五十. 奏聞, 上命巴哈納·劉武元·額爾格圖, 俱坐以應得之罪, 納爾賽·根特·耿格·塔思虎里·克布圖·俄黑訥, 俱餓禁三日二夜.

○ 석명웅(石名雄)은 또 형부계심랑 왕정선(王廷選)을 고발했다. 경중명을 고발할 때에 왕정선은 경중명의 양곡 10곡(斛)과 은 30냥을 받았고 석명웅이 고발한 말을 몰래 경중명에게 고했다. 법사(法司)에서 조사하니 사실이어서, 왕정선은 혁직하고 채찍 100대를 때려야 한다고 상주했다. 주상은 왕정선이 법을 위반하고 수뢰했다고 여겨서 독공전에서 죄를 나열하고 죽이도록 명했다. 형부는 왕정선의 사형죄를 채찍죄로 잘못 정하였으므로 유지를 받들어 살펴 논의했다. 얼마 후 논의했다. 「참정 바하나·유무원(劉武元), 계심랑 어르거투는 각자 벌은 50냥, 이사관 나르사이·건터이, 부이사관 경거이·타스후리(tashūri, 塔思虎里)·컵투(kebtu, 克布圖)·워허너(wehene, 俄黑訥)는 각자 채찍 50대에 처해야 합니다.」 상주하자 주상은 바하나·유무원(劉武元)·어르거투는 모두 받아야 할 죄에 처하고, 나르사이·건터이, 경거이·타스후리·컵투·워허너는 모두 사흘 낮 이틀 밤을 가두고 굶기게 했다.

○ 壬申, 固山額真墨爾根侍衛李國翰·佟圖賴·祖澤潤, 梅勒章京祖可法·張存仁, 奏言, 皇上軫念軍士貧乏, 令其分往畧地, 蓋欲使之寬裕也. 竊思往畧之事便於將領, 而不便於士卒, 便於富家, 而不便於貧戶. 將領從役頗衆, 富家蓄馬最強, 是以所得必多, 貧乏軍士, 不過一身一騎, 攜帶幾何. 雖令往畧, 於士卒無益. 既負皇上盛意, 且恐有誤天時. 今天意歸於皇上, 大統攸屬, 錦州·松山·杏山·塔山, 一時俱爲我有, 明國人心搖動, 燕京震駭. 惟當因天時, 順人事, 大兵前行, 礮火繼後, 直抵燕京而攻破之, 是皇上萬世鴻基, 自此而定, 四方貢篚, 自此而輸, 上下無不同享其利矣. 儻遷延時日, 竊慮天時不可長恃, 機會不可坐失. 況山東之行, 燕京一帶空虛, 我兵所到, 無不收服. 若再緩行, 其地已爲流賊劫掠殆盡, 地方殘燬, 所關豈淺鮮哉. 臣等以爲不如率大軍直取燕京, 控扼山海. 大業克成, 而我兵之饒裕不待言矣. 伏乞聖裁. 上覽畢曰, 爾等建議, 直取燕京. 朕意以爲不可. 取燕京如伐大樹, 須先從兩旁斫削, 則大樹自仆. 朕今不取關外四城, 豈能即尅山海. 今明國精兵已盡, 我兵四圍縱畧, 彼國勢日衰, 我兵力日強, 從此燕京可得矣.

○ 임신일(9.5), 구사어전 머르건 시위 이국한(李國翰)·퉁 툴라이(tung tulai, 佟圖賴)·조택윤(祖澤潤)·머이런장긴 조가법(祖可法)·장존인(張存仁)이 상주했다. 「황상께서는 군사가 가난한 것을 걱정하시어 약탈지에 나누어 가게 하여 대개 넉넉하게 만들려고 합니다. 삼가 생각건대 약탈을 가는 일은 장령(將領)에게 편하고 사졸에게 불편하며, 부가(富家)에 편하고 빈호(貧戶)에 불편합니다. 장령(將領)은 쿠툴러가 매우 많고 부가(富家)는 축적한 말이 가장 강하니 얻는 것이 반드시 많지만, 가난한 군사는 겨우 한 사람이 말 1마리이니 가져오는 것이 어떻겠습니까. 비록 가서 약탈하게 해도 사졸에게 이익이 없습니다. 이미 황상의 두터운 뜻을 저버렸는데 또 천시를 그르칠까 우려됩

니다. 지금 하늘의 뜻이 황상께 돌아오고 대통이 귀속되어, 금주・송산・행산・탑산이 일시에 모두 우리 소유가 되었고 명나라 사람의 인심이 동요하고 연경이 놀랐습니다. 오직 천시에 맞추고 인사에 따라서 대병이 앞서 가고 대포가 뒤를 따라서 연경에 이르러 공격해야 합니다. 이는 황상의 만세의 큰 기초가 이로부터 정해지고 사방의 예물을 이로부터 바쳐서 상하 모두 그 이익을 누리는 것입니다. 만약 시일을 늦추면 천시를 오래 믿을 수 없음이 우려됩니다. 기회를 앉아서 잃을 수 없습니다. 하물며 산동으로 가면 연경 일대가 비어서 우리 군대가 도착하는 곳을 모두 복속시킬 수 있습니다. 만약 다시 천천히 가면 그 지역이 유적(流賊)에게 약탈당해 거의 끝나고 지방이 황폐해져 있을 것이니 관련되는 것이 어찌 적겠습니까. 신들은 대군을 이끌고 곧바로 연경을 취하고 산해관을 제어하는 것이 좋다고 생각합니다. 대업이 이루어지고 우리 병사가 부유해지는 것은 말할 필요도 없을 것입니다. 삼가 황상의 재가를 바랍니다.」

주상은 상주문을 본 후에 말했다. "너희는 곧바로 연경을 취하라고 건의했다. 짐은 불가하다고 생각한다. 연경을 취하는 것은 큰 나무를 베는 것과 같다. 반드시 먼저 양쪽에서 잘라야 큰 나무가 넘어진다. 짐이 지금 관외의 네 성을 취하지 않았는데 어찌 산해관을 함락할 수 있겠는가. 지금 명나라의 정예병이 끝났고 우리 군대가 사방을 포위하고 공략하여, 저 나라의 세력이 날로 쇠퇴하고 우리 병력이 날로 강력해지니, 이제부터 연경을 얻을 수 있을 것이다."

○ 外藩蒙古諸王・貝勒等, 以上征明大捷, 獲錦州・松山・杏山・塔山四城, 奉表來賀. 上命諸王・貝勒・貝子・公等, 於五里外迎入城.

○ 외번몽고의 여러 왕・버일러들은 주상이 명나라를 정벌하고 대

승을 거두어 금주·송산·행산·탑산 네 성을 얻었기 때문에 표문을 올리러 와서 축하했다. 주상은 여러 왕·버일러·버이서·공(公)들에게 명하여 5리 밖에서 영접하고 심양성에 들어오게 했다.

○ 癸酉, 諭諸王·貝勒·貝子·公曰, 朕觀爾等養育新附滿洲·蒙古·漢人, 當朕申飭之際, 尙稍知加意, 過此卽便遺忘莫顧. 如是, 則新附之人, 何以爲生乎. 爾等嗣後當各盡心力, 恩養所屬之人. 誠能恩養, 卽爲勤勞國政之人, 朕心亦深嘉悅. 否則不過一村居富人, 止圖一家富足而已, 豈爲盡心國政之人哉.

○ 계유일(9.6), 여러 왕·버일러·버이서·공(公)들에게 유시했다. "짐이 너희가 새로 귀부한 만주·몽고·한인을 부양하는 것을 보니, 짐이 신칙할 때는 상당히 깨닫고 신경을 쓰는데 그때를 지나면 곧 잊어버리고 돌아보지 않는다. 이렇게 하면 새로 부속된 사람은 어떻게 살겠는가. 너희는 이후에 마음을 다하여 소속된 사람을 은혜로 기르라. 진실로 은혜로 기를 수 있으면 국정에 힘쓰는 사람이니 짐의 마음도 매우 기쁠 것이다. 그렇지 않으면 한 마을의 부자가 자기 집의 풍족함을 꾀하는 데 불과하니, 어찌 국정에 마음을 다하는 사람이겠는가."

○ 先是, 蒙古人吳巴什等, 於掘壕圍錦州之次年, 率外城蒙古來降. 至是, 論功陞職, 以吳巴什·諾木齊塔布囊爲三等梅勒章京, 准再襲八次, 阿桑·滿韜, 爲三等甲喇章京, 准再襲四次, 渾津, 爲牛彔章京, 准再襲二次.

○ 이전에 몽고인 우바시(ubasi, 吳巴什) 등은 금주에 참호를 파고 포위한 다음 해에 외성(外城)의 몽고인을 이끌고 투항해 왔다. 이때에 공적을 논하여 승직시켰다. 우바시 · 놈치 타부낭을 삼등 머이런장긴으로 임명하고 8번 습직을 허락했다. 아상(asang, 阿桑) · 만타오(mantao, 滿韜)를 삼등 잘란장긴으로 임명하고 4번 습직을 허락했다. 혼진(honjin, 渾津)을 니루장긴에 임명하고 2번 습직을 허락했다.

○ 敘塔山等處軍功, 加牛彔章京哈爾松阿半個前程, 白身布達禮, 授爲半個牛彔章京, 增哈爾松阿敕詞曰, 征黑龍江時, 爾與索海伏兵擊敗博穆博果爾. 隨和碩睿親王 · 和碩肅親王, 初次圍錦州時, 率甲喇兵, 擊敗松山步兵, 又擊敗杏山騎兵. 隨和碩睿親王, 和碩肅親王, 第三次圍錦州, 攻洪承疇三營步兵. 又同昂邦章京席特庫, 步行衝入敵營. 在義州督本旗人屯田收穫加倍, 以功由牛彔章京, 加半個前程, 准再襲一次. 給布達禮敕詞曰, 爾以白身用紅衣礮攻克塔山城時, 爾由擊破處先登. 茲授半個牛彔章京, 准再襲一次.

○ 탑산(塔山) 등지에서 세운 군공을 서훈했다. 니루장긴 하르숭가에게 반개전정(半個前程)을 더하고, 백신(白身) 부다리에게 반개니루장긴을 수여했다. 하르숭가에게 칙사(敕詞)를 더해 내렸다. 「흑룡강을 정벌할 때에 너는 소오하이와 함께 매복하여 봄보고르를 격파했다. 호쇼이 예친왕(睿親王)과 호쇼이 숙친왕을 수행하여 첫 번째 금주를 포위했을 때 잘란의 군사를 이끌고 송산의 보병을 격파했고 또 행산의 기병을 격파했다. 호쇼이 예친왕(睿親王)과 호쇼이 숙친왕을 수행하여 세 번째 금주를 포위했을 때 홍승주의 세 군영의 보병을 공격했다. 또 암바장긴 시터쿠와 함께 보병으로 적의 군영으로 돌격했다. 의주(義州)에서 소속 구사의 사람들을 독려하여 둔전(屯田)하고 두 배

를 수확했다. 공을 세웠으므로 니루장긴에 반개전정(半個前程)을 더하고 1번 습직을 허락한다.」 부다리에게 칙사(敕詞)를 주었다. 「너는 백신(白身)으로서 홍의포(紅衣礮)를 사용하여 탑산성(塔山城)을 공격하여 함락할 때, 공격지점에서 먼저 올랐다. 이에 반개니루장긴을 수여하고, 1번 습직을 허락한다.」

○ 甲戌, 上御崇政殿. 科爾沁國和碩土謝圖親王巴達禮·卓禮克圖親王吳克善, 扎賴特部落達爾漢和碩齊蒙夸, 敖漢部落固倫額駙多羅郡王班第, 奈曼部落多羅達爾漢郡王衮出斯, 巴林部落滿珠習禮, 吳喇忒部落杜巴, 扎魯特部落桑噶爾·穆章, 翁牛特部落達爾漢戴青, 四子部落達爾漢卓禮克圖等, 以征明大捷, 上表行慶賀禮畢, 以次跪進酒獻上. 仍各獻馬駝·貂皮·鷹·鵰翎等物, 酌納之. 賜大宴畢, 仍敘外藩諸王·貝勒·大臣軍功. 賜科爾沁國和碩卓禮克圖親王吳克善, 多羅巴圖魯郡王滿朱習禮, 敖漢部落固倫額駙多羅郡王班第, 達爾漢卓禮克圖俄木布, 扎魯特部落內齊, 巴林部落滿珠習禮, 拜薩噶爾卓禮克圖台吉, 翁牛特部落查薩衮達爾漢戴青·穆章, 敖漢部落瑣諾木杜稜, 扎魯特部落桑噶爾, 喀喇車里克部落噶爾馬, 吳喇忒部落杜巴·吳本·巴克巴海·東果爾·喇嘛斯希, 扎魯特部落毛祁他特, 巴林部落塞冷, 杜爾伯特部落塞冷下阿津達, 巴林部落滿珠習禮下俄爾固達克·毛祁他特, 毛明安下吳爾齊台吉, 吳喇忒部落杜巴下布達席台吉, 翁牛特部落賀尼齊台吉, 巴林部落滿珠習禮所屬毛明安下阿敏台吉·噶爾馬台吉, 多羅扎薩克圖郡王下塞本台吉, 海賴台吉, 吳喇忒部落吳本下俄爾奔·巴克巴海下多爾濟·杜巴下海塞·蒙夸達爾漢和碩齊下三寨布達席理·明安達禮·塞冷, 敖漢部落固倫額駙多羅郡王下寨薩庫, 巴林部落滿珠習禮下巴特瑪丹·塞布騰下孟格雷達爾漢·巴薩奈巴圖魯·吳喇代·瑣諾木衛寨桑·和碩土謝圖親王下黨阿賴達爾漢卓禮克圖·多羅扎薩克圖郡王下雲敦, 杜爾伯特部落塞冷下諾木齊, 巴林部落滿珠習禮下孟格圖·蒙夸達爾漢和碩齊下巴牙爾圖·達木布, 翁牛特部落達爾漢戴青下班第·達巴蓋·瑣諾木衛寨桑下席塔·額葉圖·扎蘇爾·巴特麻, 翁牛特部落博託和下巴圖·察幹·屯卓克, 四子部落查薩衮達爾漢卓禮克圖下博內, 吳喇忒部落杜巴下吳巴什, 喀喇車里克部落巴特瑪, 敖漢部落瑣諾木杜稜下託果達爾漢等, 蟒·糚·閃·素·倭等緞, 及布疋等物有差. 科爾沁國和碩土謝圖親王巴達禮, 奈曼部落多羅達爾漢郡王衮出斯巴圖魯, 以軍中獲罪, 停止賞賚.

○ 갑술일(9.7), 주상이 숭정전(崇政殿)에 들었다. 코르친국의 호쇼이 투시예투 친왕 바다리·조릭투 친왕 욱샨, 잘라이트 부락 다르한 호쇼치 몽쿠와, 아오한 부락 구룬 어푸 도로이 군왕 반디, 나이만 부락 도로이 다르한 군왕 군추스, 바린 부락 만주시리, 우라트 부락 두바, 자루트 부락 상가르·무장, 옹니우트 부락 다르한 다이칭, 사자 부락 다르한 조릭투 등은 명나라를 정벌하고 대승을 거두었다고 표문을 올리고 경하례를 마친 후, 차례대로 무릎 꿇고 술을 바쳤다. 뒤이어 각자 말과 낙타·담비가죽·매·독수리 깃털 등의 물건을 바치니, 이를 헤아려서 받았다. 큰 잔치를 베푼 후 이어서 외번의 여러 왕·버일러·대신의 군공을 서훈했다.

코르친국의 호쇼이 조릭투 친왕 욱샨·도로이 바투루 군왕 만주시리, 아오한 부락 구룬 어푸 도로이 군왕 반디·다르한 조릭투 옴부, 자루트 부락 너이치, 바린 부락 만주시리·바이스갈 조릭투 타이지, 옹니우트 부락 자사군 다르한 다이칭·무장, 아오한 부락 소놈 두렁, 자루트 부락 상가르, 카라처릭 부락 가르마, 우라트 부락 두바·우번·박바가이·동고르·라마스히, 자루트 부락 모오 키타트, 바린 부락 서령, 두르베트 부락 서령 속하의 아진다, 바린 부락 만주시리 속하의 오르구닥(orgudak, 俄爾固達克)·모오 키타트, 모오밍간 속하의 우르치 타이지(urci taiji, 吳爾齊台吉), 우라트 부락 두바 속하의 부다시 타이지, 옹니우트 부락 호니치 타이지(honici taiji, 賀尼齊台吉), 바린 부락 만주시리 소속 모오밍간 속하의 아민 타이지·가르마 타이지, 도로이 자삭투 군왕 속하의 서분 타이지·하이라이 타이지, 우라트 부락 우번 속하의 올본(olbon, 俄爾奔)·박바가이 속하의 도르지·두바 속하의 하이서·몽쿠와 다르한 호쇼치 속하의 산자이 부다시리(sanjai budasiri, 三寨布達席理)·밍간다리·서령, 아오한 부락 구룬 어푸 도로이 군왕 속하의 자이사쿠(jaisakū, 寨薩庫), 바린 부락 만주시리 속하의 바트마 단(batma dan, 巴特瑪丹)·섭텅 속하의 멍걸러이 다르한(menggelei darhan, 孟格雷達爾漢)·바사나이 바투루(basanai baturu, 巴薩奈巴圖魯)·울라다이(uladai, 吳喇代)·소놈 우이 자이상·호쇼이 투시예투 친왕 속하의 당갈라이 다르한 조릭투·도로이 자삭투 군왕 속하의 욘돈, 두르베트 부락 서령 속하의 놈치, 바린 부락 만주시리 속하의 멍거투·몽쿠와 다르한 호쇼치 속하의 바야르투·담부(dambu, 達木布), 옹니우트 부락 다르한 다이칭 속하의 반디·다바가이·소놈 우이 자이상 속하의 시타(sita, 席塔)·어여투(eyetu, 額葉圖)·자술(jasul, 扎蘇爾)·바트마(batma, 巴特麻), 옹니우트 부락 보토고(botogo, 博託和) 속하의 바투(batu, 巴圖)·차간(cagan, 察幹)·톤족(tonjok, 屯卓克), 사자(四子) 부락 자사군 다르한 조릭투 속하의 보노이(bonoi, 博内), 우라트 부락 두바 속하의 우바시, 카라처릭 부락 바트마, 아오한 부락 소놈 두렁 속하의 토고 다르한(togo darhan, 託果達爾漢) 등에게 망단(蟒緞)·장단(粧緞)·섬단(閃緞)·소단(素緞)·왜단(倭緞) 등의 비단과 면포 등의 물건을 차등 있게 하사했다. 코르친국 호쇼이 투시예투 친왕 바다리·나이만 부락 도로이 다르한 군왕 군추스 바투루는 군중에서 죄를 지었으므로 상 내리는 것을 중지했다.

○ 丁丑, 遣固山貝子羅託 · 博洛 · 尼堪, 固山額真公艾度禮, 宗室拜尹圖, 固山額真恩格圖 · 俄莫克圖等, 率將士往代公博和託 · 屯齊喀 · 札喀納, 固山額真葉臣 · 何洛會 · 準塔巴圖魯 · 巴特瑪等, 更番戍守錦州.

○ 정축일(9.10), 구사이 버이서 로토 · 볼로 · 니칸, 구사어전 공(公) 아이두리, 종실 바인투, 구사어전 엉거투 · 오목투 등을 파견하여 장수와 병사를 이끌고, 공(公) 보호토 · 툰치카 · 자카나, 구사어전 여천 · 홀로호이 · 준타 바투루 · 바트마 등과 교체하여 금주를 교대로 지키게 했다.

○ 辛巳, 先是, 上於松山擊敗明兵之夜, 科爾沁土謝圖親王巴達禮, 違命退縮, 不赴汛地, 翼旦, 方見上請旨. 又奈曼達爾漢郡王衮出斯, 於我軍與洪承疇馬步兵戰於松山. 多羅武英郡王令左翼滿洲 · 蒙古 · 漢人, 各旗分遣護軍騎兵, 攻破敵兵兩營. 和碩鄭親王, 令右翼滿洲 · 蒙古 · 漢人, 各旗騎兵, 立山後, 止令護軍對壘, 斬獲無多, 右翼三旗兵, 所守乳峰山營, 爲敵所奪. 內大臣伊爾登等, 率近御侍衛七十名, 盡力鏖戰, 備極勞苦. 奈曼達爾漢郡王衮出斯, 立而不戰. 諸王 · 貝勒, 偕外藩諸王 · 扎薩克 · 貝勒等集議. 巴達禮怯敵不前, 衮出斯臨陣不戰, 應革親王 · 郡王爵, 巴達禮, 奪所屬人員, 衮出斯, 奪所屬人員之半. 奏聞, 上命內大臣圖爾格, 固山額真阿山, 英俄爾岱, 護軍統領圖賴, 大學士希福 · 剛林, 學士羅碩 · 額色黑, 理藩院參政塞冷 · 尼堪等, 諭諸王曰, 奈曼達爾漢郡王衮出斯, 不應擬罪, 滿洲騎兵固山額真等, 皆聽和碩鄭親王言, 立而不進, 豈曾定罪耶. 達爾漢郡王衮出斯, 實以年邁, 未能獨力前進. 况所立汛地, 相距又遠, 其失誤軍機之罪, 總在和碩鄭親王耳. 且爾和碩鄭親王·多羅武英郡王·豫郡王, 明知洪承疇十三萬兵來援, 竟急走還, 甚屬不合. 爾武英郡王所謂武英者安在哉. 爾豫郡王在中後所曾有不戰之罪, 自稱願效力以贖前愆, 斯言又何在也. 爾等此罪, 較睿親王·肅親王遠營林中之罪, 果稍輕乎. 但以不可勝罪, 故明知而姑宥之耳. 又何獨罪衮出斯乎. 可釋之. 土謝圖親王巴達禮封爵, 原非己功, 因其父土謝圖額駙奧巴, 棄其主察哈爾汗來歸, 故以功封爲親王, 未可議革. 巴達禮免削王爵, 竝免奪屬員, 仍罰馬百匹, 又諭土謝圖親王巴達禮, 及外藩諸王·扎薩克·貝勒·台吉等曰, 自今以後, 爾等欲爲國效力者, 須整理器械, 奉公守法. 不然日後更犯大罪, 必不輕恕. 其不整理器械, 不奉公守法者, 朕亦不能曲庇. 爾等不過時或出兵一二次耳. 此外更無他事. 幸蒙天眷, 爾等各得寧居, 不離鄉井, 貝勒·大臣, 各獲安樂矣. 和碩卓禮克圖親王吳克善奏曰, 臣等荷蒙聖恩, 富貴已極, 各獲安樂, 今後敢不勉力圖報.

○ 신사일(9.14), 이전에, 주상이 송산에서 명나라 군대를 격파하던 날 밤에, 코르친의 투시예투 친왕 바다리는 명을 어기고 후퇴하고 공격지역에 가지 않았으며, 다음날 아침 주상을 알현하고 비로소 유지를 청했다. 또한 나이만의 다르한 군왕 군추스는 우리 군대가 되어 홍승주의 기병·보병과 송산에서 전투했다. 도로이 무영군왕은 좌익 만주·몽고·한인 각 기(旗)의 호군 기병을 나누어 보내서 적병의 두 군영을 격파했다. 호쇼이 정친왕은 우익 만주·몽고·한인의 각 기의 기병을 산의 뒤에 있게 하고 호군만을 적과 대치하게 하여 적을 벤 것이 많지 않았으며, 우익 3기(旗)의 병사가 지키는 유봉산(乳峰山) 군영을 적에게 빼앗겼다. 내대신 일던 등은 근어시위(近御侍衛) 70명을 이끌고 힘을 다해 격전을 치르고 노고가 심했다. 나이만의 다르한 군왕

군추스는 서 있기만 하고 전투하지 않았다. 여러 왕·버일러들이 외번의 여러 왕·자삭·버일러들과 함께 모여서 의논했다. 「바다리는 겁을 먹고 전진하지 않았고 군추스는 전장에서 전투하지 않았으니 친왕과 군왕 작위를 혁직해야 하고, 바다리에 속한 인원을 빼앗고 군추스에 속한 인원의 절반을 빼앗아야 합니다.」

상주하자, 주상은 내대신 투르거이, 구사어전 아산·잉굴다이, 호군통령 툴라이, 대학사 히퍼·가린, 학사 로쇼·어서허이, 이번원참정 서렁·니칸 등에게 명하여 여러 왕에게 유시하게 했다. "나이만의 다르한 군왕 군추스는 논의한 죄에 맞지 않는다. 만주 기병 구사어전들은 모두 호쇼이 정친왕의 말을 듣고 멈추어 서서 진격하지 않았는데 어찌 다르한 군왕 군추스만 죄로 정했는가. 다르한 군왕 군추스는 사실 연로하여 혼자 힘으로 전진할 수 없다. 하물며 지정된 공격지역이 멀리 떨어져 있었으니 군기(軍機)를 그르친 죄는 모두 호쇼이 정친왕에게 있을 뿐이다. 또한 그대 호쇼이 정친왕·도로이 무영군왕·예군왕(豫郡王)은 홍승주의 13만 병력이 원조하러 온 것을 분명히 알고 급히 도주하여 돌아왔으니 매우 적절하지 않다. 너 무영군왕의 무영(武英)이란 말은 어디로 갔는가. 너 예군왕(豫郡王)은 중후소(中後所)에서 전투하지 않은 죄를 지었다. 힘을 다하여 이전의 잘못을 속죄하고 싶다고 스스로 말했는데 그 말은 어디에 있는가. 너희의 이 죄는 예친왕(睿親王)·숙친왕이 멀리 숲에 군영을 차린 죄와 비교하면 정말로 가벼운 것인가. 다만 죄를 줄 수 없어서 알면서도 임시로 용서하는 것뿐이다. 또한 어찌 군추스만 죄를 지었겠는가. 죄를 용서할 만하다. 투시예투 친왕 바다리의 작위는 원래 자신의 공적이 아니고 그의 아버지 투시예투 어푸 오오바가 그 주상인 차하르 칸을 버리고 내귀하여 그 공적으로 친왕에 봉해졌기 때문에 혁직을 논의할 수 없다. 바다리는 왕 작위를 삭탈하는 것을 면해 주고, 소속된 인원을 삭탈하는 것도 면해 주고, 말 100마리 벌에 처한다."

또 투시예투 친왕 바다리와 외번의 여러 왕·자삭·버일러·타이지 등에게 유시했다. "이후에 너희가 국가를 위해 힘을 다하려면 반드시 무기를 정비하고 공무를 중히 여기고 법을 지켜라. 그러지 않고 이후에 다시 큰 죄를 지으면 절대 가볍게 용서하지 않겠다. 무기를 정비하지 않고, 공무를 중히 여기지 않고 법을 지키지 않는 자는 짐도 비호할 수 없다. 너희는 겨우 한두 번 출병했을 뿐이다. 이 외에 또 다른 일은 없다. 다행히 하늘의 보살핌을 입어 너희는 각자 평안하게 살며 고향에서 떠나지 않고, 버일러와 대신도 각자 안락하게 산다."

호쇼이 조릭투 친왕 욱샨이 상언했다. "신들은 성은을 입어서 매우 부귀하고 각자 안락합니다. 이후에 어찌 감히 힘써 보답하기를 꾀하지 않겠습니까."

○ 是日, 科爾沁國東果爾子多爾濟, 偕其妻送女來歸多羅郡王阿達禮弟勒克德渾爲婚. 命阿達禮·勒克德渾等, 迎宴之. 東果爾因入賀先至, 遂同賜宴. 於是阿達禮, 率勒克德渾, 詣清寧宮, 朝見上, 行三跪九叩頭禮, 朝皇后禮亦如之. 諸王·貝勒·大臣, 集阿達禮府, 大宴, 成婚.

○ 이날 코르친국의 동고르의 아들 도르지가 처와 함께 보내온 딸이 내귀하여, 도로이 군왕 아달리의 동생 럭더훈(lekdehun, 勒克德渾)과 결혼했다. 명하여 아달리·럭더훈 등에게 맞이하고 연회를 베풀게 했다. 동고르는 하례하러 들어와서 먼저 도착했는데 마침내 함께 연회를 베풀었다. 이에 아달리는 럭더훈을 데리고 청녕궁에 가서 주상을 알현하고 삼궤구고두의 예를 행하였고, 황후를 뵙는 예도 마찬가지로 행하였다. 여러 왕·버일러·대신이 아달리의 저택에 모여 큰 잔치를 벌이고 혼인했다.

○ 多羅貝勒羅洛宏弟喀爾楚渾, 以娶朱孔格妹爲妻, 羅洛宏率喀爾楚渾, 詣清寧宮, 朝見上, 行三跪九叩頭禮, 朝皇后禮亦如之.

○ 도로이 버일러 롤로혼의 동생 칼추훈(kalcuhūn, 喀爾楚渾)이 주쿵거(jukungge, 朱孔格)의 여동생과 결혼하는 일 때문에, 롤로혼이 칼추훈을 데리고 청녕궁에 가서 주상을 알현하고 삼궤구고두의 예를 행하였고, 황후를 뵙는 예도 마찬가지로 행하였다.

○ 壬午, 命沙爾虎達, 葉赫朱瑪喇, 率將士往征虎爾哈部落.

○ 임오일(9.15), 명하여 샤르후다와 여허 주마라(yehe jumara, 葉赫朱瑪喇)에게 장수와 병사를 이끌고 후르카 부락으로 원정을 가게 했다.

○ 癸未, 補賜黨阿賴敕書. 敕曰, 爾本蒙古科爾沁人, 爾主土謝圖額駙. 棄蒙古察哈爾汗來降時, 爾不惜身家, 竭蹶從事. 後遵我教令, 克殫忠貞, 因賜號爲卓禮克圖達爾漢, 免供應馬匹粮糧, 八旗王 · 貝勒處, 任其往來, 遇出兵領賞, 與甲喇章京同, 所賜名號, 子孫世襲.

○ 계미일(9.16), 당갈라이에게 칙서를 다시 하사했다. 칙서에서 말했다. 「너는 본래 몽고 코르친 사람이다. 너의 주군 투시예투 어푸가 몽고 차하르 칸을 버리고 투항해 올 때, 너는 몸과 집을 아까워하지 않고 온힘을 다하여 종사했다. 이후에 나의 가르침과 명령을 받들고 정성을 다하고 충성을 바쳤다. 이 때문에 조릭투 다르한 칭호를 하사하고, 납부해야 할 말과 곡식을 면제하고, 팔기의 왕과 버일러들의 처소

에 마음대로 왕래하고, 출병하여 받는 상은 잘란장긴과 동등하게 하고, 하사한 호칭은 자손이 세습하게 한다.」

○ 乙酉, 以敏惠恭和元妃小祥, 遣官致祭.

○ 을유일(9.18), 민혜공화원비(敏惠恭和元妃)의 소상(小祥)[4]이어서, 관원을 파견하여 제사 지냈다.

○ 庚寅, 虎爾哈部落賴塔庫等五十五人來朝, 貢海獺皮, 宴賚如例.

○ 경인일(9.23), 후르카 부락의 라이타쿠(laitakū, 賴塔庫) 등 55명이 내조해서 해달가죽을 바쳤다. 정례대로 잔치를 베풀고 선물을 주었다.

○ 辛卯, 遣科爾沁東果爾等歸國, 命多羅郡王阿達禮, 多羅饒餘貝勒阿巴泰, 輔國公和託 · 滿達海等, 設宴餞之.

○ 신묘일(9.24), 코르친의 동고르 등을 귀국시켜 보낼 때, 명하여 도로이 군왕 아달리, 도로이 요여 버일러 아바타이, 보국공(輔國公) 호토 · 만다하이 등에게 잔치를 베풀고 전송하게 했다.

4 小祥: 사람이 죽은 지 한 돌 만에 지내는 제사.

○ 壬辰, 三等甲喇章京楊成梁病故, 以其叔之子楊成義, 襲職, 仍准再襲三次.

○ 임진일(9.25), 삼등 잘란장긴 양성량(楊成梁)이 병사하여, 그 숙부의 아들 양성의(楊成義)에게 습직시키고 3번 습직을 허락했다.

○ 以三等甲喇章京臧因祚, 修北舍利佛塔, 又修永定橋, 勤勞可嘉, 陞爲二等甲喇章京.

○ 삼등 잘란장긴 장인조(臧因祚)가 북사리불탑(北舍利佛塔)을 수리하고, 또 영정교(永定橋)를 수리하여 노력이 가상하므로 이등 잘란장긴으로 승진시켰다.

○ 先是, 郭爾羅斯部落塞爾古稜 · 札木蘇遣赴黑龍江貿易人與我軍抗敵, 翁牛特部落寨桑吳巴什當圍松山掘壕時, 以誦經故, 不親往監督, 又不巡夜. 至是, 議罪, 塞爾古稜 · 札木蘇應各罰馬百匹, 吳巴什, 罪應死籍其家, 奏聞, 上曰, 吳巴什愚懦無知, 姑從寬免死, 竝免籍沒, 止罰馬五十匹, 牛五十頭, 餘如議.

○ 이전에, 고를로스 부락의 서르굴렁(serguleng, 塞爾古稜) · 잠수(jamsu, 札木蘇)가 흑룡강에 파견한 무역인이 우리 군대에 저항했고, 옹니우트 부락의 자이상 우바시는 송산을 포위하고 참호를 팔 때에 경(經)을 읽느라 직접 가서 감독하지 않았고 또 밤에 순찰하지도 않았다. 이때에 죄를 의논했다. "서르굴렁 · 잠수는 각자 말 100마리를 벌

주어야 하고, 우바시는 죽이고 가산을 적몰해야 합니다." 상주하니 주상이 말했다. "우바시는 어리석고 겁이 많고 무지하니 우선 관대한 법을 따라서 사형을 면해 주고 적몰을 면해 주되, 다만 말 50마리, 소 50마리를 벌로 징수하고, 나머지는 논의대로 하라."

○ 是日, 固倫公主, 偕額駙弼爾塔噶爾還國. 上命麟趾宮貴妃·衍慶宮淑妃, 率諸王·貝勒·福金餞送之.

○ 이날 구룬 공주는 어푸 빌타가르와 함께 돌아갔다. 주상이 인지궁귀비(麟趾宮貴妃)·연경궁숙비(衍慶宮淑妃)에게 명하여 여러 왕·버일러·푸진들을 이끌고 전송하게 했다.

○ 丙申, 朝鮮國王李倧, 以敏惠恭和元妃小祥, 遣禮曹侍郎安獻正, 進豹·鹿·水獺等皮·紙·蘇木等物, 宴賚如例.

○ 병신일(9.29), 조선국왕 이종은 민혜공화원비(敏惠恭和元妃)의 소상(小祥)을 맞아 예조시랑(禮曹侍郎) 안헌정(安獻正; 安獻徵)[5]을 파견하여 표범·사슴·수달 등의 가죽, 종이, 소목(蘇木) 등의 물건을 바쳤다. 정례(定例)에 따라 연회를 베풀어 주었다.

---

5 본문의 安獻正은 安獻徵을 가리킨다. 『승정원일기』 82책, 인조 20년 9월 10일 정축 기사에 청나라 소상 때문에 문안사 안헌징을 파견하는 논의가 기록되어 있다.

저자 소개

이훈

고려대학교에서 박사학위를 취득했다. 만주 지역과 만주족의 정체성에 대해 연구했다. 『만한사전』, 『만주족이야기』를 저술했고 「청대 건륭기 만주족의 근본지지 만들기」, 「청 초기 장백산 탐사와 황제권」, 「17세기 중엽 청-러시아의 충돌과 흑룡강 유역의 부족민」 등의 논문을 발표했다. 고려대학교 사학과 강사로 재직하고 있다.

김선민

듀크대학교에서 박사학위를 취득했다. 조선과 청의 변경 지역이 국경으로 전환되는 역사적 과정을 연구했고 만주의 환경사를 연구하고 있다. *Ginseng and Borderland: Territorial Boundaries and Political Relations Between Qing China and Choson Korea, 1636-1912*를 저술했고 「청대 길림의 팔기 관병과 호랑이 신공」, 「청대 길림지역의 기인과 토지 개간」 등의 논문을 발표했다. 고려대학교 민족문화연구원 교수로 재직하고 있다.

이선애

고려대학교에서 박사학위를 취득했다. 청대 만주-몽골의 관계를 연구했으며 「청대 몽골법 제정과 적용 양상—건륭 연간 재판사례 분석을 중심으로」, 「만문사료를 통해 본 후금시기 만·몽관계」, 「동맹의 代價에서 충성의 代價로—청대 외번 몽고 봉작제도의 특징과 운영 양상」 등의 논문을 발표했다. 경상국립대학교 역사교육과 교수로 재직하고 있다.